FUNDAMENTOS DE PYTHON: ESTRUTURAS DE DADOS

Dados Internacionais de Catalogação na Publicação (CIP)
(Câmara Brasileira do Livro, SP, Brasil)

Lambert, Kenneth A.
  Fundamentos de Python : estruturas de dados /
Kenneth A. Lambert ; [tradução Edson Furmankiewicz].
-- 1. ed. -- São Paulo : Cengage Learning, 2022.

  Título original: Fundamentals of Python : data
structures
  2. ed. norte-americana.
  ISBN 978-65-5558-426-4

  1. Python (Linguagem de programação para
computadores) I. Título.

22-100571   CDD-005.133

Índices para catálogo sistemático:

1. Python : Linguagem de programação : Computadores :
     Processamento de dados   005.133

Cibele Maria Dias - Bibliotecária - CRB-8/9427

FUNDAMENTOS DE PYTHON: ESTRUTURAS DE DADOS

KENNETH A. LAMBERT

Tradução da 2ª edição norte-americana

Tradução
Edson Furmankiewicz
(Docware Traduções)

Revisão técnica
Fávio Soares Corrêa da Silva

Livre-docente, Depto. de Ciência da Computação, Universidade de São Paulo

Docente em disciplinas de Inteligência Artificial e Técnicas de Programação (Básicas e Avançadas)

Austrália • Brasil • México • Cingapura • Reino Unido • Estados Unidos

**Fundamentos de Python:
Estruturas de dados**
Tradução da 2ª edição norte-americana
1ª edição brasileira
Kenneth A. Lambert

Gerente editorial: Noelma Brocanelli

Editora de desenvolvimento: Gisela Carnicelli

Supervisora de produção gráfica: Fabiana Alencar Albuquerque

Título original: *Fundamentals of Python: Data Structures,
2nd edition* (ISBN 13: 978-0-357-12275-4)

Tradução: Edson Furmankiewicz (Docware Traduções)

Revisão técnica: Fávio Soares Corrêa da Silva

Cotejo e revisão: Mônica Aguiar, Fábio Gonçalves e
Luicy Caetano de Oliveira

Diagramação: 3Pontos Apoio Editorial

Indexação: Beatriz Simões

Capa: Alberto Mateus (Crayon Editorial)

Imagem da capa: Alberto Mateus (Crayon Editorial)

© 2019, 2014 Cengage Learning, Inc.
© 2023 Cengage Learning Edições Ltda.

Todos os direitos reservados. Nenhuma parte deste livro poderá ser reproduzida, sejam quais forem os meios empregados, sem a permissão, por escrito, da Editora. Aos infratores aplicam-se as sanções previstas nos artigos 102, 104, 106 e 107 da Lei no 9.610, de 19 de fevereiro de 1998.

Esta editora empenhou-se em contatar os responsáveis pelos direitos autorais de todas as imagens e de outros materiais utilizados neste livro. Se porventura for constatada a omissão involuntária na identificação de algum deles, dispomo-nos a efetuar, futuramente, os possíveis acertos.

A Editora não se responsabiliza pelo funcionamento dos sites contidos neste livro que possam estar suspensos.

> Para informações sobre nossos produtos, entre em contato pelo telefone **0800 11 19 39**
>
> Para permissão de uso de material desta obra, envie seu pedido para
> **direitosautorais@cengage.com**

© 2023 Cengage Learning. Todos os direitos reservados.

ISBN-13: 978-65-5558-426-4
ISBN-10: 65-5558-426-2

Cengage Learning
Condomínio E-Business Park
Rua Werner Siemens, 111 – Prédio 11 – Torre A – Conjunto 12
Lapa de Baixo – CEP 05069-900 – São Paulo – SP
Tel.: (11) 3665-9900 – Fax: (11) 3665-9901
SAC: 0800 11 19 39

Para suas soluções de curso e aprendizado, visite
www.cengage.com.br

Impresso no Brasil.
Printed in Brazil.
1ª impressão – 2022

Sumário

v

Prefácio . . . . **xiii**

CAPÍTULO 1   Programação básica em Python 1

Elementos básicos do programa. 2

    Programas e módulos. 2

    Um exemplo de programa Python: adivinhando um número 2

    Editando, compilando e executando programas Python. 3

    Comentando programas 4

    Elementos lexicais 4

    Convenções de ortografia e nomenclatura 5

    Elementos sintáticos 5

    Literais. 6

    Operadores e expressões. 6

    Chamadas de função 7

    A função `print` 7

    A função `input` 7

    Funções de conversão de tipo e operações de modo misto. 7

    Argumentos opcionais e de função de palavra-chave 8

    Variáveis e instruções de atribuição 8

    Tipos de dados Python 9

    Instruções `import` 9

    Obtendo ajuda sobre os componentes do programa 9

Instruções de controle. 10

    Instruções condicionais 10

    Usando `if __name__ == "__main__"` 11

    Instruções de laços de repetição 12

Strings e suas operações 13

    Operadores. 13

    Formatando strings para saída 14

    Objetos e chamadas de método. 16

Coleções Python incorporadas e suas operações. 16

    Listas 16

    Tuplas 17

    Laços sobre sequências 17

Fundamentos de Python: estruturas de dados

Dicionários 18
Procurando um valor 18
Correspondência de padrões com coleções 19
Criando novas funções 19
Definições de função 19
Funções recursivas 20
Definições de funções aninhadas 22
Funções de ordem superior 23
Criando funções anônimas com lambda 24
Captura de exceções 24
Arquivos e suas operações 26
Saída de arquivo de texto 26
Gravando números em um arquivo de texto 27
Lendo texto de um arquivo de texto 27
Lendo números de um arquivo. 28
Lendo e escrevendo objetos com `pickle` 30
Criando classes 31

CAPÍTULO 2   Visão geral das coleções 37
Tipos de coleção 38
Coleções lineares. 38
Coleções hierárquicas. 39
Coleções de grafos. 39
Coleções não ordenadas 40
Coleções ordenadas 40
Uma taxonomia dos tipos de coleção 40
Operações nas coleções 41
Operações fundamentais em todos os tipos de coleção 41
Conversão de tipo 42
Clonagem e igualdade 43
Iteradores e funções de ordem superior 44
Implementações de coleções 44

CAPÍTULO 3   Pesquisa, ordenação e análise de complexidade 49
Medindo a eficiência dos algoritmos 50
Medindo o tempo de execução de um algoritmo 50
Instruções de contagem 53
Medindo a memória usada por um algoritmo. 55
Análise de complexidade 55
Ordens de complexidade 55
Notação big-O 58
O papel da constante de proporcionalidade 58
Algoritmos de pesquisa 59

Sumário

Procure o mínimo 59
Pesquisa sequencial de uma lista 60
Desempenho no melhor caso, pior caso e caso médio 61
Pesquisa binária em uma lista ordenada 61
Comparando itens de dados. 63
Algoritmos de ordenação básicos 64
Ordenação por seleção 65
Ordenação por bolha 66
Ordenação por inserção. 67
Desempenhos no melhor caso, pior caso e caso médio revisitado 69
Ordenação mais rápida 70
Visão geral do quicksort 71
Ordenação por mesclagem 74
Um algoritmo exponencial: Fibonacci recursivo 78
Convertendo Fibonacci em um algoritmo linear 79

CAPÍTULO 4   **Arrays e estruturas ligadas** 89

A estrutura de dados de array 90
Acesso aleatório e memória contígua 92
Memória estática e memória dinâmica. 93
Tamanho físico e tamanho lógico 94
Operações em arrays 95
Aumentando o tamanho de um array. 95
Diminuindo o tamanho de um array 96
Inserindo um item em um array que cresce 96
Removendo um item de um array 97
Dilema da complexidade: tempo, espaço e arrays 98
Arrays bidimensionais (grades). 99
Processando uma grade 100
Criando e inicializando uma grade 100
Definindo uma classe de grade 101
Grades irregulares e arrays multidimensionais 102
Estruturas ligadas. 103
Estruturas unicamente ligadas e estruturas duplamente ligadas 103
Memória não contígua e nós 104
Definindo uma classe de nó individualmente ligado 106
Usando a classe de nó individualmente ligado 106
Operações em estruturas unicamente ligadas 108
Percurso 108
Pesquisando 108
Substituição 110
Inserindo no início 110
Inserindo no final 111
Removendo no início 112

Fundamentos de Python: estruturas de dados

Removendo no final 113
Inserindo em qualquer posição 114
Removendo em qualquer posição 115
Dilema da complexidade: tempo, espaço e estruturas unicamente ligadas. . 116
Variações em uma ligação. 117
Uma estrutura ligada circular com um nó inicial fictício 118
Estruturas duplamente ligadas. 119

CAPÍTULO 5   Interfaces, implementações e polimorfismo 125

Desenvolvendo uma interface 126
Projetando a interface da sacola. 127
Especificando argumentos e valores de retorno 128
Construtores e classes de implementação 129
Precondições, pós-condições, exceções e documentação 130
Codificando uma interface no Python 131
Desenvolvendo uma implementação baseada em array 133
Escolher e inicializar as estruturas de dados 133
Concluir os métodos fáceis primeiro 134
Concluir o iterador 135
Concluir os métodos que usam o iterador 136
O operador `in` e o método `__contains__` 137
Concluir o método `remove` 137
Desenvolvendo uma implementação baseada em ligações 138
Inicializar as estruturas de dados 139
Concluir o iterador 139
Concluir os métodos `clear` e `add` 140
Concluir o método `remove` 140
Desempenho do tempo de execução das duas implementações de sacolas . 141
Testando as implementações de duas sacolas 142
Diagramando com UML 143

CAPÍTULO 6   Herança e classes abstratas. 149

Usando herança para personalizar uma classe existente 150
Subclasse de uma classe existente 151
Revisão do método `__init__` 151
Adicionando um novo método `__contains__` 153
Modificando o método `add` existente 153
Modificando o método `__add__` existente 154
Desempenho em tempo de execução de `ArraySortedBag` 154
Uma nota sobre hierarquias de classes no Python 155
Usando classes abstratas para eliminar código redundante 156
Projetando uma classe `AbstractBag`. 156
Refazendo o método `__init__` em `AbstractBag`. 157

Sumário

Modificando as subclasses de AbstractBag 158
Generalizando o método __add__ em AbstractBag 159
Uma classe abstrata para todas as coleções 160
Integrando `AbstractCollection` à hierarquia da coleção 160
Usando dois Iteradores no método __eq__ 161
Uma estrutura de coleções de qualidade profissional 162

CAPÍTULO 7   Pilhas 167

Visão geral das pilhas 168
Usando uma pilha 169
A interface da pilha 169
Instanciando uma pilha 169
Exemplo de aplicação: correspondendo parênteses 170
Três aplicações das pilhas 174
Avaliando expressões aritméticas 174
Avaliando expressões pós-fixas 175
Convertendo infixo em pós-fixo 176
Retrocedendo 178
Gestão de memória 180
Implementações de pilhas 183
Teste 183
Adicionando pilhas à hierarquia da coleção 185
Implementação de array 185
Implementação ligada 187
O papel da classe Abstract Stack 190
Análise de tempo e espaço das duas implementações 191

CAPÍTULO 8   Filas 203

Visão geral das filas 204
A interface da fila e seu uso 205
Duas aplicações de filas 208
Simulações 208
Agendamento de CPU Round-Robin 210
Implementações de filas 211
Uma implementação ligada das filas 211
Uma implementação de array 213
Análise de tempo e espaço para as duas implementações 215
Filas com prioridades 223

CAPÍTULO 9   Listas 235

Visão geral das listas 236
Usando listas 236

Operações baseadas em índice 237

Operações baseadas em conteúdo 238

Operações baseadas em posição 238

Interfaces para listas 243

Aplicações das listas 244

Gerenciamento de armazenamento de heap 245

Organização dos arquivos em um disco 246

Implementação de outras coleções 247

Implementações de listas 248

O papel da classe `AbstractList` 248

Uma implementação baseada em array 250

Uma implementação ligada 251

Análise de tempo e espaço para as duas implementações 254

Implementando um iterador de lista 256

Função e responsabilidades de um iterador de lista 256

Configurando e instanciando uma classe de iterador de lista 257

Os métodos de navegação no iterador de lista 258

Os métodos modificadores no iterador de lista 259

Projeto de um iterador de lista para uma lista ligada 260

Análise de tempo e espaço das implementações de iterador de lista . . . 261

Processamento recursivo de listas 266

Operações básicas em uma lista do tipo Lisp 266

Percursos recursivos de uma lista do tipo Lisp 267

Construindo uma lista do tipo Lisp 269

A estrutura interna de uma lista do tipo Lisp 271

Imprimindo listas do tipo Lisp no IDLE com `__repr__` 271

Listas e programação funcional 272

CAPÍTULO 10   Árvores 277

Visão geral das árvores 278

Terminologia de árvore 279

Árvores gerais e árvores binárias 279

Definições recursivas das árvores 280

Por que usar uma árvore? 281

A forma das árvores binárias 283

Percursos em uma árvore binária 286

Percurso em pré-ordem 286

Percurso em in-ordem 286

Percurso em pós-ordem 287

Percurso em ordem de níveis 287

Três aplicações comuns das árvores binárias 287

Heaps 288

Árvores binárias de pesquisa 288

Árvores de expressões 290

Desenvolvendo uma árvore binária de pesquisa. 291

A interface da árvore binária de pesquisa 292

Estrutura de dados para a implementação ligada. 294

Análise de complexidade das árvores binárias de pesquisa 299

Análise descendente recursiva e linguagens de programação 300

Introdução a gramáticas 300

Reconhecendo, analisando e interpretando frases em uma linguagem . . 302

Análise lexical e o scanner 302

Estratégias de análise. 303

Uma implementação de array de árvores binárias. 307

Implementando heaps 309

CAPÍTULO 11 Conjuntos e dicionários 317

Usando conjuntos. 318

A classe set do Python 319

Uma sessão de exemplo com conjuntos 320

Aplicações dos conjuntos 320

Relacionamento entre conjuntos e sacolas 320

Relacionamento entre conjuntos e dicionários 321

Implementações dos conjuntos 321

Implementações de conjuntos baseadas em array e ligadas. 321

A classe `AbstractSet` 322

A classe `ArraySet` 323

Usando dicionários 324

Implementações baseadas em array e ligadas dos dicionários 325

A classe `Entry` 325

A classe `AbstractDict` 326

A classe `ArrayDict` 328

Análise de complexidade das implementações baseadas em array e
ligadas dos conjuntos e dicionários 330

Estratégias de hashing 330

O relacionamento das colisões com a densidade. 331

Hashing com chaves não numéricas 333

Sondagem linear 334

Sondagem quadrática 336

Encadeamento 337

Análise de complexidade 338

Implementação de hashing de conjuntos 344

Implementação de hashing de dicionários 347

Conjuntos e dicionários ordenados 349

CAPÍTULO 12 Grafos 355

Por que usar grafos? 356

Terminologia de grafos 356
Representações dos grafos 361
    Matriz de adjacência 361
    Lista de adjacências 362
    Análise das duas representações 363
    Outras considerações em tempo de execução 364
Percursos em grafos 365
    Um algoritmo de percursos genéricos 365
    Percursos em largura e em profundidade 366
    Componentes do grafo 368
Árvores dentro de grafos 369
    Árvores e florestas geradoras 369
    Árvore geradora mínima 369
    Algoritmos para árvores geradoras mínimas 370
Ordenação topológica 372
O problema do caminho mais curto 373
    Algoritmo de Dijkstra 373
    A etapa de inicialização 374
    A etapa de cálculo 375
    Representando e trabalhando com infinito 376
    Análise 376
    Algoritmo de Floyd 377
    Análise 379
Desenvolvendo uma coleção de grafos 379
    Exemplo do uso de coleção de grafos 379
    A classe `LinkedDirectedGraph` 381
    A classe `LinkedVertex` 385
    A classe `LinkedEdge` 387

Glossário **399**

Índice remissivo **409**

Prefácio

xiii

Bem-vindo aos *Fundamentos de Python: estruturas de dados*, tradução da 2ª edição norte-americana. Este livro, embora use a linguagem de programação Python, requer apenas um conhecimento básico de programação em uma linguagem de alto nível antes de começar o Capítulo 1.

O que você aprenderá

O livro abrange quatro aspectos principais da computação.

1. **Noções básicas de programação** — Tipos de dados, estruturas de controle, desenvolvimento de algoritmos e design de programas com funções são ideias básicas que precisam ser dominadas para resolver problemas com computadores. Você revisará esses tópicos básicos na linguagem de programação Python e empregará seu conhecimento para resolver uma ampla gama de problemas.

2. **Programação Orientada a Objetos (POO)** — Object-Oriented Programming (OOP) — é o paradigma de programação dominante usado para desenvolver grandes sistemas de software. Veremos os princípios fundamentais da OOP para que você possa aplicá-los de maneira bem-sucedida. Ao contrário de outros livros didáticos, este ajuda a desenvolver uma estrutura de classes de coleção de qualidade profissional para ilustrar esses princípios.

3. **Estruturas de dados** — A maioria dos programas úteis depende de estruturas de dados para resolver problemas. No nível mais concreto, as estruturas de dados incluem arrays e vários tipos de estruturas ligadas. Você usará essas estruturas de dados para implementar vários tipos de estruturas de coleção, como pilhas, filas, listas, árvores, sacolas, conjuntos, dicionários e grafos. Também aprenderá a usar a análise de complexidade para avaliar os dilemas espaço/tempo das diferentes implementações dessas coleções.

4. **Ciclo de vida de desenvolvimento de software** — Em vez de isolar as técnicas de desenvolvimento de software em um ou dois capítulos, elas são tratadas no contexto de vários estudos de caso. Entre outras coisas, você aprenderá que codificar um programa nem sempre é o aspecto mais difícil ou desafiador da solução de problemas e do desenvolvimento de software.

Por que Python?

A tecnologia e os aplicativos de computação se tornaram cada vez mais sofisticados nas últimas três décadas, assim como o currículo da ciência de computação, especialmente no nível introdutório. Os alunos de hoje aprendem um pouco sobre programação e resolução de problemas e, então, espera-se que passem rapidamente para tópicos como desenvolvimento de software, análise de complexidade e estruturas de dados que, trinta anos atrás, eram relegados a cursos avançados. Além disso, a ascensão da programação orientada a objetos como o paradigma dominante levou professores e autores de livros didáticos a incorporar linguagens de programação poderosas e de força industrial como C ++ e Java ao currículo introdutório. Como resultado, em vez de experimentar as recompensas e o entusiasmo da resolução de problemas com computadores, os alunos iniciantes na ciência da computação muitas vezes ficam sobrecarregados com as tarefas combinadas de dominar conceitos avançados, bem como a sintaxe de uma linguagem de programação.

Este livro usa a linguagem de programação Python como forma de tornar o segundo curso da ciência de computação mais gerenciável e atraente para alunos e professores. O Python tem os seguintes benefícios pedagógicos:

- O Python tem sintaxe simples e convencional. As instruções Python são muito semelhantes às dos algoritmos de pseudocódigo, e as expressões Python usam a notação convencional encontrada na álgebra. Portanto, você gasta menos tempo lidando com a sintaxe de uma linguagem de programação e mais tempo aprendendo a resolver problemas interessantes.

- O Python tem semântica segura. Qualquer expressão ou instrução cujo significado viole a definição da linguagem produz uma mensagem de erro.

- O Python tem boa escalabilidade. É fácil para iniciantes escrever programas simples no Python. O Python também inclui todos os recursos avançados de uma linguagem de programação moderna, como suporte para estruturas de dados e desenvolvimento de software orientado a objetos, para uso quando necessário, especialmente no segundo curso da ciência de computação.

- O Python é altamente interativo. Você pode inserir expressões e instruções nos prompts de um intérprete para testar código experimental e receber feedback imediato. Você também pode compor segmentos de código mais longos e salvá-los em arquivos de script para serem carregados e executados como módulos ou aplicativos independentes.

- O Python é de uso geral. No contexto atual, isso significa que a linguagem inclui recursos para aplicativos contemporâneos, abrangendo computação de mídia e serviços da web.

- O Python é gratuito e amplamente utilizado na indústria. Você pode baixar o Python para executá-lo em uma variedade de dispositivos. Há uma grande comunidade de usuários Python, e a experiência em programação Python tem grande valor para o currículo.

Para resumir esses benefícios, o Python é um veículo cômodo e flexível para expressar ideias sobre computação, tanto para iniciantes como para especialistas. Se entender bem essas ideias, não deverá ter problemas para fazer uma transição rápida para outras linguagens. Mais importante, você gastará menos tempo olhando para a tela do computador e mais tempo pensando em problemas interessantes para resolver.

Organização deste livro

A abordagem neste livro é descontraída, com cada novo conceito introduzido apenas quando necessário.

O Capítulo 1 fornece uma revisão dos recursos de programação Python necessários para iniciar um segundo curso de programação e solução de problemas no Python. O conteúdo desse capítulo está organizado de forma que você possa examiná-lo rapidamente se tiver experiência em programação Python, ou se aprofundar um pouco mais para conhecer a linguagem se estiver começando no aplicativo.

Os Capítulos 2 a 12 cobrem os tópicos principais em um curso introdutório típico, especialmente a especificação, implementação e aplicação de tipos de dados abstratos, com os tipos de coleção como o principal veículo e foco. Ao longo do caminho, você será amplamente exposto às técnicas de programação orientada a objetos e aos elementos de um bom design de software. Outros tópicos importantes incluem processamento recursivo de dados, algoritmos de pesquisa e ordenação e as ferramentas usadas no desenvolvimento de software, como análise de complexidade e notações gráficas (Unified Modeling Language – UML) para documentar projetos.

O Capítulo 2 apresenta o conceito de tipo abstrato de dados (Abstract Data Type – ADT) e fornece uma visão geral das várias categorias dos ADT de coleção.

Os Capítulos 3 e 4 exploram as estruturas de dados usadas para implementar a maioria das coleções e as ferramentas para analisar seus dilemas de desempenho. O Capítulo 3 apresenta a análise de complexidade com a notação big-O. É apresentado material suficiente para permitir que você execute análises simples do tempo de execução e do uso da memória de algoritmos e estruturas de dados, usando algoritmos de pesquisa e ordenação como exemplos. O Capítulo 4 abrange os detalhes do processamento de arrays e das estruturas lineares ligadas, as estruturas de dados concretas usadas para implementar a maioria das coleções. Você aprenderá sobre os modelos subjacentes da memória de computador que suportam arrays e estruturas ligadas e os dilemas tempo/espaço envolvidos.

Os Capítulos 5 e 6 mudam o foco para os princípios do design orientado a objetos. Esses princípios são usados para organizar uma estrutura das classes de coleção de qualidade profissional que será abordada em detalhes nos capítulos posteriores.

O Capítulo 5 trata da diferença crítica entre interface e implementação. Uma única interface e várias implementações de uma coleção de sacolas são desenvolvidas como um primeiro exemplo. A ênfase é colocada na inclusão dos métodos convencionais em uma interface para permitir que diferentes tipos de coleções colaborem nas aplicações. Por exemplo, um desses métodos cria um iterador que permite percorrer qualquer coleção com um laço simples. Outros tópicos abordados nesse capítulo incluem polimorfismo e ocultação de informações, que se originam diretamente da diferença entre interface e implementação.

O Capítulo 6 mostra como as hierarquias de classes podem reduzir a quantidade de código redundante em um sistema de software orientado a objetos. Os conceitos relacionados de herança, vinculação dinâmica das chamadas de método e classes abstratas são apresentados aqui e usados nos capítulos restantes.

Munido desses conceitos e princípios, você estará pronto para considerar os outros principais ADT de coleções, que constituem o tema dos Capítulos 7 a 12.

Os Capítulos 7 a 9 apresentam as coleções, pilhas, filas e listas lineares. Cada coleção é vista primeiro da perspectiva de seus usuários, que estão cientes apenas de uma interface e de um conjunto das características de desempenho possuídas por uma implementação escolhida. O uso de cada coleção é ilustrado com um ou mais aplicativos e, em seguida, várias implementações são desenvolvidas e seus dilemas de desempenho são analisados.

Os Capítulos 10 a 12 apresentam algoritmos e estruturas de dados avançados como uma transição para cursos posteriores na ciência de computação. O Capítulo 10 discute várias estruturas de árvore, incluindo árvores de pesquisa binárias, heaps e árvores de expressão. O Capítulo 11 examina a implementação das coleções não ordenadas, sacolas, conjuntos e dicionários, usando estratégias de hashing. O Capítulo 12 apresenta grafos e algoritmos de processamento de grafos.

Como mencionado anteriormente, este livro é único por apresentar uma estrutura dos tipos de coleção de qualidade profissional. Em vez de encontrar uma série de coleções aparentemente dissociadas, você explorará o lugar de cada uma em um todo integrado. Essa abordagem permite identificar o que os tipos de coleção têm em comum, bem como o que torna cada um deles único. Ao mesmo tempo, você será exposto a um uso realista da herança e hierarquias de classes, temas no design de software orientado a objetos que são difíceis de ser estimulados e exemplificados nesse nível do currículo.

Recursos especiais

Este livro explica e desenvolve conceitos de forma cuidadosa, usando exemplos e diagramas frequentes. Novos conceitos são aplicados a programas completos para mostrar como auxiliam na solução de problemas. Os capítulos colocam ênfase inicial e consistente em bons hábitos de escrita e documentação organizada e legível.

O livro inclui vários outros recursos importantes:

- **Estudos de caso** — Estes apresentam programas Python completos, variando do simples ao substancial. Para enfatizar a importância e a utilidade do ciclo de vida do desenvolvimento de software, os estudos de caso são discutidos na estrutura de uma solicitação do usuário, seguidos por análise, design, implementação e sugestões de teste, com tarefas bem definidas realizadas em cada estágio. Alguns estudos de caso são estendidos em projetos de programação de fim de capítulo.

- **Resumos do capítulo** — Cada capítulo excetuando o primeiro termina com um resumo dos principais conceitos abordados.

- **Termos-chave** — Quando um novo termo é introduzido no texto, ele aparece em negrito. As definições dos termos-chave são agrupadas em um glossário.

- **Exercícios** — A maioria das seções principais de cada capítulo excetuando o primeiro termina com perguntas do exercício que levantam questões básicas sobre o material da seção. Após o Capítulo 2, cada capítulo finaliza com perguntas de revisão.

- **Projetos de programação** — Cada capítulo encerra com um conjunto de projetos de programação de dificuldade variada.

Novo nesta edição

Os objetivos de aprendizagem foram incluídos no início de cada capítulo. Várias novas figuras foram acrescentadas para ilustrar conceitos, e muitos projetos de programação foram adicionados ou retrabalhados. Uma nova seção sobre iteradores e funções de ordem superior foi inserido no Capítulo 2. Por fim, uma nova seção sobre listas do tipo Lisp, processamento de lista recursiva e programação funcional foi incluída no Capítulo 9.

Materiais de apoio

As seguintes ferramentas de ensino estão disponíveis para download na página deste livro no site da Cengage.

- **Manual do instrutor:** O manual do instrutor que acompanha este livro inclui material educacional adicional para auxiliar na preparação das aulas, incluindo itens como visão geral, objetivos do capítulo, dicas de ensino, testes rápidos, tópicos de discussão em sala de aula, projetos adicionais, recursos adicionais e termos-chave. Um plano de estudos de exemplo também está disponível. Disponível apenas para professores (em inglês).

- **Apresentações em PowerPoint:** Este livro fornece slides do PowerPoint para acompanhar cada capítulo. Os slides podem ser usados para orientar as apresentações em sala de aula e para estudo dos alunos. Disponíveis em português para professores e alunos.
- **Soluções:** Soluções para todos os exercícios de programação. Disponíveis em inglês para professores e alunos.
- **Data files**.

Agradecimentos

Quero agradecer a meu amigo Martin Osborne por muitos anos de conselhos, críticas amigáveis e incentivo em vários de meus projetos.

Também agradeço aos meus alunos em Computer Science 112 na Washington and Lee University por testarem este livro em sala de aula ao longo de vários semestres.

Por fim, meus agradecimentos a Kristin McNary, gerente da equipe de produto; Chris Shortt, gerente de produto; Maria Garguilo e Kate Mason, designers de aprendizagem; Magesh Rajagopalan, gerente sênior de projetos; Danielle Shaw, editora de tecnologia; e principalmente a Michelle Ruelos Cannistraci, gerente sênior de conteúdo, por cuidar de todos os detalhes da produção desta edição.

Sobre o autor

Kenneth A. Lambert é professor de ciência da computação e presidente desse departamento na Washington and Lee University. Ministra cursos introdutórios à programação por mais de trinta anos e é pesquisador ativo no ensino da ciência de computação. Lambert é autor e coautor de um total de 28 livros didáticos, incluindo uma série de obras didáticas introdutórias a C++ com Douglas Nance e Thomas Naps, uma série de livros didáticos introdutórios ao Java com Martin Osborne e também introdutórios ao Python.

Dedicatória

A Brenda Wilson, com amor e admiração.
Kenneth A. Lambert
   Lexington, VA

CAPÍTULO 1

Programação básica em Python

Depois de concluir este capítulo, você será capaz de:

◎ Escrever um programa Python simples usando sua estrutura básica

◎ Realizar operações simples de entrada e saída

◎ Realizar operações com números, como aritmética e comparações

◎ Realizar operações com valores booleanos

◎ Implementar um algoritmo usando as construções básicas das sequências de instruções, instruções de seleção e laços

◎ Definir funções para estruturar código

◎ Usar estruturas de dados integradas como strings, arquivos, listas, tuplas e dicionários

◎ Definir classes para representar novos tipos de objetos

◎ Estruturar programas em termos de funções de cooperação, estruturas de dados, classes e módulos

Este capítulo fornece uma visão geral rápida da programação Python. A intenção é familiarizar aqueles que são novatos ou que não estão atualizados no Python, mas não pretende ser uma introdução completa à ciência da computação ou à linguagem de programação Python. Para uma abordagem mais detalhada da programação no Python, consulte meu livro *Fundamentals of Python*: First Programs, *Second Edition* (Cengage Learning, 2019). Para a documentação sobre a linguagem de programação Python, visite *www.python.org*.

Se já instalou o Python no computador, verifique o número da versão executando o comando **python** ou **python3** em um terminal de prompt. (Os usuários do Linux e Mac primeiro abrem uma janela de terminal e os usuários do Windows abrem primeiro uma janela DOS.) É melhor usar a versão mais atual do Python disponível. Verifique em *www.python.org* e, baixe e instale a versão mais recente se necessário. Você precisará do Python 3.0 ou superior para executar os programas apresentados neste livro.

Elementos básicos do programa

Como todas as linguagens de programação contemporâneas, o Python possui uma ampla gama de recursos e construções. Entretanto, o Python está entre as poucas linguagens cujos elementos básicos são bastante simples. Esta seção discute os fundamentos para você começar na programação Python.

Programas e módulos

Um programa Python consiste em um ou mais módulos. Um módulo é apenas um arquivo de código, que pode incluir instruções, definições de função e definições de classe. Um pequeno programa, também chamado de **script**, pode estar contido em um módulo. Programas mais longos e complexos geralmente incluem um módulo principal e um ou mais módulos de suporte. O principal contém o ponto de partida da execução do programa. Módulos de suporte contêm definições de funções e classes.

Um exemplo de programa Python: adivinhando um número

A seguir, você verá um programa Python completo que roda um jogo de adivinhação de um número com o usuário. O computador pede que o usuário insira os limites inferior e superior de um intervalo de números. O computador então "pensa" em um número aleatório nesse intervalo e solicita repetidamente que o usuário o adivinhe até que ele insira uma estimativa correta. O computador dá uma dica ao usuário após cada estimativa e exibe o número total de estimativas no final do processo. O programa inclui vários dos tipos de instruções Python que serão discutidas mais adiante neste capítulo, como instruções de entrada, instruções de saída, instruções de atribuição, laços e instruções condicionais. O programa também inclui uma definição de função única.

Eis o código do programa, no arquivo numberguess.py:

```
"""
Autor: Ken Lambert
```

```
Joga um jogo de adivinhar o número com o usuário.
"""
import random

def main():
    """Fornece os limites de um intervalo de números
    e deixa o usuário adivinhar o número do computador até
    a suposição estiver correta."""
    smaller = int(input("Enter the smaller number: "))
    larger = int(input("Enter the larger number: "))
    myNumber = random.randint(smaller, larger)
    count = 0
    while True:
        count += 1
        userNumber = int(input("Enter your guess: "))
        if userNumber < myNumber:
            print("Too small")
        elif userNumber > myNumber:
            print("Too large")
        else:
            print("You've got it in", count, "tries!")
            break

if __name__ == "__main__":
    main()
```

Eis um registro da interação de um usuário com o programa:

```
Enter the smaller number: 1
Enter the larger number: 32
Enter your guess: 16
Too small
Enter your guess: 24
Too large
Enter your guess: 20
You've got it in 3 tries!
```

O IDLE do Python usa uma codificação por cor para ajudar o leitor a reconhecer vários tipos dos elementos do programa. A função de cada cor será explicada em breve.

Editando, compilando e executando programas Python

Você pode executar programas Python completos, incluindo a maioria dos exemplos apresentados, digitando um comando em uma janela de terminal. Por exemplo, para executar o programa contido no arquivo numberguess.py, digite o seguinte comando na maioria das janelas de terminal:

```
python3 numberguess.py
```

Para criar ou editar um módulo Python, tente usar o IDLE (abreviação de Integrated DeveLopment Environment) do Python. Para iniciar o IDLE, digite o idle ou comando `idle3` em um prompt de terminal ou clique no seu ícone se estiver disponível. Você também pode iniciar o IDLE clicando duas vezes em um arquivo de código-fonte Python (qualquer arquivo com uma extensão .py) ou clicando com o botão direito do mouse no arquivo e selecionando Open ou Edit com IDLE. Certifique-se de que o sistema esteja configurado para abrir o IDLE quando arquivos desse tipo são iniciados (esse é o padrão no MacOS, mas não no Windows).

O IDLE fornece uma janela de shell para a execução interativa de expressões e instruções Python. Usando o IDLE, você pode alternar entre as janelas do editor e a janela do shell para desenvolver e executar programas completos. O IDLE também formata o código e o codifica por cores.

Ao abrir um arquivo Python existente com o IDLE, o arquivo aparece em uma janela do editor e o shell, em uma janela separada. Para executar um programa, mova o cursor até a janela do editor e pressione a tecla F5 (função-5). O Python compila o código na janela do editor e o executa na janela do shell.

Se um programa Python travar ou não fechar da maneira normal, você pode fechá-lo pressionando Ctrl+C ou fechando a janela do shell.

Comentando programas

Um comentário de programa é texto ignorado pelo compilador Python, mas importante para o leitor como documentação. Um comentário de fim de linha em Python começa com um símbolo # e se estende até o final da linha atual. É codificado pela cor vermelha. Por exemplo:

```
# Isso é um comentário de fim de linha.
```

Um comentário multilinha é uma string entre aspas simples triplas ou aspas duplas triplas. Esses comentários, que são coloridos de verde, também são chamados **docstrings**, para indicar que podem documentar as principais construções de um programa. O programa **numberguess** mostrado anteriormente inclui duas strings doc. O primeiro, na parte superior do arquivo do programa, funciona como um comentário para todo o módulo **numberguess**. O segundo, logo abaixo do cabeçalho da função **main**, descreve o que esta função faz. Como veremos mais adiante, docstrings desempenham papel crucial para ajudar um programador dentro do shell do Python.

Elementos lexicais

Os elementos lexicais de uma linguagem são os tipos de palavras ou símbolos usados para construir frases. Como em todas as linguagens de programação de alto nível, alguns dos símbolos básicos do Python são palavras-chave, como **if, while** e **def**, que são de cor laranja. Também incluídos entre os itens lexicais estão identificadores (nomes), literais (números, strings e outras estruturas de dados incorporadas), operadores e delimitadores (aspas, vírgulas, parênteses, colchetes e chaves). Entre os identificadores, estão os nomes das funções incorporadas, que são codificadas na cor roxa.

Convenções de ortografia e nomenclatura

Palavras-chave e nomes Python diferenciam maiúsculas de minúsculas. Assim, `while` é uma palavra-chave, mas `While` é um nome definido pelo programador. As palavras-chave do Python são escritas em letras minúsculas e codificadas em laranja em uma janela IDLE.

Todos os nomes Python, exceto os das funções incorporadas, são codificados em preto, exceto quando são apresentados como nomes de função, classe ou método, caso em que aparecem em tom mais claro. Um nome pode começar com uma letra ou um sublinhado (_), seguido por qualquer número de letras, sublinhados ou dígitos.

Neste livro, os nomes dos módulos, variáveis, funções e métodos são escritos em letras minúsculas. Com exceção dos módulos, quando um deles contém uma ou mais palavras incorporadas, as palavras incorporadas são escritas em letras maiúsculas. Os nomes das classes seguem as mesmas convenções, mas começam com letra maiúscula. Quando uma variável nomeia uma constante, todas as letras são maiúsculas e um sublinhado separa todas as palavras incorporadas. A Tabela 1-1 mostra exemplos dessas convenções de nomeação.

Tipo de nome	Exemplos
Variável	`salary, hoursWorked, isAbsent`
Constante	`ABSOLUTE_ZERO, INTEREST_RATE`
Função ou método	`printResults, cubeRoot, input`
Classe	`BankAccount, SortedSet`

Tabela 1-1 Exemplos de convenções de nomenclatura do Python

Utilize nomes que descrevam a função em um programa. Em geral, nomes de variáveis devem ser substantivos ou adjetivos (se denotam valores booleanos), enquanto nomes de funções e métodos devem ser verbos se denotam ações, ou substantivos ou adjetivos se denotam valores retornados.

Elementos sintáticos

Os elementos sintáticos em uma linguagem são os tipos de frases (expressões, instruções, definições e outras construções) compostas a partir dos elementos lexicais. Diferentemente da maioria das linguagens de alto nível, o Python usa espaços em branco (espaços, tabulações ou quebras de linha) para marcar a sintaxe de muitos tipos de frases. Isso significa que recuos e quebras de linha são importantes no código Python. Um editor inteligente como o IDLE do Python pode ajudar a indentar o código corretamente. O programador não precisa se preocupar com a separação das frases com ponto e vírgula e marcação dos blocos de frases com chaves.

Literais

Os números (inteiros ou de ponto flutuante) são escritos como em outras linguagens de programação. Os valores booleanos **True** e **False** são palavras-chave. Algumas estruturas de dados, como strings, tuplas, listas e dicionários, também possuem literais, como veremos mais adiante.

Literais de string

Você pode colocar strings entre aspas simples, aspas duplas ou conjuntos de três aspas duplas ou três aspas simples. A última notação é útil para uma string contendo várias linhas de texto. Os valores dos caracteres são strings de um único caractere. O caractere \ é usado para "escapar" de caracteres (tratar como os próprios caracteres), como a nova linha (**\n**) e a tabulação (**\t**), ou o caractere \ em si. O próximo segmento de código, seguido pela saída, ilustra as possibilidades.

```python
print("Usando aspas duplas")
print('Usando aspas simples')
print("Escrevendo a palavra 'Python' entre aspas")
print("Incorporando uma\nquebra de linha com \\n")
print("""Incorporando uma quebra de
de linha com três aspas duplas""")
```

Saída:

```
Usando aspas duplas
Usando aspas simples
Escrevendo a palavra 'Python' entre aspas
Incorporando uma
quebra de linha com \n
Incorporando uma quebra de
de linha com três aspas duplas
```

Operadores e expressões

As expressões aritméticas usam os operadores padrão (+, −, *, /, %) e a notação in-fixa. O operador / produz um resultado de ponto flutuante com quaisquer operandos numéricos, enquanto o operador // produz um quociente de número inteiro. O operador + significa concatenação quando usado com coleções, como strings e listas. O operador ** é usado para exponenciação.

Os operadores de comparação <, <=, >, >=, == e != funcionam com números e strings.

O operador == compara o conteúdo interno das estruturas de dados, como duas listas, quanto à equivalência estrutural, enquanto o operador **is** compara dois valores para a identidade do objeto. Comparações retornam **True** ou **False**.

Os operadores lógicos **and, ou** e **not** tratam vários valores, como 0, **None**, a string vazia e a lista vazia, como **False**. Em comparação, a maioria dos outros valores Python contam como **True**.

O operador de subscrito, **[]**, usado com objetos de coleção, será discutido mais adiante.

O operador seletor, '.', é usado como uma referência a um item nomeado em um módulo, classe ou objeto.

Os operadores têm a precedência padrão (seletor, chamada de função, subscrito, aritmética, comparação, lógica, atribuição). Os parênteses são usados da maneira usual, para agrupar sub-expressões para avaliação anterior.

Os operadores ** e = são associativos à direita, enquanto os outros são associativos à esquerda.

Chamadas de função

As funções são chamadas da maneira usual, com o nome da função seguido por uma lista de argumentos entre parênteses. Por exemplo:

```
min(5, 2)      # Retorna 2
```

O Python inclui algumas funções padrão, como **abs** e **round**. Muitas outras estão disponíveis por importação de módulos, como veremos mais à frente.

A função `print`

A função de saída padrão **print** exibe seus argumentos no console. Ela permite um número variável de argumentos. O Python executa automaticamente a função **str** em cada argumento para obter a representação de string e separa cada string com um espaço antes da saída. Por padrão, **print** termina a saída com uma nova linha.

A função input

A função de entrada padrão **input** espera que o usuário insira texto no teclado. Quando o usuário pressiona a tecla Enter, a função retorna uma string contendo os caracteres inseridos. Esta função recebe uma string opcional como argumento a imprime, sem uma quebra de linha, para solicitar a entrada do usuário.

Funções de conversão de tipo e operações de modo misto

Você pode usar alguns nomes de tipos de dados como funções de conversão de tipo. Por exemplo, quando o usuário insere um número no teclado, a função **input** retorna uma sequência de dígitos, não um valor numérico. O programa deve converter a string em um **int** ou um **float** antes do processamento numérico. O próximo segmento de código insere o raio de um círculo, converte essa string em um **float** e calcula e gera a área do círculo:

```
radius = float(input("Radius: "))
print("The area is", 3.14 * radius ** 2)
```

Como a maioria das outras linguagens, o Python permite operandos de diferentes tipos numéricos nas expressões aritméticas. Nesses casos, o tipo de resultado é o mesmo que o tipo de operando mais geral. Por exemplo, a adição de um **int** e um **float** produz um **float** como resultado.

Argumentos opcionais e de função de palavra-chave

As funções podem permitir argumentos opcionais, que podem ser nomeados com palavras-chave quando a função é chamada. Por exemplo, a função **print** por padrão gera uma nova linha depois que os argumentos são exibidos. Para evitar que isso aconteça, você pode fornecer ao argumento opcional end um valor da string vazia, como a seguir:

```
print("The cursor will stay on this line, at the end", end = "")
```

Os argumentos necessários não têm valores padrão. Os argumentos opcionais têm valores padrão e podem aparecer em qualquer ordem quando as palavras-chave são usadas, desde que venham após os argumentos necessários.

Por exemplo, a função padrão **round** espera um argumento necessário, um número arredondado e um segundo argumento opcional, o número de figuras de precisão. Quando o segundo argumento é omitido, a função retorna o número inteiro mais próximo (um **int**). Quando o segundo argumento é incluído, a função retorna um **float**. Eis alguns exemplos:

```
>>> round(3.15)
3

>>> round(3.15, 1)
3,2
```

Em geral, o número de argumentos transmitidos a uma função quando ela é chamada deve ser pelo menos igual aos argumentos necessários.

As funções padrão e as funções de biblioteca do Python verificam os tipos dos argumentos quando a função é chamada. As funções definidas pelo programador podem receber argumentos de qualquer tipo, incluindo funções e os próprios tipos.

Variáveis e instruções de atribuição

Uma variável Python é introduzida com uma instrução de atribuição. Por exemplo:

```
PI = 3.1416
```

configura PI com o valor de 3,1416. A sintaxe de uma instrução de atribuição simples é:

```
<identificador> = <expressão>
```

Muitas variáveis podem ser introduzidas na mesma instrução de atribuição, como a seguir:

```
minValue, maxValue = 1, 100
```

Para trocar os valores das variáveis **a** e **b**, você escreve:

```
a, b = b, a
```

As instruções de atribuição devem aparecer em uma única linha de código, a menos que a linha seja quebrada após uma vírgula, parêntese, chave ou colchete. Quando essas opções não estão disponíveis, outro meio de quebrar uma linha em uma instrução é terminá-la com o símbolo de escape \. Normalmente, você coloca esse símbolo antes ou depois de um operador em uma expressão. Eis alguns exemplos reconhecidamente irrealistas:

```
minValue = min(100,
               200)
product = max(100, 200) \
          * 30
```

Ao pressionar Enter após uma vírgula ou depois do símbolo de escape, o IDLE recua automaticamente a próxima linha do código.

Tipo de dados do Python

No Python, qualquer variável pode nomear um valor de qualquer tipo. As variáveis não são declaradas como tendo um tipo, como em muitas outras linguagens; elas simplesmente recebem um valor.

Consequentemente, os nomes dos tipos de dados quase nunca aparecem nos programas Python. No entanto, todos os valores ou objetos têm tipos. Os tipos de operandos nas expressões são verificados em tempo de execução, portanto, os erros de tipo não passam despercebidos; entretanto, o programador não precisa se preocupar em mencionar os tipos de dados ao escrever o código.

Instruções `import`

A instrução **import** torna visíveis para um programa os identificadores de outro módulo. Esses identificadores podem nomear objetos, funções ou classes. Existem várias maneiras de expressar uma instrução **import**. A mais simples é importar o nome do módulo, como em:

```
import math
```

Isso torna qualquer nome definido no módulo matemático disponível para o módulo atual, usando a sintaxe **math.<name>**. Assim, **math.sqrt(2)** retornaria a raiz quadrada de 2.

Um segundo estilo de importação incorpora um nome próprio, que você pode usar diretamente sem o nome do módulo como um prefixo:

```
from math import sqrt
print(sqrt(2))
```

Você pode importar vários nomes individuais, listando-os:

```
from math import pi, sqrt
print(sqrt(2) * pi)
```

Você pode importar todos os nomes de um módulo usando o operador *, mas isso geralmente não é considerado uma boa prática de programação.

Obtendo ajuda sobre os componentes do programa

Embora o site do Python em *www.python.org* tenha documentação completa para a linguagem Python, pode-se obter ajuda sobre a maioria dos componentes também no shell do Python. Para acessar essa ajuda, basta inserir a chamada de função **help(<componente>)** no prompt do shell, em que **<componente>** é o nome de um módulo, tipo de dados, função ou método. Por exemplo, **help(abs)** e **help(math.sqrt)** exibem documentação para as funções **abs** e **math. sqrt**, respectivamente. Chamadas de **dir(int)** e **dir(math)** listam todas as operações no tipo **int** e módulo **math**, respectivamente. Você pode então correr **help** para obter ajuda sobre uma dessas operações.

Observe que se um módulo não é o módulo embutido que o Python carrega quando o shell é iniciado, o programador deve primeiro importar esse módulo antes de pedir ajuda sobre ele. Por exemplo, a seguinte sessão com o shell exibe a documentação para o programa **numberguess** discutido anteriormente neste capítulo:

```
>>> import numberguess
>>> help(numberguess)
Ajuda sobre o módulo numberguess:
NOME
    numberguess
DESCRIÇÃO
    Autor: Ken Lambert
    Joga um jogo de adivinhar o número com o usuário.
FUNÇÕES
    main()
        Fornece os limites de um intervalo de números,
        e deixa o usuário adivinhar o número do computador até
        que a suposição esteja correta.
ARQUIVO
    /Users/ken/Documents/CS2Python/Chapters/Chapter1/numberguess.py
```

Instruções de controle

O Python inclui o array usual das instruções de controle para sequenciamento, execução condicional e iteração. Uma sequência de instruções é um conjunto de instruções escritas uma após a outra. Cada instrução em uma sequência deve começar na mesma coluna. Esta seção examina as instruções de controle para execução e iteração condicionais.

Instruções condicionais

A estrutura das instruções condicionais do Python é semelhante à de outras linguagens. As palavras-chave **if**, **elif** e **else** são significativas, assim como o caractere de dois pontos e o recuo.

A sintaxe da instrução **if** unidirecional é:

```
if <expressão booleana>:
    <sequência de instruções>
```

Uma expressão booleana é qualquer valor Python; como mencionado anteriormente, algumas delas contam como **False** e outras como **True**. Se a expressão booleana é **True**, a sequência de instruções é executada; do contrário, nada acontece. A sequência de (uma ou mais) instruções deve ser recuada e alinhada com pelo menos um espaço ou tabulação (normalmente quatro espaços). O caractere de dois pontos é o único separador; se houver apenas uma instrução na sequência, ela pode seguir imediatamente os dois pontos na mesma linha.

A sintaxe da instrução **if** unidirecional é:

```
if <expressão booleana>:
    <sequência de instruções>
else:
    <sequência de instruções>
```

Observe o recuo e o dois pontos após a palavra-chave **else**. Exatamente uma dessas duas sequências das instruções será executada. A primeira sequência é executada se a expressão booleana for **True**; a segunda sequência é executada se a expressão booleana for **False**.

A sintaxe da instrução **if** unidirecional é:

```
if <expressão booleana>:
    <sequência de instruções>
elif <expressão booleana>:
    <sequência de instruções>
...
else:
    <sequência de instruções>
```

Uma instrução **if** multidirecional executa exatamente uma sequência de instruções. A instrução multidirecional **if** inclui uma ou mais expressões booleanas alternativas, cada uma das quais segue a palavra-chave **elif**. Você pode omitir a cláusula **else:** final.

O próximo exemplo produz a resposta apropriada a uma pergunta sobre os tamanhos relativos de dois números:

```
if x > y:
    print("x is greater than y")
elif x < y:
    print("x is less than y")
else:
    print("x is equal to y")
```

Usando if __name__ == "__main__"

O programa **numberguess** discutido anteriormente inclui a definição de uma função **main** e a seguinte instrução **if**:

```
if __name__ == "__main__":
    main()
```

O objetivo dessa instrução **if** é permitir que o programador execute o módulo como um programa autônomo ou importe-o do shell ou de outro módulo. Eis como isso funciona: cada módulo Python inclui um conjunto de variáveis de módulo integradas, às quais a máquina virtual Python atribui valores automaticamente quando o módulo é carregado. Se o módulo está sendo carregado como um programa autônomo (executando-o a partir de um prompt de terminal ou carregando-o de uma janela IDLE), a variável **__name__** do módulo é configurada como a string **"__main__"**. Caso contrário, essa variável é configurada com o nome do módulo — nesse caso, **"numberguess"**. Qualquer atribuição é realizada antes que qualquer código do módulo seja carregado. Assim, quando o controle atinge a instrução **if** no final do módulo, a função **main** será chamada apenas se o módulo tiver sido lançado como um programa independente.

O idioma **if __name__ == "__main__"** é útil ao desenvolver módulos de programa autônomos, porque permite que o programador visualize a ajuda sobre o módulo apenas importando-o para o shell. Da mesma forma, o programador pode usar esse idioma no suporte a módulos para executar uma função de banco de teste durante o desenvolvimento do módulo no IDLE.

Instruções de laços de repetição

A estrutura da instrução iterativa **while** do Python é semelhante à de outras linguagens. Eis a sintaxe:

```
while <expressão booleana>:
    <sequência de instruções>
```

O próximo exemplo calcula e imprime o produto dos números de 1 a 10:

```
product = 1
value = 1
while value <= 10:
    product *= value
    value += 1
print(product)
```

Observe o uso do operador de atribuição estendida *=. A linha do código em que aparece é equivalente a:

```
product = product * value
```

O Python inclui uma instrução de laço **for** para iteração mais concisa ao longo de uma sequência de valores. A sintaxe dessa instrução é:

```
for <variável> in <objeto iterável>:
    <sequência de instruções>
```

Quando esse laço é executado, ele atribui à variável de laço cada valor contido no objeto iterável e executa a sequência de instruções no contexto de cada atribuição. Exemplos de objetos iteráveis são strings e listas. O próximo segmento de código usa a função **range** do Python, que retorna uma sequência iterável de inteiros, para calcular o produto mostrado anteriormente:

```
product = 1
for value in range(1, 11):
    product *= value
print(product)
```

Programadores Python geralmente preferem um laço **for** para iterar por intervalos definidos ou sequências de valores. Eles usam um laço **while** quando a condição de continuação é uma expressão booleana arbitrária.

Strings e suas operações

Como em outras linguagens, uma string Python é um objeto composto que inclui outros objetos, a saber, seus caracteres. No entanto, cada caractere em uma string Python é por si só uma string de um único caractere e é escrita literalmente de maneira semelhante. O tipo de string do Python, denominado `str`, inclui um grande conjunto de operações, algumas das quais são apresentadas nesta seção.

Operadores

Quando as strings são comparadas com os operadores de comparação, os pares de caracteres em cada posição nas duas strings são comparados, usando a ordenação ASCII. Assim, `'a'` é menos do que `'b'`, mas `'A'` é menos do que `'a'`. Observe que, neste livro, colocamos strings de caractere único entre aspas simples e strings de vários caracteres entre aspas duplas.

O operador + constrói e retorna uma nova string que contém os caracteres dos dois operandos.

O operador subscrito em sua forma mais simples espera um inteiro no intervalo de 0 ao comprimento da string menos 1. O operador retorna o caractere naquela posição na string. Assim:

```
"greater"[0]     # Retorna 'g'
```

Embora um índice de strings não possa exceder o comprimento menos 1, índices negativos são permitidos. Quando um índice é negativo, o Python adiciona esse valor ao comprimento da string para localizar o caractere a ser retornado. Nesses casos, o índice fornecido não pode ser menor que a negação do comprimento da string.

Strings são imutáveis, ou seja, depois de criá-las, você não pode modificar o conteúdo interno. Portanto, você não pode usar um subscrito para substituir o caractere em determinada posição em uma string.

Uma variação do subscrito, chamada de **operador de fatia**, é o que você usa para obter uma substring de uma string. A sintaxe da fatia é:

```
<a string>[<lower>:<upper>]
```

O valor de `<lower>`, se estiver presente, é um número inteiro que varia de 0 ao comprimento da string menos 1. O valor de `<upper>`, se estiver presente, é um número inteiro que varia de 0 ao comprimento da string.

Quando você omite os dois valores, a fatia retorna a string inteira. Quando o primeiro valor é omitido, a fatia retorna uma substring começando com o primeiro caractere da string. Quando o segundo valor é omitido, a fatia retorna uma substring terminando com o último caractere da string. Do contrário, a fatia retorna uma substring começando com o caractere no índice inferior e terminando com o caractere no índice superior menos 1.

Eis alguns exemplos do operador slice em ação:

```
"greater"[:]      # Retorna "greater"
"greater"[2:]     # Retorna "eater"
"greater"[2:]      # Retorna 'g'
"greater"[2:5]    # Retorna "eat"
```

O leitor é encorajado a experimentar o operador de fatia no shell do Python.

Formatando strings para saída

Muitos aplicativos de processamento de dados requerem uma saída em formato tabular. Nesse formato, os números e outras informações são alinhados em colunas que podem ser justificadas à esquerda ou à direita. Uma coluna de dados é justificada à esquerda se seus valores estiverem alinhados verticalmente, começando com os caracteres mais à esquerda. Uma coluna de dados é justificada à direita se os valores estiverem alinhados verticalmente, começando com os caracteres mais à direita. Para manter as margens entre as colunas de dados, a justificação à esquerda requer a adição de espaços à direita do dado, enquanto a justificação à direita requer a adição de espaços à esquerda do dado. Uma coluna de dados é centralizada se houver um número igual de espaços em ambos os lados dos dados nessa coluna.

O número total de caracteres de dados e espaços adicionais para determinado dado em uma string formatada é chamado **largura do campo.**

A função **print** começa automaticamente a imprimir um dado de saída na primeira coluna disponível. O próximo exemplo, que exibe os expoentes 7 a 10 e os valores de 10^7 a 10^{10}, mostra o formato de duas colunas produzidas pela instrução **print**:

```
>>> for exponent in range(7, 11):
        print(exponent, 10 ** exponent)
7 10000000
8 100000000
9 1000000000
10 10000000000
```

Observe que quando o expoente alcança 10, a saída da segunda coluna muda um espaço e parece irregular. A saída pareceria mais organizada se a coluna esquerda fosse justificada à esquerda e a coluna direita fosse justificada à direita. Ao formatar números de ponto flutuante para saída, você deve especificar o número dos dígitos de precisão a serem exibidos, bem como a largura do campo. Isso é especialmente importante ao exibir dados financeiros nos quais são necessários exatamente dois dígitos de precisão.

O Python inclui um mecanismo de formatação geral que permite ao programador especificar larguras de campo para diferentes tipos de dados. A próxima sessão mostra como justificar à direita e à esquerda a string "four" dentro de uma largura de campo de 6:

```
>>> "%6s" % "four"     # Justifica à direita
' four'
>>> "%-6s" % "four"    # Justifica à esquerda
'four  '
```

A primeira linha de código justifica a string à direita, preenchendo-a com dois espaços à esquerda. A próxima linha de código justifica à esquerda, colocando dois espaços à direita da string.

A forma mais simples dessa operação é:

```
<string de formato> % <dado>
```

Essa versão contém uma string de formato, o operador de formato **%** e um único valor de dados a ser formatado. A string a ser formatada pode conter dados de string e outras informações sobre o formato do dado. Para formatar o valor dos dados da string, você pode usar a notação **%<largura do campo>s** na string de formato. Quando a largura do campo é positiva, o dado é justificado à direita; quando a largura do campo é negativa, a justificação é à esquerda. Se a largura do campo for menor ou igual ao comprimento de impressão do dado em caracteres, nenhuma justificativa é adicionada. O operador **%** trabalha com essas informações para construir e retornar uma string formatada.

Para formatar inteiros, a letra **d** é usada em vez de **s**. Para formatar uma sequência de valores de dados, você constrói uma string de formato que inclui um código de formato para cada dado e coloca os valores em um operador de tupla seguindo **%** . O formato da segunda versão dessa operação é:

<string de formato> % (<dado-1>, …, <dado-n>)

Munidas com a operação de formatação, as potências do laço 10 podem agora exibir os números em colunas bem alinhadas. A primeira coluna é justificada à esquerda em uma largura de campo de 3 e a segunda coluna é justificada à direita em uma largura de campo de 12.

```
>>> for exponent in range(7, 11):
        print("%-3d%12d" % (exponent, 10 ** exponent))
7        10000000
8       100000000
9      1000000000
10    10000000000
```

As informações de formato para um valor de dados do tipo **float** tem a forma

%<largura do campo>.<precisão>f

Onde **.<precisão>** é opcional. A próxima sessão mostra a saída de um número de ponto flutuante sem e depois com uma string de formato:

```
>>> salary = 100.00
>>> print("Your salary is $" + str(salary))
Your salary is $100.0
>>> print("Your salary is $%0.2f" % salary)
Your salary is $100.00
```

Eis outro exemplo básico do uso de uma string de formato, que informa usar uma largura de campo de 6 e uma precisão de 3 para formatar o valor flutuante 3.14:

```
>>> "%6.3f" % 3.14
' 3.140'
```

Observe que o Python adiciona um dígito de precisão à string do número e o preenche com um espaço à esquerda para alcançar a largura de campo de 6. Essa largura inclui o local ocupado pela vírgula decimal.

Objetos e chamadas de método

Além de operadores e funções padrão, o Python inclui um grande número de métodos que operam em objetos. Um método é semelhante a uma função, pelo fato de que espera argumentos, realiza uma tarefa e retorna um valor. No entanto, um método sempre é chamado em um objeto associado. A sintaxe de uma chamada de método é:

```
<objeto>.nome do método> (<lista de argumentos>)
```

Eis alguns exemplos de chamadas de método em strings:

```
"greater".isupper()              # Retorna False
"greater".upper()                # Retorna "GREATER"
"greater".startswith("great")    # Retorna True
```

Se você tentar executar um método que um objeto não reconhece, o Python apresentará uma exceção e interromperá o programa. Para descobrir o conjunto de métodos que um objeto reconhece, você executa a função Python **dir**, no shell Python, com o tipo do objeto como um argumento. Por exemplo, **dir(str)** retorna uma lista dos nomes dos métodos reconhecidos por objetos string. Executar **help(str.upper)** imprime documentação sobre o uso do método **str.upper**.

Alguns nomes de métodos, como **__add__** e **__len__**, são executados quando o Python vê um objeto usado com determinados operadores ou funções. Assim, por exemplo:

```
len("great")    # É equivalente a "great".__ len __()
"great" + "er"  # É equivalente a "great".__add__("er")
"e" in "great"  # É equivalente a "great".__contains__("e")
```

O leitor é encorajado a explorar os métodos **str** com as funções **dir** e **help**.

Coleções Python incorporadas e suas operações

As linguagens de programação modernas incluem vários tipos de coleções, como listas, que permitem ao programador organizar e manipular vários valores de dados de uma vez. Esta seção explora as coleções incorporadas no Python; o restante do livro discute como adicionar novos tipos de coleções à linguagem.

Listas

Uma lista é uma sequência de zero ou mais objetos Python, comumente chamados **itens**. Uma lista tem uma representação literal, que usa colchetes para incluir itens separados por vírgulas. Eis alguns exemplos:

```
[]                        # Uma lista vazia
["greater"]               # Uma lista de uma string
["greater", "less"]       # Uma lista de duas strings
["greater", "less", 10]   # Uma lista de duas strings e um int
["greater", ["less", 10]] # Uma lista com uma lista aninhada
```

Como strings, as listas podem ser fatiadas e concatenadas com os operadores padrão. No entanto, os resultados retornados nesse caso são listas. Ao contrário de strings, as listas são mutáveis, o que significa que você pode substituir, inserir ou remover itens contidos nelas. Esse fato tem duas consequências. Primeiro, as listas retornadas pelos operadores de fatia e concatenação são novas listas, não partes da lista original. Segundo, o tipo **list** inclui vários métodos chamados mutadores, cujo objetivo é modificar a estrutura de uma lista. Você pode executar **dir (lista)** em um shell Python para visualizá-los.

Os métodos de modificação de lista mais comumente usados são **append**, **insert**, **pop**, **remove** e **sort**. Eis alguns exemplos de seu uso:

```
testList = []              # testList é []
testList.append(34)        # testList é [34]
testList.sort(22)          # testList é [34, 22]
testList.sort()            # testList é [22, 34]
testList.pop()             # Retorna 22; testList é [34]
testList.insert(0, 22)     # testList é [22, 34]
testList.insert(1, 55)     # testList é [22, 55, 34]
testList.pop(1)            # Retorna 55; testList é [22, 34]
testList.remove(22)        # testList é [34]
testList.remove(55)        # captura ValueError
```

Os métodos string **split** e **join** extraem uma lista de palavras de uma string e colam uma lista de palavras para formar uma string, respectivamente:

```
"Python is cool".split()    # Retorna ['Python', 'is', 'cool']
" ".join(["Python", "is", "cool"])    # Retorna 'Python is cool'
```

O leitor é encorajado a explorar os métodos **list** com as funções **dir** e **help** .

Tuplas

Uma **tupla** é uma sequência imutável de itens. Literais de tupla colocam os itens entre parênteses. Uma tupla é essencialmente como uma lista sem métodos modificadores. No entanto, uma tupla com um item ainda deve incluir uma vírgula, como a seguir:

```
>>> (34)
34
```

```
>>> (34,)
(34)
```

Observe que Python trata a primeira expressão, **(34)**, como um inteiro entre parênteses, enquanto a segunda expressão, **(34,)**, é tratada como uma nova tupla de um item. Para os métodos **tupla**, execute **dir (tupla)** disponíveis no shell Python.

Laços sobre sequências

O laço **for** é usado para iterar por itens em uma sequência, como uma string, uma lista ou uma tupla. Por exemplo, o seguinte segmento de código imprime os itens em uma lista:

```
testList = [67, 100, 22]
for item in testList:
```

```
    print(item)
```

Isso é equivalente a, mas mais simples do que, um laço baseado em índice na lista:

```
testList = [67, 100, 22]
for index in range(len(testList)):
    print(testList[index])
```

Dicionários

Um dicionário contém zero ou mais entradas. Cada entrada associa uma chave única a um valor. As chaves são normalmente strings ou inteiros, enquanto os valores são quaisquer objetos Python.

Um literal de dicionário coloca as entradas de valor-chave em um conjunto de chaves. Eis alguns exemplos:

```
{}                                    # Um dicionário vazio
{"name":"Ken"}                        # Uma entrada
{"name":"Ken", "age": 67}             # Duas entradas
{"hobbies":["reading", "running"]}    # Uma entrada, o valor é uma lista
```

Você usa o operador de subscrito para acessar um valor em determinada chave, adicionar um valor em uma nova chave e substituir um valor em uma dada chave. O método **pop** remove a entrada e retorna o valor de determinada chave. O método **keys** retorna um objeto iterável sobre as chaves, enquanto o método **valores** retorna um objeto iterável sobre os valores. Como uma lista, o próprio dicionário é um objeto iterável, mas o laço **for** itera ao longo das chaves de um dicionário. O próximo segmento de código imprime as chaves em um pequeno dicionário:

```
>>> for key in {"name":"Ken", "age":67}:
    print(key)
name
age
```

O leitor é encorajado a explorar os métodos **dict** com as funções **dir** e **ajuda** e experimentar dicionários e suas operações em um shell Python.

Procurando um valor

O programador pode pesquisar nas strings, listas, tuplas ou dicionários um determinado valor executando o operador **in** com o valor e a coleção. Esse operador retorna **True** ou **False**. O valor-alvo para uma pesquisa de dicionário deve ser uma chave potencial.

Quando se sabe que determinado valor está em uma sequência (string, lista ou tupla), o método **index** retorna a posição desse primeiro valor.

Para dicionários, os métodos **get** e **pop** podem receber dois argumentos: uma chave e um valor padrão. Uma pesquisa falha retorna o valor padrão, enquanto uma pesquisa bem-sucedida retorna o valor associado à chave.

Correspondência de padrões com coleções

Embora o subscrito possa ser usado para acessar itens em listas, tuplas e dicionários, geralmente é mais conveniente acessar vários itens de uma vez por meio de correspondência de padrões. Por exemplo, o valor retornado por uma caixa de diálogo do seletor de cores é uma tupla que contém dois itens. Quando o usuário seleciona uma cor, o primeiro item é uma tupla aninhada de três números e o segundo item é uma string. Assim, a tupla externa tem o formato `((<r>, <g>, <b>), <string>)`. É melhor que os três números sejam atribuídos a três variáveis distintas e a string, a uma quarta variável, para processamento posterior. Eis o código para fazer isso, usando o operador subscrito em `colorTuple`, que nomeia o valor retornado pelo seletor de cores:

```
rgbTuple = colorTuple[0]
hexString = colorTuple[1]
r = rgbTuple[0]
g = rgbTuple[1]
b = rgbTuple[2]
```

Uma correspondência de padrão usa uma atribuição de uma estrutura a outra estrutura exatamente da mesma forma. A estrutura-alvo inclui variáveis que selecionarão os valores nas posições correspondentes na estrutura de origem. Você pode então usar as variáveis para processamento posterior. Usando a correspondência de padrões, pode-se realizar essa tarefa em uma única linha de código, como a seguir:

```
((r, g, b), hexString) = colorTuple
```

Criando funções

Embora o Python seja uma linguagem orientada a objetos, ele inclui algumas funções integradas e permite que o programador também crie novas. Essas novas funções podem utilizar recursão e receber e retornar funções como dados. O Python, portanto, permite que o programador projete soluções usando um estilo de programação totalmente funcional. Esta seção apresenta algumas dessas ideias.

Definições de função

A sintaxe de uma definição de função Python é:

```
def <nome da função>(<lista de parâmetros>):
    <sequência de instruções>
```

As regras e convenções para a grafia de nomes de funções e nomes de parâmetros são as mesmas que para nomes de variáveis. A lista de parâmetros necessários pode estar vazia ou incluir nomes separados por vírgulas. Novamente, ao contrário de algumas outras linguagens de programação, nenhum tipo de dados está associado aos nomes dos parâmetros ou ao próprio nome da função.

Eis a definição de uma função simples para calcular e retornar o quadrado de um número:

```
def square(n):
```

```
"""Retorna a raiz quadrada de n."""
result = n ** 2
return result
```

Observe o uso da string com aspas triplas abaixo do cabeçalho da função. Isso é uma docstring. Essa string se comporta como um comentário dentro da função, mas também será exibida quando o usuário inserir **help(square)** em um prompt de shell do Python. Cada função que você define deve incluir uma docstring que declara o que a função faz e fornece informações sobre quaisquer argumentos ou valores retornados.

As funções podem introduzir novas variáveis, também chamadas **variáveis temporárias**. Na função **square**, **n** é um parâmetro e **result** é uma variável temporária. Os parâmetros e variáveis temporárias de uma função existem apenas durante o tempo de vida de uma chamada de função e não são visíveis para outras funções ou para o programa circundante. Assim, várias funções diferentes podem usar os mesmos parâmetros e nomes de variáveis sem conflitos.

Quando uma função não inclui uma instrução **return**, ele retorna automaticamente o valor **None** após a execução de sua última instrução.

Você pode definir funções em qualquer ordem em um módulo, desde que nenhuma função seja realmente executada antes de sua definição ser compilada. O próximo exemplo mostra uma chamada de função ilegal no início de um módulo:

```
first()          # Gera um NameError (função ainda indefinida)

def first():
    print("Calling first.")
    second()     # Gera um NameError Não é um erro, porque realmente não é
                 # chamada até depois de second ser definida

def second():
    print("Calling second.")

first()          # Aqui é onde a chamada da primeira deve entrar
```

Quando o Python executa a primeira linha de código, a função **first** ainda não foi definida, então uma exceção é levantada. Se você colocasse um símbolo de comentário **#** no início dessa linha e executasse o código novamente, o programa seria executado para um término normal. Neste caso, embora a função **second** pareça ter sido chamada antes de ser definida, ela não é realmente chamada até a função **first** ser chamada, momento em que ambas as funções foram definidas.

Você pode especificar parâmetros como opcionais, com valores padrão, usando a notação **<nome de parâmetro> = <valor padrão>**. Os parâmetros necessários (aqueles sem valores padrão) devem preceder os parâmetros opcionais na lista de parâmetros.

Funções recursivas

Uma **função recursiva** é uma função que chama a si mesma. Para evitar que uma função se repita indefinidamente, ela deve conter pelo menos uma instrução de seleção. Essa instrução examina uma condição chamada de **caso-base** para determinar se deve parar ou continuar com uma etapa recursiva.

Vamos examinar como converter um algoritmo iterativo em uma função recursiva. Eis uma definição de uma função `displayRange` que imprime os números de um limite inferior a um limite superior:

```python
def displayRange(lower, upper):
    """Retorna a soma dos números do menor para o maior."""
    while lower <= upper:
        print(lower)
        lower = lower + 1
```

Como você faria para converter essa função em uma recursiva? Primeiro, deve observar dois fatos importantes:

- O corpo do laço continua a execução enquanto `lower <= upper`.
- Quando a função é executada, `lower` é incrementado em 1, mas `upper` nunca muda.

A função recursiva equivalente executa operações primitivas semelhantes, mas o laço é substituído por uma instrução `if` e a instrução de atribuição é substituída por uma chamada recursiva da função. Eis o código com essas alterações:

```python
def displayRange(lower, upper):
    """Retorna a soma dos números do menor para o maior.""
    if lower <= upper:
        print(lower)
        displayRange(lower + 1, upper)
```

Embora a sintaxe e o design das duas funções sejam diferentes, o mesmo processo algorítmico é executado. Cada chamada da função recursiva visita o próximo número na sequência, assim como o laço faz na versão iterativa da função.

A maioria das funções recursivas espera pelo menos um argumento. Esse valor de dados testa o caso-base que finaliza o processo recursivo. Ele também é modificado de alguma forma antes de cada etapa recursiva. A modificação do valor dos dados deve produzir um novo valor de dados que permite que a função com o tempo alcance o caso-base. No caso de `displayRange`, o valor do argumento `lower` é incrementado antes de cada chamada recursiva até exceder o valor do argumento `upper`.

O próximo exemplo é uma função recursiva que cria e retorna um valor. A função `sum` do Python espera uma coleção de números e retorna a soma. Essa função deve retornar a soma dos números de um limite inferior a um limite superior. A função recursiva `ourSum` retorna 0 se `lower` excede `upper` (o caso-base). Caso contrário, a função adiciona `lower` ao `ourSum` do `lower + 1` através de `upper` e retorna este resultado. Eis o código para essa função:

```python
def ourSum(lower, upper):
    """Retorna a soma dos números de baixo para cima."""
    if lower > upper:
        return 0
    else:
        return lower + ourSum(lower + 1, upper)
```

A chamada recursiva de **ourSum** soma os números desde `lower` + `1` até **upper**. A função então adiciona `lower` a esse resultado e o retorna.

Para obter uma melhor compreensão de como funciona a recursão, é útil rastrear suas chamadas. Você pode fazer isso para a versão recursiva da função **ourSum**. Adicione um argumento para uma margem de recuo e uma instrução **print** para rastrear os dois argumentos e o valor retornado em cada chamada. A primeira instrução em cada chamada calcula o recuo, que é então usado para imprimir os dois argumentos. O valor calculado também é impresso com esse recuo antes de cada chamada retornar. Eis o código, seguido por uma sessão mostrando seu uso:

```python
def ourSum(lower, upper, margin = 0):
    Retorna a soma dos números do menor para o maior,
    e mostra um traço dos argumentos e valores de retorno
    em cada ligação."""
    blanks = " " * margin
    print(blanks, lower, upper)      # Imprime os argumentos
    if lower > upper:
        print(blanks, 0)             # Imprime o valor retornado
        return 0
    else:
        result = lower + ourSum(lower + 1, upper, margin + 4)
        print(blanks, result)        # Imprime o valor retornado
        return result
```

Uso:

```python
>>> ourSum(1, 4)
 1 4
     2 4
         3 4
             4 4
                 5 4
                 0
             4
         7
     9
 10
 10
```

Os pares exibidos dos argumentos são recuados ainda mais para a direita à medida que as chamadas de **ourSum** se sucedem. Observe que o valor de **lower** aumenta em 1 em cada chamada, enquanto o valor de **upper** continua o mesmo. A chamada final de **ourSum** retorna 0. À medida que a recursão se desenrola, cada valor retornado é alinhado com os argumentos acima dele e aumenta pelo valor atual de **lower**. Esse tipo de rastreamento pode ser uma ferramenta de depuração útil para funções recursivas.

Definições de funções aninhadas

As definições de outras funções podem ser aninhadas na sequência das instruções de uma função. Considere as duas definições a seguir de uma função **fatorial** recursiva. A primeira definição usa uma função auxiliar aninhada para realizar a recursão com os parâmetros necessários. A segunda definição fornece ao segundo parâmetro um valor padrão para simplificar o design.

```python
# Primeira definição
def factorial(n):
    """Retorna o fatorial de n."""

    def recurse(n, product):
        """Função auxiliar para calcular fatorial."""
        if n == 1: return product
        else: return recurse(n - 1, n * product)

    return recurse(n, 1)

# Segunda definição
def factorial(n, product = 1):
    """Retorna o fatorial de n."""
    if n == 1: return product
    else: return factorial(n - 1, n * product)
```

Funções de ordem superior

As funções Python são objetos de dados de primeira classe. Isso significa que você pode atribuí-las a variáveis, salvá-las em estruturas de dados, passá-las como argumentos para outras funções e retorná-las como os valores de outras funções. Uma **função de ordem** superior é uma função que recebe outra função como argumento e a aplica de alguma forma. O Python inclui duas funções integradas de ordem superior, `map` e `filter`, que são úteis para processar objetos iteráveis.

Suponha que você queira converter uma lista de inteiros em outra lista de representações de string desses inteiros. Você pode usar um laço para visitar cada inteiro, convertê-lo em uma string e anexá-lo a uma nova lista, da seguinte maneira:

```python
newList = []
for number in oldList: newList.append(str(number))
```

Alternativamente, você pode usar `map`. Essa função espera uma função e um objeto iterável como argumentos e retorna outro objeto iterável em que a função de argumento é aplicada a cada item contido no objeto iterável. Em suma, `map` essencialmente transforma cada item em um objeto iterável. Assim, o código

```python
map(str, oldList)
```

cria o objeto iterável contendo as strings, e o código

```python
newList = list(map(str, oldList))
```

cria uma lista a partir desse objeto.

Suponha que você queira remover todas as notas zero de uma lista de notas de exames. O seguinte laço faria isso:

```
newList = []
for number in oldList:
    if number > 0: newList.append(number)
```

Como alternativa, você pode usar a função **filter**. Ela espera uma função booleana e um objeto iterável como argumentos. A função **filter** retorna um objeto iterável no qual cada item é passado para a função booleana. Se essa função retornar **True**, o item será retido no objeto iterável retornado; caso contrário, o item será retirado dele. Resumidamente, **filter** essencialmente mantém os itens que passam em um teste em um objeto iterável. Assim, supondo que o programador já tenha definido a função booleana **isPositive**, o código

```
filter(isPositive, oldList)
```

cria o objeto iterável contendo as notas diferentes de zero, e o código

```
newList = list(filter(isPositive, oldList))
```

cria uma nova lista a partir desse objeto.

Criando funções anônimas com lambda

Os programadores podem evitar a definição de funções auxiliares únicas, como **isPositive** criando uma função anônima para passar para **map** ou **filter**, no processo. Eles usam a forma lambda do Python **lambda** para este fim. A sintaxe de **lambda** é:

```
lambda <lista de argumentos> : <expressão>
```

Observe que a expressão não pode incluir uma sequência de instruções, como em outras funções Python. O código

```
newList = list(filter(lambda number: number > 0, oldList))
```

usa uma função booleana anônima para remover as notas zero da lista de notas.

Outra função de alta ordem, **functools.reduce**, reduz os itens de um objeto iterável a um único valor, aplicando uma função de dois argumentos a cada próximo item e ao resultado do aplicativo anterior. Assim, o laço **for** para calcular o produto de uma sequência de números mostrada anteriormente pode ser reescrito como:

```
import functools
product = functools.reduce(lambda x, y: x * y, range(1, 11))
```

Captura de exceções

Quando a máquina virtual Python encontra um erro semântico durante a execução do programa, ela apresenta uma exceção e interrompe o programa com uma mensagem de erro. Exemplos de erros semânticos são nomes de variáveis indefinidas, tentativas de divisão por 0 e índices de lista fora do intervalo. A sinalização desses erros é uma dádiva para o programador, que pode então corrigi-los para produzir um programa melhor. No entanto, alguns erros, como dígitos incorretos em um número de entrada, são erros do usuário. Nesses casos, o programa não deve permitir que as exceções resultantes interrompam a execução, mas deve interceptá-las e permitir que o usuário se recupere normalmente.

Programação básica em Python

O Python inclui uma instrução **try-except** que permite a um programa interceptar ou capturar exceções e executar as operações de recuperação apropriadas. Eis a sintaxe da forma mais simples dessa instrução:

```
try:
    <instruções>
except <tipo de exceção>:
    <instruções>
```

Quando você executa essa instrução, as instruções dentro da cláusula **try** são executadas. Se uma dessas instruções gerar uma exceção, o controle é imediatamente transferido para a cláusula **except**. Se o tipo de exceção levantada corresponder ao tipo nessa cláusula, suas instruções serão executadas. Caso contrário, o controle é transferido para o chamador do **try-except** e mais acima na cadeia de chamadas, até que a exceção seja tratada com êxito ou o programa seja interrompido com uma mensagem de erro. Se as instruções na cláusula **try** é levantada sem exceções, a cláusula **except** é ignorada e o controle prossegue para o final da instrução **try-except**.

Em geral, você deve tentar incluir o tipo de exceção que corresponda ao tipo esperado nas circunstâncias; se tal tipo não existe, o tipo mais geral **Exceção** corresponderá a qualquer exceção que por acaso seja gerada.

O programa de demonstração a seguir define uma função recursiva chamada **safeIntegerInput**. Ela captura um exceção **ValueError** que é gerada se o usuário inserir dígitos incorretos durante a entrada. A função força o usuário a continuar até que um inteiro bem formado seja inserido, após o que, o inteiro é retornado ao chamador.

```
"""
Autor: Ken Lambert
Demonstra uma função que intercepta erros de formato de número durante a entrada.
"""

def safeIntegerInput(prompt):
    """Solicita ao usuário um número inteiro e retorna o
    inteiro se estiver bem formado. Caso contrário, imprime uma
    mensagem de erro e repete este processo."""
    inputString = input(prompt)
    try:
        number = int(inputString)
        return number
    except ValueError:
        print("Error in number format:", inputString)
        return safeIntegerInput(prompt)

if __name__ == "__main__":
    age = safeIntegerInput("Enter your age: ")
    print("Your age is", age)
```

Eis um exemplo de uma sessão com esse programa:

```
Enter your age: abc
```

```
Error in number format: abc
Enter your age: 6i
Error in number format: 6i
Enter your age: 61
Your age is 61
```

Arquivos e suas operações

O Python fornece ótimo suporte para gerenciar e processar vários tipos de arquivos. Esta seção examina algumas manipulações de arquivos de texto e arquivos de objeto.

Saída de arquivo de texto

Você pode visualizar os dados em um arquivo de texto como caracteres, palavras, números ou linhas de texto, dependendo do formato do arquivo e das finalidades para as quais os dados são usados. Quando os dados são tratados como inteiros ou números de ponto flutuante, eles devem ser separados por **caracteres de espaço em branco** — espaços, guias e novas linhas. Por exemplo, um arquivo de texto contendo seis números de ponto flutuante pode ter a seguinte aparência:

```
34,6 22,33 66,75
77,12 21,44 99,01
```

quando examinado com um editor de texto. Observe que esse formato inclui um espaço ou uma nova linha como separador de itens no texto.

Todas as saídas de dados ou entradas de um arquivo de texto devem ser strings. Assim, os números devem ser convertidos em strings antes da saída e essas strings devem ser convertidas de volta em números após a entrada.

Você pode gerar dados para um arquivo de texto usando um objeto de arquivo. A função open do Python, que espera um nome de caminho de arquivo e uma string de modo como argumentos, abre uma conexão com o arquivo no disco e retorna um objeto de arquivo. A string de modo é **'r'** para arquivos de entrada e **'w'** para arquivos de saída. Assim, o código a seguir abre um objeto de arquivo em um arquivo denominado myfile.txt para saída:

```
>>> f = open("myfile.txt", 'w')
```

Se o arquivo não existir, ele será criado com o nome de caminho fornecido. Se o arquivo já existe, o Python o abre. Quando os dados são gravados no arquivo e o arquivo é fechado, todos os dados anteriormente existentes no arquivo são apagados.

Os dados da string são gravados (ou produzidos) em um arquivo usando o método **write** com o objeto arquivo. O método write espera um único argumento de string. Se você quiser que o texto de saída termine com uma nova linha, inclua o caractere de escape **\n** na string. A próxima instrução grava duas linhas de texto no arquivo:

```
>>> f.write("First line.\nSecond line.\n")
```

Quando todas as saídas forem concluídas, o arquivo deve ser fechado usando o método **close**, do seguinte modo:

```
>>> f.close()
```

O não fechamento de um arquivo de saída pode resultar na perda de dados.

Gravando números em um arquivo de texto

O método de arquivo **write** espera uma string como argumento. Portanto, outros tipos de dados, como inteiros ou números de ponto flutuante, devem primeiro ser convertidos em strings antes de serem gravados em um arquivo de saída. Em Python, os valores da maioria dos tipos de dados podem ser convertidos em strings usando o função **str**. As strings resultantes são então gravadas em um arquivo com um espaço ou uma nova linha como um caractere separador.

O próximo segmento de código ilustra a saída de inteiros para um arquivo de texto. Quinhentos inteiros aleatórios entre 1 e 500 são gerados e gravados em um arquivo de texto denominado integers.txt. O caractere de nova linha é o separador.

```python
import random
f = open("integers.txt", 'w')
for count in range(500):
    number = random.randint(1, 500)
    f.write(str(number) + "\n")
f.close()
```

Lendo texto de um arquivo de texto

Você abre um arquivo para entrada de maneira semelhante a abrir um arquivo para saída. A única coisa que muda é a string de modo, que, no caso de abrir um arquivo para entrada, é **'r'**. No entanto, se o nome de caminho não estiver acessível a partir do diretório de trabalho atual, o Python gerará um erro. Eis o código para abrir myfile.txt para entrada:

```python
>>> f = open("myfile.txt", 'r')
```

Há várias maneiras de ler dados de um arquivo de entrada. A maneira mais simples é usar o método de arquivo read para inserir todo o conteúdo do arquivo como uma única string. Se o arquivo contiver várias linhas de texto, os caracteres de nova linha serão incorporados nessa string. A próxima sessão com o shell mostra como usar o método **read**:

```python
>>> text = f.read()
>>> text
'First line.\nSecond line.\n'
>>> print(text)
First line.
Second line.
```

Depois que a entrada for concluída, outra chamada a **read** retorna uma string vazia, para indicar que o final do arquivo foi alcançado. Para repetir uma entrada, você deve reabrir o arquivo. Não é necessário fechar o arquivo.

Como alternativa, um aplicativo pode ler e processar o texto uma linha por vez. Um laço **for** faz isso muito bem. O laço **for** exibe um objeto de arquivo como uma sequência de linhas

Fundamentos de Python: estruturas de dados

de texto. Em cada passagem pelo laço, a variável do laço é ligada à próxima linha de texto na sequência. Eis uma sessão que reabre o arquivo de exemplo e visita as linhas de texto nele:

```
>>> f = open("myfile.txt", 'r')
>>> for line in f:
        print(line)
First line.

Second line.
```

Observe que **print** parece produzir uma nova linha extra. Isso ocorre porque cada linha de entrada de texto do arquivo retém o caractere de nova linha. Você pode eliminar essa nova linha da saída usando o argumento opcional para o **print**, função mostrada anteriormente.

Nos casos em que você deseja ler determinado número de linhas de um arquivo (digamos, apenas a primeira linha), use o método de arquivo **readline**. O método **readline** consome uma linha de entrada e retorna esta string, incluindo a nova linha. Se **readline** encontrar o final do arquivo, ele retorna a string vazia. O próximo segmento de código usa um laço **while True** para inserir todas as linhas de texto com **readline**:

```
>>> f = open("myfile.txt", 'r')
>>> while True:
        line = f.readline()
        if line == "":
            break
        print(line)
First line.

Second line.
```

Lendo números de um arquivo

Todas as operações de entrada de arquivo retornam dados ao programa como strings. Se essas strings representam outros tipos de dados, como inteiros ou números de ponto flutuante, o programador deve convertê-las nos tipos apropriados antes de manipulá-las posteriormente. Em Python, as representações de strings de números inteiros e números de ponto flutuante podem ser convertidas para os próprios números usando as funções **int** e **float**, respectivamente.

Ao ler dados de um arquivo, outra consideração importante é o formato dos itens de dados no arquivo. Anteriormente, vimos um exemplo de segmento de código que produz números inteiros separados por novas linhas em um arquivo de texto. Durante a entrada, esses dados podem ser lidos com um simples laço **for**. Esse laço acessa uma linha de texto em cada passagem. Para converter essa linha para o inteiro contido nela, o programador executa o método string **strip** para remover a nova linha e, em seguida, executa a função **int** para obter o valor inteiro.

O próximo segmento de código ilustra essa técnica. Ele abre o arquivo de inteiros aleatórios gravado anteriormente, os lê e imprime a soma.

```
f = open("integers.txt", 'r')
```

```python
theSum = 0
for line in f:
    line = line.strip()
    number = int(line)
    theSum += number
print("The sum is", theSum)
```

Obter números de um arquivo de texto no qual estão separados por espaços é um pouco mais complicado. Um método prossegue lendo as linhas em um laço **for**, como antes. Mas cada linha agora pode conter vários números inteiros separados por espaços. Você pode usar o método de string **split** para obter uma lista das strings que representam esses inteiros e, em seguida, processar cada string nesta lista com outro laço **for**.

O próximo segmento de código modifica o anterior para lidar com inteiros separados por espaços ou novas linhas.

```python
f = open("integers.txt", 'r')
theSum = 0
for line in f:
    wordlist = line.split()
    for word in wordlist:
        number = int(word)
        theSum += number
print("The sum is", theSum)
```

Observe que a linha não precisa ser removida da nova linha, porque **split** cuida disso automaticamente.

Normalmente, uma boa ideia é simplificar seu código, se possível. Por exemplo, nos dois exemplos anteriores, um laço acumula a soma de uma sequência de inteiros. O Python inclui uma função integrada chamada **sum** que já faz isso. Antes de poder chamar essa função, no entanto, você deve converter uma sequência de palavras no arquivo de entrada em uma sequência de inteiros. Você pode fazer isso sem um laço, em quatro etapas:

1. Ler o texto do arquivo em uma única string.

2. Dividir essa string em uma lista de palavras.

3. Mapear a função **int** nesta lista para converter as strings em inteiros.

4. Somar o resultado.

Eis o projeto simplificado, em duas linhas de código:

```python
f = open("integers.txt", 'r')
print("The sum is", sum(map(int, f.read (). split ())))
```

Como **split** reconhece espaços em branco ou novas linhas como separadores entre palavras, esse código funcionará com arquivos formatados com qualquer forma de espaço em branco separando os valores de dados.

Lendo e escrevendo objetos com `pickle`

Você pode converter qualquer objeto em texto para armazenamento, mas o mapeamento de objetos complexos para texto e vice-versa pode ser entediante e causar dores de cabeça com manutenção. Felizmente, o Python inclui um módulo que permite ao programador salvar e carregar objetos usando um processo chamado **pickling**. O termo vem do processo de conversão de pepinos em picles para preservação em potes. Entretanto, no caso dos objetos computacionais, você pode obter os pepinos de volta. Qualquer objeto pode ser conservado antes de ser salvo em um arquivo e, em seguida, "retirado" à medida que você o carrega de um arquivo para um programa. O Python cuida de todos os detalhes de conversão automaticamente.

Você começa importando o módulo **pickling**. Os arquivos são abertos para entrada e saída usando os flags **"rb"** e **"wb"** (para fluxos de bytes) e fechados da maneira usual. Para salvar um objeto, você usa a função **pickle.dump**. O primeiro argumento é o objeto a ir para o "dump" ou ser salvo em um arquivo e o segundo argumento é o objeto de arquivo.

Por exemplo, você pode usar o módulo **pickle** para salvar os objetos em uma lista chamada **lyst** para um arquivo denominado items.dat. Não é preciso saber quais tipos de objetos estão na lista ou quantos objetos existem. Eis o código:

```python
import pickle
lyst = [60, "A string object", 1977]
fileObj = open("items.dat", "wb")
for item in lyst:
    pickle.dump(item, fileObj)
fileObj.close()
```

Nesse exemplo, você poderia ter gravado a lista inteira no arquivo em vez de cada um dos objetos. No entanto, você não poderá fazer isso com alguns tipos de coleções discutidas neste livro, como aquelas baseadas em estruturas ligadas. Portanto, você deve adotar uma política de gravar itens individuais em uma coleção em um arquivo e recriar a coleção a partir de entradas de arquivo.

Você pode carregar objetos armazenados em um programa a partir de um arquivo usando a função **pickle.load**. Se o final do arquivo foi alcançado, essa função irá gerar uma exceção. Isso complica o processo de entrada, porque você não tem uma maneira aparente de detectar o final do arquivo antes que a exceção seja levantada. Mas a instrução **try-except** do Python vem em seu socorro. Essa instrução permite que uma exceção seja detectada e o programa se recupere.

Agora você pode construir um laço de arquivo de entrada que continua a carregar objetos até o final do arquivo ser encontrado. Quando isso acontece, um **EOFError** é apresentado. A cláusula **except** então fecha o arquivo e sai do laço. Eis o código para carregar objetos do arquivo items.dat em uma nova lista chamada **lyst**:

```python
lyst = list()
fileObj = open("items.dat", "rb")
while True:
    try:
        item = pickle.load(fileObj)
```

```
        lyst.append(item)
    except EOFError:                # Fim da entrada detectado aqui
        fileObj.close()
        break
print(lyst)
```

Criando classes

Uma **classe** descreve os dados e os métodos pertencentes a um conjunto de objetos. Ele fornece uma planta para criar objetos e o código a ser executado quando os métodos são chamados neles. Todos os tipos de dados no Python são classes.

A sintaxe de uma definição de classe Python é:

```
def  <nome da classe> (<nome da classe pai>):

    <atribuições de variável de classe>

    <definições de método de instância>
```

Os nomes das classes são escritos em maiúscula por convenção. O código para uma definição de classe geralmente entra em um módulo cujo nome de arquivo é o nome dessa classe em letras minúsculas. Classes relacionadas podem aparecer no mesmo módulo.

O nome da **classe pai** é opcional; nesse caso, presume-se que seja **object**. Todas as classes Python pertencem a uma hierarquia, com **object** na raiz. Vários métodos, como **__str__** e **__eq__**, são definidos em **object** e são herdados automaticamente por todas as subclasses. Como veremos mais adiante, esses métodos fornecem comportamento padrão mínimo para quaisquer novas classes.

Métodos de instância são executados em objetos de uma classe. Incluem código para acessar ou modificar variáveis de instância. Uma **variável de instância** refere-se ao armazenamento mantido por um objeto individual.

Variáveis de classe referem-se ao armazenamento mantido em comum por todos os objetos de uma classe.

Para ilustrar essas ideias, esta seção explorará agora o código para a definição de uma classe **Counter**. Um objeto contador, como o nome indica, rastreia uma contagem de inteiros. O valor de um contador é inicialmente 0 e pode ser redefinido como 0 a qualquer momento. Você pode aumentar ou diminuir um contador, obter seu valor inteiro atual, obter sua representação de string ou comparar dois contadores para igualdade. Eis o código para a classe:

```
class Counter(object):
    """Modela um contador."""

    # Variável de classe
    instances = 0

    # Construtor
    def __init__(self):
```

Fundamentos de Python: estruturas de dados

```python
        """Configura o contador."""
        Counter.instances += 1
        self.reset()

    # Métodos mutadores
    def reset(self):
        """Configura o contador como 0."""
        self.value = 0

    def increment(self, amount = 1):
        """Adiciona uma quantia ao contador."""
        self.value += amount

    def decrement(self, amount = 1):
        """Subtrai o valor do contador."""
        self.value -= amount

    # Métodos acessores
    def getValue(self):
        """Retorna o valor do contador."""
        return self.value

    def __str__(self):
        """Retorna a representação de string do contador."""
        return str(self._value)
    def __eq__(self, other):
        """Retorna True se self for igual a other
        ou False, caso contrário."""
        if self is other: return True
        if type(self) != type(other): return False
        return self.value == other.value
```

Eis uma interação com alguns objetos contadores no shell do Python:

```python
>>> from counter import Counter
>>> c1 = Counter()
>>> print(c1)
0
>>> c1.getValue()
0
>>> str(c1)
'0'
>>> c1.increment()
>>> print(c1)
1
>>> c1.increment(5)
>>> print(c1)
6
>>> c1.reset()
>>> print(c1)
0
>>> c2 = Counter()
```

```
>>> Counter.instances
2
>>> c1 == c1
True
>>> c1 == 0
False
>>> c1 == c2
True
>>> c2.increment()
>>> c1 == c2
False
```

E agora algumas observações rápidas:

A classe **Counter** é uma subclasse de **object**.

A variável de classe **instances** rastreia o número de objetos contadores criados. Exceto onde é inicialmente introduzida por atribuição, uma variável de classe deve ter o nome da classe como um prefixo.

A sintaxe de uma definição de método de instância é a mesma que a de uma definição de função; mas um parâmetro extra, denominado **auto**, sempre aparece no início da lista de parâmetros. No contexto de uma definição de método, o nome **auto** refere-se ao objeto no qual esse método é executado.

O método de instância **__init__**, também chamado de construtor, é executado automaticamente quando uma instância de **Counter** é criada. Esse método inicializa a variável de instância e atualiza a variável de classe. Observe que **__init__** chama o método de instância **reset**, usando a sintaxe **self.reset()**, para inicializar a única variável de instância.

Os outros métodos de instância são de dois tipos: **mutadores** e **acessores**. Um mutador modifica ou altera o estado interno de um objeto modificando suas variáveis de instância. Um acessor simplesmente observa ou usa os valores das variáveis de instância do objeto sem alterá-los.

Em sua primeira chamada, o método de instância **reset** introduz a variável de instância **self.value**. Depois disso, qualquer outra chamada desse método altera o valor dessa variável para 0.

Uma variável de instância sempre tem o prefixo **auto**. Ao contrário dos parâmetros ou variáveis temporárias, uma variável de instância é visível em qualquer método dentro de uma classe.

Os métodos **increment** e **decrement** usam argumentos padrão, que dão ao programador a opção de especificar os valores ou não.

O método **__str__** na classe **Counter** substitui o mesmo método na classe **object**. O Python executa **__str__** em um objeto quando esse objeto é passado como um argumento para a função **str**. Quando um método é executado em um objeto, o Python procura o código do método primeiro na própria classe desse objeto. Se o método não for encontrado lá, o Python procura na classe pai etc. Se o código do método não for encontrado (depois de olhar na classe **object**), o Python levanta uma exceção.

Quando a função **print** recebe um argumento, o argumento do método **__str__** é executado automaticamente para obter sua representação de string para saída. O programador é encorajado a incluir um método **__str__** para cada classe por ele definida, para auxiliar na depuração.

O Python executa o método **__eq__** quando vê o operador ==. A definição padrão desse método, na classe **object**, excecuta o operador **is**, que compara os dois operandos para a identidade do objeto. Como se pode ver, você também quer que dois objetos contadores distintos sejam considerados iguais, desde que os dois objetos tenham o mesmo valor. Como o segundo operando de == pode ser qualquer objeto, o método **__eq__** pergunta se os tipos de operandos são os mesmos antes de acessar suas variáveis de instância. Observe que você também pode acessar uma variável de instância usando a notação de ponto em um objeto.

Há muito mais coisas que poderiam ser ditas sobre o desenvolvimento de suas próprias classes Python, mas o restante deste livro explora o tema de forma bastante completa e deliberada.

Projetos

1. Escreva um programa que receba o raio de uma esfera (um número de ponto flutuante) como entrada e produza o diâmetro, a circunferência, a área da superfície e o volume da esfera.

2. O pagamento semanal total de um funcionário é igual ao salário por hora multiplicado pelo número total de horas regulares mais qualquer pagamento de horas extras. O pagamento de horas extras é igual ao total de horas extras multiplicado por 1,5 vez o salário por hora. Escreva um programa que receba como entradas o salário por hora, o total de horas regulares e o total de horas extras e exiba o pagamento semanal total de um funcionário.

3. Um experimento científico padrão é deixar cair uma bola e ver até que altura ela quica. Depois que o "quicamento" da bola foi determinado, a razão fornece um índice de quicamento. Por exemplo, se uma bola largada de uma altura de 10 pés quica 6 pés de altura, o índice é 0,6 e a distância total percorrida pela bola é 16 pés após um salto. Se a bola continuasse quicando, a distância depois de dois quiques seria 10 pés + 6 pés + 6 pés + 3,6 = 25,6. Observe que a distância percorrida para cada salto sucessivo é a distância até o chão mais 0,6 dessa distância conforme a bola volta a subir. Escreva um programa que permita ao usuário inserir a altura inicial da bola e o número de vezes que a bola pode continuar quicando. A saída deve ser a distância total percorrida pela bola.

4. O matemático alemão Gottfried Leibniz desenvolveu o seguinte método para aproximar o valor de π:

   $\pi/4 = 1 - 1/3 + 1/5 - 1/7 + ...$

   Escreva um programa que permita ao usuário especificar o número de iterações usadas nessa aproximação e exibir o valor resultante.

5. A TidBit Computer Store tem um plano de crédito para compras de computadores. Há um pagamento inicial de 10% e uma taxa de juros anual de 12%. Os pagamentos mensais são 5% do preço de compra listado menos o pagamento inicial. Escreva um programa que considere o preço de compra como entrada. O programa deve exibir uma tabela, com cabeçalhos apropriados, de um cronograma de pagamento durante o tempo de vida do empréstimo. Cada linha da tabela deve conter os seguintes itens:

- O número do mês (começando com 1)

- O saldo total atual devido

- Os juros devidos naquele mês

- O valor do principal devido naquele mês

- O pagamento daquele mês

- O saldo remanescente após o pagamento

O valor dos juros para um mês é igual ao saldo * taxa/ 12. O valor do principal de um mês é igual ao pagamento mensal menos os juros devidos.

6. O Departamento de Folha de Pagamento mantém uma lista de informações do funcionário para cada período de pagamento em um arquivo de texto. O formato de cada linha do arquivo é:

`<sobrenome> <salário por hora> <horas trabalhadas>`

Escreva um programa que insira um nome de arquivo do usuário e imprima um relatório no terminal dos salários pagos aos funcionários no período determinado. O relatório deve estar em formato tabular com o cabeçalho apropriado. Cada linha deve conter o nome do funcionário, as horas trabalhadas e os salários pagos naquele período.

7. Os estatísticos gostariam de ter um conjunto de funções para calcular a **mediana** e o **modo** de uma lista de números. A mediana é o número que apareceria no ponto médio de uma lista se fosse ordenada. O modo é o número que aparece com mais frequência na lista. Defina essas funções em um módulo denominado stats.py. Também inclui uma função chamada `mean`, que calcula a média de um conjunto de números. Cada função espera uma lista de números como um argumento e retorna um único número.

8. Escreva um programa que permita ao usuário navegar pelas linhas de texto em um arquivo. O programa deve solicitar ao usuário um nome de arquivo e inserir as linhas de texto em uma lista. O programa então deve entrar em um laço no qual imprima o número de linhas no arquivo e solicite ao usuário um número de linha. Os números reais das linhas variam de 1 ao número de linhas no arquivo. Se a entrada for 0, o programa deve ser encerrado. Do contrário, o programa deve imprimir a linha associada a esse número.

9. No programa de estimativa de número discutido neste capítulo, o computador pensa em um número e o usuário insere estimativas, até que uma estimativa correta seja

detectada. Escreva um programa no qual esses papéis sejam invertidos: o usuário pensa em um número e o computador calcula e fornece suposições. Como o computador na versão anterior desse jogo, o usuário deve fornecer dicas, como "<" e ">" (significando "meu número é menor" e "meu número é maior", respectivamente) quando o computador faz uma estimativa incorreta. O usuário insere "=" quando o computador faz uma estimativa correta. O usuário deve inserir o limite inferior e o limite superior do intervalo dos números na inicialização. O computador deve precisar de no máximo uma rodada ($\log2(\text{alto} - \text{baixo}) + 1$) de suposições para obter o número correto. Seu programa deve rastrear o número de estimativas e gerar a mensagem "Você está trapaceando!" se o número de estimativas incorretas alcançar o máximo necessário. Eis uma interação de exemplo com esse programa:

```
Enter the smaller number: 1
Enter the larger number: 100
Your number is 50
Enter =, < ou >: >
Your number is 75
Enter =, < ou >: <
Your number is 62
Enter =, < ou >: <
Your number is 56
Enter =, < ou >: =
Hooray, I've got it in 4 tries!
```

10. Um sistema de gerenciamento de cursos simples modela as informações de um aluno com um nome e um conjunto de pontuações de teste. Esse sistema deve ser capaz de criar um objeto aluno com um determinado nome e um número de pontuações, todas as quais serão 0 na inicialização. O sistema deve ser capaz de acessar ou substituir uma pontuação na posição dada (contando a partir de 0), obter o número de pontuações, obter a pontuação mais alta, obter a pontuação média e obter o nome do aluno. Além disso, o objeto aluno quando impresso deve mostrar o nome do aluno e as pontuações como no exemplo a seguir:

```
Name: Ken Lambert
Score 1: 88
Score 2: 77
Score 3: 100
```

Defina uma classe **Student** que ofereça suporte a esses recursos e comportamento e escreva uma breve função de teste que cria um objeto **Student** e executa seus métodos.

CAPÍTULO 2

Visão geral das coleções

Depois de concluir este capítulo, você será capaz de:

◎ Definir as quatro categorias gerais das coleções — linear, hierárquica, em grafos e não ordenada

◎ Listar os tipos específicos de coleções que pertencem a cada uma das quatro categorias de coleções

◎ Reconhecer quais coleções são apropriadas para determinados aplicativos

◎ Descrever as operações comumente usadas em cada tipo de coleção

◎ Descrever a diferença entre um tipo de coleção abstrata e suas implementações

Uma **coleção**, como o nome indica, é um grupo de zero ou mais itens que podem ser tratados como uma unidade conceitual. Quase todos os softwares não triviais envolvem o uso de coleções. Embora parte do que você aprende na ciência da computação passe por mudanças quanto à tecnologia, os princípios básicos da organização de coleções perduram. Embora possam diferir em termos de estrutura e uso, todas as coleções têm os mesmos propósitos fundamentais: ajudam os programadores a organizar dados em programas de maneira eficaz e a modelar a estrutura e o comportamento dos objetos no mundo real.

As coleções podem ser vistas de duas perspectivas. Os usuários ou clientes das coleções estão preocupados com o que fazem em vários aplicativos. Os desenvolvedores ou implementadores de coleções estão preocupados em entender como podem funcionar da melhor forma possível como recursos de uso geral.

Este capítulo fornece uma visão dos diferentes tipos de coleções da perspectiva de seus usuários. Ele apresenta os diferentes tipos de coleções, as operações comumente disponíveis nelas e as implementações comumente usadas.

Tipos de coleção

Como já sabemos, Python inclui vários tipos de coleção integrados: a string, a lista, a tupla, o conjunto e o dicionário. A string e a lista são provavelmente os tipos de coleções mais comuns e fundamentais. Outros tipos importantes incluem pilhas, filas, filas de prioridade, árvores de pesquisa binárias, pilhas, em grafos, sacolas e vários tipos de coleções ordenadas. Coleções podem ser homogêneas, o que significa que todos os itens devem ser do mesmo tipo, ou heterogêneas, o que significa que os itens podem ser de tipos diferentes. Em muitas linguagens de programação, as coleções são homogêneas, embora a maioria das coleções Python possa conter vários tipos de objetos.

As coleções são tipicamente **dinâmicas** em vez de **estáticas**, o que significa que podem aumentar ou diminuir devido às necessidades de um problema. Além disso, seu conteúdo pode mudar ao longo de um programa. Uma exceção a essa regra é a **coleção imutável**, como a string ou tupla do Python. Os itens de uma coleção imutável são adicionados durante sua criação; depois disso, nenhum item pode ser adicionado, removido ou substituído.

Outra característica importante das coleções é a maneira como são organizadas. Agora examinaremos a organização usada em várias categorias de coleções: lineares, hierárquicas, de grafos, não ordenadas e coleções ordenadas.

Coleções lineares

Os itens em uma **coleção linear**, como as pessoas em uma fila, são ordenados por posição. Cada item, exceto o primeiro, possui um predecessor exclusivo e cada item, exceto o último, possui um sucessor exclusivo. Como mostra a Figura 2-1, o predecessor de D2 é D1 e o sucessor de D2 é D3.

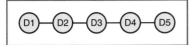

Figura 2-1 Uma coleção linear

Exemplos comuns de coleções lineares são listas de compras, pilhas de pratos de jantar e uma fila de clientes esperando em um caixa eletrônico.

Coleções hierárquicas

Itens de dados em **coleções hierárquicas** são organizados em uma estrutura semelhante a uma árvore de cabeça para baixo. Cada item, exceto aquele no topo, tem apenas um predecessor, chamado de **pai**, mas potencialmente muitos sucessores, chamados de **filhos**. Como mostra a Figura 2-2, o predecessor de D3 (pai) é D1, e os sucessores de D3 (filhos) são D4, D5 e D6.

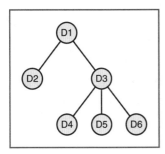

Figura 2-2 Uma coleção hierárquica

Um sistema de diretório de arquivos, a estrutura organizacional de uma empresa e o índice de um livro são exemplos de coleções hierárquicas.

Coleções de grafos

Uma **coleção de grafos** também chamada de **grafo**, é uma coleção na qual cada item de dados pode ter muitos predecessores e muitos sucessores. Como mostrado na Figura 2-3, todos os elementos conectados a D3 são considerados seus predecessores e seus sucessores e também são chamados de *vizinhos*.

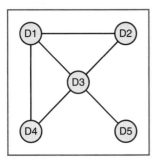

Figura 2-3 Uma coleção de grafos

Exemplos de grafos são mapas de rotas aéreas entre cidades, diagramas de fiação elétrica de edifícios e a rede mundial de computadores.

Coleções não ordenadas

Como o nome indica, os itens em um **coleção não ordenada** não estão em uma ordem específica e não é possível falar de forma significativa sobre o predecessor ou sucessor de um item. A Figura 2-4 mostra tal estrutura.

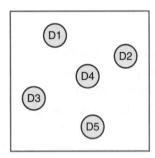

Figura 2-4 Uma coleção não ordenada

Uma sacola de bolinhas de gude é um exemplo de uma coleção não ordenada. Embora você possa colocar bolinhas de gude em uma sacola e retirá-las na ordem em que preferir, dentro da sacola, as bolinhas não estão em uma ordem específica.

Coleções ordenadas

Uma **coleção ordenada** impõe uma **ordenação natural** em seus itens. Exemplos são as entradas em uma lista telefônica (a variedade em papel do século XX) e os nomes em uma lista de alunos.

Para impor uma ordem natural, deve haver alguma regra para comparar os itens, como esse $item_i <= item_{i+1}$, para os itens visitados em uma coleção ordenada.

Embora uma lista ordenada seja o exemplo mais comum de uma coleção ordenada, as coleções ordenadas não precisam ser lineares ou ordenadas por posição. Do ponto de vista do cliente, conjuntos, sacolas e dicionários podem ser ordenados, mesmo que seus itens não sejam acessíveis por posição. Um tipo especial de coleção hierárquica, conhecido como árvore de pesquisa binária, também impõe uma ordem natural a seus itens.

Uma coleção ordenada permite que o cliente acesse todos os itens ordenadamente. Algumas operações, como pesquisa, podem ser mais eficientes em uma coleção ordenada do que em seu primo não ordenado.

Uma taxonomia dos tipos de coleção

Com as principais categorias de coleções em mente, agora você pode colocar os diferentes tipos de coleções comumente usados em uma taxonomia, conforme mostrado na Figura 2-5. A taxonomia ajudará a organizar as classes Python que representam esses tipos em capítulos mais adiante neste livro.

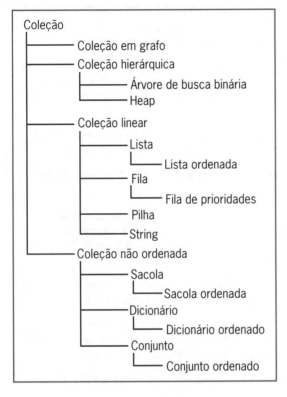

Figura 2-5 Uma taxonomia de tipos de coleção

Observe que um nome de tipo nessa taxonomia não implica uma implementação particular de uma coleção; como veremos em breve, pode haver mais de uma implementação de um determinado tipo de coleção. Além disso, alguns dos nomes, como "Coleção" e "Operações lineares na coleção", especificam uma categoria dos tipos de coleção, em vez de um tipo específico de coleção. Essas categorias serão úteis, porém, para organizar os recursos e o comportamento que determinados tipos de coleções têm em comum.

Operações nas coleções

As manipulações que você pode realizar em uma coleção variam com o tipo de coleção que está sendo usado, mas, geralmente, as operações dividem-se em várias categorias amplas que são descritas na Tabela 2-1.

Operações fundamentais em todos os tipos de coleção

Observe que várias dessas operações estão associadas a operadores, funções ou instruções de controle padrão do Python, como **in**, **+**, **len**, **str** e o laço **for**. Você já conhece o uso com strings e listas do Python.

Não há um nome único para as operações de inserção, remoção, substituição ou acesso no Python. No entanto, existem algumas variações padrão. Por exemplo, o método **pop** é usado para remover itens em determinadas posições de uma lista Python ou valores em determinadas chaves de um dicionário Python. O método **remove** é usado para remover determinados itens de

Fundamentos de Python: estruturas de dados

Categoria de operação	Descrição
Determinar o tamanho	Use a função **len** do Python para obter o número de itens atualmente na coleção.
Testar a associação de item	Use o operador **in** do Python para pesquisar determinado item de destino na coleção. Retornará **True** se o item for encontrado, ou **False** caso contrário.
Percorrer a coleção	Use laço **for** do Python para visitar cada item da coleção. A ordem em que os itens são acessados depende do tipo de coleção.
Obter uma representação de string	Use a função **str** do Python para obter a string de itens atualmente na coleção.
Teste de igualdade	Use o operador **==** do Python para determinar se duas coleções são iguais. Duas coleções são iguais se são do mesmo tipo e contêm os mesmos itens. A ordem em que os pares de itens são comparados depende do tipo de coleção.
Concatenar duas coleções	Use o operador **+** para obter uma nova coleção do mesmo tipo que os operandos e contendo os itens nos dois operandos.
Converter em outro tipo de coleção	Use a clonagem para uma coleção com os mesmos itens de uma coleção de origem. A clonagem é um caso especial de conversão de tipo, em que as duas coleções são do mesmo tipo.
Inserir um item	Para adicionar o item à coleção, possivelmente em determinada posição.
Remover um item	Para remover o item da coleção, possivelmente em determinada posição.
Substituir um item	Para combinar remoção e inserção em uma operação.
Acessar ou recuperar um item	Para obter um item, possivelmente em uma determinada posição.

Tabela 2-1 Categorias de operações em coleções

um conjunto Python ou uma lista Python. À medida que novos tipos de coleções são desenvolvidos, ainda que não são suportados no Python, todos os esforços serão feitos para usar nomes de operador, função ou método padrão para suas operações.

Conversão de tipo

Uma operação de coleção que talvez você ainda não conheça é a conversão de tipo. Você já conhece a conversão de tipo a partir do seu uso na entrada de números. Nesse contexto, você converte uma sequência de dígitos do teclado em um **int** ou **float** aplicando a função **int** ou **float** para a string de entrada. (Ver detalhes no Capítulo 1, "Programação básica do Python".)

Você pode converter um tipo de coleção em outro tipo de coleção de maneira semelhante. Por exemplo, você pode converter uma string do Python em uma lista do Python e uma lista do Python em uma tupla do Python, como mostra a sessão a seguir:

```
>>> message = "Hi there!"
>>> lyst = list(message)
>>> lyst
['H', 'i', ' ', 't', 'h', 'e', 'r', 'e', '!']
>>> toople = tuple(lyst)
>>> toople
('H', 'i', ' ', 't', 'h', 'e', 'r', 'e', '!')
```

O argumento para a função **list** ou **tupla** não precisa ser outra coleção, pode ser qualquer **objeto iterável**. Um objeto iterável permite que o programador visite uma sequência de itens com um laço **for** do Python. (Isso mesmo — parece uma coleção. Todas as coleções também são objetos iteráveis!) Por exemplo, você pode criar uma lista a partir de um intervalo, da seguinte maneira:

```
>>> lyst = list(range(1, 11, 2))
>>> lyst
[1, 3, 5, 7, 9]
```

Outras funções, como o **dict** para dicionários, espera tipos mais específicos de objetos iteráveis como argumentos, como uma lista de tuplas (chave, valor).

Geralmente, se o argumento é omitido, a função de conversão de tipo de uma coleção retorna uma coleção nova e vazia desse tipo.

Clonagem e igualdade

Um caso especial de conversão de tipo é a clonagem, que retorna uma cópia exata do argumento para a função de conversão. Esse deve ser o caso quando o tipo do argumento é o mesmo da função de conversão. Por exemplo, o próximo segmento de código faz uma cópia de uma lista e, em seguida, compara as duas usando os operadores **is** e **==**. Como as duas listas não são o mesmo objeto, **is** retorna **False**. Como as duas listas são objetos distintos, mas são do mesmo tipo e têm a mesma estrutura (cada par de elementos é o mesmo em cada posição nas duas listas), **==** retorna **True**.

```
>>> lyst1 = [2, 4, 8]
>>> lyst2 = list(lyst1)
>>> lyst1 is lyst2
False
>>> lyst1 == lyst2
True
```

As duas listas nesse exemplo não apenas têm a mesma estrutura, mas compartilham os mesmos itens. Ou seja, a função **list** faz uma **cópia superficial** de sua lista de argumentos. Esses itens não são clonados antes de serem adicionados à nova lista; em vez disso, meras referências a esses objetos são copiadas. Essa diretriz não provoca problemas quando os itens são imutáveis (números, strings ou tuplas do Python). Entretanto, quando as coleções compartilham itens mutáveis, podem ocorrer efeitos colaterais. Para evitar que isso aconteça, o programador pode criar uma **cópia profunda** escrevendo um laço **for** sobre a coleção de origem, que clona explicitamente seus itens antes de adicioná-los à nova coleção.

Os capítulos a seguir adotam a diretriz de fornecer uma função de conversão de tipo para a maioria dos tipos de coleção. Essa função seleciona um objeto iterável como um argumento opcional e executa uma cópia superficial dos itens acessados. Você também aprenderá a implementar um operador de igualdade == de maneira que reflita a organização dos itens em um determinado tipo de coleção. Por exemplo, para serem consideradas iguais, duas listas devem ter o mesmo comprimento e os mesmos itens em cada posição, ao passo que os mesmos conjuntos devem simplesmente conter de maneira exata os mesmos itens, mas em nenhuma ordem específica.

Iteradores e funções de ordem superior

Cada tipo de coleção suporta um iterador ou laço `for`, uma operação que itera sobre os itens da coleção. A ordem em que o laço `for` serve os itens de uma coleção depende da maneira como a coleção está organizada. Por exemplo, os itens em uma lista são acessados por posição, do primeiro ao último; os itens em uma coleção ordenada são acessados em ordem crescente, do menor ao maior; e os itens em um conjunto ou dicionário são acessados em nenhuma ordem específica.

O iterador talvez seja a operação mais crucial e poderosa fornecida por uma coleção. O laço `for` é usado em muitos aplicativos e desempenha um papel útil na implementação de várias outras operações básicas de coleção, como +, `str` e conversões de tipo, bem como em várias funções Python padrão, como `sum`, `max` e `min`. Como você deve saber, as funções `sum`, `max` e `min` retornam a soma, máximo e mínimo de uma lista de números, respectivamente. Como essas funções usam um laço `for` em suas implementações, elas trabalharão automaticamente com qualquer outro tipo de coleção, como um conjunto, uma sacola ou uma árvore, que também fornece um laço `for`.

O laço `for` ou iterador também suporta o uso de funções de ordem superior `map`, `filter` e `reduce` (apresentadas no Capítulo 1). Cada uma dessas funções espera outra função e uma coleção como argumentos. Como todas as coleções suportam um laço `for`, as funções `map`, `filter` e `reduce` podem ser usadas com qualquer tipo de coleção, não apenas listas.

Implementações de coleções

Naturalmente, os programadores que trabalham com programas que incluem coleções têm uma perspectiva bastante diferente sobre essas coleções do que os que são responsáveis, acima de tudo, por implementá-las.

Os programadores que usam coleções precisam entender como instanciar e usar cada tipo de coleção. Da perspectiva deles, uma coleção é um meio para armazenar e acessar itens de dados de alguma maneira predeterminada, sem se preocupar com os detalhes de implementação da coleção. Ou seja, do ponto de vista do usuário, uma coleção é uma abstração e por isso, na ciência da computação, as coleções também são chamadas de **tipos de dados abstratos** (abstract data types, ou ADT). O usuário de um ADT está preocupado apenas em aprender a interface ou o conjunto de operações que os objetos desse tipo reconhecem.

Por outro lado, os desenvolvedores de coleções se preocupam em implementar o comportamento de uma coleção da maneira mais eficiente possível, com o objetivo de fornecer o melhor desempenho para os usuários das coleções. Inúmeras implementações são geralmente possíveis. No entanto, muitos delas ocupam tanto espaço ou são executadas de maneira tão lenta que podem ser consideradas inúteis. As que permanecem tendem a se basear em várias abordagens subjacentes para organizar e acessar a memória do computador. O Capítulo 3, "Pesquisa, ordenação e análise de complexidades", e o Capítulo 4, "Arrays e estruturas ligadas", exploram essas abordagens em detalhes.

Algumas linguagens de programação, como Python, fornecem apenas uma implementação de cada um dos tipos de coleção disponíveis. Outras linguagens, como Java, fornecem várias. Por exemplo, o pacote `java.util` do Java inclui duas implementações de listas, chamadas `ArrayList` e `LinkedList`; e duas implementações de conjuntos e mapas (semelhantes aos dicionários Python), chamadas `HashSet`, `TreeSet`, `HashMap` e `TreeMap`. Os programadores Java usam as mesmas interfaces (conjunto de operações) com cada implementação, mas são livres para escolher entre as implementações com relação às suas características de desempenho e outros critérios.

Um dos objetivos deste livro é dar aos programadores Python as mesmas opções do programador Java, bem como apresentar tipos de coleção abstratos e suas implementações que não estão disponíveis em nenhuma das linguagens. Para cada categoria de coleção (linear, hierárquica, em grafos, não ordenada, ordenada), você verá um ou mais tipos de coleção abstratos e uma ou mais implementações de cada tipo.

A ideia de abstração não é exclusiva a uma discussão das coleções. É um princípio importante em muitos desafios dentro e fora da ciência da computação. Por exemplo, ao estudar o efeito da gravidade em um objeto em queda, você pode tentar criar uma situação experimental na qual possa ignorar detalhes incidentais como a cor e o sabor do objeto (por exemplo, o tipo de maçã que caiu na cabeça de Newton). Ao estudar matemática, você não se preocupa com os números que podem ser usados para contar anzóis ou pontas de flecha, mas tenta descobrir princípios abstratos e duradouros dos números. A planta de uma casa é uma abstração da casa física que permite focalizar os elementos estruturais sem ser subjugado por detalhes fortuitos, como a cor dos armários da cozinha — detalhes que são importantes para a aparência geral da casa pronta, mas não para os relacionamentos entre as partes principais da casa.

Na ciência da computação, a abstração é usada para ignorar ou ocultar detalhes que, no momento, não são essenciais. Um sistema de software é geralmente construído camada por camada, com cada camada tratada como uma abstração ou "tipo ideal" pelas camadas acima que o utilizam. Sem abstração, você precisaria considerar todos os aspectos de um sistema de software simultaneamente, o que é uma tarefa impossível. Claro, com o tempo você deve considerar os detalhes, mas pode fazer isso em um contexto pequeno e gerenciável.

Em Python, funções e métodos são as menores unidades de abstração, as classes são as próximas quanto ao tamanho e os módulos são os maiores. Este livro implementa tipos de coleção abstratos como classes ou conjuntos de classes relacionadas em módulos. As técnicas gerais para organizar essas classes, que compreendem a programação orientada a objetos, são abordadas no Capítulo 5, "Interfaces, implementações e polimorfismo" e no Capítulo 6, "Herança e classes abstratas". Uma lista completa das classes de coleção discutidas neste livro é fornecida no Capítulo 6.

Resumo

- Coleções são objetos que contêm zero ou mais outros objetos. Uma coleção possui operações para acessar seus objetos, inserindo-os, removendo-os, determinando o tamanho da coleção e percorrendo ou acessando os objetos da coleção.

- As cinco categorias principais de coleções são lineares, hierárquicas, em grafos, não ordenadas e ordenadas.

- As coleções lineares ordenam seus itens por posição, com cada uma, exceto a primeira, tendo um predecessor exclusivo e cada uma, exceto a última, tendo um sucessor exclusivo.

- Com uma exceção, os itens em uma coleção hierárquica têm um predecessor exclusivo e zero ou mais sucessores. Um único item denominado raiz não tem predecessor.

- Os itens em um grafo podem ter zero ou mais sucessores e zero ou mais predecessores.

- Os itens em uma coleção não ordenada não estão em uma ordem específica.

- As coleções são iteráveis – cada item contido em uma coleção pode ser visitado com um laço `for`. O programador também pode usar as funções de ordem superior `map`, `filter` e `reduce` para simplificar o processamento de dados com coleções.

- Um tipo de dado abstrato é um conjunto de objetos e operações nesses objetos. Coleções são, portanto, tipos de dados abstratos.

- Uma estrutura de dados é um objeto que representa os dados contidos em uma coleção.

Perguntas de revisão

1. Exemplos de coleções lineares são:
   a. Conjuntos e árvores
   b. Listas e pilhas

2. Exemplos de coleções não ordenadas são:
   a. Filas e listas
   b. Conjuntos e dicionários

3. Uma coleção hierárquica pode representar:
   a. Fila de clientes em um banco
   b. Sistema de diretório de arquivos

4. Uma coleção de grafos representa melhor:
   a. Conjunto de números
   b. Mapa das trajetórias de voos entre cidades

5. Em Python, uma operação de conversão de tipo para duas coleções:

   a. Cria cópias dos objetos na coleção de origem e adiciona esses novos objetos a uma nova instância da coleção de destino

   b. Adiciona referências aos objetos da coleção de origem a uma nova instância da coleção de destino

6. A operação `==` para duas listas deve:

   a. Comparar pares de itens em cada posição quanto à igualdade

   b. Apenas verificar se cada item em uma lista também está na outra lista

7. A operação `==` para dois conjuntos deve:

   a. Comparar pares de itens em cada posição quanto à igualdade

   b. Verificar se os conjuntos são do mesmo tamanho e se cada item em um conjunto também está no outro conjunto

8. O laço `for` em uma lista visita seus itens:

   a. Em cada posição, da primeira à última

   b. Em nenhuma ordem específica

9. A função `mapa` cria uma sequência de:

   a. Itens em determinada coleção que passam em um teste booleano

   b. Resultados da aplicação de uma função aos itens em determinada coleção

10. A função `filter` cria uma sequência de:

    a. Itens em determinada coleção que passam em um teste booleano

    b. Resultados da aplicação de uma função aos itens em determinada coleção

Projetos

1. Explore as interfaces funções de tipos de coleção integrados `str`, `list`, `tuple`, `set` e `dict` usando os comandos `dir` e `help` do Python em um prompt de shell. A sintaxe para usá-los é `dir (<nome do tipo>)` e `ajuda(<nome do tipo>)`.

2. Para comparação com o Python, navegue pelos tipos de coleção do Java, no pacote `java.util`, em *http://docs.oracle.com/javase/8/docs/api/*.

CAPÍTULO 3

Pesquisa, ordenação e análise de complexidade

Depois de concluir este capítulo, você será capaz de:

◎ Determinar a taxa de crescimento do esforço computacional, ou trabalho, de um algoritmo em termos do tamanho do problema

◎ Usar a notação big-O para descrever o tempo de execução e o uso de memória de um algoritmo

◎ Reconhecer as taxas comuns de crescimento do trabalho ou classes de complexidade — constante, logarítmica, linear, quadrática e exponencial

◎ Converter um algoritmo em uma versão mais rápida que reduz a complexidade por uma ordem de magnitude

◎ Descrever como funcionam os algoritmos de pesquisa sequencial e pesquisa binária

◎ Descrever como funcionam os algoritmos de ordenação por seleção e quicksort

Algoritmos é um dos blocos básicos de construção de programas de computador. (O outro, estruturas de dados, será examinado no Capítulo 4, "Arrays e estruturas ligadas".) O algoritmo descreve um processo computacional que é interrompido com a solução a um problema. Existem muitos critérios para avaliar a qualidade de um algoritmo. O critério mais essencial é a exatidão — isto é, se o algoritmo de fato resolve o problema que pretende resolver. Legibilidade e facilidade de manutenção também são qualidades importantes. Este capítulo analisa outro critério importante da qualidade dos algoritmos — desempenho em tempo de execução.

Quando um processo algorítmico é executado em um computador real com recursos finitos, o pensamento econômico entra em ação. Esse processo consome dois recursos: tempo de processamento e espaço ou memória. Quando executado com os mesmos problemas ou conjuntos de dados, um processo que consome menos desses dois recursos é de maior qualidade do que um que consome mais e, assim, são os algoritmos correspondentes.

Este capítulo apresenta as ferramentas para análise de complexidade — para avaliar o desempenho em tempo de execução ou a eficiência dos algoritmos. Você aplica essas ferramentas para pesquisar e ordenar algoritmos, que normalmente fazem grande parte do trabalho em aplicativos de computador. No entanto, as ferramentas e técnicas analíticas introduzidas neste capítulo serão usadas ao longo do livro.

Medindo a eficiência dos algoritmos

Alguns algoritmos consomem uma quantidade de tempo ou memória abaixo de um limiar de tolerância. Por exemplo, a maioria dos usuários fica satisfeita com qualquer algoritmo que carrega um arquivo em menos de um segundo. Para esses usuários, qualquer algoritmo que atenda esse requisito é tão bom quanto qualquer outro. Outros algoritmos levam uma quantidade de tempo que é ridiculamente impraticável (digamos, milhares de anos) com grandes conjuntos de dados. Você não pode usar esses algoritmos e, em vez disso, precisa encontrar outros, se existirem, com melhor desempenho.

Ao escolher algoritmos, muitas vezes você tem de contentar-se com uma escolha entre espaço e tempo. Um algoritmo pode ser projetado para obter tempos de execução mais rápidos ao custo de usar espaço extra (memória) ou vice-versa. Alguns usuários podem estar dispostos a pagar por mais memória para obter um algoritmo mais rápido, enquanto outros preferem um mais lento que economiza memória. Embora memória agora seja bastante barata para desktops e laptops, a escolha entre espaço e tempo continua a ser relevante para dispositivos em miniatura.

Em qualquer caso, como a eficiência é uma característica desejável dos algoritmos, é importante prestar atenção ao potencial de alguns algoritmos para baixo desempenho. Esta seção discute as várias maneiras de medir a eficiência dos algoritmos.

Medindo o tempo de execução de um algoritmo

Uma maneira de medir o custo de tempo de um algoritmo é usar o relógio do computador para obter um tempo de execução real. Esse processo, denominado **avaliação comparativa**

Pesquisa, ordenação e análise de complexidade

ou **perfilamento**, começa determinando o tempo para vários conjuntos de dados diferentes do mesmo tamanho e, em seguida, calcula o tempo médio. Em seguida, dados semelhantes são coletados para conjuntos de dados cada vez maiores. Depois de vários desses testes, dados suficientes estão disponíveis para prever como o algoritmo se comportará para um conjunto de dados de qualquer tamanho.

Considere um exemplo simples, embora irreal. O programa a seguir implementa um algoritmo que conta de 1 a determinado número. Portanto, o tamanho do problema é o número. Você começa com o número 10.000.000, cronometra o algoritmo e envia o tempo de execução para a janela de terminal. Então dobra o tamanho desse número e repete o processo. Depois de cinco desses aumentos, há um conjunto de resultados a partir do qual você pode generalizar. Eis o código para o programa de teste:

```
"""
Arquivo: timing1.py
Imprime os tempos de execução para tamanhos de problemas que dobram,
usando um único laço.
"""

import time

problemSize = 10000000
print("%12s%16s" % ("Problem Size", "Seconds"))
for count in range(5):
    start = time.time()
    # O início do algoritmo
    work = 1
    for x in range(problemSize):
        work += 1
        work -= 1
    # O fim do algoritmo
    elapsed = time.time() - start
    print("%12d%16.3f" % (problemSize, elapsed))
    problemSize *= 2
```

O programa de teste usa a função `Time()` no módulo `Time` para controlar o tempo de execução. Essa função retorna o número de segundos decorridos entre a hora atual do relógio do computador e 1º de janeiro de 1970 (também chamado **A Época**). Assim, a diferença entre os resultados de duas chamadas de `time.time()` representa o tempo decorrido em segundos. Observe também que o programa executa uma quantidade constante de trabalho, na forma de duas instruções de atribuição estendidas, em cada passagem pelo laço. Embora esse trabalho não realize muito, ele consome tempo suficiente em cada iteração para que o tempo total de execução seja significativo, mas não tem outro impacto nos resultados. A Figura 3-1 mostra a saída do programa.

Uma rápida olhada nos resultados revela que o tempo de execução mais ou menos dobra quando o tamanho do problema dobra. Portanto, você pode prever que o tempo de execução para um problema do tamanho 32.000.000 seria aproximadamente 124 segundos.

Problem Size	Seconds
10000000	3.8
20000000	7.591
40000000	15.352
80000000	30.697
160000000	61.631

Figura 3-1 A saída do programa de teste

Como outro exemplo, considere a seguinte alteração no algoritmo do programa de teste:

```
for j in range(problemSize):
    for k in range(problemSize):
        work += 1
        work -= 1
```

Nessa versão, as atribuições estendidas foram movidas para um laço aninhado. Esse laço itera pelo tamanho do problema dentro de outro laço que também itera pelo tamanho do problema. Esse programa foi deixado em execução durante a noite. De manhã, ele havia processado apenas o primeiro conjunto de dados, 10.000.000. O programa foi encerrado e executado novamente com um tamanho de problema menor de 1000. A Figura 3-2 mostra os resultados.

Problem Size	Seconds
1000	0.387
2000	1.581
4000	6.463
8000	25.702
16000	102.666

Figura 3-2 A saída do segundo programa de teste

Observe que, quando o tamanho do problema dobra, o número de segundos do tempo de execução mais ou menos quadruplica. Nessa taxa, levaria 175 dias para processar o maior número no conjunto de dados anterior!

Esse método permite previsões precisas dos tempos de execução de muitos algoritmos. Entretanto, existem dois problemas principais nessa técnica:

- Diferentes plataformas de hardware têm diferentes velocidades de processamento, portanto, os tempos de execução de um algoritmo variam entre uma máquina e outra. Além disso, o tempo de execução de um programa varia de acordo com o tipo do sistema operacional que existe entre ele e o hardware. Por fim, diferentes linguagens de programação e compiladores produzem código cujo desempenho varia. Por exemplo, o código de máquina de um algoritmo codificado em C geralmente é executado um pouco mais rápido do que o código de bytes do mesmo algoritmo no Python. Portanto, as previsões de desempenho geradas a partir dos resultados da cronometragem em uma plataforma de hardware ou software em geral não podem ser usadas para antever o potencial desempenho em outras plataformas.

- É impraticável determinar o tempo de execução de alguns algoritmos com conjuntos de dados muito grandes. Para alguns algoritmos, não importa a velocidade do código compilado ou do processador de hardware. Não é praticável executá-los com conjuntos de dados muito grandes em qualquer computador.

Embora os algoritmos de temporização possam em alguns casos ser uma forma útil de teste, talvez você também queira uma estimativa da eficiência de um algoritmo que seja independente de determinado hardware ou plataforma de software. Como você aprenderá na próxima seção, essa estimativa mostra como o algoritmo funcionaria bem ou mal em qualquer plataforma.

Instruções de contagem

Outra técnica usada para estimar a eficiência de um algoritmo é contar as instruções executadas com problemas de tamanhos diferentes. Essas contagens fornecem um bom indicador da quantidade de trabalho abstrato que um algoritmo realiza, independentemente da plataforma em que o algoritmo é executado. Lembre-se, porém, de que ao contar instruções, você está contando as instruções no código de alto nível em que o algoritmo foi escrito, e não as instruções no programa de linguagem de máquina executável.

Ao analisar um algoritmo dessa forma, você distingue entre duas classes de instruções:

- Instruções que executam o mesmo número de vezes, independentemente do tamanho do problema
- Instruções cuja contagem de execução varia de acordo com o tamanho do problema

Por enquanto, você ignora as instruções na primeira aula, porque elas não são consideradas de maneira significativa nesse tipo de análise. As instruções na segunda classe normalmente são encontradas em laços ou funções recursivas. No caso de laços, você também se concentra nas instruções executadas em quaisquer laços aninhados ou, de modo mais simples, apenas no número de iterações que um laço aninhado executa. Por exemplo, tente conectar o programa anterior para rastrear e exibir o número de iterações que o laço interno executa com os diferentes conjuntos de dados:

```
"""
Arquivo: counting.py
Imprime o número de iterações para tamanhos de problema
que dobram, usando um laço aninhado.
"""

problemSize = 1000
print("%12s%15s" % ("Problem Size", "Iterations"))
for count in range(5):
    number = 0
    # O início do algoritmo
    work = 1
    for j in range(problemSize):
        for k in range(problemSize):
            number += 1
```

```
            work += 1
            work -= 1
    # O fim do algoritmo
    print("%12d%15d" % (problemSize, number))
    problemSize *= 2
```

Como você pode ver nos resultados, o número de iterações é o quadrado do tamanho do problema (Figura 3-3).

Problem Size	Iterations
1000	1000000
2000	4000000
4000	16000000
8000	64000000
16000	256000000

Figura 3-3 A saída de um programa de teste que conta iterações

Eis um programa semelhante que rastreia o número de chamadas de uma função Fibonacci recursiva para vários tamanhos de problema. Observe que a função agora espera um segundo argumento, que é um objeto contador. Sempre que a função é chamada no nível superior, um novo objeto contador (como definido no Capítulo 1, "Programação básica do Python") é criado e passado para ela. Nessa chamada e em cada chamada recursiva, o objeto contador da função é incrementado.

```
"""
Arquivo: countfib.py
Imprime o número de chamadas de uma função Fibonacci
recursiva com tamanhos de problema que dobram.
"""

from counter import Counter

def fib(n, counter):
    """Conta o número de chamadas da função Fibonacci."""
    counter.increment()
    if n < 3:
        return 1
    else:
        return fib(n - 1, counter) + fib(n - 2, counter)

problemSize = 2
print("%12s%15s" % ("Problem Size", "Calls"))
for count in range(5):
    counter = Counter()
    # O início do algoritmo
    fib(problemSize, counter)
    # O fim do algoritmo
```

```
print("%12d%15s" % (problemSize, counter))
problemSize *= 2
```

O resultado desse programa é mostrado na Figura 3-4.

Problem Size	Calls
2	1
4	5
8	41
16	1973
32	4356617

Figura 3-4 A saída de um programa de teste que executa a função Fibonacci

À medida que o tamanho do problema dobra, a contagem de instruções (número de chamadas recursivas) cresce lentamente no início e depois muito rapidamente. A princípio, a contagem de instruções é menor que o quadrado do tamanho do problema. No entanto, quando o tamanho do problema atinge 16, a contagem de instruções de 1973 é significativamente maior do que 256, ou 16^2. Você determinará a taxa de crescimento desse algoritmo de maneira mais precisa posteriormente neste capítulo.

O problema com o monitoramento de contagens dessa maneira é que, com alguns algoritmos, o computador ainda não é executado rápido o suficiente para mostrar as contagens para tamanhos de problema muito grandes. Contagem de instruções é a melhor ideia, mas você precisa recorrer ao raciocínio lógico e matemático para obter um método completo de análise. As únicas ferramentas de que você precisa para esse tipo de análise são papel e lápis.

Medindo a memória usada por um algoritmo

Uma análise completa dos recursos usados por um algoritmo inclui a quantidade de memória necessária. Mais uma vez, concentre-se nas taxas de crescimento potencial. Alguns algoritmos requerem a mesma quantidade de memória para resolver qualquer problema. Outros algoritmos exigem mais memória à medida que o tamanho do problema aumenta. Os capítulos mais adiante consideram vários desses algoritmos.

Análise de complexidade

Nesta seção, você desenvolve um método para determinar a eficiência dos algoritmos que permite avaliá-los independentemente de temporizações dependentes de plataforma ou contagens impraticáveis de instruções. Este método, chamado **análise de complexidade**, envolve a leitura do algoritmo e o uso de lápis e papel para elaborar algumas álgebras simples.

Ordens de complexidade

Considere os dois laços de contagem discutidos anteriormente. O primeiro laço é executado n vezes para um problema de tamanho n. O segundo laço contém um laço aninhado que itera n^2

Exercícios

1. Escreva um programa de teste que conte e exiba o número de iterações do seguinte laço:

   ```
   while problemSize > 0:
       problemSize = problemSize // 2
   ```

2. Execute o programa que você criou no Exercício 1 usando tamanhos de problema de 1000, 2000, 4000, 10.000 e 100.000. À medida que o tamanho do problema dobra ou aumenta por um fator de 10, o que acontece com o número de iterações?

3. A diferença entre os resultados das duas chamadas da função `time.time()` é um tempo decorrido. Como o sistema operacional pode usar a CPU para parte desse tempo, o tempo decorrido pode não refletir o tempo real que um segmento de código Python usa a CPU. Procure na documentação do Python uma maneira alternativa de registrar o tempo de processamento e descreva como isso seria feito.

---

vezes. A quantidade de trabalho realizado por esses dois algoritmos é semelhante para pequenos valores de *n*, mas é muito diferente para grandes valores de *n*. A Figura 3-5 e a Tabela 3-1 ilustram essa divergência. Observe que "trabalho" nesse caso se refere ao número de iterações do laço aninhado mais profundamente.

Os desempenhos desses algoritmos diferem por uma **ordem de complexidade**. O desempenho do primeiro algoritmo é **linear** no sentido de que seu trabalho cresce em proporção direta ao tamanho do problema (tamanho do problema de 10, trabalho de 10; 20 e 20 e assim por diante). O comportamento do segundo algoritmo é **quadrático** no sentido de que seu trabalho cresce em função do quadrado do tamanho do problema (tamanho do problema de 10, trabalho de 100). Como você pode ver no gráfico e na tabela, algoritmos com comportamento linear funcionam menos do que algoritmos com comportamento quadrático para a maioria dos tamanhos de problema *n*. Na verdade, à medida que o tamanho do problema aumenta, o desempenho de um algoritmo com a ordem de complexidade mais alta piora mais rapidamente.

Figura 3-5 Um gráfico da quantidade de trabalho realizado nos programas de teste

Tamanho do problema	Trabalho do primeiro algoritmo	Trabalho do segundo algoritmo
2	2	4
10	10	100
1000	1000	1.000.000

Tabela 3-1 A quantidade de trabalho nos programas de teste

Várias outras ordens de complexidade são comumente usadas na análise de algoritmos. Um algoritmo tem desempenho **constante** se requer o mesmo número de operações para qualquer tamanho de problema. A indexação de listas é um bom exemplo de um algoritmo de tempo constante. Isso é claramente o melhor tipo de desempenho que podemos ter.

Outra ordem de complexidade que é melhor do que linear, mas pior do que constante é chamada **logarítmica**. A quantidade de trabalho de um algoritmo logarítmico é proporcional ao $\log_2$ do tamanho do problema. Assim, quando o problema dobra de tamanho, a quantidade de trabalho aumenta apenas em 1 (isto é, basta adicionar 1).

O trabalho de um **algoritmo de tempo polinomial** cresce a uma taxa de m, onde k é uma constante maior que 1. Exemplos são n^2, n^3 e n^{10}.

Embora n^3 seja pior em certo sentido do que n^2, ambos são da ordem polinomial e são melhores do que a próxima ordem superior de complexidade. Uma ordem de complexidade pior do que polinômio é chamada **exponencial**. Um exemplo de taxa de crescimento deste pedido é 2^n. A execução de algoritmos exponenciais é impraticável com problemas de tamanho grande. As ordens de complexidade mais comuns usadas na análise de algoritmos são resumidas em Figura 3-6 e Tabela 3-2.

Figura 3-6 Um gráfico de algumas ordens da complexidade de exemplo

n	Logarítmico ($\log_2 n$)	Linear (n)	Quadrático (n^2)	Exponencial (2^n)
100	7	100	10.000	Fora do gráfico
1000	10	1000	1.000.000	Fora do gráfico
1.000.000	20	1.000.000	1.000.000.000.000	Realmente fora do gráfico

Tabela 3-2 Algumas ordens de complexidade de exemplo

Notação Big-O

Um algoritmo raramente executa um número de operações exatamente igual a n, n^2 ou k^n. Um algoritmo geralmente realiza outro trabalho no corpo de um laço, acima do laço e abaixo do laço. Por exemplo, você pode dizer com mais precisão que um algoritmo executa $2n + 3$ ou $2n^2$ operações. No caso de um laço aninhado, o laço interno pode executar uma passagem a menos após cada passagem pelo laço externo, de modo que o número total de iterações pode ser mais parecido com $\frac{1}{2}n^2 - \frac{1}{2}n$, em vez de n^2. A quantidade de trabalho em um algoritmo normalmente é a soma de vários termos em um polinômio. Sempre que a quantidade de trabalho é expressa como um polinômio, um termo é **dominante**. Como n torna-se grande, o termo dominante torna-se tão grande que você pode ignorar a quantidade de trabalho representada pelos outros termos. Assim, por exemplo, no polinômio $\frac{1}{2}n^2 - \frac{1}{2}n$, você se concentra no termo quadrático, $\frac{1}{2}n^2$, na verdade eliminando o termo linear, $\frac{1}{2}n$, de consideração. Você também pode diminuir o coeficiente $\frac{1}{2}$ porque a razão entre $\frac{1}{2}n^2$ e n^2 não muda à medida que n cresce. Por exemplo, se você dobrar o tamanho do problema, os tempos de execução dos algoritmos que são $\frac{1}{2}n^2$ e n^2 aumentam por um fator de 4. Esse tipo de análise às vezes é chamado **análise assintótica** porque o valor de um polinômio assintoticamente se aproxima ou se acerca do valor de seu maior termo à medida que n torna-se muito grande.

Uma notação que os cientistas da computação usam para expressar a eficiência ou complexidade computacional de um algoritmo é chamada **notação big-O**. "O" significa "na ordem de", uma referência à ordem de complexidade do trabalho do algoritmo. Assim, por exemplo, a ordem de complexidade de um algoritmo de tempo linear é $O(n)$. A notação Big-O formaliza nossa discussão sobre ordens de complexidade.

O papel da constante de proporcionalidade

A **constante de proporcionalidade** envolve os termos e coeficientes que geralmente são ignorados durante a análise big-O. Por exemplo, o trabalho realizado por um algoritmo de tempo linear pode ser expresso como *trabalho* $= 2 * tamanho$, onde a constante de proporcionalidade, 2 neste caso, é *trabalho/tamanho*. Quando essas constantes são grandes, elas podem afetar os algoritmos, principalmente para conjuntos de dados de pequeno e médio porte. Por exemplo, ninguém pode ignorar a diferença entre n e $n/2$, quando n é $\$ 1.000.000$. Nos algoritmos de exemplo discutidos até agora, as instruções executadas dentro de um laço são parte da constante de proporcionalidade, assim como as instruções que inicializam as variáveis antes que os laços sejam inseridos. Ao analisar um algoritmo, você deve ter cuidado para determinar se alguma instrução única funciona de acordo com o tamanho do problema. Se esse é o caso, então a análise do trabalho deve passar para essa instrução.

Agora tente determinar a constante de proporcionalidade para o primeiro algoritmo discutido neste capítulo. Eis o código:

```
work = 1
for x in range(problemSize):
    work += 1
    work -= 1
```

Observe que, além do próprio laço, existem três linhas de código, cada uma delas instruções de atribuição. Cada uma dessas três instruções é executada em tempo constante. Suponha também que, em cada iteração, a sobrecarga de gerenciamento do laço, que está oculta no cabeçalho do laço, execute uma instrução que requer tempo constante. Assim, a quantidade de trabalho abstrato realizado por esse algoritmo é de $3n + 1$. Embora esse número seja maior do que apenas n, os tempos de execução para os dois volumes de trabalho, n e $3n + 1$, aumenta a uma taxa linear. Em outras palavras, seu tempo de execução é $O(n)$.

Exercícios

1. Suponha que cada uma das seguintes expressões indique o número de operações realizadas por um algoritmo para um tamanho de problema de n. Aponte o termo dominante de cada algoritmo e use a notação big-O para ordená-lo.

    a. $2^n - 4n^2 + 5n$

    b. $3n^2 + 6$

    c. $n^3 + n^2 - n$

2. Para o tamanho de problema n, os algoritmos A e B realizam n^2 e $\frac{1}{2}n^2 + \frac{1}{2}n$ instruções, respectivamente. Qual algoritmo realiza mais trabalho? Existem tamanhos de problemas específicos para os quais um algoritmo tem desempenho significativamente melhor do que o outro? Existem tamanhos de problemas específicos para os quais os dois algoritmos executam aproximadamente a mesma quantidade de trabalho?

3. Em que ponto um algoritmo n^4 começa a funcionar melhor do que um algoritmo $2n$?

Algoritmos de pesquisa

Agora veremos vários algoritmos que podem ser utilizados para pesquisar e ordenar listas. Você aprenderá o design de um algoritmo e verá a implementação como uma função Python. Por fim, veremos uma análise da complexidade computacional do algoritmo. Para manter as coisas simples, cada função processa uma lista de inteiros. Listas de tamanhos diferentes podem ser passadas como parâmetros para as funções. As funções são definidas em um único módulo que é usado no estudo de caso mais adiante neste capítulo.

Procure o mínimo

A função min do Python retorna o item mínimo ou menor em uma lista. Para estudar a complexidade desse algoritmo, você desenvolverá uma versão alternativa que retorna o **index** do item mínimo. O algoritmo supõe que a lista não está vazia e que os itens estão em ordem arbitrária. O algoritmo começa tratando a primeira posição como a do item mínimo. Em seguida, procura à direita um item que é menor e, se encontrado, redefine a posição do item mínimo como a posição atual. Quando o algoritmo alcança o final da lista, ele retorna a posição do item mínimo. E o código do algoritmo, na função `indexOfMin`:

```python
def indexOfMin(lyst):
    """Retorna o índice do item mínimo."""
    minIndex = 0
    currentIndex = 1
    while currentIndex < len(lyst):
        if lyst[currentIndex] < lyst[minIndex]:
            minIndex = currentIndex
        currentIndex += 1
    return minIndex
```

Como podemos ver, existem três instruções fora do laço que são executadas o mesmo número de vezes, independentemente do tamanho da lista. Assim, você pode desconsiderá-las. Dentro do laço, há mais três instruções. Dessas, a comparação na instrução `if` e o incremento de `currentIndex` executa em cada passagem pelo laço. Não há laços aninhados ou ocultos nessas instruções. Esse algoritmo deve visitar cada item na lista para garantir que localizou a posição do item mínimo. Este trabalho é realmente feito na comparação dentro da instrução `if`. Assim, o algoritmo deve fazer $n - 1$ comparações para uma lista de tamanho n. Portanto, a complexidade do algoritmo é $O(n)$.

Pesquisa sequencial de uma lista

O operador `in` no Python é implementado como um método chamado `__contains__` na classe `list`. Esse método procura por um item específico (chamado de **item-alvo**) dentro de uma lista de itens organizados arbitrariamente. Nessa lista, a única maneira de pesquisar um item-alvo é começar com o item na primeira posição e compará-lo com o alvo. Se os itens forem iguais, o método retornará `True`. Do contrário, ele passa para a próxima posição e compara o item com o alvo. Se o método chegar à última posição e ainda não conseguir encontrar o alvo, ele retornará `Falso`. Esse tipo de pesquisa é chamado de **pesquisa sequencial** ou **pesquisa linear**. Uma função de pesquisa sequencial mais útil retornaria o índice de um alvo se ele for encontrado, ou -1 do contrário. Eis o código Python para uma função de pesquisa sequencial:

```python
def sequentialSearch(target, lyst):
    """Retorna a posição do item-alvo se encontrado,
    ou -1 caso contrário."""
    position = 0
    while position < len(lyst):
        if target == lyst[position]:
            return position
        position += 1
    return -1
```

A análise de uma pesquisa sequencial é um pouco diferente da análise de uma pesquisa por um mínimo, como veremos na próxima subseção.

Desempenho no melhor caso, pior caso e caso médio

O desempenho de alguns algoritmos depende do posicionamento dos dados que são processados. O algoritmo de pesquisa sequencial trabalha menos para encontrar um alvo no início de uma lista do que no final dela. Para esses algoritmos, você pode determinar o desempenho no melhor caso possível, no pior caso possível e o desempenho no caso médio. Em geral, sugere-se que você se preocupe mais com os desempenhos nos casos médios e piores possíveis do que com o desempenho no melhor caso possível.

Uma análise de uma pesquisa sequencial considera três casos:

1. No pior caso, o item-alvo está no final da lista ou não está na lista. Então, o algoritmo deve visitar cada item e executar n iterações para uma lista de tamanho n. Assim, o pior caso de complexidade de uma pesquisa sequencial é $O(n)$.

2. No melhor caso, o algoritmo encontra o alvo na primeira posição, após fazer uma iteração, para uma complexidade $O(1)$.

3. Para determinar o caso médio, você adiciona o número de iterações necessárias para encontrar o alvo em cada posição possível e divide a soma por n. Assim, o algoritmo executa $(n + n - 1 + n - 2 + \ldots + 1)/n$, ou $(n + 1)/2$ iterações. Para um n muito grande, o fator constante de 2 é insignificante, assim a complexidade média ainda é $O(n)$.

Claramente, o desempenho no melhor caso possível de uma pesquisa sequencial é raro em comparação aos desempenhos de casos médio e pior, que são essencialmente os mesmos.

Pesquisa binária em uma lista ordenada

Uma pesquisa sequencial é necessária para dados que não estão organizados em ordem específica. Ao pesquisar dados ordenados, você pode usar uma pesquisa binária.

Para entender como uma pesquisa binária funciona, pense no que acontece quando você procura o número de uma pessoa em uma lista telefônica (o tipo de cópia impressa em uso durante o século XX). Os dados em uma lista telefônica já estão ordenados, portanto, você não faz uma pesquisa sequencial. Em vez disso, estima a posição alfabética do nome na lista e abre-a o mais próximo possível dessa posição. Depois de abrir a lista, você determina se o nome-alvo está, em ordem alfabética, em uma página anterior ou posterior e avança ou retrocede as páginas conforme necessário. Você repete esse processo até encontrar o nome ou concluir que ele não está na lista.

Agora considere um exemplo de uma pesquisa binária no Python. Para começar, suponha que os itens na lista estejam ordenados em ordem crescente (como estão em uma lista telefônica). O algoritmo de pesquisa vai diretamente para a posição intermediária na lista e compara o item nessa posição com o alvo. Se houver uma correspondência, o algoritmo retorna a posição.

Do contrário, se o alvo é menor que o item atual, o algoritmo pesquisa a parte da lista antes da posição intermediária. Se o alvo é maior que o item atual, o algoritmo pesquisa a parte da lista após a posição intermediária. O processo de pesquisa é interrompido quando o alvo é encontrado, ou a posição inicial atual é maior do que a posição final atual.

Eis o código para a função de pesquisa binária:

```
def binarySearch(target, sortedLyst):
    left = 0
    right = len(sortedLyst) - 1
    while left <= right:
        midpoint = (left + right) // 2
        if target == sortedLyst[midpoint]:
            return midpoint
        elif target < sortedLyst[midpoint]:
            right = midpoint - 1
        else:
            left = midpoint + 1
    return -1
```

Há um único laço sem laços aninhados ou ocultos. Mais uma vez, o pior caso possível ocorre quando o alvo não está na lista. Quantas vezes o laço é executado no pior caso? Isso é igual ao número de vezes que o tamanho da lista pode ser dividido por 2 até o quociente ser 1. Para uma lista de tamanho n, você essencialmente realiza a redução $n/2/2 \ldots /2$ até que o resultado seja 1. Seja k o número de vezes que você divide n por 2. Para resolver k, você tem $n/2^k = 1$ e $n = 2^k$ e $k = \log_2 n$. Assim, a complexidade no pior caso possível da pesquisa binária é $O(\log_2 n)$.

A Figura 3-7 mostra as partes da lista que estão sendo pesquisadas em uma pesquisa binária com uma lista de 9 itens e um item-alvo, 10, que não está na lista. Os itens comparados ao alvo são sombreados. Observe que nenhum dos itens na metade à esquerda da lista original é visitado.

A pesquisa binária para o item-alvo 10 requer quatro comparações, enquanto uma pesquisa sequencial exigiria 10 comparações. Na verdade, esse algoritmo parece ter um desempenho

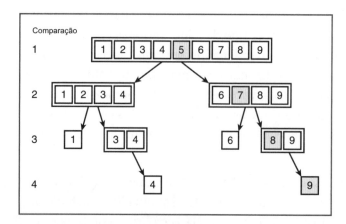

Figura 3-7 Os itens de uma lista visitados durante uma pesquisa binária por 10

Pesquisa, ordenação e análise de complexidade

melhor à medida que o tamanho do problema aumenta. Nossa lista de nove itens requer no máximo quatro comparações, enquanto uma lista de 1.000.000 de itens requer no máximo 20 comparações!

A pesquisa binária é certamente mais eficiente do que a sequencial. Entretanto, o tipo de algoritmo de pesquisa que você escolhe depende da organização dos dados na lista. Há um custo geral adicional para uma pesquisa binária, relacionado à manutenção da lista ordenada. Mais adiante examinaremos algumas estratégias para ordenar uma lista e analisar sua complexidade. Mas, primeiro, veremos alguns detalhes sobre a comparação de itens de dados.

Comparando itens de dados

Tanto a pesquisa binária como a pesquisa pelo mínimo supõem que os itens na lista sejam comparáveis entre si. No Python, isso significa que os itens são do mesmo tipo e reconhecem os operadores de comparação ==, < e >. Objetos de vários tipos Python integrados, como números, strings e listas, podem ser comparados usando esses operadores.

Para permitir que algoritmos usem os operadores de comparação ==, < e > com uma nova classe de objetos, o programador deve definir os métodos __eq__, __lt__ e __gt__ nessa classe. Se você fizer isso, os métodos para os outros operadores de comparação serão fornecidos automaticamente. O cabeçalho de __lt__ é o seguinte:

```
def __lt__(self, other):
```

Esse método retorna `True` se `self` for menos que `other`, ou `False` de outra forma. Os critérios para comparação de objetos dependem da estrutura interna e da maneira como devem ser ordenados.

Por exemplo, objetos `SavingsAccount` podem incluir três campos de dados: para um nome, um PIN e um saldo. Se você supor que as contas devem ser ordenadas alfabeticamente por nome, então a implementação a seguir do método __lt__ é chamada para:

```
class SavingsAccount(object):
    """Esta classe representa uma conta poupança
    o nome do proprietário, o PIN e o saldo."""

    def __init__(self, name, pin, balance = 0.0):
        self.name = name
        self.pin = pin
        self.balance = balance

    def __lt__(self, other):
        return self.name < other.name

    # Outros métodos, incluindo __eq__
```

Observe que o método __lt__ chama o operador < com os campos **nome** dos dois objetos conta. Os nomes são strings e o tipo de string já inclui um método __lt__. O Python executa

Fundamentos de Python: estruturas de dados

automaticamente o método __lt__ quando o operador < é aplicado, da mesma forma que executa o método __str__ quando a função str é chamada.

A próxima sessão mostra um teste das comparações com vários objetos conta:

```
>>> s1 = SavingsAccount("Ken", "1000", 0)
>>> s2 = SavingsAccount("Bill", "1001", 30)
>>> s1 < s2
False
>>> s2 < s1
True
>>> s1 > s2
True
>>> s2 > s1
False
>>> s2 == s1
False
>>> s3 = SavingsAccount("Ken", "1000", 0)
>>> s1 == s3
True
>>> s4 = s1
>>> s4 == s1
True
```

Agora você pode inserir as contas em uma lista e ordená-las por nome.

Exercícios

1. Suponha que uma lista contenha os valores 20, 44, 48, 55, 62, 66, 74, 88, 93, 99 nas posições de índice de 0 a 9. Rastreie os valores das variáveis left, right e midpoint em uma pesquisa binária desta lista para o valor de destino 90. Repita para o valor-alvo de 44.

2. O método geralmente usado para pesquisar uma entrada em uma lista telefônica não é exatamente o mesmo que uma pesquisa binária porque, ao usar uma lista telefônica, você nem sempre acessa o ponto intermediário da sublista sendo pesquisada. Em vez disso, você estima a posição do alvo com base na posição alfabética da primeira letra do sobrenome da pessoa. Por exemplo, ao procurar um número para "Smith", você olha primeiro para o meio da segunda metade da lista telefônica, em vez de olhar para o meio de toda a lista. Sugira uma modificação do algoritmo de pesquisa binária que emula essa estratégia para uma lista de nomes. A complexidade computacional é melhor do que a da pesquisa binária padrão?

Algoritmos de ordenação básicos

Os cientistas da computação desenvolveram muitas estratégias engenhosas para ordenar uma lista de itens. Várias delas são discutidas aqui. Os algoritmos examinados nesta seção são fáceis de escrever, mas, mais ineficientes; os algoritmos discutidos na próxima seção são mais difíceis de escrever, mas, mais eficientes. (Isso é um equilíbrio comum.) Cada uma das funções de ordenação do Python desenvolvidas opera em uma lista de inteiros e usa uma função swap para trocar as posições de dois itens da lista. Eis o código dessa função:

```python
def swap(lyst, i, j):
    """Troca os itens nas posições i e j."""
    # Você poderia dizer lyst[i], lyst[j] = lyst[j], lyst[i]
    # mas o código a seguir mostra o que realmente está acontecendo
    temp = lyst[i]
    lyst[i] = lyst[j]
    lyst[j] = temp
```

Ordenação por seleção

Talvez a estratégia mais simples seja pesquisar em toda a lista a posição do menor item. Se essa posição não é igual à primeira posição, o algoritmo permuta os itens nessas posições. O algoritmo então retorna à segunda posição e repete o processo, trocando o menor item pelo item na segunda posição se necessário. Quando o algoritmo alcança a última posição no processo geral, a lista está ordenada. O algoritmo chama-se **ordenação por seleção** porque cada passagem pelo laço principal seleciona um único item a ser movido. A Figura 3-8 mostra os estados de uma lista de cinco itens após cada pesquisa e passagem de troca de uma ordenação por seleção. Os dois itens recém-trocados em cada passagem têm asteriscos ao lado deles e a parte ordenada da lista é sombreada.

Lista não ordenada	Após primeira passagem	Após segunda passagem	Após terceira passagem	Após quarta passagem
5	1*	1	1	1
3	3	2*	2	2
1	5*	5	3*	3
2	2	3*	5*	4*
4	4	4	4	5*

Figura 3-8 Um traço dos dados durante uma ordenação por seleção

Eis a função Python para uma ordenação por seleção:

```python
def selectionSort(lyst):
    i = 0
    while i < len(lyst) - 1:           # Faz n - 1 pesquisas
        minIndex = i                   # pelo menor
        j = i + 1
        while j < len(lyst):           # Inicia uma pesquisa
            if lyst[j] < lyst[minIndex]:
                minIndex = j
            j += 1
        if minIndex != i:              # Troca se necessário
            swap(lyst, minIndex, i)
        i += 1
```

Fundamentos de Python: estruturas de dados

Essa função inclui um laço aninhado. Para uma lista de tamanho n, o laço externo executa $n - 1$ vez. Na primeira passagem pelo laço externo, o laço interno executa $n - 1$ vez. Na segunda passagem pelo laço externo, o laço interno executa $n - 2$ vezes. Na última passagem pelo laço externo, o laço interno é executado uma vez. Assim, o número total de comparações para uma lista de tamanho n é o seguinte:

$$(n-1)+(n-2)+ \ldots +1=$$
$$n(n-1)/2=$$
$$\tfrac{1}{2}n^2 - \tfrac{1}{2}n$$

Para n grande, você pode escolher o termo com o maior grau e descartar o coeficiente, assim a ordenação por seleção é O(n^2) em todos os casos. Para grandes conjuntos de dados, o custo de trocar itens também pode ser significativo. Como os itens de dados são trocados apenas no laço externo, esse custo adicional da ordenação por seleção é linear nos casos pior e médio possíveis.

Ordenação por bolha

Outro algoritmo de ordenação relativamente fácil de conceber e codificar chama-se ordenação por bolha. A estratégia dele é começar no início da lista e comparar pares de itens de dados à medida que alcança o final. Sempre que os itens no par estão fora de ordem, o algoritmo permuta-os. Esse processo tem o efeito de borbulhar os maiores itens no final da lista. O algoritmo então repete o processo do início da lista e passa para o penúltimo item etc., até começar com o último item. Nesse ponto, a lista está ordenada.

A Figura 3-9 mostra um traço do processo de bolha por meio de uma lista de cinco itens. Esse processo cria quatro passagens por meio de um laço aninhado para inserir o maior item no final da lista. Mais uma vez, os itens que acabaram de ser trocados são marcados com asteriscos e a parte ordenada é sombreada.

Lista não ordenada	Após primeira passagem	Após segunda passagem	Após terceira passagem	Após quarta passagem
5	4*	4	4	4
4	5*	2*	2	2
2	2	5*	1*	1
1	1	1	5*	3*
3	3	3	3	5*

Figura 3-9 Um traço dos dados durante uma ordenação por bolha

Eis a função Python para uma ordenação por bolha:

```python
def bubbleSort(lyst):
    n = len(lyst)
    while n > 1:                    # Faz n - 1 bolha
        i = 1                       # Inicia cada bolha
        while i < n:
            if lyst[i] < lyst[i - 1]:   # Troca se necessário
```

```
            swap(lyst, i, i - 1)
        i += 1
    n -= 1
```

Assim como acontece com a ordenação por seleção, uma ordenação por bolha tem um laço aninhado. A parte ordenada da lista agora cresce do final da lista ao início, mas o desempenho da ordenação por bolha é bastante semelhante ao comportamento de uma ordenação por seleção: o laço interno é executado $\frac{1}{2}n^2 - \frac{1}{2}n$ vezes para uma lista de tamanho n. Assim, a ordenação por bolha é $O(n^2)$. Como a ordenação por seleção, a ordenação por bolha não realizará nenhuma troca se a lista já estiver ordenada. No entanto, comportamento no pior caso possível da ordenação por bolha para trocas é maior do que linear. A prova disso é deixada como um exercício para você.

Você pode fazer um pequeno ajuste na ordenação por bolha para melhorar o desempenho no melhor caso para linear. Se nenhuma troca ocorrer durante uma passagem pelo laço principal, a lista será ordenada. Isso pode acontecer em qualquer passagem e, na melhor das hipóteses, acontecerá na primeira passagem. Você pode rastrear a presença da troca com um flag booleano e retornar da função quando o laço interno não definir esse flag. Eis a função de ordenação por bolha modificada:

```python
def bubbleSortWithTweak(lyst):
    n = len(lyst)
    while n > 1:
        swapped = False
        i = 1
        while i < n:
            if lyst[i] < lyst[i - 1]:    # Troca se necessário
                swap(lyst, i, i - 1)
                swapped = True
            i += 1
        if not swapped: return           # Retorna se não houver trocas
        n -= 1
```

Observe que essa modificação apenas melhora o comportamento no melhor caso possível. Em média, o comportamento dessa versão da ordenação por bolha ainda é $O(n^2)$.

Ordenação por inserção

Nossa ordenação por bolha modificada tem um desempenho melhor do que uma ordenação por seleção para listas que já estão ordenadas. Mas nossa ordenação por bolha modificada ainda pode ter um desempenho ruim se muitos itens estiverem fora de ordem na lista. Outro algoritmo, denominado ordenação por inserção, tenta explorar a ordenação parcial da lista de maneira diferente. A estratégia é como a seguir:

- Na i-ésima passagem pela lista, onde i varia de 1 a $n - 1$, o i-ésimo item deve ser inserido em seu devido lugar entre os primeiros itens i na lista.

- Depois de i-ésima passagem, os primeiros itens i devem estar em ordem.

- Esse processo é análogo à maneira como muitas pessoas organizam cartas de baralho nas mãos. Ou seja, se você segurar as primeiras $i - 1$ cartas em ordem, você escolhe a i-ésima carta e a compara com essas cartas até que seu lugar apropriado seja encontrado.

- Assim como acontece com nossos outros algoritmos de ordenação, a ordenação por inserção consiste em dois laços. O laço externo percorre as posições de 1 a $n - 1$. Para cada posição i nesse laço, você salva o item e inicia o laço interno na posição $i - 1$. Para cada posição j nesse laço, você move o item para a posição $j + 1$ até encontrar o ponto de inserção para o (i-ésimo) item salvo.

Eis o código para a função `insertionSort`:

```python
def insertionSort(lyst):
    i = 1
    while i < len(lyst):
        itemToInsert = lyst[i]
        j = i - 1
        while j >= 0:
            if itemToInsert < lyst[j]:
                lyst[j + 1] = lyst[j]
                j -= 1
            else:
                break
        lyst[j + 1] = itemToInsert
        i += 1
```

A Figura 3-10 mostra os estados de uma lista de cinco itens após cada passagem pelo laço externo de uma ordenação por inserção. O item a ser inserido na próxima passagem é marcado com uma seta; depois de inserido, esse item é marcado com um asterisco.

Mais uma vez, a análise focaliza o laço aninhado. O laço externo executa $n - 1$ vez. No pior caso, quando todos os dados estão fora de ordem, o laço interno itera uma vez na primeira passagem pelo laço externo, duas vezes na segunda passagem e assim por diante, para um total de $\frac{1}{2}n^2 - \frac{1}{2}n$ vezes. Assim, o comportamento no pior caso possível da ordenação por inserção é $O(n^2)$.

Quanto mais itens na lista estão em ordem, melhor será a ordenação por inserção até que, no melhor caso de uma lista ordenada, o comportamento da ordenação seja linear. No caso médio, porém, a ordenação por inserção ainda é quadrática.

Lista não ordenada	Após primeira passagem	Após segunda passagem	Após terceira passagem	Após quarta passagem
2	2	1*	1	1
5←	5 (sem inserções)	2	2	2
1	1←	5	4*	3*
4	4	4←	5	4
3	3	3	3←	5

Figura 3-10 Um traço dos dados durante uma ordenação por inserção

Desempenho no melhor caso, pior caso e caso médio revisitado

Como mencionado anteriormente, para muitos algoritmos, você não pode aplicar uma única medida de complexidade a todos os casos. Às vezes, o comportamento de um algoritmo melhora ou piora quando ele encontra determinado arranjo de dados. Por exemplo, o algoritmo da ordenação por bolha pode terminar assim que a lista é ordenada. Se a lista de entrada já está ordenada, a ordenação por bolha requer aproximadamente n comparações. Mas em muitos outros casos, a ordenação por bolha requer em torno de n^2 comparações. Claramente, você pode precisar de uma análise mais detalhada para tornar os programadores cientes desses casos especiais.

Como discutido, uma análise completa da complexidade de um algoritmo divide seu comportamento em três tipos de casos:

- **Melhor caso** — Em que circunstâncias um algoritmo faz a menor quantidade de trabalho? Qual é a complexidade do algoritmo nesse melhor caso?

- **Pior caso** — Em que circunstâncias um algoritmo faz a maior parte do trabalho? Qual é a complexidade do algoritmo nesse pior caso?

- **Caso médio** — Em que circunstâncias um algoritmo realiza uma quantidade normal de trabalho? Qual é a complexidade do algoritmo nesse caso típico?

Agora, você revisará três exemplos desse tipo de análise para uma pesquisa por um mínimo, pesquisa sequencial e ordenação por bolha.

Como a pesquisa por um algoritmo mínimo deve visitar cada número na lista, a menos que esteja ordenada, o algoritmo sempre é linear. Portanto, os desempenhos nos casos melhor, pior e médio são $O(n)$.

A pesquisa sequencial é um pouco diferente. O algoritmo para e retorna um resultado assim que encontra o item-alvo. Claramente, na melhor das hipóteses, o elemento-alvo está na primeira posição. No pior dos casos, o alvo está na última posição. Portanto, o desempenho no melhor caso do algoritmo é $O(1)$ e o desempenho no pior é $O(n)$. Para calcular o desempenho no caso médio, você adiciona todas as comparações que devem ser feitas para localizar um alvo em cada posição e divide por n. Ou seja, $(1 + 2 + ... + n)/n$, ou $(n + 1)/2$. Portanto, por aproximação, o desempenho em caso médio possível da pesquisa sequencial também é $O(n)$.

A versão mais inteligente da ordenação por bolha pode terminar assim que a lista é ordenada. Na melhor das hipóteses, isso acontece quando a lista de entrada já está ordenada. Portanto, o desempenho em melhor caso da ordenação por bolha é $O(n)$. No entanto, esse caso é raro (1 de $n!$). Na pior das hipóteses, mesmo essa versão de ordenação por bolha tem de colocar cada item na posição adequada na lista. O pior caso de desempenho do algoritmo é claramente $O(n^2)$. O desempenho médio do tipo de bolha está mais próximo de $O(n^2)$ do que de $O(n)$, embora a demonstração desse fato seja um pouco mais complicada do que para a pesquisa sequencial.

Como veremos, existem algoritmos cujos desempenhos em caso médio e melhor caso são semelhantes, mas cujo desempenho pode degradar para pior caso. Se você está escolhendo um algoritmo ou desenvolvendo um novo, é importante estar ciente dessas distinções.

Exercícios

1. Qual configuração dos dados em uma lista resulta no menor número de trocas em uma ordenação por seleção? Qual configuração dos dados resulta no maior número de trocas?

2. Explique o papel que o número de trocas de dados desempenha na análise da ordenação por seleção e ordenação por bolha. Qual papel, se houver algum, o tamanho dos objetos de dados desempenha?

3. Explique por que a ordenação por bolha modificada ainda exibe comportamento $O(n^2)$ na média.

4. Explique por que a ordenação por inserção funciona bem em listas parcialmente ordenadas.

Ordenação mais rápida

Os três algoritmos de ordenação considerados até agora têm $O(n^2)$ tempos de execução. Existem muitas variações desses algoritmos de ordenação, alguns dos quais são ligeiramente mais rápidos, mas também são $O(n^2)$ nos piores casos e nos casos médios. No entanto, você pode tirar proveito de alguns algoritmos melhores que são $O(n \log n)$. O segredo desses algoritmos melhores é uma estratégia de dividir e conquistar. Isto é, cada algoritmo encontra uma maneira de dividir a lista em sublistas menores. Essas sublistas são então ordenadas recursivamente. Idealmente, se o número dessas subdivisões for $\log(n)$ e a quantidade de trabalho necessária para reorganizar os dados em cada subdivisão for n, então a complexidade total de tal algoritmo de ordenação será $O(n \log n)$. Na Tabela 3-3, você pode ver que a taxa de crescimento do trabalho de um algoritmo $O(n \log n)$ é muito mais lenta do que a de um algoritmo $O(n^2)$.

Esta seção examina dois algoritmos recursivos que dividem o barreira n^2 — quicksort e ordenação por mesclagem.

N	$n \log n$	n^2
512	4608	262.144
1024	10.240	1.048.576
2048	22.458	4.194.304
8192	106.496	67.108.864
16.384	229.376	268.435.456
32.768	491.520	1.073.741.824

Tabela 3-3 Comparando $n \log n$ e n^2

Visão geral do quicksort

Eis um esboço da estratégia usada no algoritmo **quicksort**:

1. Comece selecionando o item no ponto médio da lista. Esse item chama-se **pivô**. (Mais adiante, este capítulo aborda maneiras alternativas de escolher o pivô.)

2. Particione os itens na lista de tal forma que todos os itens menores que o pivô sejam movidos para a esquerda do pivô e o restante seja movido para a direita. A posição final do próprio pivô varia, dependendo dos itens reais envolvidos. Por exemplo, o pivô acaba ficando mais à direita na lista se for o maior item e mais à esquerda se for o menor. Mas onde quer que o pivô termine, essa é a posição final na lista totalmente ordenada.

3. Divida e conquiste. Reaplique o processo recursivamente às sublistas formadas pela divisão da lista no pivô. Uma sublista consiste em todos os itens à esquerda do pivô (agora as menores) e a outra sublista tem todos os itens à direita (agora os maiores).

4. O processo termina sempre que encontra uma sublista com menos de dois itens.

Particionamento

Da perspectiva do programador, a parte mais complicada do algoritmo é a operação de particionar os itens em uma sublista. Existem duas maneiras principais de fazer isso. Informalmente, o que se segue é uma descrição do método mais fácil aplicado a qualquer sublista:

1. Troque o pivô pelo último item na sublista.

2. Estabeleça um limite entre os itens conhecidos por serem menores que o pivô e o restante dos itens. Inicialmente, esse limite é posicionado imediatamente antes do primeiro item.

3. Começando com o primeiro item na sublista após o limite, percorrer a sublista. Sempre que você encontrar um item menor que o pivô, troque-o pelo primeiro item após o limite e avance o limite.

4. Fechar trocando o pivô pelo primeiro item após o limite.

A Figura 3-11 ilustra as etapas aplicadas aos números **12 19 17 18 14 11 15 13 16**. Na Etapa 1, o pivô é estabelecido e trocado pelo último item. Na Etapa 2, o limite é estabelecido antes do primeiro item. Nos Passos 3–12, a sublista é varrida para itens menores que o pivô, eles são trocados pelo primeiro item após o limite, e o limite é avançado. Observe que os itens à esquerda do limite são sempre menores que o pivô. Por fim, na etapa 13, o pivô é trocado pelo primeiro item após o limite, e a sublista foi particionada de modo bem-sucedido.

Depois de ter particionado uma sublista, reaplique o processo às suas sublistas esquerda e direita (**12 11 13** e **16 19 15 17 18**) e assim por diante, até que as sublistas tenham comprimentos de no máximo um. A Figura 3-12 mostra um traço dos segmentos da lista antes de cada etapa de partição e o item pivô selecionado em cada etapa.

Passo	Ação	Estado da lista após a ação
	Faça a sublista conter os números mostrados com 14 como pivô.	12 19 17 18 14 11 15 13 16
1	Troque o pivô e o último item.	12 19 17 18 16 11 15 13 14
2	Estabeleça o limiar antes do primeiro item.	: 12 19 17 18 16 11 15 13 14
3	Busque o primeiro item logo abaixo do pivô.	: 12 19 17 18 16 11 15 13 14
4	Troque este item e o primeiro item além do limiar. Neste exemplo, o item é trocado por ele mesmo.	: 12 19 17 18 16 11 15 13 14
5	Avance o limiar.	12 : 19 17 18 16 11 15 13 14
6	Busque o próximo item logo abaixo do pivô.	12 : 19 17 18 16 11 15 13 14
7	Troque este item e o primeiro item acima do limiar.	12 : 11 17 18 16 19 15 13 14
8	Avance o limiar.	12 11 : 17 18 16 19 15 13 14
9	Busque o próximo item logo abaixo do pivô.	12 11 : 17 18 16 19 15 13 14
10	Troque este item e o primeiro item acima do limiar.	12 11 : 13 18 16 19 15 17 14
11	Avance o limiar.	12 11 13 : 18 16 19 15 17 14
12	Busque o próximo item logo abaixo do pivô; observe que não existe nenhum.	12 11 13 : 18 16 19 15 17 14
13	Troque o pivô com o primeiro item além do limiar. Neste ponto, todos os items abaixo do pivô estão à esquerda do pivô e os demais estão à direita.	12 11 13 : 14 16 19 15 17 18

Figura 3-11 Particionando uma sublista

Análise de complexidade do Quicksort

Agora veremos uma análise informal da complexidade do quicksort. Durante a primeira operação de partição, você percorre todos os itens do início ao fim da lista. Portanto, a quantidade de trabalho durante essa operação é proporcional a n, o comprimento da lista.

A quantidade de trabalho após essa partição é proporcional ao comprimento da sublista à esquerda mais o comprimento da sublista à direita, que juntos resultam em $n - 1$. E quando essas sublistas são divididas, há quatro partes cujo comprimento combinado é aproximadamente n, portanto o trabalho combinado é proporcional a n novamente. À medida que a lista é dividida em mais partes, o trabalho total permanece proporcional a n.

Segmento de lista	Item pivô
12 19 17 18 14 11 15 13 16	14
12 11 13	11
13 12	13
12	
16 19 15 17 18	15
19 18 17 16	18
16 17	16
17	
19	

Figura 3-12 Particionando uma sublista

Para completar a análise, você precisa determinar quantas vezes as listas são particionadas. Faça a suposição otimista de que, cada vez, a linha de divisão entre as novas sublistas acaba sendo a mais próxima possível do centro da sublista atual. Na prática, geralmente não é esse o caso. Você já conhece a discussão sobre o algoritmo de pesquisa binária que, ao dividir uma lista pela metade repetidamente, chega-se a um único elemento em cerca de $\log_2 n$ passos. Assim, o algoritmo é O($n \log n$) na melhor das hipóteses de desempenho.

Para obter o desempenho no pior caso, considere uma lista que já está ordenada. Se o elemento pivô escolhido for o primeiro, então há $n - 1$ elemento à sua direita na primeira partição, $n - 2$ elementos à sua direita na segunda partição e assim por diante, conforme mostrado na Figura 3-13.

Embora nenhum elemento seja trocado, o número total de partições é $n - 1$ e o número total de comparações realizadas é $½ n^2 - ½ n$, o mesmo número que na ordenação por seleção e ordenação por bolha. Assim, no pior caso, o algoritmo quicksort é O(n^2).

Se você implementar um quicksort rápido como um algoritmo recursivo, sua análise também deve considerar o uso de memória para a pilha de chamadas. Cada chamada recursiva requer uma quantidade constante de memória para um quadro de pilha, e há duas chamadas recursivas após cada partição. Assim, o uso de memória é O(log n) no melhor caso e O(n) no pior caso.

Embora desempenho no pior caso possível do quicksort seja raro, os programadores certamente preferem evitá-lo. Escolher o pivô na primeira ou última posição não é uma estratégia inteligente. Outros métodos para escolher o pivô, como selecionar uma posição aleatória ou escolher a mediana do primeiro, intermediário e último elemento, podem ajudar a aproximar o desempenho O($n \log n$) no caso médio.

Implementação do quicksort

O algoritmo quicksort é mais facilmente codificado usando-se uma abordagem recursiva. O script a seguir define uma função **quicksort** de alto nível para o cliente, uma função recursiva

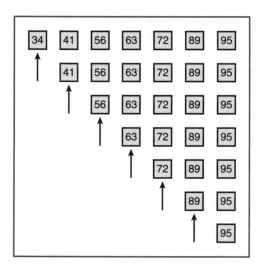

Figura 3-13 O pior cenário para quicksort (as setas indicam os elementos do pivô)

quicksortHelper para ocultar os argumentos extras para os pontos finais de uma sublista e uma função **partição**. O script executa o **quicksort** em uma lista de 20 inteiros ordenados aleatoriamente.

```python
def quicksort(lyst):
    quicksortHelper(lyst, 0, len(lyst) - 1)

def quicksortHelper(lyst, left, right):
    if left < right:
        pivotLocation = partition(lyst, left, right)
        quicksortHelper(lyst, left, pivotLocation - 1)
        quicksortHelper(lyst, pivotLocation + 1, right)

def partition(lyst, left, right):
    # Encontra o pivô e troca-o pelo último item
    middle = (left + right) // 2
    pivot = lyst[middle]
    lyst[middle] = lyst[right]
    lyst[right] = pivot
    # Configura o ponto limite para a primeira posição
    boundary = left
    # Move os itens menores que o pivô para a esquerda
    for index in range(left, right):
        if lyst[index] < pivot:
            swap(lyst, index, boundary)
            boundary += 1
    # Troca o item de pivô e o item de limite
    swap (lyst, right, boundary)
    return boundary

# A definição anterior da função de troca entra aqui

import random

def main(size = 20, sort = quicksort):
    lyst = []
    for count in range(size):
        lyst.append(random.randint(1, size + 1))
    print(lyst)
    sort(lyst)
    print(lyst)

if __name__ == "__main__":
    main()
```

Ordenação por mesclagem

Outro algoritmo chamado **ordenação por mesclagem** emprega uma estratégia recursiva de dividir e conquistar para quebrar a barreira $O(n^2)$. Eis um resumo informal do algoritmo:

Pesquisa, ordenação e análise de complexidade

- Calcular a posição intermediária de uma lista e ordenar recursivamente suas sublistas à esquerda e à direita (dividir e conquistar).
- Mesclar as duas sublistas ordenadas de volta em uma única lista ordenada.
- Interromper o processo quando as sublistas não podem mais ser subdivididas.

Três funções Python colaboram nessa estratégia de design de nível superior:

- `mergeSort` — A função chamada pelos usuários.
- `mergeSortHelper` — Uma função auxiliar que oculta os parâmetros extras exigidos pelas chamadas recursivas.
- `merge` — Uma função que implementa o processo de mesclagem.

Implementando o processo de mesclagem

O processo de mesclagem usa um array do mesmo tamanho da lista. (O Capítulo 4 explora arrays em detalhes.) Esse array é chamado `copyBuffer`. Para evitar a sobrecarga de alocar e desalocar o `copyBuffer` a cada vez que `merge` é chamada, o buffer é alocado uma vez em `mergeSort` e posteriormente passado como um argumento para `mergeSortHelper` e `merge`. Cada vez que `mergeSortHelper` é chamado, ele precisa entender os limites da sublista com a qual está trabalhando. Esses limites são fornecidos por dois outros parâmetros: `low` e `high`. Eis o código para `mergeSort`:

```
from arrays import Array

def mergeSort(lyst):
    # lyst         lista sendo ordenada
    # espaço temporário de copyBuffer necessário durante a mesclagem
    copyBuffer = Array(len(lyst))
    mergeSortHelper(lyst, copyBuffer, 0, len(lyst) - 1)
```

Depois de verificar se recebeu uma sublista de pelo menos dois itens, `mergeSortHelper` calcula o ponto médio da sublista, ordena recursivamente as partes abaixo e acima do ponto médio e chama `merge` para mesclar os resultados. Eis o código para `mergeSortHelper`:

```
def mergeSortHelper(lyst, copyBuffer, low, high):
    # lyst         lista sendo ordenada
    # copyBuffer   espaço de tempo necessário durante a mesclagem
    # low, high    limites da sublista
    # middle       ponto médio da sublista
    if low < high:
        middle = (low + high) // 2
        mergeSortHelper(lyst, copyBuffer, low, middle)
        mergeSortHelper(lyst, copyBuffer, middle + 1, high)
        merge(lyst, copyBuffer, low, middle, high)
```

A Figura 3-14 mostra as sublistas geradas durante chamadas recursivas a `mergeSortHelper`, começando com uma lista de oito itens. Observe que, nesse exemplo, as sublistas são subdivididas uniformemente em cada nível e há sublistas 2^k a serem mescladas no nível k. Se o comprimento da lista inicial não fosse uma potência de dois, uma subdivisão exatamente uniforme não teria sido alcançada em cada nível e o último nível não teria contido um complemento completo das sublistas. A Figura 3-15 traça o processo de mesclagem das sublistas geradas na Figura 3-14.

Por fim, eis o código para a função merge:

```
def merge(lyst, copyBuffer, low, middle, high):
    # lyst          lista que está sendo ordenada
    # copyBuffer    espaço de tempo necessário durante o processo de mesclagem
    # low           início da primeira sublista ordenada
    # middle        fim da primeira sublista ordenada
    # middle + 1    início da segunda sublista ordenada
    # high          fim da segunda sublista ordenada
    # Inicializa i1 e i2 para os primeiros itens em cada sublista
    i1 = low
    i2 = middle + 1
    # Intercala itens das sublistas no
    # copyBuffer de modo que a ordem seja mantida.
    for i in range(low, high + 1):
        if i1 > middle:
            copyBuffer[i] = lyst[i2]        # Primeira sublista esgotada
            i2 += 1
        elif i2 > high:
            copyBuffer[i] = lyst[i1]        # Segunda sublista esgotada
            i1 += 1
        elif lyst[i1] < lyst[i2]:
            copyBuffer[i] = lyst[i1]        # Item na primeira sublista <
            i1 += 1
        else:
            copyBuffer [i] = lyst [i2]      # Item na segunda sublista <
            i2 += 1
    for i in range (low, high + 1):         # Copia os itens ordenados de volta
        lyst[i] = copyBuffer[i]             # para posição adequada na lista
```

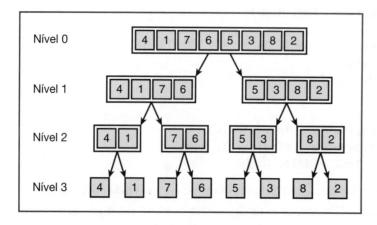

Figura 3-14 Sublistas geradas durante chamadas de mergeSortHelper

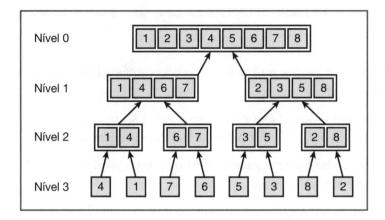

Figura 3-15 Mesclando as sublistas geradas durante uma ordenação por mesclagem

A função **merge** combina duas sublistas ordenadas em uma sublista maior ordenada. A primeira sublista encontra-se entre **low** e **middle** e a segunda entre **middle + 1** e **high**. O processo consiste em três etapas:

1. Configurar ponteiros de índice para os primeiros itens em cada sublista. Estes estão nas posições **low** e **middle + 1**.

2. Começando com o primeiro item em cada sublista, comparar os itens repetidamente. Copiar o item menor da sublista para o buffer de cópia e avançar para o próximo item na sublista. Repetir até que todos os itens tenham sido copiados de ambas as sublistas. Se o final de uma sublista for alcançado antes daquele da outra, encerrar copiando os itens restantes da outra sublista.

3. Copiar a parte de **copyBuffer** entre **low** e **high** de volta às posições correspondentes em **lyst**.

Análise de complexidade da ordenação por mesclagem

O tempo de execução da **merge** é dominado pelas duas instruções **for**, cada uma das quais faz um laço (**high - low + 1**) vezes. Consequentemente, o tempo de execução da função é O(**high - low**) e todas as mesclagens em um único nível levam tempo O(n). Como **mergeSortHelper** divide as sublistas tão uniformemente quanto possível em cada nível, o número de níveis é (log n) e o tempo máximo de execução para esta função é O($n \log n$) em todos os casos.

A ordenação por mesclagem tem dois requisitos de espaço que dependem do tamanho da lista. Primeiro, o espaço O(log n) é necessário na pilha de chamadas para fornecer suporte a chamadas recursivas. Segundo, O(n) é usado pelo buffer de cópia.

Exercícios

1. Descreva a estratégia do quicksort e explique por que pode reduzir a complexidade em tempo de ordenação de $O(n^2)$ a $O(n \log n)$.

2. Por que o quicksort não é $O(n \log n)$ em todos os casos? Descreva a pior situação para o quicksort e forneça uma lista de 10 inteiros, 1–10, que produziriam esse comportamento.

3. A operação **partition** no quicksort escolhe o item no ponto médio como o pivô. Descreva duas outras estratégias para selecionar um valor pivô.

4. Sandra tem uma ideia brilhante: quando o comprimento de uma sublista no quicksort é menor que um certo número — digamos, 30 elementos —, executa uma ordenação por inserção para processar essa sublista. Explique por que essa é uma ideia brilhante.

5. Por que a ordenação por mesclagem é um algoritmo $O(n \log n)$ no pior caso?

Um algoritmo exponencial: Fibonacci recursivo

No início deste capítulo, você executou a função Fibonacci recursiva para obter uma contagem das chamadas recursivas com vários tamanhos de problema. Vimos que o número de chamadas parecia crescer muito mais rápido do que o quadrado do tamanho do problema. Eis o código para a função mais uma vez:

```
def fib(n):
    """A função Fibonacci recursiva."""
    if n < 3:
        return 1
    else:
        return fib(n - 1) + fib(n - 2)
```

Outra maneira de ilustrar esse rápido crescimento do trabalho é exibir uma **árvore de chamadas** para a função de determinado tamanho de problema. A Figura 3-16 mostra as chamadas envolvidas ao se usar a função recursiva para calcular o sexto número de Fibonacci. Para manter o diagrama razoavelmente compacto, escreva **(6)** em vez de **fib(6)**.

Observe que **fib(4)** requer apenas 4 chamadas recursivas, o que parece linear, mas **fib(6)** requer 2 chamadas de **fib(4)**, entre um total de 14 chamadas recursivas. Na verdade, torna-se

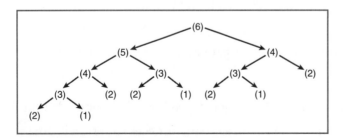

Figura 3-16 Uma árvore de chamadas para fib(6)

bem pior à medida que o tamanho do problema aumenta, com possivelmente muitas repetições das mesmas subárvores na árvore de chamadas.

Exatamente quão ruim é esse comportamento, então? Se a árvore de chamadas estivesse totalmente equilibrada, com os dois níveis inferiores completamente preenchidos, uma chamada com um argumento de 6 geraria $2 + 4 + 8 + 16 = 30$ chamadas recursivas. Observe que o número de chamadas em cada nível preenchido é o dobro do nível acima. Assim, o número de chamadas recursivas geralmente é $2^{n+1} - 2$ em árvores de chamada totalmente equilibradas, onde n é o argumento no topo ou na raiz. Isso é claramente o comportamento de um algoritmo $O(k^n)$ exponencial. Embora os dois níveis inferiores da árvore de chamadas para Fibonacci recursivo não estejam completamente preenchidos, sua árvore de chamadas está próxima o suficiente quanto à forma totalmente balanceada para classificar Fibonacci recursivo como um algoritmo exponencial. A constante k para Fibonacci recursivo é aproximadamente 1,63.

Algoritmos exponenciais geralmente são impraticáveis de serem executados com qualquer problema, exceto de tamanhos muito pequenos. Embora o design do Fibonacci recursivo seja elegante, há uma versão menos bela, mas muito mais rápida, que usa um laço para executar em tempo linear. (Ver a próxima seção.)

Como alternativa, funções recursivas que são chamadas repetidamente com os mesmos argumentos, como a função Fibonacci, podem se tornar mais eficientes por meio de uma técnica chamada **memoização**. De acordo com essa técnica, o programa mantém uma tabela dos valores para cada argumento usado com a função. Antes de a função calcular recursivamente um valor para determinado argumento, ela verifica na tabela se o argumento já tem um valor. Nesse caso, o valor é simplesmente retornado. Do contrário, o cálculo continua e o argumento e o valor são adicionados à tabela posteriormente.

Os cientistas da computação dedicam muito esforço ao desenvolvimento de algoritmos rápidos. Como regra, qualquer redução na ordem de magnitude da complexidade, digamos, de $O(n^2)$ a $O(n)$, é preferível a um "ajuste" de código que reduz a constante de proporcionalidade.

Convertendo Fibonacci em um algoritmo linear

Embora a função Fibonacci recursiva reflita a simplicidade e elegância da definição recursiva da sequência de Fibonacci, o desempenho em tempo de execução dessa função é inaceitável. Um algoritmo diferente melhora esse desempenho em várias ordens de magnitude e, de fato, reduz a complexidade para o tempo linear. Nesta seção, você desenvolve esse algoritmo alternativo e avalia o desempenho.

Lembre-se de que os primeiros dois números na sequência de Fibonacci são 1s e cada número depois disso é a soma dos dois números anteriores. Assim, o novo algoritmo inicia um laço se n é pelo menos o terceiro número de Fibonacci. Esse número será pelo menos a soma dos dois primeiros $(1 + 1 = 2)$. O laço calcula essa soma e, em seguida, realiza duas substituições: o primeiro número se torna o segundo e o segundo se torna a soma recém-calculada. O laço conta de 3 a n. A soma no final do laço é o n-ésimo número de Fibonacci. Eis o pseudocódigo para o algoritmo:

```
Configura sum como 1
Configura first como 1
Configura second como 1
Configura count como 3
Enquanto count  <= N
    Configura sum como first + second
    Configura first como second
    Configura second como sum
    Incrementa count
```

A função **fib** do Python agora usa um laço. Você pode testar a função dentro do script usado para a versão anterior. Eis o código da função, seguido pela saída do script:

```python
def fib(n, counter):
    """Conta o número de iterações
    na função Fibonacci:"""
    sum = 1
    first = 1
    second = 1
    count = 3
    while count <= n:
        counter.increment()
        sum = first + second
        first = second
        second = sum
        count += 1
    return sum
```

Tamanho do problema	Iteradores
2	0
4	2
8	6
16	14
32	30

Como podemos ver, o desempenho da nova versão da função aperfeiçoou-se para linear. Remover a recursão convertendo um algoritmo recursivo em um baseado em laço pode frequentemente, mas nem sempre, reduzir a complexidade em tempo de execução.

ESTUDO DE CASO: Um perfilador de algoritmo

Perfilamento é o processo de medir o desempenho de um algoritmo contando instruções ou cronometrando a execução. Neste estudo de caso, você desenvolve um programa para algoritmos de ordenação.

Solicitação

Escreva um programa que permita a um programador criar perfis de diferentes algoritmos de ordenação.

(continua)

Pesquisa, ordenação e análise de complexidade

(continuação)

Análise

O perfilador deve permitir que um programador execute um algoritmo de ordenação em uma lista de números. O perfilador pode rastrear o tempo de execução do algoritmo, o número de comparações e o número de trocas. Além disso, quando o algoritmo troca dois valores, o perfilador pode imprimir um rastreamento da lista. O programador pode fornecer uma lista própria de números ao perfilador ou solicitar que ele gere uma lista dos números ordenados aleatoriamente de determinado tamanho. O programador também pode solicitar uma lista de números exclusivos ou uma lista que contém valores duplicados. Para facilidade de uso, o perfilador permite que o programador especifique a maioria desses recursos como opções antes de o algoritmo ser executado. O comportamento padrão é executar o algoritmo em uma lista ordenada aleatoriamente de 10 números exclusivos, em que o tempo de execução, as comparações e as trocas são rastreados.

O perfilador é uma instância da classe **Profiler**. O programador cria o perfil de uma função de ordenação, executando o método **test** do gerador de perfil com a função como o primeiro argumento e qualquer uma das opções mencionadas anteriormente. A próxima sessão mostra várias execuções de teste do perfilador com o algoritmo de ordenação por ordenação e diferentes opções:

```
>>> from profiler import Profiler
>>> from algorithms import selectionSort
>>> p = Profiler()
>>> p.test (selectionSort)        # Comportamento padrão
Tamanho do problema: 10
Tempo decorrido: 0.0
Comparações:  45
Trocas:     7
>>> p.test(selectionSort, size = 5, trace = True)
[4, 2, 3, 5, 1]
[1, 2, 3, 5, 4]
Tamanho do problema: 5
Tempo decorrido: 0.117
Comparações:  10
Trocas:     2
>>> p.test(selectionSort, size = 100)
Tamanho do problema: 100
Tempo decorrido: 0.044
Comparações:  4950
Trocas:     97
>>> p.test(selectionSort, size = 1000)
Tamanho do problema: 1000
Tempo decorrido: 1.628
Comparações: 499500
Trocas:     995
>>> p.test(selectionSort, size = 10000,
          exch = False, comp = False)
Tamanho do problema: 10000
Tempo decorrido: 111.077
```

O programador configura um algoritmo de ordenação para ser perfilado da seguinte forma:

1. Define uma função de ordenação e inclui um segundo parâmetro, um **Profiler** objeto, no cabeçalho da função de ordenação.

2. No código do algoritmo de ordenação, executa os métodos **comparison() exchange()** com o objeto **Profiler**, quando relevante, para contar comparações e trocas.

(continua)

(continuação)

3. A interface para a classe **Profiler** está listada na Tabela 3-4.

Método Profiler	O que ele faz
`p.test(function, lyst = None, size = 10, unique = True, comp = True, exch = True, trace = False)`	Executa **function** com as configurações fornecidas e imprime os resultados.
`p.comparison ()`	Aumenta o número de comparações se essa opção tiver sido especificada.
`p.exchange()`	Aumenta o número de trocas se essa opção tiver sido especificada.
`p.__str__()`	O mesmo que **str(p)**. Retorna uma representação de string dos resultados, dependendo das opções.

Tabela 3-4 A interface para a classe Profiler

Projeto

O programador usa dois módulos:

- **profiler** — Este módulo define a classe **Profiler**.
- **algorithms** — Este módulo define as funções de ordenação, como configuradas para criação de perfil.

As funções de ordenação têm o mesmo design como aqueles discutidos anteriormente neste capítulo, exceto que elas recebem um objeto **Profiler** como um parâmetro adicional. Os métodos **comparison** e **exchange** de **Profiler** são executados com esse objeto sempre que uma função de ordenação executa uma comparação ou uma troca de valores de dados, respectivamente. Na verdade, qualquer algoritmo de processamento de lista pode ser adicionado a esse módulo e traçado apenas incluindo um parâmetro **Profiler** e executando seus dois métodos quando comparações ou trocas são feitas.

Conforme mostrado na sessão anterior, você importa a classe **Profiler** e o módulo **algorithms** em um shell de Python e executa o teste no prompt do shell. O método **test** do perfilador configura o objeto **Profiler**, executa a função a ser perfilada e imprime os resultados.

Implementação (codificação)

Eis uma implementação parcial do módulo **algorithms**. A maioria dos algoritmos de ordenação desenvolvidos anteriormente neste capítulo foram omitidos. Mas **selectionSort** está incluído para mostrar como as estatísticas são atualizadas.

```
"""
Arquivo: algorithms.py
Algoritmos configurados para criação de perfil.
"""

def selectionSort(lyst, profiler):
    i = 0
```

(continua)

(continuação)

```python
    while i < len(lyst) - 1:
        minIndex = i
        j = i + 1
        while j < len(lyst):
            profiler.comparison()              # Conta
            if lyst[j] < lyst[minIndex]:
                minIndex = j
            j += 1
        if minIndex != i:
            swap(lyst, minIndex, i, profiler)
        i += 1

def swap(lyst, i, j, profiler):
    """Troca os elementos nas posições i e j."""
    profiler.exchange()                        # Conta
    temp = lyst[i]
    lyst[i] = lyst[j]
    lyst[j] = temp

# O código de teste pode ser inserido aqui, opcionalmente
```

A classe **Profiler** inclui os quatro métodos listados na interface, bem como alguns métodos auxiliares para gerenciar o relógio.

```python
"""
Arquivo: profiler.py
Define uma classe para algoritmos de ordenação.
Um objeto Profiler rastreia a lista, o número de comparações
e trocas e o tempo de execução. O Profiler também pode
imprimir um traço e pode criar uma lista de números únicos
ou duplicados.
Exemplo de uso:
from profiler import Profiler
from algorithms import selectionSort
p = Profiler()
p.test(selectionSort, size = 15, comp = True,
        exch = True, trace = True)
"""

import time
import random

class Profiler(object):

    def test(self, function, lyst = None, size = 10,
             unique = True, comp = True, exch = True,
             trace = False):
        """
        função: o algoritmo sendo perfilado
        alvo: o alvo de pesquisa se perfilando uma pesquisa
        lyst: permite que o chamador use sua lista
```

(continua)

(continuação)

Fundamentos de Python: estruturas de dados

```python
        size: o tamanho da lista, 10 por padrão
        unique: se True, a lista contém inteiros únicos
        comp: se True, conta as comparações
        exch: se True, conta as trocas
        trace: se True, imprime a lista após cada troca
        Executa a função com os atributos dados e imprime
        seus resultados de perfil.
        """
        self.comp = comp
        self.exch = exch
        self.trace = trace
        if lyst != None:
            self.lyst = lyst
        elif unique:
            self.lyst = list(range(1, size + 1))
            random.shuffle(self.lyst)
        else
            self.lyst = []
        for count in range(size):
            self.lyst.append(random.randint(1, size))
        self.exchCount = 0
        self.cmpCount = 0
        self.startClock()
        function(self.lyst, self)
        self.stopClock()
        print(self)

    def exchange(self):
        """Conta as trocas se ativadas."""
        if self.exch:
            self.exchCount += 1
        if self.trace:
            print(self.lyst)

    def comparison(self):
        """Conta as comparações se estiver ativado."""
        if self.comp:
            self.cmpCount += 1

    def startClock(self):
        """Registra a hora de início."""
        self.start = time.time()

    def stopClock(self):
        """Para o relógio e calcula o tempo decorrido
        em segundos, arredondado para o milissegundo mais próximo."""
        self.elapsedTime = round(time.time() - self.start, 3)

    def __str__(self):
        """Retorna os resultados como uma string."""
        result = "Problem size: "
        result += str(len(self.lyst)) + "\n"
        result += "Elapsed time: "
```

(continua)

Pesquisa, ordenação e análise de complexidade

(continuação)

```
        result += str(self.elapsedTime) + "\n"
        if self.comp:
            result += "Comparisons: "
            result += str(self.cmpCount) + "\n"
        if self.exch:
            result += "Exchanges: "
            result += str(self.exchCount) + "\n"
        return result
```

Resumo

- Diferentes algoritmos para resolver o mesmo problema podem ser ordenados de acordo com os recursos de tempo e memória que exigem. Em geral, algoritmos que requerem menos tempo de execução e menos memória são considerados melhores do que aqueles que requerem mais desses recursos. No entanto, geralmente há uma compensação entre os dois tipos de recursos. O tempo de execução às vezes pode ser aprimorado a custo do uso de mais memória, ou o uso da memória pode ser melhorado a custo de tempos de execução mais lentos.

- Você pode medir o tempo de execução de um algoritmo empiricamente com o relógio do computador. Entretanto, esses tempos variam de acordo com o hardware e os tipos de linguagem de programação utilizados.

- As instruções de contagem fornecem outra medida empírica da quantidade de trabalho que um algoritmo realiza. As contagens de instruções podem mostrar aumentos ou diminuições na taxa de crescimento do trabalho de um algoritmo, independentemente das plataformas de hardware e software.

- A taxa de crescimento do trabalho de um algoritmo pode ser expressa como uma função do tamanho de suas instâncias do problema. A análise de complexidade examina o código do algoritmo para derivar essas expressões. Essa expressão permite que o programador preveja o desempenho bom ou ruim que um algoritmo terá em qualquer computador.

- A notação Big-O é uma forma comum de expressar o comportamento em tempo de execução de um algoritmo. Essa notação usa a forma $O(f(n))$, onde n é o tamanho do problema do algoritmo e $f(n)$ é uma função que expressa a quantidade de trabalho realizado para resolvê-lo.

- Expressões comuns de comportamento em tempo de execução são $O(\log_2 n)$ (logarítmico), $O(n)$ (linear), $O(n^2)$ (quadrático) e $O(k^n)$ (exponencial).

- Um algoritmo pode ter comportamentos de melhor caso, pior caso e caso médio diferentes. Por exemplo, a ordenação por bolha e a ordenação por inserção são lineares no melhor dos casos, mas quadráticas no casos médio e pior.

Fundamentos de Python: estruturas de dados

- Em geral, é melhor tentar reduzir a ordem de complexidade de um algoritmo do que tentar melhorar o desempenho ajustando o código.

- Uma pesquisa binária é substancialmente mais rápida do que uma pesquisa sequencial. Entretanto, os dados no espaço de pesquisa para uma pesquisa binária devem estar ordenados.

- Os algoritmos de ordenação $n \log n$ usam uma estratégia recursiva de divisão e conquista para quebrar o barreira n^2. O quicksort reorganiza os itens em torno de um item do pivô e ordena recursivamente as sublistas em cada lado do pivô. A ordenação por mesclagem divide uma lista, classifica recursivamente cada metade e mescla os resultados.

- Os algoritmos exponenciais são principalmente de interesse teórico e sua execução é impraticável em problemas de tamanho grande.

Perguntas de revisão

1. Cronometrar um algoritmo com diferentes tamanhos de problemas:
   a. Pode dar uma ideia geral do comportamento do algoritmo em tempo de execução
   b. Pode dar uma ideia do comportamento do algoritmo em tempo de execução em uma plataforma de hardware específica e em uma plataforma de software específica

2. Instruções de contagem:
   a. Fornecem os mesmos dados em diferentes plataformas de hardware e software
   b. Podem demonstrar a impraticabilidade dos algoritmos exponenciais com grandes tamanhos de problema

3. As expressões $O(n)$, $O(n^2)$ e $O(k^n)$ são, respectivamente:
   a. Exponencial, linear e quadrática
   b. Linear, quadrática e exponencial
   c. Logarítmica, linear e quadrática

4. Uma pesquisa binária supõe que os dados estejam:
   a. Organizados sem uma ordem específica
   b. Ordenados

5. Uma ordenação por seleção faz no máximo:
   a. n^2 trocas de itens de dados
   b. n trocas de itens de dados

6. O comportamento no melhor caso da ordenação por inserção e a ordenação por bolha modificada é:
   a. Linear
   b. Quadrático
   c. Exponencial

7. Um exemplo de algoritmo cujos comportamentos no caso melhor, caso médio e pior caso são os mesmos é:

a. Pesquisa sequencial

c. Quicksort

b. Ordenação por seleção

8. De um modo geral, é melhor:

a. Ajustar um algoritmo para reduzir o tempo de execução em alguns segundos

b. Escolher um algoritmo com a ordem mais baixa de complexidade computacional

9. A função Fibonacci recursiva faz aproximadamente:

a. n^2 chamadas recursivas para problemas de tamanho n grande

b. 2^n chamadas recursivas para problemas de tamanho n grande

10. Cada nível em uma árvore de chamadas binária completamente preenchida tem:

a. Duas vezes mais chamadas do que o nível acima

b. O mesmo número de chamadas do nível acima

Projetos

1. Uma pesquisa sequencial de uma lista ordenada pode ser interrompida quando o alvo é menor que determinado elemento na lista. Defina uma versão modificada desse algoritmo e indique a complexidade computacional, usando a notação big-O, do desempenho nos casos melhor, pior e médio.

2. O método de lista **reverse** inverte os elementos da lista. Defina uma função chamada **reverse** que inverte os elementos no argumento de lista (sem usar o método **reverse**). Tente tornar essa função a mais eficiente possível e indique sua complexidade computacional usando a notação big-O.

3. A função **pow** retorna o resultado de elevar um número a determinada potência. Defina uma função **expo** que execute essa tarefa e indique a complexidade computacional usando a notação big-O. O primeiro argumento dessa função é o número e o segundo argumento é o expoente (apenas números não negativos). Você pode usar um laço ou uma função recursiva em sua implementação, mas não use o operador ** do Python ou a função **pow** do Python.

4. Uma estratégia alternativa para a função Expo usa a seguinte definição recursiva:

expo(número, expoente)

= 1, quando exponent = 0

= number * expo(number, exponent − 1), quando o expoente é ímpar

= (expo(number, exponent / 2))^2, quando o expoente é par

Defina uma função recursiva **expo** que usa essa estratégia e indique sua complexidade computacional usando a notação big-O.

5. O método **sort** de **list** do Python inclui o argumento de palavra-chave **reverse**, cujo valor padrão é **False**. O programador pode substituir esse valor para ordenar uma lista em ordem decrescente. Modifique a função **selectionSort** discutida neste

Fundamentos de Python: estruturas de dados

capítulo para permitir que o programador forneça esse argumento adicional para redirecionar a ordenação.

6. Modifique a função Fibonacci recursiva para empregar a técnica de memoização discutida neste capítulo. A função deve esperar um dicionário como um argumento adicional. A chamada de nível superior da função recebe um dicionário vazio. As chaves e os valores da função devem ser os argumentos e valores das chamadas recursivas. Além disso, use o objeto contador discutido neste capítulo para contar o número de chamadas recursivas.

7. Trace o perfil de desempenho da versão memorizada da função Fibonacci definida no Projeto 6. A função deve contar o número de chamadas recursivas. Indique a complexidade computacional usando a notação big-O e justifique sua resposta.

8. A função `makeRandomList` cria e retorna uma lista de números de determinado tamanho (seu argumento). Os números na lista são únicos e variam de 1 até o valor registrado na variável tamanho. Eles são inserido em ordem aleatória. Eis o código para a função:

```python
def makeRandomList(size):
    lyst = []
    for count in range(size):
        while True:
            number = random.randint(1, size)
            if not number in lyst:
                lyst.append(number)
                break
    return lyst
```

Você pode assumir que `range`, `Randint` e `append` sejam funções de tempo constante. Também pode supor que `random.randint` mais raramente retorne números duplicados à medida que o intervalo entre os argumentos aumenta. Indique a complexidade computacional dessa função usando a notação big-O e justifique sua resposta.

9. Modifique a função `quicksort` de modo que ela chame a ordenação por inserção para ordenar qualquer sublista cujo tamanho é inferior a 50 itens. Compare o desempenho dessa versão com o da versão original, usando conjuntos de dados de 50, 500 e 5000 itens. Em seguida, ajuste o limiar para usar a ordenação por inserção a fim de determinar uma configuração ideal.

10. Um computador fornece suporte a chamadas de funções recursivas usando uma estrutura conhecida como pilha de chamadas. De modo geral, o computador reserva uma quantidade constante de memória para cada chamada de uma função. Assim, a memória utilizada por uma função recursiva pode ser submetida à análise de complexidade. Indique a complexidade computacional da memória usada pelas funções fatoriais recursivas e de Fibonacci.

CAPÍTULO 4

Arrays e estruturas ligadas

Depois de concluir este capítulo, você será capaz de:

- ◎ Criar arrays

- ◎ Executar várias operações em arrays

- ◎ Determinar os tempos de execução e o uso de memória das operações de array

- ◎ Descrever como os custos e benefícios das operações de array dependem da maneira como os arrays são representados na memória do computador

- ◎ Criar estruturas ligadas usando nós ligados individualmente

- ◎ Executar várias operações em estruturas ligadas com nós ligados individualmente

- ◎ Descrever como os custos e benefícios das operações em estruturas ligadas dependem da maneira como são representados na memória do computador

- ◎ Comparar as vantagens e desvantagens em tempo de execução e uso de memória de arrays e estruturas ligadas

Os termos **estrutura de dados** e **tipo de dado concreto** referem-se à representação interna dos dados de uma coleção. As duas estruturas de dados mais frequentemente usadas para implementar coleções nas linguagens de programação são **arrays** e estruturas ligadas. Esses dois tipos de estruturas adotam abordagens diferentes para armazenar e acessar dados na memória do computador. Essas abordagens, por sua vez, levam a diferentes alternativas entre espaço e tempo nos algoritmos que manipulam as coleções. Este capítulo examina a organização de dados e detalhes concretos do processamento que são específicos a arrays e estruturas ligadas. Seu uso na implementação de vários tipos de coleções é discutido nos capítulos mais adiante.

A estrutura de dados de array

Um array representa uma sequência de itens que podem ser acessados ou substituídos em determinadas posições de índice. Você provavelmente está pensando que essa descrição se parece com a de uma lista Python. Na verdade, a estrutura de dados subjacente a uma lista Python é um array. Embora os programadores Python tipicamente usem uma lista em que você pode utilizar um array, o array, em vez da lista, é a estrutura de implementação primária nas coleções do Python e de muitas outras linguagens de programação. Portanto, você precisa se familiarizar com a maneira de pensar baseada em arrays.

Parte do que este capítulo tem a dizer sobre arrays também se aplica a listas Python, mas arrays são muito mais restritivos. Um programador pode acessar e substituir os itens de um array em determinadas posições, examinar o comprimento de um array e obter a representação em string — mas isso é tudo. O programador não pode adicionar ou remover posições, aumentar ou diminuir o comprimento do array. Normalmente, o comprimento ou a capacidade de um array são fixos quando ele é criado.

O módulo **array** do Python inclui uma classe **array**, que se comporta mais como uma lista, mas é limitada a armazenar números. Para o propósito da discussão a seguir, você definirá uma nova classe chamada **Array** que adere às restrições mencionadas anteriormente, mas pode conter itens de qualquer tipo. Ironicamente, essa classe **Array** usa uma lista Python para armazenar os itens. A classe define métodos que permitem aos clientes usar o operador subscrito **[]**, a função **len**, a função **str** e o laço **for** com objetos de array. Os métodos **Array** necessários para essas operações estão listados na Table 4-1. A variável **a** na coluna da esquerda refere-se a um objeto **Array**.

Operação de array do usuário	Método na classe Array
`a = Array(10)`	`__init__(capacity, fillValue = None)`
`len(a)`	`__len__ ()`
`str(a)`	`__str__()`
`para o item em a:`	`__iter__ ()`
`a[index]`	`__getitem__ (index)`
`a[index] = newitem`	`__setitem__ (index, newItem)`

Tabela 4-1 Operações e métodos da classe `Array`

Arrays e estruturas ligadas

Quando o Python encontra uma operação na coluna esquerda da Tabela 4-1, ele chama automaticamente o método correspondente na coluna da direita com o objeto **Array**. Por exemplo, o Python chama automaticamente o método **__iter__** do objeto **Array** quando o objeto **Array** é percorrido em um laço **for**. Observe que o programador deve especificar a capacidade ou o tamanho físico de um array quando ele é criado. O valor de preenchimento padrão, **None**, pode ser substituído para fornecer outro valor de preenchimento, se desejado.

Eis o código para a classe **Array** (em **arrays.py**):

```
"""
Arquivo: arrays.py
Um Array é como uma lista, mas o cliente pode usar
somente [], len, iter e str.

Para instanciar, use
<variável> = Array(<capacidade>, <valor de preenchimento opcional>)

O valor de preenchimento é None por padrão.
"""

class Array(object):
    """Representa uma array."""

    def __init__(self, capacity, fillValue = None):
        """Capacidade é o tamanho estático do array.
        fillValue é colocado em cada posição."""
        self.items = list()
        for count in range(capacity):
            self.items.append(fillValue)

    def __len__(self):
        """-> A capacidade do array."""
        return len(self.items)

    def __str__(self):
        """-> A representação de string do array."""
        return str(self.items)

    def __iter__(self):
        """Suporta o percurso com um laço for."""
        return iter(self.items)

    def __getitem__(self, index):
        """Operador de subscrito para acesso no índice."""
        return self.items[index]

    def __setitem__(self, index, newItem):
        """Operador de subscrito para substituição no índice."""
        self.items[index] = newItem
```

Eis uma sessão de shell que mostra o uso de um array:

```
>>> from arrays import Array
```

```
>>> a = Array(5)              # Cria um array com 5 posições
>>> len(a)                    # Mostra o número de posições
5
>>> print(a)                  # Mostra o conteúdo
[None, None, None, None, None]
>>> for i in range(len(a)):   # Substitui o conteúdo por 1..5
        a[i] = i + 1
>>> a[0]                      # Acessa o primeiro item
1
>>> for item in a:            # Percorre o array para imprimir tudo
        print(item)
1
2
3
4
5
```

Como podemos ver, um array é uma versão muito restrita de uma lista.

Acesso aleatório e memória contígua

O subscrito, ou operação de índice, torna mais fácil para o programador armazenar ou recuperar um item em determinada posição. A operação do índice de array também é muito rápida. A indexação de array é uma operação de **acesso aleatório** Durante o acesso aleatório, o computador obtém a localização do *i*-ésimo item executando um número constante de etapas. Portanto, não importa o tamanho do array, leva o mesmo tempo para acessar o primeiro item e para acessar o último item.

O computador suporta acesso aleatório para arrays alocando um bloco de células de **memória contígua** para os itens de array. Um desses blocos é mostrado na Figura 4-1.

Para simplificar, a figura considera que cada item de dados ocupe uma única célula de memória, embora esse não seja o caso. Os endereços da máquina são números binários de 8 bits.

Como os endereços dos itens estão em sequência numérica, o endereço de um item de array pode ser calculado adicionando-se dois valores: o **endereço-base** do array e o **offset** (deslocamento) do item. O endereço básico do array é o endereço da máquina do primeiro item.

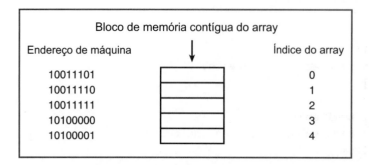

Figura 4-1 Uma taxonomia de memória contígua de coleção

O deslocamento de um item é igual ao seu índice, multiplicado por uma constante que representa o número de células de memória (no Python, sempre 1) exigidas por um item de array. Para resumir, a operação de índice em um array Python tem duas etapas:

1. Buscar o endereço-base do bloco de memória do array.
2. Retornar o resultado da adição do índice a esse endereço.

Neste exemplo, o endereço-base do bloco de memória do array é 10011101_2 e cada item requer uma única célula de memória. Então, o endereço do item de dados na posição de índice 2 é $2_{10} + 10011101_2$, ou 10011111_2.

O ponto importante a ser observado sobre o acesso aleatório é que o computador não precisa procurar uma determinada célula em um array, em que começa com a primeira célula e conta as células até a i-ésima célula alcançada. O acesso aleatório em tempo constante talvez seja a característica mais desejável de um array. No entanto, esse recurso requer que o array seja representado em um bloco de memória contígua. Como veremos mais adiante, esse requisito acarreta alguns custos ao implementar outras operações em arrays.

Memória estática e memória dinâmica

Arrays em linguagens mais antigas como Fortran e Pascal eram estruturas de dados estáticas. O comprimento ou capacidade do array era determinado em tempo de compilação, assim o programador precisava especificar esse tamanho com uma constante. Como o programador não podia alterar o comprimento de um array em tempo de execução, ele precisava prever quanta memória de array seria necessária para todos os aplicativos do programa. Se o programa sempre esperasse um número fixo e conhecido de itens no array, não haveria problemas. Mas nos outros casos, em que o número de itens de dados variava, os programadores precisavam solicitar memória suficiente para abranger os casos em que o maior número de itens de dados seria armazenado em um array. Obviamente, esse requisito resultava em programas que desperdiçavam memória para muitos aplicativos. Pior ainda, quando o número de itens de dados excedesse o comprimento do array, o melhor que um programa poderia fazer era retornar uma mensagem de erro.

As linguagens modernas como Java, C++ fornecem uma solução para esses problemas, permitindo que o programador crie **arrays dinâmicos**. Como um array estático, um array dinâmico ocupa um bloco contíguo da memória e suporta acesso aleatório. No entanto, o comprimento de um array dinâmico só precisa ser conhecido durante o tempo de execução. Assim, o programador em Java ou C++ pode especificar o comprimento de um array dinâmico durante a instanciação. A classe **Array** do Python se comporta de maneira semelhante.

Felizmente, existe uma maneira de o programador reajustar o comprimento de um array aos requisitos de dados de um aplicativo em tempo de execução. Esses ajustes podem assumir três formas:

- Criar um array com um tamanho padrão razoável na inicialização do programa.
- Quando o array não puder conter mais dados, criar um array maior e transferir os itens de dados do array antigo.
- Quando o array aparentemente desperdiçar memória (alguns dados foram removidos pelo aplicativo), diminuir o comprimento de maneira semelhante.

Obviamente, esses ajustes acontecem automaticamente com uma lista Python.

Tamanho físico e tamanho lógico

Ao trabalharem com um array, os programadores geralmente devem distinguir entre o comprimento ou tamanho físico e o tamanho lógico. O **tamanho físico** de um array é o número total de células do array, ou o número usado para especificar a capacidade quando o array é criado. O **tamanho lógico** de um array é o número de itens nele que atualmente devem estar disponíveis para o aplicativo. Quando o array sempre está cheio, o programador não precisa se preocupar com essa distinção. Mas esses casos são raros. A Figura 4-2 mostra três arrays com o mesmo tamanho físico, mas tamanhos lógicos diferentes. As células atualmente ocupadas por dados estão sombreadas.

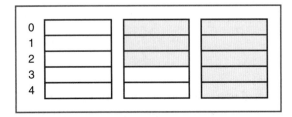

Figura 4-2 Arrays com diferentes tamanhos lógicos

Como podemos ver, é possível acessar células nos dois primeiros arrays que contêm **garbage** (lixo), ou dados atualmente não significativos para o aplicativo. Portanto, o programador deve tomar cuidado para rastrear o tamanho físico e o tamanho lógico de um array na maioria dos aplicativos.

Em geral, o tamanho lógico e o tamanho físico informam várias coisas importantes sobre o estado do array:

- Se o tamanho lógico é 0, o array está vazio. Isto é, o array não contém itens de dados.
- Do contrário, a qualquer momento, o índice do último item no array é o tamanho lógico menos 1.
- Se o tamanho lógico é igual ao tamanho físico, não haverá mais espaço para dados no array.

Exercícios

1. Explique como funciona o acesso aleatório e por que é tão rápido.
2. Quais são as diferenças entre um array e uma lista Python?
3. Explique a diferença entre o tamanho físico e o tamanho lógico de um array.

Operações em arrays

Agora você aprenderá a implementação de várias operações em arrays. O tipo de array ainda não fornece essas operações; o programador que usa o array deve escrevê-las. Nesses exemplos, você pode supor as seguintes configurações de dados:

```
DEFAULT_CAPACITY = 5
logicalSize = 0
a = Array(DEFAULT_CAPACITY)
```

Como podemos ver, o array tem um tamanho lógico inicial de 0 e um tamanho físico padrão, ou capacidade, de 5. Para cada operação que usa esse array, você lerá uma descrição da estratégia de implementação e um segmento de código Python anotado. Mais uma vez, essas operações são usadas para definir métodos para coleções que contêm arrays.

Aumentando o tamanho de um array

Quando um novo item está prestes a ser inserido e o tamanho lógico do array é igual ao tamanho físico, é hora de aumentar o tamanho do array. O tipo **list** do Python executa esta operação durante uma chamada do método **insert** ou **append**, quando mais memória para o array for necessária. O processo de redimensionamento consiste em três etapas:

1. Criar um array maior.

2. Copiar os dados do array antigo para o novo array.

3. Redefinir a variável do array antigo para o novo objeto array.

Eis o código para essa operação:

```
if logicalSize == len(a):
    temp = Array(len(a) + 1)         # Cria um array
    for i in range(logicalSize):     # Copia os dados do antigo
        temp [i] = a[i]              # array para o novo array
    a = temp                         # Redefine a variável do array antigo
                                     # para o novo array
```

Observe que a memória do array antiga é deixada de fora para o coletor de lixo. Você também segue o curso natural de aumentar o comprimento do array em uma célula para acomodar cada novo item. Mas considere as implicações sobre o desempenho dessa decisão. Quando o array é redimensionado, o número de operações de cópia é linear. Assim, o desempenho geral de tempo para adicionar n items a um array é $1 + 2 + 3 + ... + n$ ou $n(n+1)/2$ ou $O(n^2)$.

Você pode obter um desempenho de tempo mais razoável dobrando o tamanho do array sempre que o tamanho dele aumenta, como a seguir:

```
temp = Array(len(a) * 2)         # Cria um array
```

A análise do desempenho de tempo dessa versão é deixada como um exercício para você. O ganho de desempenho em termos do tempo é, obviamente, alcançado à custa do desperdício de parte da memória. Entretanto, o desempenho geral em termos do espaço dessa operação é linear porque um array temporário é necessário, não importa qual estratégia você utilize.

Diminuindo o tamanho de um array

Quando o tamanho lógico de um array diminui, as células vão para o lixo. Quando um item está prestes a ser removido e o número dessas células não utilizadas atinge ou excede certo limite, digamos, três quartos do tamanho físico do array, é hora de diminuir o tamanho físico. Essa operação ocorre no tipo **list** do Python sempre que o método **pop** resulta no desperdício de memória além de um certo limite. O processo de diminuir o tamanho de um array é o inverso de aumentá-lo. Eis as etapas:

1. Criar um array menor.

2. Copiar os dados do array antigo para o novo array.

3. Redefinir a variável do array antigo para o novo objeto array.

O código para esse processo é ativado quando o tamanho lógico do array é menor ou igual a um quarto do tamanho físico e o tamanho físico é pelo menos duas vezes a capacidade padrão que você estabeleceu para o array. O algoritmo reduz o tamanho físico do array à metade do tamanho físico, desde que não seja menor que a capacidade padrão. Eis o código:

```
if logicalSize <= len(a) // 4 and len(a) >= DEFAULT_CAPACITY * 2:
    temp = Array(len(a) // 2)        # Cria um array
    for i in range(logicalSize):     # Copia os dados do array antigo
        temp [i] = a [i]             # para o novo array
    a = temp                         # Redefine a variável do array antigo
                                     # para o novo array
```

Observe que essa estratégia permite que parte da memória seja desperdiçada ao reduzir o array. Essa estratégia tende a diminuir a probabilidade de redimensionamentos adicionais em qualquer direção. A análise de tempo/espaço da operação de contração é deixada como um exercício para você.

Inserindo um item em um array que cresce

Inserir um item em um array é diferente de substituir um item em um array. No caso de uma substituição, um item já existe na posição de índice fornecida e uma atribuição simples para essa posição é suficiente. Além disso, o tamanho lógico do array não muda. No caso de uma inserção, o programador deve fazer quatro coisas:

1. Verificar se há espaço disponível antes de tentar uma inserção e aumentar o tamanho físico do array, se necessário, como descrito anteriormente.

2. Mudar os itens da extremidade lógica do array à posição do índice-alvo por um. Esse processo abre uma lacuna para o novo item no índice-alvo.

3. Atribuir o novo item à posição do índice-alvo.

4. Aumentar o tamanho lógico em um.

A Figura 4-3 mostra as etapas para a inserção do item D5 na posição 1 em um array de quatro itens.

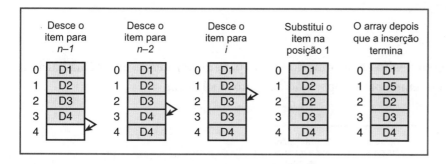

Figura 4-3   Inserindo um item em um array

Como podemos ver, a ordem em que os itens são deslocados é crucial. Se começar no índice-alvo e copiar a partir daí, você perderá dois itens. Portanto, comece na extremidade lógica do array e trabalhe de volta até o índice-alvo, copiando cada item para a célula de seu sucessor. Eis o código Python para a operação de inserção:

```
# Aumenta o tamanho físico do array se necessário
# Desloca os itens uma posição para baixo
for i in range(logicalSize, targetIndex, -1):
    a[i] = a[i - 1]
# Adiciona novo item e aumenta o tamanho lógico
a[targetIndex] = newItem
logicalSize += 1
```

O desempenho em termos do tempo para mover itens durante uma inserção é em média linear, portanto a operação de inserção é linear.

Removendo um item de um array

Remover um item de um array inverte o processo de inserção desse item. Eis as etapas nesse processo:

1. Mudar os itens a partir daquele depois da posição do índice-alvo até o final lógico do array para cima por um. Esse processo fecha a lacuna deixada pelo item removido no índice-alvo.
2. Diminuir o tamanho lógico em um.
3. Verificar se há espaço desperdiçado e diminuir o tamanho físico do array se necessário.

A Figura 4-4 mostra as etapas para a remoção de um item na posição 1 em um array de cinco itens.

Assim como acontece com inserções, a ordem em que você desloca os itens é crítica. Para uma remoção, você começa no item após a posição-alvo e move em direção à extremidade lógica do array, copiando cada item para a célula de seu predecessor. Eis o código Python para a operação de remoção:

```
# Muda os itens uma posição para cima
for i in range(targetIndex, logicalSize - 1):
    a[i] = a[i+ 1]
# Diminui o tamanho lógico
logicalSize -= 1
# Diminui o tamanho do array se necessário
```

Mais uma vez, como o desempenho em termos do tempo para mover itens é em média linear, o desempenho em termos do tempo para a operação de remoção é linear.

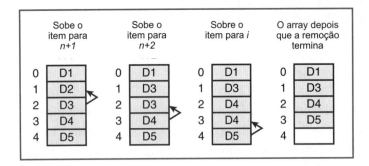

Figura 4-4 Removendo um item de um array

Dilema da complexidade: tempo, espaço e arrays

A estrutura do array apresenta um dilema interessante entre desempenho em tempo de execução e uso de memória. A Tabela 4-2 registra os tempos de execução de cada operação de array, bem como dois adicionais: inserções e remoções de itens no final lógico de um array.

Operação	Tempo de execução
Acesso na *i*-ésima posição	O(1), melhores e piores casos
Substituição na *i*-ésima posição	O(1), melhores e piores casos
Insere no final lógico	O(1), caso médio
Inserção na *i*-ésima posição	O(*n*), caso médio
Remoção da *i*-ésima posição	O(*n*), caso médio
Aumenta a capacidade	O(*n*), melhores e piores casos
Diminui a capacidade	O(*n*), melhores e piores casos
Remove do final lógico	O(1), caso médio
Insere na *i*-ésima posição	O(*n*), caso médio
Remove da *i*-ésima posição	O(*n*), caso médio
Aumenta a capacidade	O(*n*), melhores e piores casos
Diminui a capacidade	O(*n*), melhores e piores casos

Tabela 4-2 Os tempos de execução das operações de array

Arrays e estruturas ligadas

Como podemos ver, um array fornece acesso rápido a todos os itens já presentes e fornece inserções e remoções rápidas na última posição lógica. As inserções e remoções em posições arbitrárias podem ser mais lentas por uma ordem de magnitude. O redimensionamento também leva um tempo linear, mas dobrar o tamanho ou cortá-lo pela metade pode minimizar o número de vezes que isso deve ser feito.

As operações de inserção e remoção são potencialmente $O(n)$ no uso da memória, devido ao eventual redimensionamento. Mais uma vez, se você usar as técnicas discutidas anteriormente, isso é apenas o pior caso de desempenho. O caso médio do uso de memória para essas operações é $O(1)$.

O único custo real de memória do uso de um array é que algumas células em um array não preenchido vão para o lixo. Um conceito útil para avaliar o uso de memória de um array é o **fator de carga**. O fator de carga de um array é igual ao número de itens armazenados no array dividido pela sua capacidade. Por exemplo, o fator de carga é 1 quando um array está cheio, 0 quando o array está vazio e 0,3 quando um array de 10 células tem 3 delas ocupadas. Você pode manter o número de células desperdiçadas em um mínimo redimensionando quando o fator de carga do array cair abaixo de um certo limiar, digamos, 0,25.

Exercícios

1. Explique por que alguns itens em um array podem ter que ser deslocados quando determinado item é inserido ou removido.

2. Quando o programador muda os itens no array durante uma inserção, qual item é movido primeiro, aquele no ponto de inserção ou o último item? Por quê?

3. Declare a complexidade em tempo de execução para inserir um item quando o ponto de inserção é o tamanho lógico do array.

4. Um array atualmente contém 14 itens e seu fator de carga é 0,70. Qual é a capacidade física dele?

Arrays bidimensionais (grades)

Os arrays estudados até agora podem representar apenas sequências simples de itens e são chamados **arrays unidimensionais**. Para muitas aplicações, **arrays bidimensionais** ou **grids** (grades) são mais úteis. Uma tabela de números, por exemplo, pode ser implementada como um array bidimensional. A Figura 4-5 mostra uma grade com quatro linhas e cinco colunas.

Suponha que essa grade seja denominada `grid`. Para acessar um item em `grid`, você usa dois subscritos para especificar as posições de linha e coluna, lembrando que os índices começam em 0:

```
x = grid[2][3]   # Configura x como 23, o valor em (linha 2, coluna 3)
```

Nesta seção, você aprenderá a criar e processar arrays ou grades bidimensionais simples. Essas grades são consideradas retangulares e de dimensões fixas.

	Col 0	Col 1	Col 2	Col 3	Col 4
Linha 0	0	1	2	3	4
Linha 1	10	11	12	13	14
Linha 2	20	21	22	23	24
Linha 3	30	31	32	33	34

Figura 4-5 Um array ou grade bidimensional com quatro linhas e cinco colunas

Processando uma grade

Além do subscrito duplo, uma grade deve reconhecer dois métodos que retornam o número de linhas e o número de colunas. Para propósitos de discussão, esses métodos são nomeados `getHeight` and `getWidth`, respectivamente. As técnicas para manipulação de arrays unidimensionais são facilmente estendidas para grades. Por exemplo, o seguinte segmento de código calcula a soma de todos os números na variável `grid`. O laço externo itera quatro vezes e se move para baixo nas linhas. Sempre pelo laço externo, o laço interno itera cinco vezes e se move pelas colunas em uma linha diferente.

```
sum = 0
for row in range(grid.getHeight()):        # Percorre as linhas
    for column in range(grid.getWidth()):  # Percorre as colunas
        sum +=grid[row][column]
```

Como os métodos `getHeight` e `getWidth` são usados em vez dos números 4 e 5, esse código funcionará para uma grade de qualquer dimensão.

Criando e inicializando uma grade

Vamos supor que exista uma classe `Grid` para arrays bidimensionais. Para criar um objeto `Grid`, você pode executar o construtor `Grid` com três argumentos: sua altura, sua largura e um valor de preenchimento inicial. A próxima sessão instancia `Grid` com 4 linhas, 5 colunas e um valor de preenchimento de 0. Em seguida, imprime o objeto resultante:

```
>>> from grid import Grid
>>> grid = Grid(4, 5, 0)
>>> print(Grid)
0 0 0 0 0
0 0 0 0 0
0 0 0 0 0
0 0 0 0 0
```

Depois de uma grade ser criada, você pode redefinir suas células como quaisquer valores. O seguinte segmento de código percorre a grade para redefinir as células como os valores mostrados na Figura 4-5:

```python
# Percorre as linhas
for row in range(grid.getHeight()):
    # Percorre as colunas
    for column in range(grid.getWidth()):
        grid[row][column] = int(str(row) str(column))
```

Definindo uma classe de grade

Uma classe **Grid** é semelhante à classe **Array** apresentada anteriormente. Os usuários podem executar métodos para determinar o número de linhas e colunas e obter uma representação de string. Entretanto, nenhum iterador é fornecido. Uma grade é convenientemente representada usando um array de arrays. O comprimento do array de nível superior é igual ao número de linhas na grade. Cada célula no array de nível superior também é um array. O comprimento desse array é o número de colunas na grade e esse array contém os dados em determinada linha. O método **__getitem__** é tudo o que você precisa para suportar o uso do subscrito duplo pelo cliente. Eis o código para a classe **Grid** (em **grid.py**):

```python
"""
Autor: Ken Lambert
"""

from arrays import Array

class Grid(object):
    """Representa uma arraybidimensional."""

    def __init__(self, rows, columns, fillValue = None):
        self.data = Array(rows)
        for row in range (rows):
            self.data[row] = Array(columns, fillValue)

    def getHeight(self):
        """Retorna o número de linhas."""
        return len(self.data)

    def getWidth(self):
        """Retorna o fatorial de colunas."""
        return len(self.data[0])

    def __getitem__(self, index):
        """Suporta indexação bidimensional
        com [linha] [coluna]. """
        return self.data[index]

    def __str__(self):
        """Retorna uma representação de string da grade."""
        result = ""
        for row in range (self.getHeight()):
            for col in range (self.getWidth()):
                result += str(self.data[row][col]) + " "
            result += "\n"
        return result
```

Grades irregulares e arrays multidimensionais

As grades discutidas até agora nesta seção eram bidimensionais e retangulares. Você também pode criar grades irregulares e de mais de duas dimensões.

Uma grade irregular tem um número fixo de linhas, mas o número de colunas de dados em cada linha pode variar. Um array de listas, ou arrays, fornece uma estrutura adequada para implementar uma grade irregular.

As dimensões também podem ser adicionadas à definição de uma grade quando necessário; o único limite é a memória do computador. Por exemplo, você pode visualizar um array tridimensional como uma caixa cheia de caixas menores empilhadas primorosamente em linhas e colunas. Esse array recebe profundidade, altura e largura quando é criado. O tipo de array agora tem um método `getDepth` assim como `getWidth` e `getHeight` para examinar as dimensões. Cada item é acessado com três inteiros como índices, e o processamento é realizado com uma estrutura de instrução de controle que contém três laços.

Exercícios

1. O que são grades ou arrays bidimensionais?

2. Descreva um aplicativo no qual um array bidimensional pode ser usado.

3. Escreva um segmento de código que pesquise um objeto `Grid` para um número inteiro negativo. O laço deve terminar na primeira instância de um número inteiro negativo na grade e as variáveis `row` e `column` devem terminar na primeira instância de um número inteiro. Caso contrário, as variáveis `row` e `column` devem ser iguais ao número de linhas e colunas na grade.

4. Descreva o conteúdo da grade depois de executar o seguinte segmento de código:

```python
matrix = Grid(3, 3)
for row in range(matrix.getHeight()):
    for column in range(matrix.getWidth()):
        matrix[row][column] = row * column
```

5. Escreva um segmento de código que crie uma grade irregular cujas linhas contenham posições para três, seis e nove itens, respectivamente.

6. Sugira uma estratégia para implementar uma classe tridimensional `array` que use a classe `Grid` como uma estrutura de dados.

7. Escreva um segmento de código que inicialize cada célula em um array tridimensional com um número inteiro que represente as três posições de índice. Portanto, se uma posição for (profundidade, linha, coluna), o dado inteiro na posição (2, 3, 3) será 233.

8. Escreva um segmento de código que exiba os itens em um array tridimensional. Cada linha de dados deve representar todos os itens em uma determinada linha e coluna, desde a primeira posição de profundidade até a última. O percurso deve começar na primeira linha, coluna e posições de profundidade e mover-se pelas profundidades, colunas e linhas.

Estruturas ligadas

Depois dos arrays, as estruturas ligadas são provavelmente as estruturas de dados mais comumente usadas em programas. Como um array, uma estrutura ligada é um tipo de dados concreto que implementa muitos tipos de coleções, incluindo listas. Uma análise detalhada do uso de estruturas ligadas em coleções como listas e árvores binárias será apresentada mais adiante neste livro. Esta seção discute em detalhes várias características que os programadores devem manter em mente ao usarem estruturas ligadas para implementar qualquer tipo de coleção.

Estruturas unicamente ligadas e estruturas duplamente ligadas

Como o nome indica, uma estrutura ligada consiste em itens ligados a outros itens. Embora muitas ligações entre os itens sejam possíveis, as duas estruturas ligadas mais simples são a **estrutura unicamente ligada** e a **estrutura duplamente ligada**.

É útil desenhar diagramas das estruturas ligadas usando uma notação de caixa e ponteiro. A Figura 4-6 utiliza essa notação para mostrar exemplos dos dois tipos de estruturas ligadas.

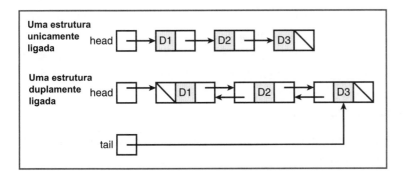

Figura 4-6 Dois tipos de estruturas ligadas

Um usuário de uma estrutura unicamente ligada acessa o primeiro item seguindo uma ligação **única inicial** externo (head link). O usuário então acessa outros itens encadeando por meio de ligações únicas (representados por setas na figura) que emanam dos itens. Assim, em uma estrutura unicamente ligada, é fácil chegar ao sucessor de um item, mas não tão fácil chegar ao predecessor.

Uma estrutura duplamente ligada contém ligações em ambas as direções. Portanto, é fácil para o usuário mover-se para o sucessor de um item ou para seu predecessor. Uma segunda ligação externa, denominada **ligação final**, permite que o usuário de uma estrutura duplamente ligada acesse o último item diretamente.

O último item em qualquer tipo de estrutura ligada não tem ligação para o próximo item. A figura indica a ausência de uma ligação, denominada **ligação vazia**, por meio de uma barra em vez de uma seta. Observe também que o primeiro item em uma estrutura duplamente ligada não tem ligações para o item anterior.

Como arrays, essas estruturas ligadas representam sequências lineares dos itens. Mas o programador que usa uma estrutura ligada não pode acessar imediatamente um item especificando a posição de índice. Em vez disso, ele deve começar em uma extremidade da estrutura e seguir as ligações até que a posição (ou item) desejada seja alcançada. Essa propriedade das estruturas ligadas tem consequências importantes para várias operações, como discutido em breve.

A maneira como a memória é alocada para estruturas ligadas também é bastante diferente daquela dos arrays e há duas consequências importantes para as operações de inserção e remoção:

- Depois que um ponto de inserção ou remoção foi encontrado, a inserção ou remoção pode ocorrer sem nenhum deslocamento de itens de dados na memória.
- A estrutura ligada pode ser redimensionada durante cada inserção ou remoção sem custo extra de memória e sem cópia de itens de dados.

Agora você aprenderá o suporte de memória subjacente para estruturas ligadas que torna essas vantagens possíveis.

Memória não contígua e nós

Lembre-se de que os itens do array devem ser armazenados na memória contígua. Isso significa que a sequência lógica dos itens no array está fortemente acoplada a uma sequência física das células na memória. Em comparação, uma estrutura ligada desacopla a sequência lógica dos itens na estrutura de qualquer ordem na memória. Isto é, a célula de determinado item em uma estrutura ligada pode ser encontrada em qualquer lugar da memória, desde que o computador possa seguir uma ligação para o endereço ou a localização. Esse tipo de esquema de representação de memória chama-se **memória não contígua**.

A unidade básica da representação em uma estrutura ligada é um **nó**. Um **nó individualmente ligado** contém os seguintes componentes ou campos:

- Um item de dados
- Uma ligação para o próximo nó na estrutura

Além desses componentes, um **nó duplamente ligado** contém uma ligação para o nó anterior na estrutura.

A Figura 4-7 mostra um nó individualmente ligado e um nó duplamente ligado cujas ligações internas estão vazias.

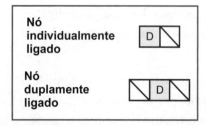

Figura 4-7 Dois tipos de nós com ligações vazias

Dependendo da linguagem de programação, o programador pode configurar nós para usar a memória não contígua de várias maneiras:

- Nas primeiras linguagens, como Fortran, a única estrutura de dados embutida era o array. O programador, portanto, implementava nós e a memória não contígua para uma estrutura unicamente ligada usando dois arrays paralelos. Um array continha os itens de dados. O outro continha as posições de índice, para itens correspondentes no array de dados, de seus itens sucessores no array de dados. Assim, seguir uma ligação significava usar um índice de item de dados no primeiro array para acessar um valor no segundo e, em seguida, usar esse valor como um índice em outro item de dados no primeiro array. A ligação vazia era representada pelo valor −1. A Figura 4-8 mostra uma estrutura ligada e sua representação de array. Como podemos ver, essa configuração desacopla efetivamente a posição lógica de um item de dados na estrutura ligada de sua posição física no array.

- Em linguagens mais modernas, como Pascal e C++, o programador tem acesso direto aos endereços de dados na forma de **ponteiros**. Nessas linguagens mais modernas, um nó em uma estrutura unicamente ligada contém um item de dados e um valor de ponteiro. Um valor especial `null` (ou `nil`) representa ligação vazia como um valor de ponteiro. O programador não usa um array para configurar a memória não contígua, mas simplesmente solicita ao computador um ponteiro para um novo nó de uma área interna de memória não contígua chamada **heap de objeto**. O programador então define o ponteiro dentro desse nó como outro nó, estabelecendo assim uma ligação para outros dados na estrutura. O uso de ponteiros explícitos e um heap embutido representa um avanço em relação ao esquema no estilo Fortran porque o programador não é mais responsável por gerenciar a representação do array subjacente da memória não contígua. (Afinal de contas, a memória de qualquer computador — RAM — é, em última análise, apenas um grande array.) Ainda exigem que o programador gerencie o heap, na medida em que o programador deve retornar nós não usados ao heap com uma operação `dispose` ou `delete`.

- Os programadores Python configuram nós e estruturas ligadas usando **referências** a objetos. No Python, qualquer variável pode se referir a qualquer coisa, incluindo o valor `None`, o que pode significar uma ligação vazia. Portanto, um programador Python configura um nó individualmente ligado definindo um objeto que contém dois campos: uma referência a um item de dados e uma referência a outro nó. O Python fornece alocação dinâmica de

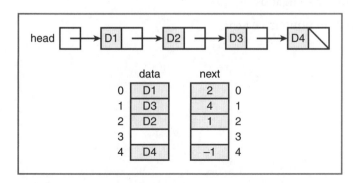

Figura 4-8 Uma representação de array de uma estrutura ligada

memória não contígua para cada novo objeto de nó, bem como retorno automático dessa memória ao sistema (coleta de lixo) quando o objeto não pode mais ser referenciado pelo aplicativo.

Na discussão a seguir, os termos ligação, ponteiro e referência são usados como sinônimos.

Definindo uma classe de nó individualmente ligado

As classes de nó são simples. Flexibilidade e facilidade de uso são cruciais, portanto, as variáveis de instância de um objeto de nó são geralmente referenciadas sem chamadas de método, e os construtores permitem ao usuário definir a(s) ligação(ões) de um nó quando este é criado. Como mencionado anteriormente, um nó individualmente ligado contém um único item de dados e uma referência ao próximo nó. Eis o código para uma classe de nó simples e individualmente ligado:

```python
class Node(object):
    """Representa um nó individualmente ligado."""

    def __init__(self, data, next = None):
        """Instancia um Nó com um padrão próximo a None."""
        self.data = data
        self.next = next
```

Usando a classe de nó individualmente ligado

Variáveis de nó são inicializadas para o valor **None** ou um novo objeto **Node**. O próximo segmento de código mostra algumas variações dessas duas opções:

```python
# Apenas uma ligação vazia
node1 = None
# Um nó contendo dados e ligação vazia
node2 = Node("A", None)
# Um nó contendo dados e ligação para o node2
node3 = Node("B", node2)
```

A Figura 4-9 mostra o estado das três variáveis após a execução desse código.

Observe o seguinte:

- **node1** não aponta para nenhum objeto de nó ainda (é **None**).
- **node2** e **node3** apontam para objetos que estão ligados.
- **node2** aponta para um objeto cujo próximo ponteiro é **None**.

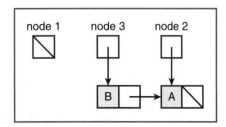

Figura 4-9 Três ligações externas

Arrays e estruturas ligadas

Agora suponha que você tente posicionar o primeiro nó no início da estrutura ligada que já contém **node2** e **node3** executando a seguinte instrução:

```
node1.next = node3
```

O Python responde levantando um `AttributeError`. A razão para essa resposta é que a variável **node1** contém o valor **Nenhum** e, portanto, não faz referência a um objeto de nó contendo um campo **next**. Para criar a ligação desejada, você pode executar

```
node1 = Node("C", node3)
```

ou

```
node1 = Node("C", None)
node1.next = node3
```

Em geral, você pode evitar exceções perguntando se determinada variável de nó é **None** antes de tentar acessar seus campos:

```
if nodeVariable != None:
    <acessa um campo em nodeVariable>
```

Assim como os arrays, as estruturas ligadas são processadas com laços. Você pode usar laços para criar uma estrutura ligada e visitar cada nó nela. O próximo script de teste usa a classe **Node** para criar uma estrutura com ligação única e imprimir seu conteúdo:

```
"""
Arquivo: testnode.py
Testa a classe Node.
"""

from node import Node

head = None
# Adiciona cinco nós ao início da estrutura ligada
for count in range(1, 6):
    head = Node(count, head)
# Imprime o conteúdo da estrutura
while head != None:
    print(head.data)
    head = head.next
```

Observe os seguintes pontos sobre o programa:

- Um ponteiro, **head**, gera a estrutura ligada. Esse ponteiro é manipulado de tal forma que o último item inserido sempre esteja no início da estrutura.

- Portanto, quando os dados são exibidos, eles aparecem na ordem inversa da inserção.

- Além disso, quando os dados são exibidos, o ponteiro head é redefinido como o próximo nó, até que o ponteiro head se torne **None**. Assim, ao final desse processo, os nós são efetivamente excluídos da estrutura ligada. Eles não estão mais disponíveis para o programa e são reciclados na próxima coleta de lixo.

Exercícios

1. Usando a notação de caixa e ponteiro, desenhe uma imagem dos nós criados pelo primeiro laço no programa de teste.

2. O que acontece quando um programador tenta acessar os campos de dados de um nó quando a variável do nó se refere a **None**? Como você evita isso?

3. Escreva um segmento de código que transfira itens de um array completo para uma estrutura unicamente ligada. A operação deve preservar a ordenação dos itens.

Operações em estruturas unicamente ligadas

Quase todas as operações em arrays já são baseadas em índice, porque os índices são parte da estrutura do array. O programador deve emular operações baseadas em índice em uma estrutura ligada manipulando as ligações dentro da estrutura. Esta seção explora como essas manipulações são realizadas em operações comuns como percursos, inserções e remoções.

Percurso

O segundo laço no último programa de teste removeu efetivamente cada nó da estrutura ligada após imprimir os dados desse nó. No entanto, muitos aplicativos simplesmente precisam visitar cada nó sem excluí-lo. Essa operação, chamada de **percurso**, ou travessia, usa uma variável de ponteiro temporária chamada **probe**. Ela é inicializada para o ponteiro **head** da estrutura ligada e, em seguida, controla um laço da seguinte maneira:

```
probe = head
while probe != None:
    <usa ou modifica probe.data>
    probe = probe.next
```

A Figura 4-10 mostra o estado das variáveis de ponteiro **probe** e **head** durante cada passagem do laço. Observe que, no final do processo, o ponteiro **probe** é **None**, mas o ponteiro **head** ainda faz referência ao primeiro nó.

Em geral, um percurso de uma estrutura unicamente ligada visita cada nó e termina quando uma ligação vazia é alcançada. Portanto, o valor **None** serve como um *sentinela* que interrompe o processo.

Percursos são lineares quanto ao tempo e não requerem memória extra.

Pesquisando

O Capítulo 3, "Pesquisa, ordenação e análise de complexidade", discutiu a pesquisa sequencial de determinado item em uma lista. A pesquisa sequencial de uma estrutura ligada é semelhante a um percurso pelo fato de que você deve começar no primeiro nó e seguir as ligações até chegar a uma sentinela. Mas, nesse caso, existem duas sentinelas possíveis:

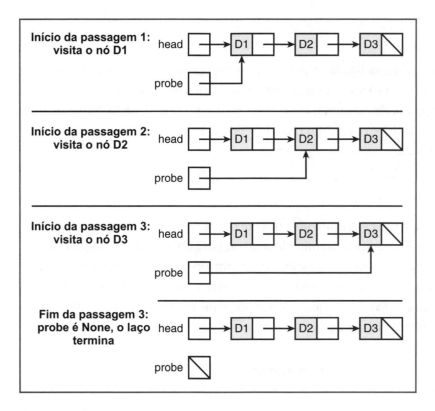

Figura 4-10 Percorrendo uma estrutura ligada

- Ligação vazia, indicando que não há mais itens de dados para examinar
- Um item de dados que é igual ao item-alvo, indicando uma pesquisa bem-sucedida

Eis a forma da pesquisa de determinado item:

```
probe = head
while probe != None and targetItem != probe.data:
    probe = probe.next
if probe != None:
    <targetItem foi encontrado>
else:
    <targetItem não está na estrutura ligada>
```

Não surpreende que, em média, a pesquisa sequencial seja linear para estruturas unicamente ligadas.

Infelizmente, acessar o *i*-ésimo item de uma estrutura ligada também é uma operação de pesquisa sequencial. Isso ocorre porque você deve começar no primeiro nó e contar o número de ligações até chegar ao *i*-ésimo nó. Você pode considerar $0 <= i < n$, onde *n* é o número de nós na estrutura ligada. Eis a forma para acessar o espaço *i*-ésimo item:

```
# Considera 0 <= index < n
probe = head
while index > 0:
    probe = probe.next
```

```
        index -= 1
return probe.data
```

Ao contrário dos arrays, as estruturas ligadas não fornecem suporte a acesso aleatório. Portanto, não se pode pesquisar uma estrutura unicamente ligada cujos dados estão em ordem de classificação com a mesma eficiência com que se pesquisa um array ordenado. No entanto, como veremos mais adiante neste livro, existem maneiras de organizar os dados em outros tipos de estruturas ligadas para corrigir essa deficiência.

Substituição

As operações de substituição em uma estrutura unicamente ligada também empregam o padrão de percurso. Nesses casos, você pesquisa determinado item ou posição na estrutura ligada e o substitui por um novo. A primeira operação, substituir determinado item, não precisa considerar que o item-alvo esteja na estrutura ligada. Se o item-alvo não estiver presente, nenhuma substituição ocorre e a operação retorna `False`. Se o alvo estiver presente, o novo item o substitui e a operação retorna `True`. Eis a forma da operação:

```
probe = head
while probe != None and targetItem != probe.data:
    probe = probe.next
if probe != None:
    probe.data = newItem
    return True
else:
    return False
```

A operação para substituir o i-ésimo item considera $0 <= i < n$. Eis essa forma:

```
# Considera 0 <= index < n
probe = head
while index > 0:
    probe = probe.next
    index -= 1
probe.data = newItem
```

Ambas as operações de substituição são, em média, lineares.

Inserindo no início

Agora, você provavelmente está se perguntando se existe uma operação melhor do que linear em uma estrutura ligada. Na verdade, existem várias. Em alguns casos, essas operações podem tornar as estruturas ligadas preferíveis a arrays. O primeiro caso é a inserção de um item no início da estrutura. Isso é o que foi feito repetidamente no programa de teste da seção anterior. Eis a forma:

```
head = Node(newItem, head)
```

A Figura 4-11 representa essa operação para dois casos. O ponteiro **head** é **None** no primeiro caso, então o primeiro item é inserido na estrutura. No segundo caso, o segundo item é inserido no início da mesma estrutura.

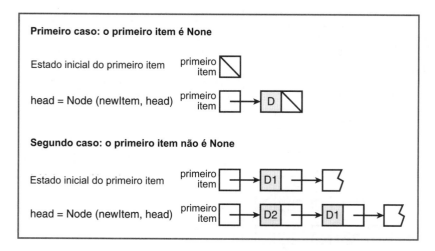

Figura 4-11 Os dois casos de inserção de um item no início de uma estrutura ligada

Observe que, no segundo caso, não há necessidade de copiar dados para deslocá-los para baixo e não há necessidade de memória extra. Isso significa que inserir dados no início de uma estrutura ligada usa tempo e memória constantes, ao contrário da mesma operação com arrays.

Inserindo no final

Inserir um item no final de um array (usado na operação **append** de uma lista Python) requer tempo e memória constantes, a menos que o array precise ser redimensionado. O mesmo processo para uma estrutura unicamente ligada deve considerar dois casos:

- O ponteiro **head** é **None**, então o ponteiro head é definido como o novo nó.
- O ponteiro **head** pointer não é **None**, então o código procura o último nó e aponta seu próximo ponteiro para o novo nó.

O segundo caso retorna ao padrão de percurso. Eis a forma:

```
newNode = Node(newItem)
if head is None:
    head = newNode
else:
    probe = head
    while probe.next != None:
        probe = probe.next
    probe.next = newNode
```

A Figura 4-12 representa a inserção de um novo item no final de uma estrutura ligada de três itens. Essa operação é linear no tempo e constante na memória.

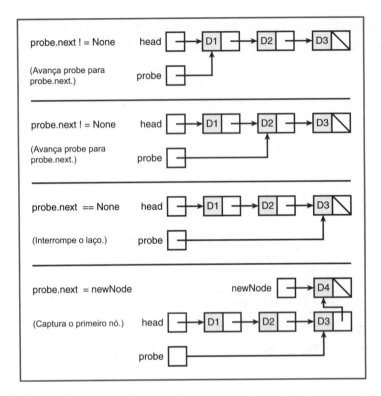

Figura 4-12 Inserindo um item no final de uma estrutura ligada

Removendo no início

No programa de teste da seção anterior, você removeu repetidamente o item no início da estrutura ligada. Nesse tipo de operação, você normalmente pode considerar que haja pelo menos um nó na estrutura. A operação retorna o item removido. Eis a forma de fazer isso:

```
# Considera pelo menos um nó na estrutura
removedItem = head.data
head = head.next
return removedItem
```

A Figura 4-13 representa a remoção do primeiro nó.

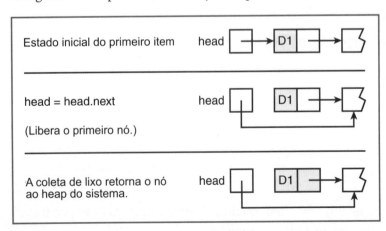

Figura 4-13 Removendo um item no início de uma estrutura ligada

Como podemos ver, a operação usa tempo e memória constantes, ao contrário da mesma operação para arrays.

Removendo no final

Remover um item no final de um array (usado no método de lista **pop** do Python) requer tempo e memória constantes, a menos que você precise redimensionar o array. O mesmo processo para uma estrutura unicamente ligada supõe pelo menos um nó na estrutura. Existem então dois casos a considerar:

- Há um único nó. O ponteiro **head** está definido como **None**.
- Há um nó antes do último nó. O código procura esse penúltimo nó e define seu próximo ponteiro como **None**.

Em qualquer um dos casos, o código retorna o item de dados contido no nó excluído. Eis a forma:

```
# Considera pelo menos um nó na estrutura
removedItem = head.data
if head.next is None:
    head = None
else:
    probe = head
    while probe.next.next != None:
        probe = probe.next
    removedItem = probe.next.data
    probe.next = None
return removedItem
```

A Figura 4-14 mostra a remoção do último nó de uma estrutura ligada de três itens.

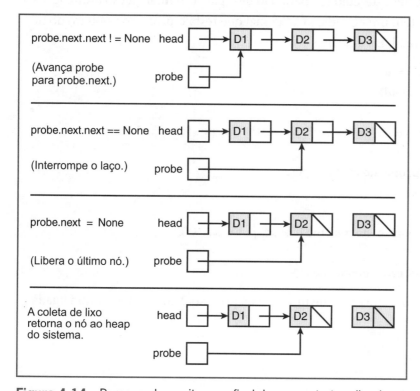

Figura 4-14 Removendo um item no final de uma estrutura ligada

Esta operação é linear no tempo e constante na memória.

Inserindo em qualquer posição

A inserção de um item na i-ésima posição em um array requer o deslocamento de itens da posição i para baixo para a posição $n - 1$. Assim, você realmente insere o item antes daquele atualmente na posição i para que o novo item ocupe a posição i e o item antigo ocupe a posição $i + 1$. E quanto aos casos de um array vazio ou um índice maior que $n - 1$? Se o array estiver vazio, o novo item será inserido no início e, se o índice for maior ou igual a n, o item vai para o final.

A inserção de um item na i-ésima posição em uma estrutura ligada deve lidar com os mesmos casos. O caso de uma inserção no início usa o código apresentado anteriormente. No caso de uma inserção em alguma outra posição i, no entanto, a operação deve primeiro encontrar o nó na posição $i - 1$ (if $i < n$) ou o nó na posição $n - 1$ (se $i >= n$). Então, há dois casos a considerar:

- O próximo ponteiro desse nó é **None**. Isso significa $i = n$, então você deve colocar o novo item no final da estrutura ligada.
- O próximo ponteiro desse nó não é **None**. Isso significa $0 < i < n$, então você deve colocar o novo item entre o nó na posição $i - 1$ e o nó na posição i.

Assim como acontece com uma pesquisa para i-ésimo item, a operação de inserção deve contar os nós até a posição desejada ser alcançada. Entretanto, como o índice-alvo pode ser maior ou igual ao número de nós, você deve ter cuidado para não ultrapassar o final da estrutura ligada na pesquisa. Portanto, o laço tem uma condição adicional que testa o próximo ponteiro do nó atual para verificar se é o nó final. Eis a forma:

```python
if head is None or index <= 0:
    head = Node(newItem, head)
else:
    # Pesquisa o nó na posição index - 1 ou a última posição
    probe = head
    while index > 1 and probe.next != None:
        probe = probe.next
        index -= 1
    # Insere um novo nó após o nó no índice de posição - 1
    # ou última posição
    probe.next = Node(newItem, probe.next)
```

A Figura 4-15 mostra um traço da inserção de um item na posição 2 em uma estrutura ligada contendo três itens.

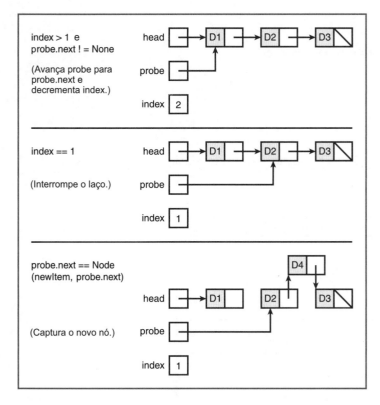

Figura 4-15 Inserindo um item entre dois itens em uma estrutura ligada

Como acontece com qualquer operação de estrutura unicamente ligada que usa um padrão de percurso, essa operação tem desempenho de tempo linear. No entanto, o uso de memória é constante.

A inserção de um item antes de determinado item em uma estrutura ligada usa elementos desse padrão e é deixada como um exercício para você.

Removendo em qualquer posição

A remoção do i-ésimo item de uma estrutura ligada tem três casos:

- $i <= 0$ — Você usa o código para remover o primeiro item.
- $0 < i < n$ — Você procura o nó na posição $i - 1$, como na inserção e remove o nó seguinte.
- $i >= n$ — Você remove o último nó.

Suponha que a estrutura ligada tenha pelo menos um item. O padrão é semelhante ao usado para inserção pelo fato de que você deve evitar ultrapassar o final da estrutura ligada. Mas deve permitir que o ponteiro **probe** vá além do segundo nó a partir do final da estrutura. Eis a forma:

```
# Considera que a estrutura ligada tem pelo menos um item
if index <= 0 or head.next is None:
    removedItem = head.data
    head = head.next
    return removedItem
else:
    # Procura o nó no índice de posição - 1 ou
```

```
# a penúltima posição
probe = head
while index > 1 and probe.next.next != None:
    probe = probe.next
    index -= 1
removedItem = probe.next.data
probe.next = probe.next.next
return removedItem
```

A Figura 4-16 mostra uma representação da remoção do item na posição 2 em uma estrutura ligada contendo quatro itens.

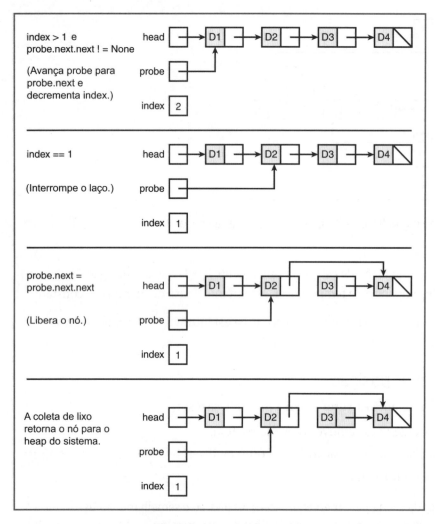

Figura 4-16 Removendo um item entre dois itens em uma estrutura ligada

Dilema da complexidade: tempo, espaço e estruturas unicamente ligadas

Estruturas unicamente ligadas apresentam um dilema espaço/tempo diferente dos arrays. A Tabela 4-3 fornece uma contagem dos tempos de execução das operações.

Surpreendentemente, essa contagem revela que as duas únicas operações de estruturas ligadas que não são lineares no tempo são a inserção e a remoção do primeiro item. Você pode estar se

Arrays e estruturas ligadas

Operação	Tempo de execução
Acesso na *i*-ésima posição	O(*n*), caso médio
Substituição na *i*-ésima posição	O(*n*), caso médio
Inserção no início	O(1), melhor e pior casos
Remoção do começo	O(1), melhor e pior casos
Inserção na *i*-ésima posição	O(*n*), caso médio
Remoção da *i*-ésima posição	O(*n*), caso médio

Tabela 4-3 O tempo de execução das operações nas estruturas unicamente ligadas

perguntando por que uma estrutura ligada é usada em vez de um array se várias operações de uma estrutura ligada têm comportamento linear. Bem, suponha que você queira implementar uma coleção que apenas insere, acessa ou remove o primeiro item. Veremos essa coleção no Capítulo 7, "Pilhas". Obviamente, você também pode escolher uma implementação de array que insere ou remove o último item com desempenho de tempo semelhante. No Capítulo 10, "Árvores", analisaremos as estruturas ligadas que fornecem suporte a inserções e pesquisas logarítmicas.

A principal vantagem da estrutura unicamente ligada em relação ao array não é o desempenho no tempo, mas o desempenho da memória. O redimensionamento de um array, quando isso deve ocorrer, é linear no tempo e na memória. O redimensionamento de uma estrutura ligada, que ocorre a cada inserção ou remoção, é constante no tempo e na memória. Além disso, nenhuma memória é desperdiçada em uma estrutura ligada. O tamanho físico da estrutura nunca excede o tamanho lógico. Estruturas ligadas têm um custo de memória extra pelo fato de que uma estrutura unicamente ligada deve usar *n* células de memória para os ponteiros. Esse custo aumenta para estruturas duplamente ligadas, cujos nós possuem duas ligações.

Os programadores que entendem essa análise podem escolher a implementação que melhor atenda suas necessidades.

Exercícios

1. Suponha que a posição de um item a ser removido de uma estrutura unicamente ligada foi localizada. Indique a complexidade em tempo de execução para concluir a operação de remoção a partir desse ponto.

2. Uma pesquisa binária pode ser executada em itens que estão ordenados dentro de uma estrutura unicamente ligada? Se não pode, por que não?

3. Sugira uma boa razão pela qual a lista Python usa um array em vez de uma estrutura ligada para armazenar os itens.

Variações em uma ligação

Esta seção examina dois tipos de estruturas ligadas com ponteiros extras que podem ajudar a melhorar o desempenho e simplificar o código.

Uma estrutura ligada circular com um nó inicial fictício

A inserção e a remoção do primeiro nó são casos especiais da *i*-ésima operação de inserção e da *i*-ésima operação de remoção em estruturas unicamente ligadas. Esses casos são especiais porque o ponteiro head deve ser reiniciado. Você pode simplificar essas operações recorrendo a uma **estrutura ligada circular** com um **nó inicial fictício**. Uma estrutura ligada circular contém uma ligação do último nó de volta ao primeiro na estrutura. Sempre há pelo menos um nó nessa implementação. Esse nó, o inicial fictício, não contém dados, mas funciona como um marcador para o início e o fim da estrutura ligada. Aponta para o nó inicial fictício, e o próximo ponteiro do nó **head** fictício aponta de volta para o próprio nó inicial fictício, como mostra a Figure 4-17.

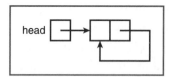

Figura 4-17 Uma estrutura ligada circular vazia com um nó inicial fictício

O primeiro nó para conter dados está localizado após o nó inicial fictício. O próximo ponteiro desse nó então aponta de volta para o nó inicial fictício de uma forma circular, como mostra a Figura 4-18.

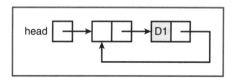

Figura 4-18 Uma estrutura ligada circular após inserir o primeiro nó

A pesquisa pelo *i*-ésimo nó começa com o nó após o nó inicial fictício. Suponha que a estrutura ligada vazia seja inicializada da seguinte maneira:

```
head = Node(None, None)
head.next = head
```

Eis o código para inserções na *i*-ésima posição usando esta nova representação de uma estrutura ligada:

```
# Pesquisa o nó na posição index - 1 ou a última posição
probe = head
while index > 0 and probe.next != head:
    probe = probe.next
    index -= 1
# Insere um novo nó após o nó no índice de posição - 1 ou
```

```
# última posição
probe.next = Node(newItem, probe.next)
```

A vantagem dessa implementação são as operações de inserção e a remoção têm apenas um caso a considerar — o caso em que o *i*-ésimo nó fica entre um nó anterior e o *i*-ésimo nó atual. Quando o *i*-ésimo nó é o primeiro nó, o nó anterior é o nó inicial. Quando o $i >= n$, o último nó é o nó anterior e o nó inicial é o próximo nó.

Estruturas duplamente ligadas

Uma estrutura duplamente ligada tem as vantagens de uma estrutura unicamente ligada. Além disso, permite ao usuário fazer o seguinte:

- Mover para a esquerda, até o nó anterior, a partir de determinado nó.
- Mover imediatamente para o último nó.

A Figura 4-19 mostra uma estrutura duplamente ligada que contém três nós. Observe a presença dos dois indicadores, convencionalmente conhecidos como **next** e **previous**, em cada nó. Observe também a presença de um segundo ponteiro externo **tail** que permite acesso direto ao último nó da estrutura.

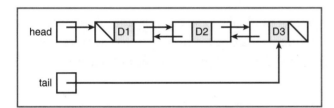

Figura 4-19   Uma estrutura duplamente ligada com três nós

A implementação pelo Python de uma classe de nó para estruturas duplamente ligadas estende a classe **Node** discutida anteriormente, adicionando um campo para o ponteiro **previous**. Eis o código para as duas classes:

```python
class Node(object):

    def __init__(self, data, next = None):
        """Instancia um nó com o padrão próximo a N"""
        self.data = data
        self.next = next

class TwoWayNode(Node):

    def __init__(self, data, previous = None, next = None):
        """Instancia um TwoWayNode."""
        Node.__init__(self, data, next)
        self.previous = previous
```

O programa de teste a seguir cria uma estrutura duplamente ligada adicionando itens ao final. O programa então exibe o conteúdo da estrutura ligada começando no último item e retrocedendo até o primeiro item:

Fundamentos de Python: estruturas de dados

```python
"""Arquivo: testtwowaynode.py
Testa a classe TwoWayNode.
"""

from node import TwoWayNode

# Cria uma estrutura duplamente ligada com um nó
head = TwoWayNode(1)
tail = head

# Adiciona quatro nós ao final da estrutura duplamente ligada
for data in range(2, 6):
    tail.next = TwoWayNode(data, tail)
    tail = tail.next

# Imprime o conteúdo da estrutura ligada na ordem inversa
probe = tail
while probe != None:
    print(probe.data)
    probe = probe.previous
```

Considere as duas instruções a seguir no primeiro laço do programa:

```python
tail.next = TwoWayNode(data, tail)
tail = tail.next
```

O objetivo dessas instruções é inserir um novo item no final da estrutura ligada. Você pode considerar que haja pelo menos um nó na estrutura ligada e que o ponteiro `tail` sempre aponte para o último nó na estrutura ligada não vazia. Você deve configurar os três ponteiros na seguinte ordem:

1. O ponteiro anterior do novo nó deve ser direcionado ao nó final atual. Isso é feito passando `tail` como o segundo argumento para o construtor do nó.

2. O próximo ponteiro do nó caudal atual deve ser direcionado para o novo nó. A primeira instrução de atribuição faz isso.

3. O ponteiro `tail` deve ser direcionado para o novo nó. A segunda instrução de atribuição faz isso.

A Figura 4-20 mostra a inserção de um novo nó no final de uma estrutura duplamente ligada.

Como podemos ver, as inserções no meio de uma estrutura duplamente ligada exigiriam o redirecionamento de ainda mais ponteiros. Mas os ponteiros redirecionados sempre são constantes quanto ao número, não importando onde a posição-alvo está.

As operações mais gerais de inserção e remoção para estruturas duplamente ligadas também têm dois casos especiais, como tinham com estruturas unicamente ligadas. Você pode simplificar essas operações recorrendo a uma estrutura ligada circular com um nó inicial fictício. É um exercício para mais tarde.

Com exceção de inserções e remoções no final da estrutura, as complexidades em tempo de execução das operações em uma estrutura duplamente ligada são as mesmas que as

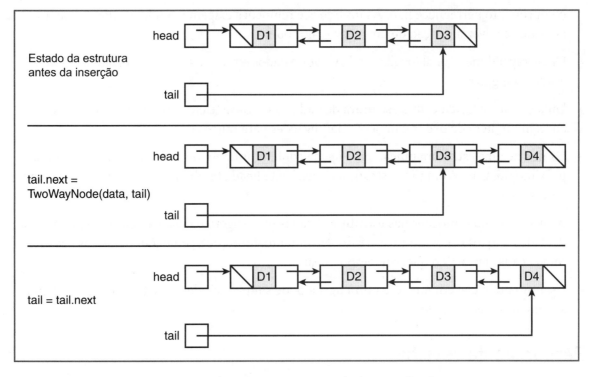

Figura 4-20 Inserindo um item no final de uma estrutura duplamente ligada

operações correspondentes na estrutura unicamente ligada. Entretanto, uma quantidade linear de memória extra é necessária para os ponteiros extras de uma estrutura duplamente ligada.

Outra variação em uma estrutura ligada combina uma estrutura duplamente ligada com um nó inicial fictício. Essa opção é usada no Capítulo 9, "Listas", para implementar listas ligadas.

Exercícios

1. Que vantagem uma estrutura ligada circular com um nó inicial fictício fornece para o programador?

2. Descreva um benefício e um custo de uma estrutura duplamente ligada, em comparação a uma estrutura unicamente ligada.

Resumo

- Uma estrutura de dados é um objeto que representa os dados contidos em uma coleção.
- O array é uma estrutura de dados que suporta acesso aleatório, em tempo constante, a um item por posição. Um array recebe algumas posições para os dados quando é criado e seu

comprimento permanece fixo. As inserções e remoções exigem a mudança dos elementos de dados e talvez a criação de um array maior ou menor.

- Um array bidimensional localiza cada valor de dados em uma linha e uma coluna em uma grade retangular.

- Uma estrutura ligada é uma estrutura de dados que consiste em zero ou mais nós. Um nó contém um item de dados e uma ou mais ligações para outros nós.

- Os nós de uma estrutura unicamente ligada contêm um item de dados e uma ligação para o próximo nó. Um nó em uma estrutura duplamente ligada também contém uma ligação para o nó anterior.

- As inserções ou remoções nas estruturas ligadas não exigem o deslocamento dos elementos de dados. No máximo, um nó é criado. No entanto, inserções, remoções e acessos nas estruturas ligadas lineares requerem tempo linear.

- Usar um nó inicial em uma estrutura ligada pode simplificar algumas das operações, como adicionar ou remover itens.

Perguntas de revisão

1. Arrays e estruturas ligadas são exemplos de:
   a. Tipos de dados abstratos (ADT) b. Estruturas de dados

2. Comprimento de um array:
   a. Tem tamanho fixo após ser criado
   b. Pode ser aumentado ou diminuído após ser criado

3. Acesso aleatório suporta:
   a. Acesso a dados em tempo constante b. Acesso a dados em tempo linear

4. Os dados em uma estrutura unicamente ligada estão contidos em:
   a. Células b. Nós

5. A maioria das operações nas estruturas unicamente ligadas são executadas em:
   a. Tempo constante b. Tempo linear

6. Requer tempo constante para remover o primeiro item de a(n):
   a. Array b. Estrutura unicamente ligada

7. Um array usa menos memória do que uma estrutura unicamente ligada quando:
   a. Menos da metade das posições está ocupada por dados
   b. Mais da metade das posições está ocupada por dados

8. Quando um array fica sem memória para armazenar dados, é melhor criar um array que:
   a. Tenha uma posição a mais que o array antigo

Arrays e estruturas ligadas

    b. Tenha o dobro de posições do que o array antigo

9. O pior caso em tempo de execução de uma inserção em uma estrutura ligada ocorre ao inserir:

    a. No topo da estrutura   b. No final da estrutura

10. Uma estrutura duplamente ligada permite que o programador mova:

    a. Para o próximo nó ou o nó anterior de determinado nó

    b. Para o próximo nó apenas a partir de determinado nó

Projetos

Nos primeiros seis projetos, você modifica a classe `Array` definida neste capítulo para fazê-lo se comportar mais como a classe `list` do Python. Para cada solução, inclua o código que testa suas modificações na classe `Array`.

1. Adicione uma variável de instância `logicalSize` à classe `Array`. Essa variável é inicialmente 0 e rastreará o número de itens atualmente disponíveis para os usuários do array.

    Em seguida, adicione o método `size()` à classe `Array`. Esse método deve retornar o tamanho lógico do array. O método `__len__` ainda deve retornar a capacidade ou tamanho físico do array.

2. Adicione precondições aos métodos `__getitem__` e `__setitem__` da classe `Array`. A precondição de cada método é `0 <= index < size()`. Certifique-se de disparar uma exceção se a precondição não for atendida.

3. Adicione os métodos `grow` e `shrink` à classe `Array`. Os métodos devem usar as estratégias discutidas neste capítulo para aumentar ou diminuir o comprimento da lista contida no array. Certifique-se de que o tamanho físico do array não diminua abaixo da capacidade especificada pelo usuário e que as células do array usem o valor de preenchimento quando o tamanho do array é aumentado.

4. Adicione os métodos `insert` e `pop` à classe `Array`. Esses métodos devem usar as estratégias discutidas neste capítulo, incluindo o ajuste do comprimento do array, se necessário. O método `insert` espera uma posição e um item como argumentos e insere o item na posição fornecida. Se a posição é maior ou igual ao tamanho lógico do array, o método insere o item após o último item atualmente disponível no array. O método `pop` espera uma posição como um argumento e remove e retorna o item nessa posição. A precondição do método `pop` é `0 <= index < size()`. O método `remove` também deve redefinir a célula do array desocupada para o valor de preenchimento.

5. Adicione o método `__eq__` à classe `Array`. O Python executa esse método quando um objeto `Array` aparece como o operando esquerdo do operador `==`. O método retornará `True` se seu argumento também for um `Array`, tiver o mesmo tamanho lógico que o operando esquerdo e o par de itens em cada posição *lógica* nos dois arrays forem iguais. Caso contrário, o método retornará `False`.

Fundamentos de Python: estruturas de dados

6. Jill diz a Jack que ele deve agora remover a implementação atual do método `__iter__` da classe `Array`, se estiver realmente se comportando como uma lista. Explique por que essa é uma boa sugestão. Explique também como o método `__str__` deve ser modificado neste ponto.

7. Uma classe `Matrix` pode ser usada para realizar algumas das operações encontradas na álgebra linear, como a aritmética matricial. Desenvolva uma classe `Matrix` que usa os operadores internos para aritmética. A classe `Matrix` deve estender a classe `Grid`.

   Os próximos quatro projetos solicitam que você defina algumas funções para manipular estruturas ligadas. Você deve usar as classes `Node` e `TwoWayNode`, conforme definido neste capítulo. Crie um módulo de teste que contenha suas definições de função e seu código para testá-las.

8. Defina uma função `length` (*não* `len`) que espera uma estrutura unicamente ligada como argumento. A função retorna o número de itens na estrutura.

9. Defina uma função chamada `insert` que insere um item em uma estrutura unicamente ligada em determinada posição. A função espera três argumentos: o item, a posição e a estrutura ligada. (A última pode estar vazia.) A função retorna a estrutura ligada modificada. Se a posição é maior ou igual ao comprimento da estrutura, a função insere o item no final. Um exemplo de chamada da função, onde `head` é uma variável que é uma ligação vazia ou se refere ao primeiro nó de uma estrutura, é `head = insert(1, data, head)`.

10. Defina uma função chamada `pop` que remove o item em determinada posição de uma estrutura unicamente ligada. Essa função espera uma posição como primeiro argumento, com a precondição `0 <= posição < comprimento da estrutura`. Seu segundo argumento é a estrutura ligada, que, é claro, não pode estar vazia. A função retorna uma *tupla* contendo a estrutura ligada modificada e o item que foi removido. Um exemplo de chamada é `(head, item) = pop(1, head)`.

11. Defina uma função `makeTwoWay` que espera uma estrutura unicamente ligada como o argumento. A função cria e retorna uma estrutura duplamente ligada que contém os itens na estrutura unicamente ligada. (*Nota*: A função não deve alterar a estrutura do argumento.)

CAPÍTULO 5

Interfaces, implementações e polimorfismo

Depois de concluir este capítulo, você será capaz de:

◎ Desenvolver uma interface para um tipo de coleção

◎ Implementar várias classes que estão em conformidade com a interface de um tipo de coleção

◎ Avaliar as compensações em tempo de execução e uso de memória de várias implementações de um tipo de coleção

◎ Implementar um iterador básico

◎ Usar métodos para manipular sacolas e conjuntos

◎ Decidir se uma sacola ou conjunto é uma coleção apropriada para determinado aplicativo

◎ Converter uma implementação de sacola em uma implementação de sacola ordenada

O barramento serial universal (Universal Serial Bus – USB) fornece **interface** padrão para conectar uma ampla gama de dispositivos a computadores. Como você provavelmente sabe, um cabo USB padrão permite conectar um computador a câmeras digitais, smartphones, impressoras, scanners, discos de armazenamento externo e muitos outros dispositivos. O flash stick comum vem com um conector USB integrado.

As interfaces são tão comuns em softwares quanto em hardwares. Uma das particularidades de um software bem projetado é a separação clara entre interfaces e implementações. Quando os programadores usam um recurso de software, eles precisam se preocupar apenas com a interface — o conjunto de métodos, funções e nomes dos tipos de dados disponíveis para eles. Idealmente, os detalhes de como esse recurso é implementado — o código algorítmico subjacente e as estruturas de dados — permanecem ocultos ou encapsulados em uma **barreira de abstração**. A barreira que separa uma interface de uma implementação

- Nivela a curva de aprendizado para os usuários de um recurso
- Permite que os usuários agrupem recursos rapidamente de forma plug-and-play
- Pode dar aos usuários a oportunidade de escolher entre implementações alternativas do mesmo recurso
- Permite que os implementadores façam alterações na implementação de um recurso sem perturbar o código dos usuários

Este capítulo examina como projetar e implementar um recurso de software separando a interface de suas implementações. No processo, ele também explora outro conceito útil do design de software, chamado **polimorfismo**. Nesse contexto, polimorfismo é apenas a ideia de que várias implementações de um recurso estão em conformidade com a mesma interface ou conjunto de métodos.

Desenvolvendo uma interface

Cada vez que você executa a função `help` do Python para obter informações sobre um módulo, tipo de dados, método ou função, acessa a documentação sobre a interface desse recurso. No caso dos tipos (ou classes) de dados, você encontra uma lista de cabeçalhos de método, que inclui os nomes, os tipos dos argumentos, uma instrução do que os métodos fazem e os valores que os métodos retornam, se houver. A documentação fornece informações suficientes para entender como usar ou chamar um método e o que esperar que ele realize e retorne. É isso. As interfaces são concisas e informativas, permitindo compreender o comportamento de um recurso apenas dando uma espiada na "face" pública externa.

Nesta seção, você desenvolve a interface para um tipo de coleção simples chamado **bag** (sacola). Como mencionado no exame inicial das coleções (Capítulo 2, "Visão geral das coleções"), uma sacola é um tipo de coleção não ordenada. A interface da sacola permite que os clientes as usem de forma eficaz e que os implementadores produzam novas classes que implementam essa interface.

Projetando a interface da sacola

Os métodos na interface de um recurso expressam o comportamento desse recurso, que ele faz ou o que você pode fazer com ele. No caso de um novo tipo de objeto, como uma sacola, é possível derivar uma interface pensando no que as sacolas podem fazer em uma situação do mundo real.

Obviamente, uma sacola pode conter qualquer objeto, como bolas de tênis, roupas, mantimentos ou itens comprados em uma loja de materiais de escritório. É recomendável entender quantas coisas há em uma sacola e como adicionar ou remover coisas dela. Ao contrário das sacolas físicas, as sacolas de software podem crescer à medida que mais itens são adicionados ou podem encolher à medida que mais itens são removidos.

Por conveniência, é útil saber se uma sacola está vazia, esvaziar uma sacola em uma única operação, determinar se um dado item está em uma sacola e ver cada item em uma sacola sem esvaziá-la. A última dessas operações pode assumir duas formas: uma forneceria acesso ao conteúdo de uma sacola e a outra forneceria uma versão "imprimível" do conteúdo de uma sacola — uma string.

Outras operações úteis determinam se duas sacolas contêm os mesmos objetos e combinam o conteúdo de duas sacolas em uma terceira (**concatenação**). Por último, mas não menos importante, você precisa saber como criar uma sacola — inicialmente vazia ou que já venha preenchida com o conteúdo de outra coleção.

A próxima etapa é elaborar uma lista dos nomes de funções, nomes de métodos e símbolos de operador que atendam às descrições dessas operações. Esses nomes geralmente são palavras inteiras ou abreviações das ações executadas ou das propriedades que estão sendo examinadas. Você deve procurar seguir o uso comum e convencional ao selecionar nomes de métodos ou funções. Por exemplo, no caso de coleções, as funções `len` e `str` sempre designam operações que retornam o comprimento de uma coleção e sua representação em string, respectivamente. Os símbolos de operador `+`, `==` e `in` sempre representam as operações de concatenação, igualdade e verificação de inclusão de itens. O laço `for` é usado para visitar todos os itens de uma coleção. Os métodos `add` e `remove`, além dos significados óbvios, também pertencem às interfaces de outras coleções, como os conjuntos. Sempre que não houver uma convenção, use o bom senso: os significados dos métodos `isEmpty` and `clear` são imediatos. (O último esvazia uma sacola.)

Na verdade, ao utilizar nomes comuns para operações em diferentes tipos de coleções, você encontra o primeiro exemplo de polimorfismo (do termo grego para *muitos corpos*). A seguir estão os nomes das funções, nomes dos métodos e operadores na interface da sacola:

add

clear

count

for …

in

isEmpty

```
len

remove

str

+

==
```

Especificando argumentos e valores de retorno

O próximo refinamento da interface da sacola é adicionar argumentos às operações na interface e pensar em quais valores, se houver algum, eles retornam. Observe que uma interface nunca revela como uma operação executa a tarefa; esse é o trabalho dos implementadores.

Mais uma vez, você pode retornar a um cenário para o uso de sacolas na vida real. Para cada operação, pergunte quais objetos, se algum, são necessários para realizar a tarefa e quais objetos, se algum, retornam para você quando a tarefa é concluída. Essas informações fornecem os argumentos da operação e os valores de retorno, se houver algum. Uma maneira rápida de esclarecer esses temas é imaginar a criação de um programa curto que usa uma sacola de números. O próximo segmento de código ilustra esse sonho, em que as variáveis **b** e **c** referem-se às sacolas:

```python
b.clear()                    # Esvazia a sacola
for item in range(10):       # Adiciona 10 números a ela
    b.add(item)
print(b)                     # Imprime o conteúdo (uma string)
print(4 in b)                # Há 4 na sacola?
print(b.count(2))            # 1 instância de 2 na sacola
c = b + b                    # Conteúdo replicado em uma nova sacola
print(len(c))                # 20 números
for item in c:               # Imprime todos individualmente
    print(item)
for item in range(10):       # Remove metade deles
    b.remove(item)
print(c == b)                # Deve ser o mesmo conteúdo agora
```

As operações **isEmpty**, **len** e **clear** são as mais simples, porque cada uma delas não precisa de nenhuma informação nossa para fazer seu trabalho. **len** retorna um inteiro, enquanto **str** retorna uma string.

As operações **add** e **remove** precisam conhecer o item que está sendo adicionado ou removido, de modo que cada uma espera um argumento: um item. Uma questão que agora surge é o que **remove** deve fazer quando seu argumento não está na sacola. Quando isso acontece com as coleções integradas do Python, ele normalmente dispara uma exceção. Você pode ignorar esse problema por enquanto e retornar a ele na próxima subseção.

Os operadores **in**, **+** e **==** esperam dois operandos e cada operador retorna um único valor. Os dois operandos do operador **in** são qualquer objeto Python e uma sacola. O operador **in** retorna um valor booleano. O operador **+** espera duas sacolas como operandos e retorna uma terceira sacola. O operador == espera uma sacola e qualquer objeto Python como operandos e retorna um valor booleano.

O laço **for** sobre uma coleção é o que os programadores chamam de "açúcar sintático" para um laço mais complexo que usa um objeto **iterador**. Este capítulo examina iteradores em mais detalhes posteriormente. Por enquanto, apenas suponha que essa parte da interface da sacola dependa de um método chamado **__iter__**.

Como já mencionado, várias funções e símbolos de operador do Python são abreviações para certos métodos padrão em uma classe de implementação. A Tabela 5-1 adiciona esses métodos à lista da seção anterior "Projetando a interface da sacola", junto com os argumentos relevantes. Observe que **b** na coluna 1 se refere a uma sacola e **auto** na coluna 2 refere-se ao objeto (uma sacola) no qual o método é executado. Observe também que você pode omitir o método **__contains__** se você incluir o método **__iter__**.

Construtores e classes de implementação

A primeira linha na Tabela 5-1 mostra uma operação não nomeada ou incluída na lista anterior. Esta operação é o **construtor** para o tipo específico de sacola que está sendo criado. Para o usuário de uma sacola, esse construtor é apenas o nome da classe de implementação da sacola, seguido pelos argumentos, se houver algum. A forma sintática **<nome da classe>** é usada na Tabela 5-1 para indicar que este pode ser o nome de qualquer classe de sacola de implementação. O método na coluna à direita sempre é nomeado **__init__**. Observe que este método usa

Operação da sacola do usuário	Método em uma classe de sacola
b = <nome da classe>(<coleção opcional>)	__init__(self, sourceCollection = None)
b.add(item)	add(self, item)
b.clear()	clear(self)
b.count(item)	count(self, item)
b.isEmpty()	isEmpty(self)
b.remove(item)	remove(self, item)
len(b)	__len__(self)
str(b)	__str__(self)
for item in b:	__iter__(self)
item in b	__contains__(self, item)
	Não é necessário se __iter__ estiver incluído
b1 + b2	__add__(self, other)
b == anyObject	__eq__(self, other)

Tabela 5-1 Argumentos para operações de sacola e seus métodos

Fundamentos de Python: estruturas de dados

uma coleção fonte opcional como um argumento, cujo padrão é **None** se o usuário não o fornecer. Isso permite ao usuário criar uma sacola vazia ou uma sacola com o conteúdo de outra coleção.

Por exemplo, suponha que duas classes de implementação, **ArrayBag** e **LinkedBag**, estejam disponíveis para o programador. O segmento de código a seguir cria um sacola ligada vazia e uma sacola de array que contém os números em determinada lista:

```
from arraybag import ArrayBag
from linkedbag import LinkedBag

bag1 = LinkedBag()
bag2 = ArrayBag([20, 60, 100, 43])
```

Precondições, pós-condições, exceções e documentação

A etapa final antes de expressar uma interface no código é descrever de forma clara e concisa o que cada método realiza. Essa descrição inclui não apenas o que você espera que ocorra em condições normais quando um método é chamado, mas também o que acontecerá quando algo anormal, como um erro, ocorrer. Essas descrições são breves e tratam apenas do que um método faz, não da maneira como ele o faz. Eles formam a base para documentar a interface codificada com docstrings, como veremos mais adiante.

Conforme discutido no Capítulo 1, "Programação básica em Python", uma **docstring** é uma string entre aspas triplas que será exibida quando a função **help** do Python é executada em um recurso. Uma docstring para um método sem condições de erro possíveis simplesmente declara quais são os parâmetros do método, qual é o valor de retorno e qual ação é executada. Às vezes, você pode expressar essas informações em uma única frase, como "Retorne a soma dos números na lista" ou "Classifique os itens da lista em ordem crescente".

Uma forma mais detalhada da documentação pode incluir precondições e pós-condições.

Uma **precondição** é uma instrução do que deve ser verdadeiro para que um método execute suas ações corretamente. Normalmente, essa condição está relacionada ao estado do objeto no qual o método é executado. Por exemplo, um item deve estar em uma coleção antes de ser acessado ou removido.

Uma **pós-condição** declara o que será verdadeiro depois que o método concluir a execução, supondo que as precondições também sejam verdadeiras. Por exemplo, a pós-condição de limpar uma coleção é que a coleção esteja vazia. As pós-condições geralmente são incluídas nos métodos modificadores, que alteram o estado interno de um objeto.

A documentação em uma interface também deve incluir uma instrução de quaisquer exceções que possam ser disparadas, em geral como resultado do não cumprimento das precondições de um método. Por exemplo, o método **remove** de uma sacola pode gerar um **KeyError** se o item de destino não estiver na sacola.

Agora você verá o que o método **remove** de uma sacola faz, em circunstâncias normais ou anormais. Eis um cabeçalho de método Python para essa operação, que inclui uma docstring detalhada que descreve o argumento, precondições, pós-condições e possíveis exceções do método. Observe que `self` é o nome do objeto da sacola, do ponto de vista do método.

```python
def remove(self, item):
    """Precondição: o item está no self.
    Levanta exceção: KeyError se o item não estiver em self.
    Pós-condição: o item é removido de self."""
```

Codificando uma interface no Python

Algumas linguagens, como Java, fornecem sintaxe para codificar uma interface. Uma interface Java não executa nenhuma ação por si só, mas fornece um modelo dos métodos que as classes de implementação devem seguir. O Python não tem esse recurso, mas você pode emulá-lo para propósitos de documentação e orientação no desenvolvimento das classes de implementação. Embora você nunca utilizará essa pseudointerface em um aplicativo real, ela pode servir como um projeto útil para especificar operações e garantir a consistência entre as implementações.

Para criar uma interface, liste cada um dos cabeçalhos de método com a documentação e complete cada método com uma única instrução `pass` ou `return`. Uma instrução `pass` é usada nos métodos modificadores que não retornam um valor, enquanto cada método acessor retorna um valor padrão simples, como `False`, 0 ou `None`. De modo que os cabeçalhos do método possam ser verificados com o compilador, insira-os em uma classe cujo sufixo é "Interface". Eis uma lista da interface da sacola, como definido na classe `BagInterface`:

```python
"""
Arquivo: baginterface.py
Autor: Ken Lambert
"""

class BagInterface(object):
    """Interface para todos os tipos de sacolas."""

    # Construtor
    def __init__(self, sourceCollection = None):
        """Define o estado inicial de self, o que inclui o
        conteúdo de sourceCollection, se estiver presente."""
        pass

    # Métodos acessores
    def isEmpty(self):
        """Retorna True se len (self) == 0,
        ou False, caso contrário."""
        return True

    def __len__(self):
        """Retorna o número de itens em self."""
        return 0

    def __str__(self):
        """Retorna a representação de string de."""
        return ""
```

Fundamentos de Python: estruturas de dados

```python
def __iter__(self):
    """Suporta iteração sobre uma visualização de self."""
    return None

def __add__(self, other):
    """Retorna uma nova sacola contendo o conteúdo
    de self e other."""
    return None

def __eq__(self, other):
    """Retorna True se self for igual a other,
    ou False, caso contrário."""
    return False

def count(self, item):
    """Retorna o número de instâncias do item em self."""
    return 0

# Métodos mutadores
def clear(self):
    """Torna self vazio."""
    pass

def add(self, item):
    """Adiciona o item a self."""
    pass

def remove(self, item):
    """Precondição: o item está no self.
    Levanta exceção: KeyError se o item não estiver em self.
    Pós-condição: o item é removido de self."""
    Pass
```

Agora que temos um modelo prático para todas as sacolas, estamos prontos para considerar algumas implementações de sacolas. Nas próximas duas seções, você desenvolverá uma coleção de sacolas baseada em array e uma coleção de sacolas baseada em ligações.

Exercícios

1. Os itens em uma sacola têm uma posição, ou estão fora de ordem?

2. Quais operações aparecem na interface de qualquer coleção?

3. Qual método é responsável por criar um objeto de coleção?

4. Apresente três razões pelas quais as interfaces são separadas das implementações.

Desenvolvendo uma implementação baseada em array

Nesta seção, você desenvolve uma implementação baseada em array da interface da sacola, chamada `ArrayBag`.

Depois que o designer de uma classe de coleção obteve a interface, o design e a implementação da própria classe consistem em duas etapas:

1. Escolher uma estrutura de dados apropriada para conter os itens da coleção e determinar quaisquer outros dados que possam ser necessários para representar o estado da coleção. Esses dados são atribuídos a variáveis de instância no método `__init__`.

2. Concluir o código para os métodos especificados na interface.

Escolher e inicializar as estruturas de dados

Como esta é uma implementação baseada em array, cada objeto do tipo `ArrayBag` contém uma série de itens na sacola. Esse array pode ser uma instância da classe `Array` discutida no Capítulo 4, "Arrays e estruturas ligadas", ou talvez outra coleção baseada em array, como o modelo `list` do Python. Para ilustrar o uso de um array, este exemplo o prefere a uma lista. O módulo, denominado `arraybag`, assim, importa o tipo `Array` do módulo `arrays`.

Como mencionado anteriormente, o método `__init__` é responsável por configurar o estado inicial de uma coleção. Portanto, o método cria um array com uma capacidade inicial padrão e atribui a esse array uma variável de instância chamada `self.items`. Como a capacidade padrão é a mesma para todas as instâncias de `ArrayBag`, ele é definido como uma variável de classe. A capacidade padrão é um valor relativamente pequeno, como 10, por razões de economia.

Como o tamanho lógico da sacola provavelmente será diferente da capacidade do array, cada objeto `ArrayBag` deve monitorar seu tamanho lógico em uma variável de instância separada. Portanto, o método `__init__` define essa variável, chamada `self.size`, a 0.

Depois de inicializar as duas variáveis de instância, o método `__init__` deve lidar com a possibilidade de que seu chamador forneceu um parâmetro de coleção de origem. Nesse caso, todos os dados da coleção fonte devem ser adicionados ao novo objeto `ArrayBag`. Esse processo parece mais difícil do que realmente é. Apenas especifique um laço ao longo da coleção fonte e adicione cada um dos itens a `self` (o novo objeto `ArrayBag`). Como você pode usar um laço `for` em qualquer coleção e como a interface da sacola já inclui um método `add`, o código é direto.

O código para essa parte do design é fácil de criar. Você acabou de fazer uma cópia do arquivo de interface da sacola, `baginterface.py` e renomeá-lo para `arraybag.py`. Adicione então uma instrução `import` para o array, renomeie a classe para `ArrayBag`, acrescente uma variável de classe para a capacidade padrão e complete o método `__init__`. Eis um instantâneo dessas mudanças:

```
"""
Arquivo: arraybag.py
Autor: Ken Lambert
"""

from arrays import Array
class ArrayBag(object):
    """Uma implementação de sacola baseada em array."""

    # Variável de classe
    DEFAULT_CAPACITY = 10

    # Construtor
    def __init__(self, sourceCollection = None):
        """Define o estado inicial de self, o que inclui o
        conteúdo de sourceCollection, se estiver presente."""
        self.items = Array(ArrayBag.DEFAULT_CAPACITY)
        self.size = 0
        if sourceCollection:
            for item in sourceCollection:
                self.add(item)
```

Agora você deve ser capaz de carregar esse módulo e criar uma instância de **ArrayBag**. Mas até que conclua alguns dos outros métodos, conseguirá visualizar ou modificar o conteúdo.

Concluir os métodos fáceis primeiro

Existem agora nove métodos restantes para serem concluídos no **ArrayBag**. Quando confrontado com uma série de coisas a realizar, tente fazer as mais fáceis primeiro e deixe as difíceis por último. Às vezes, essa diretriz não funciona bem na vida real, mas normalmente funciona bem na programação. Concluir várias coisas fáceis aumentará rapidamente sua confiança e o ajudará a preservar energia e capacidade cerebral para resolver os problemas complicados mais tarde.

Os métodos mais simples nesta interface são **isEmpty**, **__len__** e **clear**. Se você ignorar o problema do array ficar cheio por enquanto, o método **add** também é bastante simples. Eis o novo código para esses quatro métodos:

```
# Métodos acessores
def isEmpty(self):
    """Retorna True se len (self) == 0, ou False, caso contrário."""
    return len(self) == 0

def __len__(self):
    """Retorna o número de itens em self."""
    return self.size

# Métodos mutadores
def clear(self):
```

Interfaces, implementações e polimorfismo

```python
"""Torna self vazio."""
self.size = 0
self.items = Array(ArrayBag.DEFAULT_CAPACITY)

def add(self, item):
    """Adiciona o item a self."""
    # Verifica a memória do array aqui e a aumenta se necessário
    self.items[len(self)] = item
    self.size += 1
```

Você deve chamar um método ou função em `self` para fazer algo dentro de uma definição de classe, sempre que possível. Por exemplo, sempre que você precisar usar o tamanho lógico da sacola em uma definição de classe, execute `len(self)` em vez de se referir diretamente à variável de instância `self.size`. O incremento de `size` no método `add`, porém, requer que você torne a variável o destino da atribuição, portanto, você não pode evitar referenciá-la nesse ponto.

O método `add` insere o novo item no final lógico do array. Isso não é apenas por simplicidade, mas porque é a maneira mais rápida de fazê-lo (uma operação de tempo constante). Claro, você terá de retornar mais tarde para completar o código a fim de redimensionar o array se ele estiver cheio.

Agora, quando experimentar a classe `ArrayBag` no shell, você pode observar as mudanças no comprimento de uma sacola com o método `isEmpty` e a função `len`, mas ainda não poderá ver seus itens.

Concluir o iterador

Os métodos `__str__`, `__add__` e `__eq__` usam, todos, um laço `for` em `self`. Você poderia concluir esses métodos agora, mas em vez disso, aguente firme e complete o método `__iter__`, que permite que os outros métodos funcionem corretamente quando são executados.

Quando Python vê um laço `for` em um objeto iterável, ele executa o método `__iter__`. Se você olhar para trás, para o método `__iter__` no `Array` por um momento (no Capítulo 4), perceberá que esse método segue a regra prática de chamar uma função para realizar um trabalho. Nesse caso, a função `iter` é chamada no objeto lista subjacente e o resultado é retornado. Assim, no método `__iter__` de `ArrayBag`, você pode ficar tentado a retornar o resultado de chamar a função `iter` no objeto de array subjacente da sacola. Mas isso seria um grande erro. O array pode não estar cheio, mas o iterador sempre visita todas as posições, incluindo aquelas que contêm valores de lixo, muitos dos quais podem ser `None`. Obviamente, você precisa ter cuidado e visitar apenas as posições no array, mas sem incluir o comprimento da sacola.

Para resolver esse problema, o novo método `__iter__` mantém um cursor que permite navegar por uma sequência de objetos. O laço `for` do chamador conduz esse processo. Em cada passagem do laço `for`, o item no cursor é entregue ao chamador e, em seguida, o cursor avança para o próximo objeto na sequência. Quando o cursor atinge o comprimento da sacola, o laço `while` do método `__iter__` termina, o que por sua vez termina a chamada ao laço `for`. Eis o código para o método `__iter__` em `ArrayBag`, seguido por uma breve explicação:

Fundamentos de Python: estruturas de dados

```python
def __iter__(self):
    """Suporta iteração sobre uma visualização de self."""
    cursor = 0
    while cursor < len(self):
        yield self.items[cursor]
        cursor += 1
```

Observe que esse método implementa um percurso baseado em índice do objeto array subjacente até, mas sem incluir, o comprimento da sacola. O método usa uma instrução `yield` para enviar cada item para o laço `for` chamador. Essa configuração é padrão para a maioria dos iteradores apresentados neste livro.

Concluir os métodos que usam o iterador

O método __eq__ segue as regras para o teste de igualdade discutido no Capítulo 2, "Visão geral das coleções". O método __add__ segue as regras para a concatenação das duas coleções discutidas no Capítulo 2. O método __str__ usa as operações `map` e `join` para construir uma string contendo as representações de string dos itens da sacola. Eis o código desses métodos, seguido por alguns comentários:

```python
def __str__(self):
    """Retorna a representação de string de."""
    return "{" + ", ".join(map(str, self)) + "}"


def __add__(self, other):
    """Retorna uma nova sacola contendo o conteúdo
    de self e other."""
    result = ArrayBag(self)
    for item in other:
        result.add(item)
    return result


def __eq__(self, other):
    """Retorna True se self for igual a other,
    ou False, caso contrário."""
    if self is other: return True
    if type(self) != type(other) or \
       len(self) != len(other):
        return False
    for item in self:
        if self.count(item) != other.count(item):
            return False
    return True
```

Cada um desses métodos se baseia no fato de que um objeto sacola é iterável ou suporta o uso de um laço `for`. Isso é óbvio no caso dos métodos __add__ e __eq__, que executam laços explícitos sobre sacolas. Cada um desses métodos também executa um laço oculto sobre uma sacola. O método __add__ cria um clone de `self`, indiretamente usando o laço `for` no construtor `ArrayBag`. O método __eq__ executa o método `count` em `self` e `other` (uma sacola), ambos os quais devem ser iteráveis para `count` funcionar corretamente. O método `__str__` gera uma sequência de strings de uma sacola usando a função `map`, que por sua vez considera que `self` (a sacola) seja iterável.

O operador `in` e o método `__contains__`

Quando Python vê o operador `in` usado com uma coleção, ele executa o método `__contains__` na classe da coleção. No entanto, se o autor dessa classe não incluir esse método, o Python gerará automaticamente um método padrão. Esse método realiza uma pesquisa sequencial simples para o item-alvo, usando um laço `for` sobre `self`. Como a pesquisa de uma sacola não pode ser melhor do que linear em média, você confia na implementação padrão de `__contains__`, omitindo o seu método na classe `ArrayBag`. Você terá a oportunidade de incluir o seu próprio método `__contains__` para uma pesquisa mais eficiente nos projetos.

Concluir o método `remove`

O método `remove` é o mais desafiador para concluir na implementação da sacola. Para começar, você deve verificar a precondição e gerar uma exceção se ela for violada. Em seguida, deve pesquisar no array subjacente o item-alvo. Por fim, desloque os itens no array para a esquerda a fim de fechar a lacuna deixada pelo item removido, diminua o tamanho da sacola em um e redimensione o array se necessário. Eis o código do método, com cada uma dessas cinco etapas sinalizadas por um comentário:

```python
def remove(self, item):
    """Precondição: o item está no self.
    Levanta exceção: KeyError se o item não estiver em self.
    Pós-condição: o item é removido de self."""
    # 1. Verifica a precondição e levanta uma exceção se necessário
    if not item in self:
        raise KeyError(str(item) + " not in bag")
    # 2. Pesquisa o índice do item-alvo
    targetIndex = 0
    for targetItem in self:
        if targetItem == item:
            break
        targetIndex += 1
    # 3. Desloca os itens para a direita do alvo para a esquerda em uma posição
    for i in range(targetIndex, len(self) - 1):
        self.items[i] = self.items[i + 1]
    # 4. Diminui o tamanho lógico
    self.size -= 1
    # 5. Verifica a memória do array aqui e o diminui se necessário
```

À medida que os itens são removidos, mais e mais espaço do array subjacente é desperdiçado. Você pode solucionar esse problema adicionando código para redimensionar o array, conforme discutido no Capítulo 4, quando o fator de carga do array alcança um limiar inaceitável.

Fundamentos de Python: estruturas de dados

Exercícios

1. Explique as responsabilidades do método __init__ de uma classe de coleção.

2. Por que é melhor chamar métodos do que se referir a variáveis de instância diretamente dentro de uma classe?

3. Mostre como o código para o método __init__ de ArrayBag pode ser simplificado chamando seu método clear.

4. Explique por que o método __iter__ pode ser o mais útil em uma classe de coleção.

5. Explique por que você não inclui um método __contains__ na classe ArrayBag.

Desenvolvendo uma implementação baseada em ligações

Para desenvolver uma implementação baseada em ligações de uma coleção de sacola, é preciso se concentrar em duas coisas:

- Você está usando a mesma interface como anteriormente, com todos os métodos especificados no arquivo baginterface.py.

- Você precisa mudar a maneira de pensar a partir de arrays para estruturas ligadas a fim de representar os dados da sacola.

Seu primeiro impulso pode ser criar o módulo, denominado linkedbag, copiando o conteúdo do módulo baginterface e editar os métodos, como antes. Mas, examinando a classe ArrayBag, você deve notar que vários dos métodos, como isEmpty, __len__, __add__, __eq__ e __str__, não acessam diretamente a variável array. Lembre-se de que foi encorajado a chamar outros métodos tanto quanto possível e manter essas referências de variáveis ao mínimo. Agora você pode ver a recompensa dessa diretriz: não precisa alterar nenhum desses métodos para sua implementação ligada!

Se um método não acessar a variável de array, ele também não precisará acessar a variável de estrutura ligada. Portanto, você pode copiar vários métodos concluídos da classe ArrayBag, sem alterações, para a classe LinkedBag. Como podemos ver, isso é uma lição importante a aprender sobre a codificação de métodos: sempre tente ocultar as estruturas de dados de implementação atrás de uma parede de chamadas de método no objeto que está sendo implementado.

Os únicos métodos que terão implementações diferentes na classe LinkedBag são aqueles que não podem evitar esse acesso direto aos dados: __init__, __iter__, clear, add e remove. O capítulo agora os analisa.

Inicializar as estruturas de dados

Como na classe `ArrayBag`, o papel do método `__init__` em `LinkedBag` é criar as variáveis de instância e atribuir-lhes valores iniciais. Nesse caso, em vez de um array e um tamanho lógico, as duas partes dos dados são uma estrutura ligada e um tamanho lógico. Para manter a consistência, você pode usar os mesmos nomes de variáveis de antes. Mas `self.items` agora é um ponteiro externo em vez de um array. Esse ponteiro é inicialmente definido como `None`, o estado de uma estrutura ligada vazia. Quando a estrutura não é vazia, `self.items` refere-se ao primeiro nó na estrutura ligada.

O código para copiar os itens da coleção de origem para a nova sacola é o mesmo de antes (já que você usa um laço `for` com uma chamada de método).

O módulo `linkedbag` agora importa o tipo unicamente ligado `Node` para representar nós. A variável de classe para a capacidade padrão é omitida, porque não é relevante em uma implementação ligada. Eis o código para essas alterações:

```
"""
Arquivo: linkedbag.py
Autor: Ken Lambert
"""

from node import Node

class LinkedBag(object):
    """Uma implementação de sacola baseada em ligações."""

    # Construtor
    def __init__(self, sourceCollection = None):
        """Define o estado inicial de self, o que inclui o
        conteúdo de sourceCollection, se estiver presente."""
        self.items = None
        self.size = 0
        if sourceCollection:
            for item in sourceCollection:
                self.add(item)
```

Concluir o iterador

O método `__iter__` para `LinkedBag` suporta o mesmo tipo de percurso que ele suporta em `ArrayBag`, portanto, a estrutura lógica dos dois métodos é bastante semelhante. Os dois métodos usam um laço baseado em cursor que gera itens. A principal alteração é que o cursor agora é um ponteiro para os nós na estrutura ligada. O cursor é inicialmente definido como o ponteiro externo, `self.items` e interrompe o laço quando se torna `None`. Do contrário, o cursor é usado para extrair o item de dados do nó atual e é atualizado para apontar para o próximo nó. Eis o código para o novo método:

```
def __iter__(self):
    """Suporta iteração sobre uma visualização de self."""
    cursor = self.items
    while cursor != None:
        yield cursor.data
        cursor = cursor.next
```

Concluir os métodos `clear` e `add`

O método **clear** em **LinkedBag** é bastante semelhante ao seu método irmão em **ArrayBag**, então é deixado como um exercício.

O método **add** em **ArrayBag** aproveita o acesso em tempo constante ao final lógico do array, após ajustar o tamanho do array se necessário. O método **add** em **LinkedBag** também aproveita o acesso em tempo constante, colocando o novo item no topo da estrutura ligada. Entretanto, como a memória é alocada apenas para um novo nó, nunca ocorre um grande impacto de desempenho ocasional como aquele que ocorre para aumentar o tamanho do array em **ArrayBag**. Eis o código para o novo método **add**:

```
def add(self, item):
    """Adiciona o item a self."""
    self.items = Node(item, self.items)
    self.size += 1
```

Concluir o método `remove`

Como o método **remove** no **ArrayBag**, o método **remove** no **LinkedBag** deve primeiro lidar com a precondição e, em seguida, fazer uma pesquisa sequencial para o item de destino. Quando o nó que contém o item-alvo é encontrado, há dois casos a considerar:

1. O nó-alvo está no topo da estrutura ligada. Nesse caso, você deve redefinir a variável **self.items** para a ligação seguinte à deste nó.

2. O nó-alvo é algum nó após o primeiro; nesse caso, a ligação seguinte à do nó antes dele deve ser redefinida como a ligação seguinte à do nó-alvo.

Qualquer uma das ações desvincula o nó do item-alvo da estrutura ligada e o libera para o coletor de lixo.

Como antes, você deseja tentar reaproveitar o máximo de código da implementação de **ArrayBag** possível, recorrendo à manipulação de ponteiros na estrutura ligada apenas quando necessário. O código para verificar a precondição e o laço de pesquisa tem a mesma estrutura lógica de antes. A diferença agora é que você rastreia dois ponteiros durante a pesquisa, chamados **probe e trailer. probe** é inicialmente definido como o nó principal e **trailer** é configurado como **None**. Conforme você se move pelo laço de pesquisa, **probe** fica à frente de **trailer** por um nó. No final do laço, quando o item de destino é encontrado, **probe** aponta para o nó do item e **trailer** aponta para o nó antes dele, se houver. Se **probe** apontar para o nó no topo da estrutura ligada, **trailer** será **None**. Assim, no final do laço, você poderá decidir qual ponteiro redefinir. Se

Interfaces, implementações e polimorfismo

for o próximo ponteiro do nó anterior, você poderá acessá-lo. Eis o código para o novo método **remove**:

```python
def remove(self, item):
    """Precondição: o item está no self.
    Levanta exceção: KeyError se item não está em self.
    Pós-condição: o item é removido de self."""
    # Verifica a precondição e levanta uma exceção se necessário
    if not item in self:
        raise KeyError(str(item) + " not in bag")
    # Procure o nó que contém o item de destino
    # probe apontará para o nó-alvo e trailer
    # apontará para o nó antes dele, se existir
    probe = self.items
    trailer = None
    for targetItem in self:
        if targetItem == item:
            break
        trailer = probe
        probe = probe.next
    # Libera o nó a ser excluído, seja o primeiro ou
    # um depois
    if probe == self.items:
        self.items = self.items.next
    else:
        trailer.next = probe.next
    # Diminui o tamanho lógico
    self.size -= 1
```

Exercícios

1. Seja **a** uma sacola de array e **b** uma sacola ligada, ambas vazias. Descreva a diferença quanto ao uso de memória nesse ponto.

2. Por que uma sacola ligada ainda precisa de uma variável de instância separada para rastrear o tamanho lógico?

3. Por que o programador não precisa se preocupar em desperdiçar memória depois que um item é removido de uma sacola ligada?

Desempenho do tempo de execução das duas implementações de sacolas

Surpreendentemente, os tempos de execução das operações nas duas implementações das sacolas são bastante semelhantes.

As operações **in** e **remove** levam tempo linear em ambas as implementações, pois incorporam uma pesquisa sequencial. A operação **remove** em **ArrayBag** deve fazer o trabalho adicional de mudar itens de dados no array, mas o efeito cumulativo não é pior do que linear. As operações **str** e **iter** são lineares, como seria de esperar para qualquer coleção.

O tempo de execução da operação == tem vários casos e é deixado como exercício.

As demais operações são de tempo constante, embora **add** de **ArrayBag** incorra em uma lentidão ocasional para redimensionar o array.

As duas implementações têm as compensações de memória esperadas. Quando o array dentro de um **ArrayBag** é melhor do que meio cheio, ele usa menos memória do que um **LinkedBag** do mesmo tamanho lógico. No pior caso, um **LinkedBag** usa duas vezes mais memória do que um **ArrayBag** cujo array está cheio.

Por causa dessas compensações de memória, as remoções de um **ArrayBag** são geralmente mais lentas do que de um **LinkedBag**.

Testando as implementações de duas sacolas

Uma parte crítica do desenvolvimento de recursos de software é o teste. Este capítulo indicou em sua narrativa de desenvolvimento do programa que você pode executar o código à medida que testa os recursos de cada parte. Esse tipo de teste é adequado para fazer o esboço de um recurso e refinar sua implementação. Mas, uma vez que o código esteja concluído, você deve executar um teste completo para agregar confiança de que o recurso atende aos requisitos.

Testes de unidade com ferramentas como **pyunit** podem fornecer essa garantia, mas uma exploração desse tipo de teste está além do escopo deste livro. Em vez disso, a abordagem usada aqui é incluir uma função testadora para cada recurso desenvolvido. Essa função garante que uma nova classe de coleção esteja em conformidade com uma interface de coleção e verifica se essas operações fazem o que devem fazer.

Para ilustrar o uso de uma função testadora para suas classes de sacola, aqui está o código para um aplicativo autônomo que você pode executar com qualquer classe de sacola. A função **main** espera um tipo como argumento e executa os testes nos objetos desse tipo.

```
"""
Arquivo: testbag.py
Autor: Ken Lambert
Um programa para testar implementações de sacolas.
"""

from arraybag import ArrayBag
from linkedbag import LinkedBag

def test(bagType):
    """Espera um tipo de sacola como argumento e executa alguns testes
    em objetos desse tipo."""
    print("Testing", bagType)
```

```python
lyst = [2013, 61, 1973]
print("The list of items added is:", lyst)
b1 = bagType(lyst)
print("Length, expect 3:", len(b1))
print("Expect the bag's string:", b1)
print("2013 in bag, expect True:", 2013 in b1)
print("2012 in bag, expect False:", 2012 in b1)
print("Expect the items on separate lines:")
for item in b1:
    print(item)
b1.clear()
print("Clearing the bag, expect {}:", b1)
>>> b1.add(25)
>>> b1.remove(25)
print("Adding and then removing 25, expect {}:", b1)
b1 = bagType(lyst)
b2 = bagType(b1)
print("Cloning the bag, expect True for ==:", b1 == b2)
print("Expect False for is:", b1 is b2)
print("+ the two bags, expect two of each item:", b1 + b2)
for item in lyst:
    b1.remove(item)
print("Remove all items, expect {}:", b1)
print("Removing nonexistent item, expect crash with KeyError:")
>>> b2.remove(99)
```

```python
test(ArrayBag)
# test(LinkedBag)
```

Observe que você pode executar os mesmos métodos — aqueles na interface da sacola — nesse programa de teste em qualquer tipo de sacola. Esse é o ponto principal de uma interface: ela permanece a mesma enquanto as implementações podem mudar.

Diagramando com UML

À medida que você adiciona mais recursos à sua caixa de ferramentas de software, isso ajudará a catalogá-los com um conjunto de recursos visuais chamados **diagramas de classe**. Esses diagramas vêm de uma linguagem visual chamada Linguagem de Modelagem Unificada (Unified Modeling Language – UML). Os diagramas de classes mostram os relacionamentos entre as classes em vários níveis de detalhe. Um relacionamento importante neste capítulo foi o de uma classe que implementa ou realiza uma interface. Na verdade, agora temos duas classes que realizam a mesma interface, como ilustrado no diagrama de classe da Figura 5-1.

Duas outras relações importantes entre as classes são **aggregation** e **composition**. Cada objeto **LinkedBag** agrega zero ou mais nós, enquanto cada objeto **ArrayBag** é composto de um único objeto **Array**. A Figura 5-2 adiciona esses relacionamentos aos recursos descritos na Figura 5.1. Observe que o símbolo * na Figura 5-2 indica zero ou mais instâncias da classe **Node** na agregação.

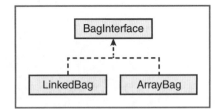

Figura 5-1 Um diagrama de classes com uma interface e duas classes de implementação

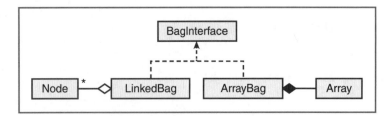

Figura 5-2 Um diagrama de classes com relacionamentos de agregação e composição

Informalmente, você pode pensar em uma composição como um relacionamento entre o todo e as partes, enquanto a agregação é um relacionamento de um para muitos. O próximo capítulo apresenta outro relacionamento importante, o da herança. Mantenha suas sacolas prontas até lá!

Resumo

- Uma interface é o conjunto de operações disponíveis para o usuário de um recurso de software.
- Os itens em uma interface são os cabeçalhos das funções e dos métodos, junto com a documentação.
- As precondições definem o que deve ser verdadeiro antes que uma função ou método possa concluir a tarefa corretamente.
- As pós-condições definem o que deve ser verdadeiro depois que uma função ou método conclui a tarefa corretamente.
- Um sistema de software bem projetado separa as interfaces de suas implementações.
- Uma implementação é uma função, método ou classe que está em conformidade com uma interface.
- Um tipo de coleção pode ser especificado por uma interface.
- Um tipo de coleção pode ter várias classes de implementação.

Interfaces, implementações e polimorfismo

- Polimorfismo é o uso do mesmo símbolo de operador, nome de função ou nome de método em duas ou mais implementações. Exemplos de funções polimórficas são **str** e **len**. Exemplos de operadores polimórficos são + e ==. Exemplos de métodos polimórficos são **add** e **isEmpty**.

- Um tipo de coleção de sacola é não ordenado e suporta operações para adicionar, remover e visitar os itens.

- Um diagrama de classes é uma notação visual para representar os relacionamentos entre as classes.

- A composição relaciona duas classes como parte do todo.

- A agregação relaciona uma classe a outra classe como de um para muitos.

- A UML é uma notação gráfica para representar os relacionamentos entre recursos de software.

Perguntas de revisão

1. Uma sacola é um exemplo de:
   a. Uma coleção linear
   b. Uma coleção não ordenada

2. O método responsável por definir o estado inicial das variáveis de instância de um objeto é o:
   a. Método __init__
   b. Método __str__

3. O método que permite a um programador visitar cada item em uma coleção é o:
   a. Método __init__
   b. Método __iter__

4. Os métodos que alteram o estado interno de um objeto são:
   a. Métodos acessores
   b. Métodos mutadores

5. O conjunto de métodos disponíveis para o usuário de uma classe chama-se:
   a. Implementação
   b. Interface

6. Polimorfismo é um termo que se refere ao uso de:
   a. Os mesmos nomes de método em várias classes
   b. Uma classe para representar os dados contidos em outra classe

7. Composição é um termo que se refere a:
   a. Relacionamento todo-partes entre duas classes
   b. Relacionamento de muitos para um entre duas classes

8. O tempo médio de execução do método **add** para sacolas é:
   a. $O(n)$
   b. $O(k)$

9. O tempo médio de execução do método remove para sacolas é:
   a. $O(n)$
   b. $O(k)$

10. A implementação do array de sacola usa menos memória do que a implementação de sacola ligada quando o array está:
    a. Menos da metade cheio
    b. Mais da metade cheio

Projetos

1. Determine o tempo de execução da operação == para as duas implementações de sacola. Esteja ciente de que há vários casos a analisar.

2. Determine o tempo de execução do operador + para as duas implementações de sacola.

3. Complete o código para o método **ArrayBag add**, para que o array seja redimensionado quando necessário.

4. Complete o código para o método **remove** de **ArrayBag**, para que o array seja redimensionado quando necessário.

5. Adicione o método **clone** às classes **ArrayBag** e **LinkedBag**. Esse método não espera argumentos quando chamado e retorna uma cópia exata do tipo de sacola em que é chamado. Por exemplo, a variável **bag2** conteria os números 2, 3 e 4 no final do seguinte segmento de código:

```
bag1 = ArrayBag([2,3,4])
bag2 = bag1.clone()
bag1 == bag2    # Retorna True
bag1 is bag2    # Retorna False
```

6. Um conjunto é uma coleção não ordenada com a mesma interface de uma sacola. Mas os itens em um conjunto são únicos, enquanto uma sacola pode conter itens duplicados. Defina uma nova classe chamada **ArraySet** que implementa um tipo de conjunto baseado em array. O método **add** simplesmente ignora o item se ele já estiver no conjunto.

7. Defina uma nova classe chamada **LinkedSet** que implementa um tipo de conjunto usando nós ligados. O método **add** simplesmente ignora o item se ele já estiver no conjunto.

8. Uma *sacola ordenada* comporta-se como uma sacola normal, mas permite que o usuário visite os itens em ordem crescente com o laço **for**. Portanto, os itens adicionados a esse tipo de sacola devem ter uma ordem natural e reconhecer os operadores de comparação. Alguns exemplos desses itens são strings e inteiros.

   Defina uma nova classe chamada **ArraySortedBag** que oferece suporte a esse recurso. Assim como **ArrayBag**, esta nova classe é baseada em array, mas sua operação **in** agora pode ser executada em tempo logarítmico. Para conseguir isso, **ArraySortedBag** deve colocar novos itens em seu array de maneira ordenada. A maneira mais eficiente de fazer isso é modificar o método **add** para inserir novos itens em seus devidos lugares. Você também deve incluir um método **__contains__** para implementar a nova e mais eficiente pesquisa. Por fim, você deve alterar todas as referências a **ArrayBag** para ser **ArraySortedBag**. (*Outra dica*: copie o código da classe **ArrayBag** para um novo arquivo e comece a fazer suas alterações a partir daí.)

9. Determine o tempo de execução do método **add** de **ArraySortedBag**.

Interfaces, implementações e polimorfismo

10. O laço **for** do Python permite ao programador adicionar ou remover itens na coleção ao longo da qual o laço está iterando. Alguns designers temem que a alteração da estrutura de uma coleção durante a iteração possa causar travamentos do programa. A solução é tornar o laço **for** *somente leitura*, não permitindo mutações na coleção durante a iteração. Você pode detectar essas mutações mantendo uma contagem delas e determinando se essa contagem aumenta em qualquer ponto dentro do método **_iter_** da coleção. Quando isso acontece, você pode disparar uma exceção para evitar que o cálculo prossiga. Adicione esse mecanismo à classe **ArrayBag**. Inclua uma nova variável de instância chamada **modCount**, que é definida como 0 no método **_init_**. Cada método modificador, então, incrementa essa variável. Por fim, o método **_iter_** inclui sua própria variável temporária chamada **modCount**, que é definida inicialmente com o valor da variável de instância **self.modCount**. Imediatamente após um item ser entregue dentro do **_iter_**, você levanta uma exceção se os valores das duas contagens de **mod** não forem iguais. Certifique-se de testar as alterações com um programa que captura os erros relevantes.

CAPÍTULO 6

Herança e classes abstratas

Depois de concluir este capítulo, você será capaz de:

- ◎ Usar herança para compartilhar código entre um conjunto de classes
- ◎ Personalizar o comportamento de uma classe criando uma subclasse
- ◎ Fatorar os dados e métodos redundantes de um conjunto de classes em uma classe abstrata
- ◎ Substituir o comportamento de um método herdado redefinindo-o
- ◎ Decidir onde inserir dados e métodos em uma hierarquia de classes

Quando os engenheiros projetam uma linha de produtos, como refrigeradores, eles começam com um modelo básico. Por exemplo, uma geladeira básica vem com compartimentos de refrigeração e congelamento. Ao construir o modelo especializado, como uma geladeira com uma máquina de gelo no congelador e um dispensador de água fria externo, os engenheiros não começam um novo modelo do zero, mas personalizam um existente com novos recursos e comportamento.

Projetistas de software têm uma prática semelhante de reutilizar modelos existentes em vez de construir modelos inteiramente novos do zero. Por exemplo, uma função com parâmetros captura a ideia de usar um algoritmo geral em diferentes situações. Uma classe com seus objetos amplia essa estratégia para um conjunto de métodos e dados relacionados. Mas talvez a maneira mais poderosa pela qual um programador possa reutilizar um modelo existente para construir novos modelos seja explorando um recurso das linguagens orientadas a objetos chamado **herança**. Quando uma nova classe é transformada em uma subclasse de uma classe mais geral, a nova adquire todos os recursos e comportamento de uma classe existente por meio de herança, como uma sorte inesperada de código livre. A reutilização do código existente elimina a redundância e facilita a manutenção e verificação dos sistemas de software.

Este capítulo explora as estratégias para usar herança em projetos de software orientado a objetos, bem como um outro mecanismo para reutilizar código: classes abstratas. No processo, os recursos de sacola do Capítulo 5, "Interfaces, implementações e polimorfismo", são inseridos em uma nova estrutura de software que prepara o terreno para o exame dos outros tipos de coleção que serão vistos mais adiante neste livro.

Usando herança para personalizar uma classe existente

De longe, a maneira mais fácil e direta de tirar proveito da herança é usá-la para personalizar uma classe existente. O ideal é que as duas classes tenham a mesma interface, para que os clientes possam usá-las da mesma maneira. Mas uma das duas classes fornecerá para os usuários algum comportamento especializado.

Por exemplo, considere a classe de sacolas ordenadas, `ArraySortedBag`, mencionada no Projeto 8 do Capítulo 5. A sacola ordenada se comporta como uma sacola normal, mas com três exceções significativas:

- A sacola ordenada permite que o cliente visite os elementos em ordem por meio do laço `for`.
- A sacola ordenada do operador `in` é executada em tempo logarítmico.
- Os itens adicionados à sacola devem ser comparáveis entre si. Isso significa que eles reconhecem os operadores de comparação `<`, `<=`, `>` e `>=` e que eles são do mesmo tipo.

O Projeto 8 do Capítulo 5 exigiu que você escrevesse uma classe inteiramente nova para a sacola ordenada, embora apenas três dos métodos — `__init__`, `add` e `__contains__`, sejam diferentes daquelas na classe sacola anteriormente existente.

Esta seção mostra como usar a herança para criar uma classe sacola ordenada apenas com esses três métodos.

Subclasse de uma classe existente

Esta seção explora a magia da herança, tornando a classe **ArraySortedBag** uma **subclasse** da classe **ArrayBag**. **ArrayBag** é chamado de **pai** ou **superclasse** do **ArraySortedBag**. O relacionamento entre a subclasse e a superclasse (herança) é descrito no diagrama de classes da Figura 6-1. No diagrama, uma seta sólida indica o relacionamento subclasse/superclasse, enquanto uma seta tracejada indica o relacionamento classe/interface.

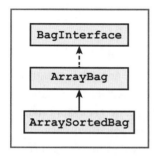

Figura 6-1 Representando uma subclasse e herança em um diagrama de classes

Observe que como a classe **ArrayBag** implementa a classe **BagInterface**, a classe **ArraySortedBag** também implementa essa interface, por meio de herança.

Quando você começou a trabalhar na classe **ArraySortedBag** no Projeto 8 do Capítulo 5, copiou o código de **ArrayBag**, a classe mais semelhante, em um novo arquivo. Você então mudou o nome da classe em todo o arquivo, modificou o método **add** e adicionou um método **__contains__**.

A estratégia para criar uma subclasse a partir de uma classe existente é radicalmente diferente. Você ainda trabalha em uma cópia do arquivo da classe pai, mas agora executa as seguintes etapas:

1. Comece *apagando* todos os métodos que não precisam ser alterados. Eles serão incluídos automaticamente da classe pai, pelo mecanismo de herança. No entanto, observe que você ainda precisa do método **__init__** na nova classe.

2. Para garantir que a herança aconteça, você deve inserir o nome da classe pai entre parênteses dentro do cabeçalho da classe.

3. Modifique o código para os métodos que devem ser alterados (incluindo **__init__**).

4. Adicione quaisquer novos métodos.

Revisão do método __init__

A classe **ArraySortedBag** não inclui nenhuma nova variável de instância, então não parece que seu método **__init__** teria nada a fazer. Você pode pensar que porque um método **__init__** já está disponível na classe pai, **ArrayBag**, este método seria chamado automaticamente quando um programador cria uma instância de **ArraySortedBag**. Mas esse é o único caso em que a herança não é automática. Portanto, o método **__init__** em **ArraySortedBag** deve chamar o

Fundamentos de Python: estruturas de dados

método `__init__` na classe pai, `ArrayBag`, para que possa inicializar os dados aí contidos. A sintaxe para chamar esse método na classe pai é

`ArrayBag.__init__(self, coleçãoDeOrigem).`

Essa notação pode parecer um pouco assustadora, então vamos analisá-la:

1. O nome da classe pai, `ArrayBag`, permite que o Python selecione qual versão do método `__init__` executar. Neste exemplo, quando o programador executa `ArraySortedBag()` para criar uma nova instância de `ArraySortedBag`, o Python executa o método `__init__` de `ArraySortedBag`. Essa versão de `__init__`, por sua vez, deve executar o método `__init__` na classe pai, `ArrayBag`. Ele faz isso chamando `ArrayBag.__init__`.

2. Observe o argumento adicional, `self`, no início da lista de argumentos de `ArrayBag.__init__`. Lembre-se de que quando o método `__init__` de `ArrayBag` executa, ele pode adicionar itens de uma coleção de origem a `self`. Para permitir que o Python execute o correto método `add` lá, `self` deve referenciar uma instância de `ArraySortedBag`, não de `ArrayBag`. É por isso que `self` é passado como um argumento adicional para `ArrayBag.__init__`. Dito de outra forma, a instância da sacola `ArraySorted` diz para o método `ArrayBag __init__`, "Estou passando para você uma referência a mim mesmo, então você usará o meu próprio método `add`, não o seu, para adicionar os itens da coleção de origem opcional para mim".

3. A coleção fonte opcional também é passada como um argumento para o método `__init__` da classe pai. Se a coleção de origem estiver presente, uma transação interessante ocorrerá aqui. A coleção de origem é passada para *cima* na hierarquia de classes, de `ArraySortedBag` para seu pai, `ArrayBag` (pense em pedir a seus pais para fazer algum trabalho para você). Mas quando essa coleção chega ao contexto do método `__init__` de `ArrayBag`, este método passa cada um dos itens da coleção de volta para *baixo* para o método `add` de `ArraySortedBag` de para adicioná-los da maneira apropriada.

Como o usuário cria uma sacola ordenada da mesma maneira que uma sacola normal, a definição do método `__init__` da sacola ordenada deve ter o mesmo cabeçalho que o método `__init__` na classe pai.

Eis o código para as mudanças em `ArraySortedBag` discutidas até agora:

```
"""
Arquivo: arraysortedbag.py
Autor: Ken Lambert
"""

from arraybag import ArrayBag

class ArraySortedBag(ArrayBag):
    """Uma implementação de sacola baseada em array."""

    # Construtor
    def __init__(self, sourceCollection = None):
        """Define o estado inicial de self, o que inclui o
        conteúdo de sourceCollection, se estiver presente."""
        ArrayBag.__init__(self, coleçãoDeOrigem)
```

Adicionando um novo método __contains__

Não há um método __contains__ em ArrayBag. O Python gera automaticamente uma operação de pesquisa sequencial, usando o iterador ArrayBag, quando o operador in é usado em uma sacola. Para substituir esse comportamento para sacolas ordenadas, inclua um método __contains__ em ArraySortedBag. Agora, quando Python vê o operador in usado em uma sacola ordenada, ele também vê o método __contains__ e o chama.

Esse método implementa uma pesquisa binária (ver Capítulo 3, "Pesquisa, ordenação e análise de complexidade") no array de itens da sacola ordenada. Esse array, chamado self.items e localizado na classe ArrayBag, está acessível em qualquer uma de suas subclasses. Assim, você pode fazer referência a essa variável diretamente durante a pesquisa, como mostrado no próximo segmento de código.

```python
# Métodos acessores
def __contains__(self, item):
    """Retorna True se o item estiver em self, ou False caso contrário."""
    left = 0
    right = len(self) - 1
    while left <= right:
        midPoint = (left + right) // 2
        if self.items[midPoint] == item:
            return True
        elif self.items[midPoint] > item:
            right = midPoint - 1
        else:
            left = midPoint + 1
    return False
```

Modificando o método add existente

O método add em ArraySortedBag deve colocar um novo item na posição apropriada em um array ordenado. Em muitos casos, você deve procurar essa posição. Mas há dois casos — quando a sacola está vazia ou quando o novo item é maior ou igual ao último item — em que essa pesquisa é desnecessária. Nesses casos, você pode adicionar o novo item passando-o adiante para o método add na classe ArrayBag. (Lembre-se, sempre que possível, de tentar chamar um método para fazer algo por você, especialmente quando pode solicitar que um pai faça seu trabalho.)

Se você não conseguir passar a tarefa para o ArrayBag, deve procurar no array para o primeiro item que for maior ou igual ao novo item. Em seguida, abra um espaço para o novo item, insira-o e aumente o tamanho da sacola.

Eis o código para o método add revisado em ArraySortedBag:

```python
# Métodos mutadores
def add(self, item):
    """Adiciona o item a self."""
    # Vazio ou último item, chama ArrayBag.add
    if self.isEmpty() or item >= self.items[len(self) - 1]:
        ArrayBag.add(self, item)
    else:
        # Redimensiona o array se estiver cheio aqui
```

Fundamentos de Python: estruturas de dados

```python
# Pesquisa o primeiro item >= novo item
targetIndex = 0
while item > self.items[targetIndex]:
    targetIndex += 1
# Abre uma lacuna para novo item
for i in range(len(self), targetIndex, -1):
    self.items[i] = self.items[i - 1]
# Insere o item e atualiza o tamanho
self.items[targetIndex] = item
self.size += 1
```

Observe os diferentes prefixos usados na chamada do método a `ArrayBag.add` e na referência de variável a `self.items`. O primeiro é um nome de classe e o segundo é uma referência a uma instância de uma classe. Como você viu anteriormente no exemplo do método `__init__`, é preciso o nome da classe para distinguir a versão `ArrayBag` de `add` da versão `ArraySortedBag` de `add`, que, nesse contexto, seria `self.add`. Como `ArraySortedBag` não apresenta uma nova versão da variável de instância `items`, a referência a `self.items` aqui localiza a variável diretamente na classe `ArrayBag`.

Embora a sintaxe das chamadas para métodos em uma classe pai seja um tanto complicada, as próprias chamadas ilustram mais uma vez a reutilização inteligente do código. Além disso, agora você tem um recurso de sacola adicional que agrega grande valor com baixo custo à estrutura de sua coleção.

Modificando o método __add__ existente

O método `__add__`, que Python executa quando vê o operador + usado com duas sacolas, tem praticamente o mesmo código na classe `ArrayBag` e na classe `LinkedBag`. A única diferença é o nome da classe usado para criar uma instância para a sacola de resultados. Você simplesmente repete esse padrão para `__add__` em `ArraySortedBag`, como se segue:

```python
def __add__(self, other):
    """Retorna uma nova sacola com o conteúdo de self e other."""
    result = ArraySortedBag(self)
    for item in other:
        result.add(item)
    return result
```

Em breve, veremos como empacotar esse padrão repetitivo, que agora ocorre em três classes diferentes, em um único método.

Desempenho em tempo de execução de ArraySortedBag

O operador `in`, que usa o método `__contains__` em `ArraySortedBag`, apresenta um tempo de execução de pior caso de $O(\log n)$. Essa é uma grande melhoria no tempo de execução linear do operador `in` interno para sacolas regulares.

O tempo de pesquisa aprimorado também tem um impacto sobre os métodos que usam o novo operador `in`, embora esses métodos ainda sejam definidos em `ArrayBag`. Por exemplo, o método `remove` usa `in` para verificar sua precondição. Embora a pesquisa aprimorada ainda deixe `remove` com um tempo de execução linear em média, menos tempo é gasto no teste da precondição.

A melhoria de desempenho no método __eq__ pode ser mais complexa, mesmo que não use o operador **in**. Quando esse método é executado em duas sacolas regulares do mesmo comprimento, seu tempo médio de execução é O(n^2). Se você estiver disposto a redefinir método __eq__ em **ArraySortedBag**, pode reduzir seu tempo médio de execução para O(n). Essa implementação é vantajosa pelo fato de que os pares dos itens que estão sendo comparados nas duas sacolas ordenadas aparecem na mesma ordem em que são iterados. A nova versão de __eq__ foi deixada como um exercício para você.

Uma nota sobre hierarquias de classe no Python

Cada tipo de dados no Python é na verdade uma classe, e todas as classes integradas residem em uma hierarquia. A classe superior ou raiz dessa hierarquia é **object**. A Figura 6-2 mostra uma parte da hierarquia de classes do Python com as classes **dict**, **list**, **str** e **tuple**.

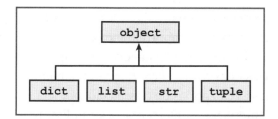

Figura 6-2 Uma parte da hierarquia de classes do Python

Ao definir uma nova classe e omitir a classe pai da sintaxe, o Python instala automaticamente essa classe sob a classe **object**.

Ao projetar um novo conjunto de classes de coleção, geralmente não é uma boa ideia criar uma subclasse sob uma classe de coleção do Python integrada, como **str** ou **list**. Em vez disso, desenvolva suas próprias classes para que estejam em conformidade com as interfaces e insira a classe superior na hierarquia sob a classe **object**, como este livro faz.

O Python fornece suporte a subclasses e herança com múltiplas classes pai, um recurso útil em alguns aplicativos avançados. Vamos explorar o uso de várias classes pai mais adiante neste livro.

Exercícios

1. Usando as classes **ArrayBag** e **ArraySortedBag** como exemplos, explique como a herança de classes ajuda a eliminar o código redundante.

2. Explique por que a classe **ArraySortedBag** ainda deve incluir um método __init__.

3. Um programador chama o método **remove** em um objeto do tipo **ArraySortedBag**, que é uma subclasse de **ArrayBag**. Explique como o Python localiza a implementação do método correto para executar nesse caso.

4. Explique por que o método **ArrayBag add** é chamado dentro do código do método **ArraySortedBag add**.

Fundamentos de Python: estruturas de dados

Usando classes abstratas para eliminar código redundante

É interessante descobrir que subclasses e herança permitem omitir parte do código de uma nova classe em vez de mantê-lo. Mantê-lo, como fizemos no projeto de sacola ordenada do Capítulo 5, aceitaríamos uma redundância desnecessária.

Outro local onde você pode ver o código redundante em suas coleções de sacola é nas classes `ArrayBag` e `LinkedBag`. Lembre-se de que quando você criou `LinkedBag` copiando o código de `ArrayBag` no Capítulo 5, vários métodos não precisaram ser alterados. Eles têm a mesma aparência em ambas as classes; portanto, eles são, por definição, redundantes.

Você acabou de aprender a evitar esse problema com sacolas ordenadas mantendo os métodos potencialmente redundantes em uma classe pai e compartilhando-os com outra classe por meio de herança.

Nesta seção, você aprenderá a eliminar métodos e dados redundantes em um conjunto de classes existentes, fatorando o código para elas em uma superclasse comum. Essa classe é chamada de **abstract class** para indicar que captura os recursos comuns e o comportamento de um conjunto de classes relacionadas. Uma classe abstrata normalmente não é instanciada nos aplicativos clientes. Suas subclasses são chamadas de **classes concretas** para indicar que são realmente usadas para criar objetos em aplicativos clientes. Ambas as categorias de classes são, por sua vez, distinguidas de *interfaces* (consulte o Capítulo 5, "Interfaces, implementações e polimorfismo"), que simplesmente especificam os métodos de determinada classe ou conjunto de classes sem qualquer código de implementação.

Projetando uma classe AbstractBag

Os programadores normalmente identificam a necessidade de uma classe abstrata depois de desenvolverem duas ou mais classes e observam alguns métodos e variáveis redundantes. No caso de suas classes de sacola, os métodos mais obviamente redundantes são aqueles que simplesmente chamam outros métodos e não acessam diretamente as variáveis de instância. Eles incluem os métodos `isEmpty`, `__str__`, `__add__`, `count` e `__eq__`.

Variáveis de instância redundantes são um pouco mais difíceis de detectar. Suas classes de sacola usam duas variáveis de instância, chamadas `self.items` e `self.size`. Para descobrir uma redundância, você analisa os tipos de dados que as variáveis referenciam. Em cada classe, `self.items` referencia um tipo diferente de estrutura de dados. (É por isso que são chamados implementações diferentes.) Em contraposição, `self.size` referencia um valor inteiro em cada classe de sacola. Portanto, apenas `self.size` é uma variável de instância redundante e, portanto, uma candidata segura para movê-la para uma classe abstrata.

Como o método `__len__` acessa `self.size` mas não `self.items`, ele também é considerado um método redundante. Em geral, os métodos que acessam ou modificam diretamente `self.items` devem permanecer nas classes concretas.

Você pode remover os métodos redundantes das classes de sacola e colocá-los em uma nova classe chamada `AbstractBag`. As classes de sacola então acessam esses métodos por meio de herança, tornando-se subclasses de **AbstractBag**. A estrutura modificada das suas classes de sacola está descrita no diagrama de classes da Figura 6-3.

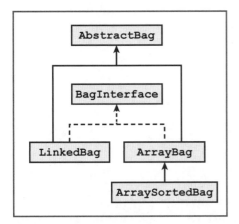

Figura 6-3 Adicionando uma classe abstrata de sacola à estrutura da coleção

Observe que a classe **AbstractBag** não implementa a interface de sacola. Isso ocorre porque apenas um subconjunto dos métodos de sacola é incluído em **AbstractBag**. As outras três classes de sacola continuam em conformidade com a interface de sacola.

Observe também que agora você tem uma hierarquia de classes mais óbvia, com dois níveis de herança. A classe **ArraySortedBag** herda alguns métodos e dados diretamente de sua classe pai **ArrayBag** e outros métodos e dados indiretamente de sua classe ancestral **AbstractBag**. Em geral, os métodos e as variáveis de uma classe estão disponíveis para qualquer uma das classes descendentes.

Para criar a classe **AbstractBag**, comece copiando o conteúdo de uma das subclasses para um novo arquivo e salve o arquivo como **abstractbag.py**. Em seguida, execute as seguintes etapas:

1. Exclua quaisquer importações irrelevantes e renomeie a classe **AbstractBag**.
2. Exclua todos os métodos que acessam diretamente a variável de instância **self.items**, exceto o método **__init__**. A próxima subseção mostra como modificar o método **__init__**.

Refazendo o método __init__ em AbstractBag

O método **__init__** em **AbstractBag** é responsável por realizar duas etapas:

1. Introduzir a variável **self.size** e inicializá-la como 0.
2. Adicionar os itens da coleção de origem para **self**, se a coleção de origem estiver presente.

Portanto, você exclui a linha do código que inicializa a variável `self.items`. Esse código ainda é de responsabilidade do método `__init__` nas subclasses.

Eis o código para o método `__init__` em **AbstractBag**:

```
"""
Arquivo: abstractbag.py
Autor: Ken Lambert
"""

class AbstractBag(object):
    """Uma implementação de sacola abstrata."""

    # Construtor
    def __init__(self, sourceCollection = None):
        """Define o estado inicial de self, o que inclui o
        conteúdo de sourceCollection, se estiver presente."""
        self.size = 0
        if sourceCollection:
            for item in sourceCollection:
                self.add(item)
```

O resto do código na classe **AbstractBag** inclui os métodos **isEmpty**, **__len__**, **__str__**, **__add__**, **count** e **__eq__**, uma vez que eles são implementados em qualquer **ArrayBag** ou **LinkedBag**.

Modificando as subclasses de AbstractBag

Cada subclasse de **AbstractBag** agora deve importar essa classe, colocar o nome entre parênteses no cabeçalho da classe, omitir os métodos redundantes mencionados anteriormente e incluir o método **__init__** modificado.

Examine as mudanças no método **__init__** de **ArrayBag**. Ele ainda é responsável por definir **self.items** como um novo array, mas essa é a única linha de código mantida. Depois de executar esse código, execute o método **__init__** em **AbstractBag**, o que inicializa o tamanho da sacola e adiciona os itens da coleção de origem, se necessário. Eis o código para essas alterações em **__init__** em **ArrayBag**:

```
"""
Arquivo: arraybag.py
Autor: Ken Lambert
"""

from arrays import Array
from abstractbag import AbstractBag

class ArrayBag(AbstractBag):
    """Uma implementação de sacola baseada em array."""

    # Variável de classe
    DEFAULT_CAPACITY = 10
```

```
# Construtor
def __init__(self, sourceCollection = None):
    """Define o estado inicial de self, o que inclui o
    conteúdo de sourceCollection, se estiver presente."""
    self.items = Array(ArrayBag.DEFAULT_CAPACITY)
    AbstractBag.__init__(self, coleçãoDeOrigem)
```

Observe a ordem em que as duas instruções são gravadas em **__init__**. É fundamental inicializar **self.items** para o novo array antes de executar o construtor na superclasse, de modo que haja armazenamento para todos os itens adicionados à nova sacola.

As mudanças na classe **LinkedBag** são semelhantes e deixadas como um exercício para você.

Generalizando o método __add__ em AbstractBag

Se você testar as classes de sacola com sua função de teste neste ponto, o operador +, que usa o método **__add__** em **AbstractBag**, gera uma exceção. A exceção afirma que **AbstractBag** não sabe sobre **ArrayBag** (ou **LinkedBag** ou **ArraySortedBag**, se essa for a classe da qual você copiou este método). Obviamente, **AbstractBag** não pode saber nada sobre suas subclasses. A causa desse erro é que o método **__add__** tentou criar uma instância de **ArrayBag** para reter seus resultados, conforme mostrado no próximo segmento de código:

```
def __add__(self, other):
    """Retorna uma nova sacola contendo o conteúdo
    de self e other."""
    result = ArrayBag(self)
    for item in other:
        result.add(item)
    return result
```

O que é realmente recomendável aqui não é uma instância de uma classe nomeada específica, mas uma instância do tipo **self**, qualquer que seja o tipo.

Para resolver esse problema, você pode usar a função **type** do Python para acessar o tipo de **self** e usar o tipo resultante para criar um clone de **self** da maneira usual. Eis o código para um método **__add__** que funciona com todos os tipos de sacola:

```
def __add__(self, other):
    """Retorna uma nova sacola contendo o conteúdo
    de self e other."""
    result = type(self)(self)
    for item in other:
        result.add(item)
    return result
```

O uso da expressão **type(self)(self)** é muito poderoso. Você está dizendo: "Dê-me o tipo de **self** (alguma coleção), seja o que for e irei executá-la como um construtor sobre a mesma coleção para obter uma cópia dela". Como veremos mais adiante, essa estratégia funcionará não apenas para sacolas, mas também para coleções de qualquer tipo.

Uma classe abstrata para todas as coleções

Se você revisar o código da classe `AbstractBag`, notará algo interessante. Todos os seus métodos, incluindo `__init__`, executam outros métodos ou funções ou simplesmente acessam a variável `self.size`. Eles não fazem nenhuma menção às classes de sacola. Com exceção do método `__str__`, que cria uma string com chaves, e o método `__eq__`, que não compara pares de itens em determinadas posições, os métodos de `AbstractBag` também podem ser executados em qualquer outro tipo de coleção, como listas, pilhas e filas. Por fim, a única variável de instância, `self.size`, também pode ser usada na implementação de qualquer coleção.

Essa observação indica que seria aconselhável fatorar esses métodos e dados em uma classe abstrata ainda mais geral, em que estariam disponíveis para outros tipos de coleções ainda a serem desenvolvidas. Essa classe, chamada `AbstractCollection`, serviria como a classe fundamental de toda a hierarquia de coleção.

Integrando `AbstractCollection` à hierarquia da coleção

A classe `AbstractCollection` é responsável por introduzir e inicializar a variável `self.size`. A variável é usada por todas as classes de coleção abaixo dela na hierarquia.

O método `__init__` de `AbstractCollection` também pode adicionar os itens da coleção de origem para `self`, se necessário.

Essa classe também inclui os métodos mais gerais disponíveis para todas as coleções: `isEmpty`, `__len__`, `count` e `__add__`. "Mais geral" nesse caso significa que a implementação deles nunca precisa ser alterada por uma subclasse.

Finalmente, `AbstractCollection` também inclui implementações padrão dos métodos `__str__` e `__eq__`. Sua forma atual em `AbstractBag` é apropriada para coleções não ordenadas, mas a maioria das classes de coleção são provavelmente lineares em vez de não ordenadas. Portanto, esses dois métodos são deixados como estão em `AbstractBag`, mas novas implementações são fornecidas em `AbstractCollection`. O novo método `__str__` usa colchetes para delimitar a string e o novo método `__eq__` compara pares de itens em determinadas posições. Novas subclasses de `AbstractCollection` ainda estão livres para personalizar `__str__` e `__eq__` para atender às suas necessidades.

A Figura 6-4 mostra a integração da nova classe `AbstractCollection` em sua estrutura de coleção.

Observe que a tendência das classes vai da mais geral à mais específica, à medida que você analisa a hierarquia. Agora, quando um novo tipo de coleção, como `ListInterface`, surge, você pode criar uma classe abstrata para ele, colocá-lo sob `AbstractCollection` e começar com alguns dados e métodos disponíveis. As implementações concretas das listas seriam então inseridas na classe de lista abstrata.

Para criar a classe `AbstractCollection`, você copia o código normalmente de outro módulo, neste caso, `AbstractBag`. Agora você pode executar as seguintes etapas:

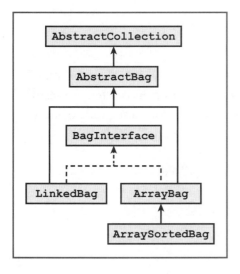

Figura 6-4 Adicionando uma classe abstrata de coleção à estrutura da coleção

1. Renomeie a classe como `AbstractCollection`.
2. Modifique os métodos `__str__` e `__eq__` para fornecer um comportamento padrão razoável.

Você então remove os métodos `isEmpty`, `__len__`, `count` e `__add__` de `AbstractBag`. A implementação de `AbstractCollection` e a modificação de `AbstractBag` são deixadas como exercícios para você.

Usando dois iteradores no método __eq__

A implementação do método `__eq__` na classe `AbstractCollection` compara pares de itens nas duas coleções, iterando pelas sequências de itens em ambas as coleções simultaneamente. Mas como isso pode ser feito, quando se pode executar um laço `for` para iterar por apenas uma coleção de cada vez?

A resposta a essa pergunta está na manipulação explícita do objeto iterador da segunda coleção. Quando o programador chama a função `iter` em uma coleção, o objeto iterador da coleção é retornado. Quando o programador chama a função `next` em um objeto iterador, a função retorna o item atual na sequência do iterador e avança para o próximo item, se houver algum. Se não houver nenhum item atual na sequência, a função `next` levanta uma exceção `StopIteration`.

Por exemplo, os dois segmentos de código a seguir executam a mesma tarefa, mas o primeiro usa o laço `for` do Python e o segundo manipula diretamente o objeto iterador da coleção:

```
# Imprime todos os itens na coleção usando um laço for
for item in theCollection:
    print(item)

# Imprime todos os itens na coleção usando um iterador explícito
iteratorObject = iter(theCollection)
try:
```

Fundamentos de Python: estruturas de dados

```
while True:
    print(next(iteratorObject))
except StopIteration: pass
```

Quando você emprega um iterador explícito no método __eq__ de **AbstractCollection**, não há necessidade de capturar uma exceção **StopIteration**. Como as duas coleções têm o mesmo comprimento, o laço **for** na primeira coleção irá parar quando o iterador na segunda coleção atingir o final de sua sequência de itens. Eis o código para o novo método __eq__:

```
def __eq__(self, other):
    """Retorna True se self for igual a other, ou False."""
    if self is other: return True
    if type(self) != type(other) or \
      len(self) != len(other):
        return False
    otherIter = iter(other)
    for item in self:
        if item != next(otherIter):
            return False
    return True
```

Exercícios

1. Usando a classe **AbstractBag** como exemplo, descreva o propósito de uma classe abstrata e explique por que nenhuma instância dela jamais seria criada.

2. Os métodos **__init__**, **isEmpty**, **__len__**, **__str__**, **__eq__**, **count** e **__add__** são definidos na classe **AbstractCollection**. Qual desses métodos pode ser redefinido nas subclasses e por quê?

3. Dois métodos não são definidos na classe **AbstractCollection**, mas devem ser definidos em suas subclasses para que seus outros métodos funcionem corretamente. Quais métodos são esses?

4. Escreva o código para um novo método chamado **clone**, na classe **AbstractCollection**. Esse método não espera argumentos e retorna uma cópia exata do objeto no qual é executado. Um uso de exemplo é **aCopy = someCollection.clone()**.

5. O método **add** é chamado dentro do código para os métodos **__init__** e **__add__** na classe **AbstractBag**, mas não está definido nessa classe. A qual classe esse método pertence e como o Python localiza sua implementação?

Uma estrutura de coleções de qualidade profissional

Neste capítulo, você utilizou as três implementações das classes de sacola desenvolvidas no Capítulo 5 ("Interfaces, implementações e polimorfismo") e as inseriu em uma hierarquia de classes. Embora essas classes continuem a implementar a mesma interface de sacola, elas agora compartilham boa parte do código que você fatorou nas classes abstratas. O principal objetivo

Herança e classes abstratas

de aprendizagem deste capítulo é ser capaz de reutilizar o código e eliminar o código redundante com o mecanismo de herança disponível em uma hierarquia de classes.

No processo, você também desenvolveu uma estrutura básica que pode compartilhar código com outros recursos ainda a serem desenvolvidos, como várias implementações de listas, dicionário, pilha, fila, árvore e coleções de grafos. A Figura 6-5 mostra um diagrama de como seria uma estrutura mais ou menos completa dessas coleções.

Outras linguagens de programação, como Java, incluem uma estrutura de coleção que é menos completa do que essa, mas mais extensa do que a do Python. À medida que exploramos as coleções lineares, hierárquicas, não ordenadas e de grafos nos capítulos a seguir, teremos a oportunidade de desenvolver os recursos que completam a estrutura mostrada na Figura 6-5.

Resumo

- Duas classes podem ser relacionadas como subclasse e superclasse. Uma subclasse geralmente é uma versão mais especializada da superclasse. A superclasse também chama-se pai das subclasses.

- Uma subclasse herda todos os métodos e variáveis da classe pai, bem como qualquer uma das classes ancestrais. A herança permite que duas classes — uma subclasse e uma super-classe — compartilhem dados e métodos, eliminando assim a potencial redundância.

- Uma subclasse se especializa no comportamento da superclasse modificando os métodos ou adicionando novos métodos.

- Uma classe pode chamar um método na superclasse usando o nome da superclasse como um prefixo para o método.

- Uma classe abstrata funciona como um repositório de dados e métodos comuns a um conjunto de outras classes. Se essas outras classes também não são abstratas, são chamadas classes concretas.

- As classes abstratas não são instanciadas.

- Python inclui todas as classes em uma hierarquia, com a classe **object** como a classe pai de nível superior.

- Frequentemente, os métodos com um comportamento mais geral devem estar localizados mais acima em uma hierarquia de classes.

Perguntas de revisão

1. Uma determinada classe herda todos os métodos e variáveis de instância de:
    a. Classes descendentes
    b. Classes ancestrais

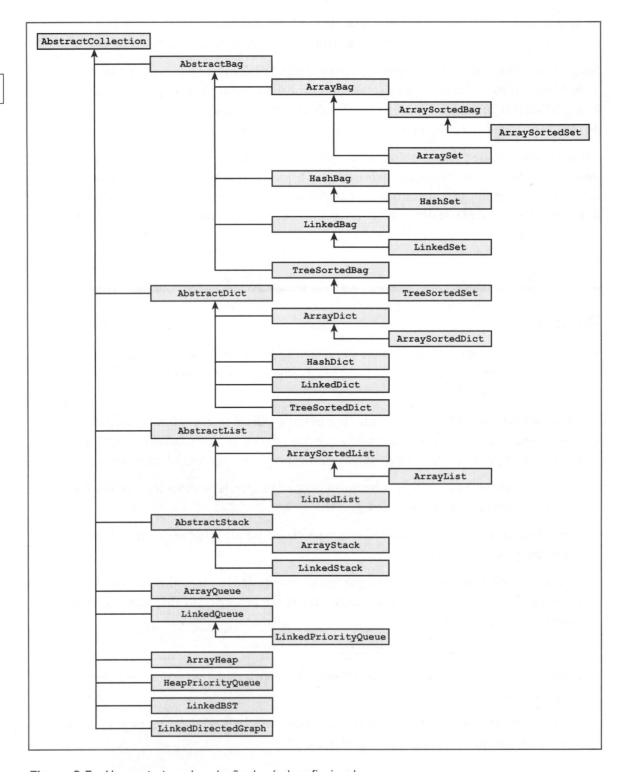

Figura 6-5 Uma estrutura de coleção de nível profissional

Herança e classes abstratas

2. O número de métodos disponíveis em determinada classe geralmente é:

   a. Menor ou igual ao número de métodos disponíveis para a classe pai

   b. Maior ou igual ao número de métodos disponíveis para a classe pai

3. Um método em determinada classe pode chamar o mesmo método em uma classe ancestral:

   a. Usando o prefixo `self` com o nome do método

   b. Usando o nome da classe ancestral como um prefixo com o nome do método

4. O nome `self` sempre se referencia:

   a. O objeto da classe usada quando esse objeto foi instanciado

   b. O objeto da classe cuja definição inclui o uso de `self`

5. Os métodos em uma classe abstrata idealmente:

   a. Chama outros métodos em `self` para fazer o trabalho deles

   b. Incluem muitas referências e atribuições a variáveis de instância

6. Os métodos com maior probabilidade de serem implementados na classe `AbstractCollection` são:

   a. `__iter__`, `add` e `remove`

   b. `isEmpty`, `__len__` e `__add__`

7. A função que retorna o tipo de um objeto é chamada:

   a. `type`

   b. `GetType`

8. Um método `clone`, que cria e retorna uma cópia exata de determinada coleção, deve ser definido:

   a. Na própria classe dessa coleção

   b. Na classe `AbstractCollection`

9. O método que copia automaticamente os itens de uma coleção de origem quando uma nova coleção é criada é nomeado:

   a. `__init__`

   b. `__add__`

10. O método `__eq__` definido em: `AbstractCollection`

    a. Compara pares dos itens nas duas coleções e é executado em tempo linear, em média

    b. Testa se cada item em uma coleção está em outra coleção e é executado em tempo quadrático, em média

Projetos

Ao criar ou modificar classes nos projetos a seguir, certifique-se de testar suas alterações executando um programa de teste apropriado.

Fundamentos de Python: estruturas de dados

1. Adicione o __eq__ à classe `ArraySortedBag` discutida neste capítulo. Esse método não deve ser executado em nada pior do que o tempo linear.

2. Modifique a classe `LinkedBag` discutida no Capítulo 5, de modo que se torne uma subclasse de `AbstractBag`. Certifique-se de manter em `LinkedBag` apenas os métodos que não podem ser movidos para `AbstractBag`.

3. Complete a classe `AbstractCollection` discutida neste capítulo. Em seguida, revise a classe `AbstractBag` para que se comporte como uma subclasse de `AbstractCollection`.

4. Como vimos nos Projetos 6 e 7 do Capítulo 5, um conjunto se comporta como uma sacola, exceto que um conjunto não pode conter itens duplicados. Algumas implementações possíveis são `ArraySet` e `LinkedSet`. Desenhe um diagrama de classes que mostre onde você iria inserir essas novas classes na estrutura de coleção mostrada na Figura 6-4.

5. Complete as classes para `ArraySet` e `LinkedSet`, de modo que utilizem herança para tirar o máximo proveito.

6. Um conjunto ordenado se comporta como um conjunto, mas permite que o usuário visite seus itens em ordem crescente com um laço **for** e oferece suporte a uma pesquisa logarítmica de um item. Desenhe um diagrama de classe que mostre onde você colocaria uma nova classe para conjuntos ordenados na estrutura de coleção apresentada na Figura 6-4.

7. Complete a nova classe para conjuntos ordenados.

8. Alguém percebe que a operação **remove** realiza duas pesquisas em uma sacola: uma durante o teste da precondição do método (usando o operador **in**) e o outro para localizar a posição do item de destino para removê-lo de fato. Uma maneira de eliminar a pesquisa redundante é rastrear a posição do item-alvo em uma variável de instância. No caso de uma sacola baseada em array, essa posição seria −1 na inicialização e sempre que um item-alvo não é encontrado. Se o operador **in** encontrar um item-alvo, a variável de posição é definida como o índice desse item no array; caso contrário, é redefinido como −1. Depois que o método **remove** verifica a precondição, nenhum laço de pesquisa é necessário; o método pode simplesmente fechar a lacuna no array usando a variável de posição. Modifique a classe `ArrayBag` para oferecer suporte a esse recurso. Observe que agora você terá que adicionar um método __contains__ a `ArrayBag` que faça essa pesquisa personalizada.

9. O método **remove** modificado do Projeto 8 não funciona mais corretamente para uma sacola ordenada. A razão disso é que o método __contains__ em `ArraySortedBag` não atualiza a nova variável de posição em `ArrayBag`. Modifique o método `ArraySortedBag.`__contains__ de modo que o método **remove** funcione corretamente para sacolas ordenadas.

10. O método **remove** na classe `LinkedBag` tem a pesquisa redundante descrita no Projeto 8. Modifique essa classe para que a redundância não exista mais.

CAPÍTULO 7

Pilhas

Depois de concluir este capítulo, você será capaz de:

◎ Descrever as características e o comportamento de uma pilha

◎ Escolher uma implementação de pilha com base nas características de desempenho

◎ Reconhecer aplicativos em que é apropriado usar uma pilha

◎ Explicar como a pilha de chamadas do sistema fornece suporte em tempo de execução para sub-rotinas recursivas

◎ Projetar e implementar um algoritmo de retrocesso que usa pilha

Este capítulo apresenta a **pilha**, uma coleção que tem amplo uso na ciência da computação. A pilha é a coleção mais simples de descrever e implementar. Mas ela tem aplicações fascinantes, três das quais serão discutidas mais adiante. Este capítulo também apresenta duas implementações padrão: uma baseada em arrays e a outra em estruturas ligadas. O capítulo termina com um estudo de caso no qual as pilhas desempenham papel central — a tradução e avaliação de expressões aritméticas.

Visão geral das pilhas

Pilhas são coleções lineares em que o acesso é completamente restrito a apenas uma extremidade, chamada **top**. O exemplo clássico análogo é a pilha de bandejas limpas encontradas em lanchonetes. Sempre que uma bandeja é necessária, ela é removida do topo da pilha e, sempre que uma bandeja limpa volta da cozinha, ela é colocada novamente no topo. Ninguém nunca tira uma bandeja particularmente elegante do meio da pilha, e as bandejas próximas à parte inferior podem nunca ser usadas. Diz-se que pilhas seguem o protocolo **último a entrar, primeiro a sair** (*last-in first-out*, lifo). A última bandeja trazida do lava-louças é a primeira que o cliente utiliza.

As operações para inserir e remover itens de uma pilha são chamadas **push** e **pop**, respectivamente. A Figura 7-1 mostra uma pilha da maneira como pode aparecer em vários estágios. O item no topo da pilha está sombreado.

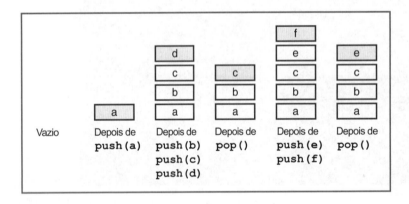

Figura 7-1 Alguns estados na vida de uma pilha

Inicialmente, a pilha está vazia e, em seguida, um item chamado, **a**, é inserido. A seguir, mais três itens chamados, **b**, **c** e **d**, são inseridos, após o que a pilha é removida e assim por diante.

Outros exemplos cotidianos de pilhas incluem pratos e tigelas em um armário de cozinha ou CDs em um pino. Embora você continuamente adicione mais papéis ao topo das pilhas na sua escrivaninha, essas pilhas não se qualificam porque muitas vezes você precisa remover um papel perdido do meio. Com uma pilha genuína, o item obtido a seguir é sempre aquele adicionado mais recentemente.

As aplicações das pilhas na ciência da computação são inúmeras. Eis algumas; as três primeiras serão discutidas em mais detalhes posteriormente neste capítulo:

- Convertendo expressões infixas na forma pós-fixa e avaliando expressões pós-fixas. O operador em uma expressão infixa, como **3 + 4**, aparece entre seus dois operandos, enquanto o operador em uma expressão pós-fixa, como **3 4 +**, segue seus dois operandos.

- Algoritmos de *backtracking* (retrocesso), (que ocorrem em problemas como prova automatizada de teoremas e nos jogos).

- Gerenciando a memória do computador para suportar chamadas de função e método.

- Dando suporte ao recurso de desfazer em editores de texto, processadores de texto, programas de planilha, programas de desenho e aplicativos semelhantes.

- Mantendo um histórico de endereços visitados por um navegador da web.

Usando uma pilha

Um tipo de pilha não é integrado ao Python. Se necessário, os programadores Python podem usar uma lista para emular uma pilha baseada em array. Se você vir o final de uma lista como o topo de uma pilha, o método **append** de **list** insere um elemento nessa pilha, enquanto o método **pop** de **list** remove e retorna o elemento para o topo. A principal desvantagem dessa opção é que todas as outras operações de lista também podem manipular a pilha. Isso inclui inserção, substituição e remoção de um elemento em qualquer posição. Essas operações extras violam o espírito de uma pilha como um tipo de dados abstratos. Esta seção define uma interface mais restrita para qualquer implementação de pilha autêntica e mostra como essas operações são usadas em um breve exemplo.

A interface de pilha

Além das operações **push** e **pop**, uma interface de pilha fornece uma operação chamada **peek** para examinar o elemento no topo de uma pilha. Como outras coleções, o tipo de pilha também pode incluir as operações **clear**, **isEmpty**, **len**, **str**, **in** e **+**, bem como um iterador. Essas operações são listadas como métodos Python na Tabela 7-1, em que a variável **s** referencia uma pilha.

Observe que os métodos **pop** e **peek** têm uma precondição importante e geram uma exceção se o usuário da pilha não atender a essa precondição. A vantagem dessa interface é que os usuários saberão quais métodos usar e o que esperar deles, independentemente da implementação da pilha escolhida.

Agora que uma interface de pilha foi definida, você aprenderá a usá-la. A Tabela 7-2 mostra como as operações listadas anteriormente afetam uma pilha chamada **s**, em que as variáveis **a**, **b** e **c** referenciam itens na pilha. A forma sintática **<Tipo de pilha>** representa qualquer classe de implementação.

Instanciando uma pilha

Você pode supor que qualquer classe de pilha que implementa essa interface também tenha um construtor que permite ao usuário criar uma instância de pilha. Posteriormente neste capítulo, duas implementações diferentes, chamadas **ArrayStack** e **LinkedStack**, são consideradas. Por

Fundamentos de Python: estruturas de dados

Método de pilha	O que ele faz
s.isEmpty()	Retorna **True** se **s** estiver vazio ou **False** caso contrário.
s.__len__()	O mesmo que **len(s)**. Retorna o número de itens em **s**.
s.__str__()	O mesmo que **str(s)**. Retorna a representação de string de **s**.
s.__iter__()	O mesmo que **iter(s)**, ou **for item in s:**. Visita cada item em **s**, de baixo para cima.
s.__contains__(item)	O mesmo que **item in s**. Retorna **True** se **item** estiver em **s** ou **False** caso contrário.
s1.__add__(s2)	O mesmo que **s1 + s2**. Retorna uma nova pilha contendo os itens em **s1** e **s2**.
s.__eq__(anyObject)	O mesmo que **s == anyObject**. Retorna **True** se **s** for igual a **any Object** ou **False** caso contrário. Duas pilhas são iguais se os itens nas posições correspondentes são iguais.
s.clear()	Torna **s** vazio.
s.peek()	Retorna o item no topo de **s**. *Precondição*: **s** não deve estar vazio; levanta um **keyerror** se a pilha estiver vazia.
s.push(item)	Adiciona **item** ao topo de **s**.
s.pop()	Remove e retorna o item no topo de **s**. *Precondição*: **s** não deve estar vazio; levanta um **KeyError** se a pilha estiver vazia.

Tabela 7-1 Os métodos na interface da pilha

enquanto, suponha que alguém tenha codificado essas implementações para que você possa usá-las. O próximo segmento de código mostra como você pode instanciá-las:

```
s1 = ArrayStack()
s2 = LinkedStack([20, 40, 60])
```

Embora o código dessas duas implementações não precise ser revelado aos usuários da implementação, seria ingênuo supor que os usuários nada saibam sobre essas implementações. Como vimos no Capítulo 5, "Interfaces, implementações e polimorfismo", diferentes implementações da mesma interface provavelmente têm diferentes compensações de desempenho, e o conhecimento dessas compensações é fundamental para os usuários das implementações. Os usuários baseariam sua escolha de uma implementação em vez de outra nas características de desempenho exigidas pelos aplicativos. Essas características, por sua vez, estão implícitas nos próprios nomes das classes (array ou ligada) e provavelmente seriam mencionadas na documentação das implementações. Mas, por enquanto, suponha que você tenha conhecimento suficiente para usar qualquer uma das implementações das pilhas nos aplicativos a seguir.

Exemplo de aplicação: correspondendo parênteses

Os compiladores precisam determinar se os símbolos de colchetes nas expressões estão balanceados corretamente. Por exemplo, cada **[** de abertura deve ser seguido por um **]** de fechamento devidamente posicionado e todo **(** por um **)**. A Tabela 7-3 fornece alguns exemplos.

Pilhas

Operação	Estado da pilha após a operação	Valor retornado	Comentário
s = <Stack Type>()			Inicialmente, a pilha está vazia.
s.push(a)	a		A pilha contém o único item **a**.
s.push(b)	a b		**b** é o item superior.
s.push(c)	a b c		**c** é o item superior.
s.isEmpty()	a b c	False	A pilha não está vazia.
len(s)	a b c	3	A pilha contém três itens.
s.peek()	a b c	c	Retorne o item no topo sem removê-lo.
s.pop()	a b	c	Remova e retorne o item superior. **b** agora é o item principal.
s.pop()	a	b	Remova e retorne o item superior. **a** agora é o item principal.
s.pop()		a	Remova e retorne o item no topo.
s.isEmpty()		True	A pilha está vazia.
s.peek()		KeyError	Observar uma pilha vazia gera uma exceção.
s.pop()		KeyError	Remover uma pilha vazia gera uma exceção.
s.push(d)	D		**d** é o item superior.

Tabela 7-2 Os efeitos das operações de pilha

Na Tabela 7-3, três pontos representam strings arbitrárias que não contêm símbolos de colchetes.

Como uma primeira tentativa de resolver o problema de equilíbrio dos colchetes, você pode simplesmente contar o número de parênteses à esquerda e à direita. Se a expressão

Expressão de exemplo	Status	Razão
(...)...(...)	Balanceado	
(...)...(...	Não balanceado	Faltando um **)** de fechamento no fim.
)...(...(...)	Não balanceado	O **)** de fechamento no início não tem um correspondente **(** de abertura, e um dos parêntese de abertura não tem parêntese de fechamento.
[...(...)...]	Balanceado	
[...(...]...)	Não balanceado	As seções entre colchetes não estão aninhadas corretamente.

Tabela 7-3 Parênteses equilibrados e desequilibrados nas expressões

corresponder, as duas contagens serão iguais. Mas o inverso não é verdade. Se as contagens são iguais, os colchetes não necessariamente correspondem. O terceiro exemplo fornece um contraexemplo.

Uma abordagem mais sofisticada, usando uma pilha, funciona. Para verificar uma expressão, execute as seguintes etapas:

1. Faça um percurso da expressão, inserindo os colchetes de abertura em uma pilha.

2. Ao encontrar um colchete de fechamento, se a pilha estiver vazia ou se o item no topo da pilha não for um colchete de abertura do mesmo tipo, ou seja, os colchetes não correspondem, poderá fechar o processo e sinalizar que a expressão está incorretamente formada.

3. Do contrário, remova o item do topo da pilha e continue examinando a expressão.

4. Ao chegar ao final da expressão, a pilha deve estar vazia e, se não estiver, os colchetes não correspondem.

Eis um script Python que implementa essa estratégia para os dois tipos de colchetes mencionados. Suponha que o módulo `linkedstack` inclua a classe `LinkedStack`.

```python
"""
Arquivo: brackets.py
Verifica expressões para colchetes correspondentes
"""
from linkedstack import LinkedStack
def bracketsBalance(exp):
    """exp é uma string que representa a expressão"""
    stk = LinkedStack()                         # Cria uma pilha
    for ch in exp:                              # Analisa a expressão
        if ch in ['[', '(']:                   # Insere um colchete de abertura
            stk.push(ch)
        elif ch in [']', ')']:                 # Processa um colchete de fechamento
            if stk.isEmpty():                  # Não balanceado
                return False
            chFromStack = stk.pop()
            # Os colchetes devem ser do mesmo tipo e corresponder
            if ch == ']' and chFromStack != '[' or \
               ch == ')' and chFromStack != '(':
                return False
    return stk.isEmpty()                        # Todos coincidem

def main():
    exp = input("Enter a bracketed expression: ")
    if bracketsBalance(exp):
        print("OK")
    else:
        print("Not OK")
if __name__ == "__main__":
    main()
```

Pilhas

Exercícios

1. Usando o formato da Tabela 7-2, complete uma tabela que envolve a seguinte sequência de operações de pilha.

Operação
s = <Stack Type>()
s.push(a)
s.push(b)
s.push(c)
s.pop()
s.pop()
s.peek()
s.push(x)
s.pop()
s.pop()
s.pop()

As outras colunas têm os seguintes cabeçalhos: State of the Stack After the Operation, Value Returned e Comment.

2. Modifique a função bracketsBalance de modo que o chamador possa fornecer os colchetes para corresponder os argumentos com essa função. O segundo argumento deve ser uma lista de colchetes iniciais e o terceiro deve ser uma lista de colchetes finais. Os pares de colchetes em cada posição nas duas listas devem corresponder; isto é, a posição 0 nas duas listas pode ter [e], respectivamente. Você deve ser capaz de modificar o código da função para que não faça referência a símbolos de colchetes literais, mas apenas use os argumentos da lista. (*Dica*: O método index retorna a posição de um item em uma lista.)

3. Apesar de tudo, alguém já sugeriu que talvez uma pilha não precise que os parênteses correspondam nas expressões. Em vez disso, você pode definir um contador como 0, incrementá-lo quando um parêntese à esquerda é encontrado e diminuí-lo sempre que um parêntese à direita é visto. Se o contador estiver abaixo de 0 ou permanecer positivo no final do processo, haverá um erro; se o contador for 0 no final e nunca ficar negativo, todos os parênteses corresponderão corretamente. Onde essa estratégia não funciona? (*Dica*: Também pode haver combinação de chaves e colchetes.)

Três aplicações das pilhas

Agora você aprenderá três outras aplicações das pilhas. Primeiro, veremos algoritmos para avaliar expressões aritméticas. Esses algoritmos se aplicam a problemas no projeto de compilador e você irá utilizá-los no estudo de caso do capítulo. Depois, você aprenderá uma técnica geral para usar pilhas a fim de resolver problemas com retrocesso. Os projetos de programação exploram aplicações da técnica. Por fim, conhecerá o papel das pilhas no gerenciamento de memória do computador. Esse tema não é apenas interessante por si só, mas também fornece uma base para a compreensão da recursão.

Avaliando expressões aritméticas

Na vida cotidiana, as pessoas estão tão acostumadas a avaliar expressões aritméticas simples que dão pouca importância às regras envolvidas. Portanto, você pode se surpreender com a dificuldade de escrever um algoritmo para avaliar expressões aritméticas. Acontece que uma abordagem indireta ao problema funciona melhor. Primeiro, você transforma uma expressão na sua **forma infixa familiar** para uma **forma pós-fixa** e então avalia a forma pós-fixa. Na forma infixa, cada operador está localizado entre os operandos, enquanto na forma pós-fixa, um operador segue imediatamente os operandos. A Tabela 7-4 dá vários exemplos simples.

Existem semelhanças e diferenças entre as duas formas. Em ambas, os operandos aparecem na mesma ordem. Mas os operadores não. A forma infixa às vezes requer parênteses; a forma pós-fixa nunca requer. A avaliação infixa envolve regras de precedência; a avaliação pós-fixa aplica os operadores assim que eles são encontrados. Por exemplo, considere as etapas na avaliação da expressão infixa 34 + 22 * 2 e a expressão pós-fixa equivalente 34 22 2 * +.

Avaliação infixa: 34 + 22 * 2 → 34 + 44 → 78

Avaliação pós-fixa: 34 22 2 * + → 34 44 + → 78

Forma infixa	Forma pós-fixa	Valor
34	34	34
34 + 22	34 22 +	56
34 + 22 * 2	34 22 2 * +	78
34 * 22 + 2	34 22 * 2 +	750
(34 + 22) * 2	34 22 + 2 *	112

Tabela 7-4 Algumas expressões infixas e pós-fixas

O uso de parênteses e precedência de operador em expressões infixas é para a conveniência dos seres humanos que as leem e escrevem. Eliminando esses parênteses, as expressões pós-fixas equivalentes apresentam a um computador um formato muito mais fácil e eficiente de avaliar.

Agora veremos algoritmos baseados em pilha para transformar expressões infixas em pós-fixas e para avaliar as expressões pós-fixas resultantes. Combinados, esses algoritmos permitem que um computador avalie uma expressão infixa. Na prática, a etapa de conversão geralmente ocorre em tempo de compilação, enquanto a etapa de avaliação ocorre em tempo de execução. Na

Pilhas

apresentação dos algoritmos, você pode ignorar essa diferença e os efeitos dos erros de sintaxe, mas retornará ao problema no estudo de caso e nos exercícios. A avaliação das expressões pós-fixas vem primeiro; é mais simples do que converter expressões infixas em expressões pós-fixas.

Avaliando expressões pós-fixas

Avaliar uma expressão pós-fixa envolve três etapas:

1. Percorrer a expressão da esquerda para a direita.

2. Ao encontrar um operador, aplicá-lo aos dois operandos anteriores e substituir todos os três pelo resultado.

3. Continuar o percurso até chegar ao final da expressão, ponto em que apenas o valor da expressão permanece.

Para expressar esse procedimento como um algoritmo de computador, você usa uma pilha de operandos. No algoritmo, o termo **token** refere-se a um operando ou a um operador:

```
Crie uma nova pilha
Enquanto houver mais tokens na expressão
    Obtenha o próximo token
    Se o token for um operando
        Insira o operando na pilha
    Caso contrário, se o token for um operador
        Retire os dois operandos superiores da pilha
        Aplique o operador aos dois operandos que acabaram de aparecer
        Insira o valor resultante na pilha
Retorne o valor no topo da pilha
```

A complexidade de tempo do algoritmo é $O(n)$, em que n é o número de tokens na expressão (ver os exercícios). A Tabela 7-5 mostra um traço do algoritmo aplicado à expressão $4\ 5\ 6\ * + 3\ -$.

Expressão pós-fixa: 4 5 6 * + 3 −		Valor resultante: 31
Parte da expressão pós-fixa verificada até agora	**Pilha de operandos**	**Comentário**
		Nenhum token foi verificado ainda. A pilha está vazia.
4	4	Empurra o operando 4.
4 5	4 5	Insere o operando 5.
4 5 6	4 5 6	Insere o operando 6.
4 5 6 *	4 30	Substitui os dois operandos no topo pelos produtos.
4 5 6 * +	34	Substitui os dois operandos no topo pela soma.
4 5 6 * + 3	34 3	Insere o operando 3.
4 5 6 * + 3 −	31	Substitui os dois operandos no topo pelas diferenças.
		Exibe o valor final.

Tabela 7-5 Monitorando a avaliação de uma expressão pós-fixa

Fundamentos de Python: estruturas de dados

Exercícios

1. Avalie manualmente as seguintes expressões pós-fixas:
   a. 10 5 4 + *
   b. 10 5 * 6 −
   c. 22 2 4 * /
   d. 33 6 + 3 4/ +

2. Execute uma análise de complexidade para avaliação pós-fixa.

Convertendo infixo em pós-fixo

Agora veremos como converter expressões infixas em pós-fixas. Para simplificar, você pode limitar sua atenção às expressões que envolvem os operadores *, /, + e -. (Um exercício no final do capítulo amplia o conjunto de operadores.) Como de costume, multiplicação e divisão têm precedência mais alta do que adição e subtração, exceto quando os parênteses substituem a ordem padrão de avaliação.

Em termos gerais, o algoritmo percorre, da esquerda para a direita, uma sequência contendo uma expressão infixa e simultaneamente constrói uma sequência contendo a expressão pós-fixa equivalente. Operandos são copiados da sequência infixa para a sequência pós-fixa assim que são encontrados. Mas os operadores devem ser mantidos em uma pilha até que os operadores de maior precedência tenham sido copiados para a string pós-fixa à frente deles. Eis uma instrução mais detalhada do processo gradual:

1. Comece com uma expressão pós-fixa vazia e uma pilha vazia, que conterá os operadores e os parênteses à esquerda.

2. Percorra a expressão infixa da esquerda para a direita.

3. Ao encontrar um operando, anexe-o à expressão pós-fixa.

4. Ao encontrar um parêntese à esquerda, insira-o na pilha.

5. Ao encontrar um operador, remova da pilha todos os operadores que tenham precedência igual ou maior, anexe-os à expressão pós-fixa e, em seguida, insira o operador verificado na pilha.

6. Ao encontrar um parêntese à direita, mova os operadores da pilha para a expressão pós-fixa até encontrar o parêntese à esquerda correspondente, que é descartado.

7. Ao encontrar o final da expressão infixa, transfira os operadores restantes da pilha para a expressão pós-fixa.

Os exemplos nas Tabelas 7-6 e 7-7 ilustram o procedimento.

Expressão infixa: 4 + 5 * 6 − 3		Expressão pós-fixa: 4 5 6 * + 3 −	
Parte da expressão infixa até agora	Pilha de operador	Expressão pós-fixa	Comentário
			Nenhum token foi visto ainda. A pilha e o PE estão vazios.
4		4	Anexa 4 ao PE.
4 +	+		Insere + na pilha.
4 + 5	+	4 5	Anexa 5 ao PE.
4 + 5 *	+ *	4 5	Insere * na pilha.
4 +5 * 6	+ *	4 5 6	Anexa 6 ao PE.
4 + 5 * 6 −	−	4 5 6 * +	+ Remove * e , anexa-os ao PE e insere-os na pilha.
4 + 5 * 6−3	−	4 5 6 * + 3	Anexe 3 ao PE.
4 + 5 * 6−3		4 5 6 * + 3 −	Remove os operadores restantes da pilha e anexa-os ao PE.

Tabela 7-6 Monitorando a conversão de uma expressão infixa em uma expressão pós-fixa

Expressão infixa: (4 + 5) * (6 − 3)		Expressão pós-fixa: 4 5 + 6 3 − *	
Parte da expressão infixa até agora	Pilha de operador	Expressão pós-fixa	Comentário
			Nenhum token foi visto ainda. A pilha e o PE estão vazios.
(	(		Insere (na pilha.
(4		4	Anexa 4 ao PE.
(4 +	(+		Insere + na pilha.
(4 + 5	(+	4 5	Anexa 5 ao PE.
(4 +5)		4 5 +	Remove a pilha até (ser encontrado e acrescenta operadores ao PE.
(4 + 5) *	*	4 5 +	Insere * na pilha.
(4 + 5) * (	* (	4 5 +	Insere (na pilha.
(4 + 5) * (6	* (	4 5 + 6	Anexa 6 ao PE.
(4 +5) * (6 −	* (−	4 5 + 6	Insere − na pilha.
(4 + 5) * (6 − 3	* (−	4 5 + 6 3	Anexa 3 ao PE.
(4 +5) * (6 −3)	*	4 5 + 6 3 −	Remove a pilha até (ser encontrado e acrescenta operadores ao PE.
(4 + 5) * (6 − 3)		4 5 + 6 3 − *	Remove os operadores restantes da pilha e anexa-os ao PE.

Table 7-7 Monitorando a conversão de uma expressão infixa em uma expressão pós-fixa

Cabe a você determinar a complexidade em termos de tempo desse processo. Veremos outro exemplo no estudo de caso neste capítulo e, em seguida, nos projetos no final do capítulo, você terá a chance de incorporar o processo a um projeto de programação que estende o estudo de caso.

Exercícios

1. Converta manualmente as seguintes expressões infixas na forma pós-fixa:
   a. 33 −15 * 6
   b. 11 * (6 + 2)
   c. 17 + 3 − 5
   d. 22 − 6 + 33 / 4

2. Execute uma análise de complexidade para uma conversão de infixo em pós-fixo.

Retrocedendo

O **algoritmo de backtracking (retrocesso)** começa em um estado inicial predefinido e então se move de um estado para outro em pesquisa de um estado final desejado. Em qualquer ponto ao longo do caminho, quando há uma escolha entre vários estados alternativos, o algoritmo seleciona um, possivelmente de maneira aleatória e continua. Se o algoritmo alcançar um estado que representa um resultado indesejável, ele retrocede ao último ponto em que havia uma alternativa inexplorada e a experimenta. Dessa forma, o algoritmo pesquisa exaustivamente todos os estados, ou alcança o estado final desejado.

Por exemplo, suponha que você esteja caminhando pela floresta e surja uma bifurcação. Você segue o caminho à direita, que por fim chega a um beco sem saída. Nesse ponto, para continuar, você deve refazer seus passos até a bifurcação e seguir o caminho não percorrido à esquerda. Um modelo de computador dessa situação registra todas as ramificações e permite que você volte instantaneamente à bifurcação para tentar outro caminho. Existem duas técnicas principais para implementar algoritmos de retrocesso: uma usa pilhas e a outra usa recursão. O uso de pilhas é explorado a seguir.

O papel de uma pilha no processo é lembrar os estados alternativos que ocorrem em cada junção. Para ser mais preciso, o papel é o seguinte:

```
Crie uma nova pilha
Insira o estado inicial na pilha
Enquanto a pilha não estiver vazia
    Abra a pilha e examine o estado
    Se o estado representar um estado final
        Retorne CONCLUSÃO BEM-SUCEDIDA
    Caso contrário, se o estado não foi visitado anteriormente
        Marque o estado como visitado
```

Insira na pilha todos os estados adjacentes não visitados
Retorne CONCLUSÃO MALSUCEDIDA

Esse algoritmo geral de retrocesso encontra aplicações em muitos programas de jogos e resolução de quebra-cabeças. Considere, por exemplo, o problema de encontrar um caminho para sair de um labirinto. Em uma instância desse problema, um caminhante deve encontrar uma rota até o topo de uma montanha. Suponha que o caminhante saia de um estacionamento, marcado com P e explore o labirinto até chegar ao topo de uma montanha, marcado com T. A Figura 7-2 mostra a aparência de um possível labirinto.

Eis um programa para resolver esse problema. Na inicialização, o modelo de dados do programa insere o labirinto como uma grade de caracteres de um arquivo de texto. O caractere '*' marca uma barreira, e 'P' e 'T' marcam o estacionamento e o topo da montanha, respectivamente. Um espaço em branco marca um passo ao longo de um caminho. Depois que o labirinto é carregado do arquivo, o programa deve exibi-lo na janela do terminal. O programa deve então solicitar que o usuário pressione a tecla Enter ou Return para resolver o labirinto. O modelo tenta encontrar um caminho através do labirinto e retorna **True** ou **False** para a visualização, dependendo do resultado. No modelo, o labirinto é representado como uma grade de caracteres ('P', 'T', '*' ou espaço). Durante a pesquisa, cada célula

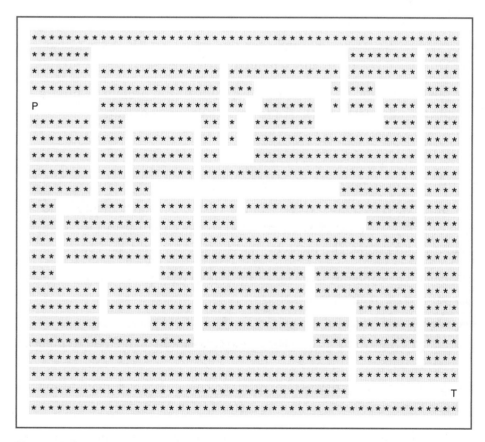

Figura 7-2 Um problema de labirinto

visitada é marcada com um ponto. No final do programa, a grade é exibida novamente com os pontos incluídos. Eis o algoritmo de retrocesso que está no centro da solução:

```
Crie uma nova pilha
Localize o caractere 'P' na grade
Insira sua localização na pilha
Enquanto a pilha não estiver vazia
    Retire uma localização (linha, coluna) da pilha
    Se a grade contiver 'T' neste local, então
        Um caminho foi encontrado
        Retorne True
    Caso contrário, se este local não contiver um ponto
        Coloque um ponto na grade neste local
        Examine as células adjacentes a esta e
        para cada uma que contém um espaço,
            insira sua localização na pilha
Retorne False
```

Seria interessante calcular a complexidade em termos de tempo do algoritmo anterior. Entretanto, faltam duas informações cruciais:

- A complexidade de decidir se um estado foi visitado

- A complexidade de listar estados adjacentes a determinado estado

Se, para fins de argumentação, você assume que ambos os processos são O(1), então o algoritmo como um todo é O(n), em que n representa o número total de estados.

Essa discussão foi um pouco abstrata, mas no final do capítulo, há um projeto de programação envolvendo a aplicação de retrocesso baseado em pilha a um problema de labirinto.

Gestão de memória

Durante a execução de um programa, tanto o código como os dados ocupam a memória do computador. O sistema em tempo de execução do computador deve controlar vários detalhes que são invisíveis ao autor do programa. Eles incluem:

- Associar variáveis a objetos de dados armazenados na memória para que possam ser localizados quando essas variáveis são referenciadas.

- Lembrar o endereço da instrução na qual um método ou função é chamado, para que o controle possa retornar para a próxima instrução quando essa função ou método termina a execução.

- Alocar memória para argumentos e variáveis temporárias de uma função ou método, que existem apenas durante a execução dessa função ou método.

Embora a maneira exata como um computador gerencia a memória dependa da linguagem de programação e do sistema operacional envolvidos, há uma visão geral simplificada, mas razoavelmente realista. A ênfase deve estar na palavra *simplificado*, porque uma discussão detalhada está além do escopo deste livro.

Como você provavelmente já sabe, um compilador Python converte um programa Python em bytecodes. Um programa complexo chamado Python Virtual Machine (PVM) executa-os. A memória, ou **ambiente de execução**, controlada pelo PVM é dividida em seis regiões, conforme mostra o lado esquerdo da Figura 7-3.

A seguir, o termo **sub-rotina** é usado para uma função Python ou um método Python. O termo **registro de ativação** refere-se a um fragmento da memória contendo o armazenamento para cada função ou parâmetro de chamada de método, variáveis temporárias, valor de retorno e endereço de retorno. Trabalhando de baixo para cima, essas regiões contêm o seguinte:

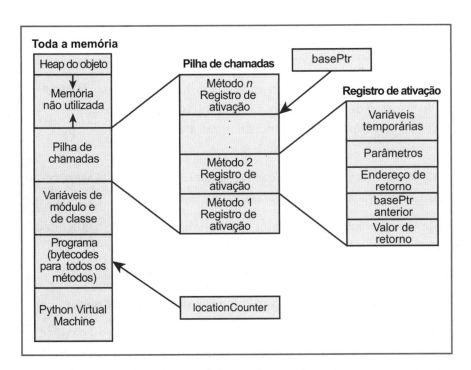

Figura 7-3 A arquitetura de um ambiente de tempo de execução

- A Python Virtual Machine (PVM), que executa um programa Python. Internas à PVM estão duas variáveis, chamadas `locationCounter` e `basePtr`. A `location-Counter` aponta para a instrução que a PVM executará em seguida. A `basePtr` aponta para a base do registro de ativação superior. Discutiremos essas variáveis em mais detalhes em breve.
- Bytecodes para todas as sub-rotinas do programa.
- O módulo e as variáveis de classe do programa.
- A **pilha de chamadas**. Sempre que uma sub-rotina é chamada, um registro de ativação é criado e inserido na pilha de chamadas. Quando uma sub-rotina termina a execução e retorna o controle para a sub-rotina que a chamou, o registro de ativação é removido da

Fundamentos de Python: estruturas de dados

pilha. O número total de registros de ativação na pilha é igual ao número de chamadas de sub-rotina atualmente em vários estágios de execução. Analisaremos os registros de ativação em mais detalhes adiante.

- Memória não utilizada. O tamanho dessa região aumenta e diminui em resposta às demandas da pilha de chamadas e do heap de objetos.

- O heap de objetos. No Python, todos os objetos existem em uma região da memória chamada heap. Quando um objeto é instanciado, a PVM deve encontrar espaço para o objeto no heap e, quando o objeto não é mais necessário, o coletor de lixo da PVM recupera o espaço para uso futuro. Quando há pouco espaço, o heap se estende ainda mais na região marcada como memória não utilizada.

Os registros de ativação mostrados na figura contêm duas informações. As regiões rotuladas como Variáveis Temporárias e Parâmetros contêm os dados necessários para a sub-rotina em execução. As regiões restantes contêm dados que permitem que a PVM passe o controle para trás da sub-rotina atualmente em execução à sub-rotina que a chamou.

Quando uma sub-rotina é chamada, a PVM executa as seguintes etapas:

1. Cria o registro de ativação da sub-rotina e insere-o na pilha de chamadas (as três regiões inferiores do registro de ativação têm tamanho fixo e as duas primeiras variam dependendo do número de parâmetros e variáveis locais usados pela sub-rotina).

2. Salva o valor atual de `basePtr` na região rotulada `Prev basePtr` e configura `basePtr` como a nova base do registro de ativação.

3. Salva o valor atual de `locationCounter` na região rotulada `Return Address` e configura o `locationCounter` como a primeira instrução da sub-rotina chamada.

4. Copia os parâmetros de chamada para a região rotulada `Parâmetros`.

5. Começa a executar a sub-rotina chamada no local indicado pelo `locationCounter`.

Enquanto uma sub-rotina estiver em execução, a adição de um deslocamento ao `basePtr` referencia variáveis temporárias e parâmetros no registro de ativação. Assim, independentemente da localização de um registro de ativação na memória, você pode acessar corretamente as variáveis e parâmetros locais, desde que `basePtr` tenha sido inicializado corretamente.

Um pouco antes de retornar, uma sub-rotina armazena o valor de retorno no local rotulado `Return Value`. Como o valor de retorno sempre reside na parte inferior do registro de ativação, a sub-rotina de chamada sabe exatamente onde encontrá-lo.

Quando uma sub-rotina termina a execução, a PVM executa as seguintes etapas:

1. Restabelece as configurações necessárias para a sub-rotina de chamada, restaurando os valores de `locationCounter` e `basePtr` a partir de valores armazenados no registro de ativação.

2. Remove o registro de ativação da pilha de chamadas.

3. Retoma a execução da sub-rotina de chamada no local indicado por `locationCounter`.

Para visualizarmos uma pilha de chamadas em ação, vamos considerar seu papel na execução da seguinte função `factorial` recursiva:

```
def factorial(n):
    if n == 1:
        return 1
    else:
        return n * factorial(n - 1)
```

Uma chamada de nível superior de `factorial(4)` resulta em três chamadas recursivas desta função, com os argumentos 3, 2 e 1. Uma visão simplificada do estado da pilha de chamadas quando a chamada recursiva final é alcançada é mostrada na Figura 7-4.

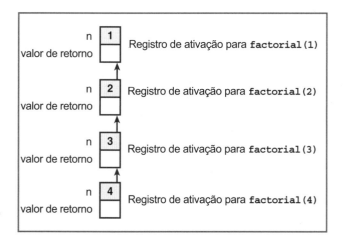

Figura 7-4 A pilha de chamadas necessária para executar `factorial(4)`

Observe que cada registro de ativação na pilha inclui células para o argumento e o valor de retorno de uma chamada de função específica. Antes de cada chamada retornar, seu valor é inserido na célula vazia para que o chamador possa acessá-lo. Como podemos ver, a memória necessária para executar essa função cresce de forma linear de acordo com o tamanho do problema.

Implementações de pilhas

Por causa do comportamento simples e da estrutura linear, as pilhas são implementadas facilmente usando arrays ou estruturas ligadas. As duas implementações das pilhas aqui ilustram as compensações típicas envolvidas no uso dessas duas abordagens recorrentes.

Teste

Suas duas implementações de pilha são as classes **ArrayStack** e **LinkedStack**. Antes de desenvolvê-las, escreva um pequeno programa de teste que mostre como pode testá-las de imediato. O código nesse programa utiliza todos os métodos em qualquer implementação de pilha e lhe dá uma sensação inicial de que estão funcionando como esperado. Eis o código do programa:

```python
"""
Arquivo: teststack.py
Autor: Ken Lambert
Um programa de teste para implementações de pilha.
"""

from arraystack import ArrayStack
from linkedstack import LinkedStack

def test(stackType):
    # Testa qualquer implementação com o mesmo código
    s = stackType()
    print("Length:", len(s))
    print("Empty:", s.isEmpty())
    print("Push 1-10")
    for i in range(10):
        s.push (i 1)
    print("Peeking:", s.peek())
    print("Items (bottom to top):", s)
    print("Length:", len(s))
    print("Empty:", s.isEmpty())
    theClone = stackType(s)
    print("Items in clone (bottom to top):", theClone)
    theClone.clear()
    print("Length of clone after clear:", len(theClone))
    print("Push 11")
    s.push(11)
    print("Popping items (top to bottom):", end = " ")
    while not s.isEmpty(): print(s.pop(), end = " ")
    print("\nLength:", len(s))
    print("Empty:", s.isEmpty())

# test(ArrayStack)
test(LinkedStack)
```

Eis uma transcrição da saída do programa:

```
Length: 0
Empty: True
Push 1-10
Peeking: 10
Items (bottom to top): 1 2 3 4 5 6 7 8 9 10
Length: 10
Empty: False
Push 11
Popping items (top to bottom): 11 10 9 8 7 6 5 4 3 2 1
Length: 0
Empty: True
```

Observe que os itens na pilha são impressos de baixo para cima na representação de string da pilha. Em contraste, quando são removidos, eles são impressos de cima para baixo. Você pode fazer mais testes para verificar as precondições nos métodos **pop** e **peek**.

Adicionando pilhas à hierarquia de coleção

Como vimos no Capítulo 6, "Herança e classes abstratas", uma implementação de coleção pode adquirir algumas funcionalidades gratuitamente ao se tornar parte de uma hierarquia de coleções. Por exemplo, as três implementações de sacolas — **LinkedBag**, **ArrayBag** e **ArraySortedBag** — são descendentes de duas classes abstratas, **AbstractBag** e **AbstractCollection**, que definem alguns dos dados e métodos que todos os tipos de sacolas usam.

As duas implementações de pilha, **ArrayStack** e **LinkedStack**, estão em uma situação semelhante e podem ser tratadas de maneira semelhante. Elas implementam a mesma interface, chamada **StackInterface**, cujos métodos estão listados na Tabela 7-1. Elas são subclasses da classe **AbstractStack**, que por sua vez é uma subclasse de **AbstractCollection**. Elas herdam o método **add** da classe **AbstractStack** e a variável **size** e os métodos **isEmpty**, **__len__**, **__str__**, **__add__** e **__eq__** de **AbstractCollection**. Portanto, os únicos métodos que precisam ser implementados em **ArrayStack** e **LinkedStack** são **__init__**, **peek**, **push**, **pop**, **clear** e **__iter__**. Vamos supor que alguém implementou a classe **AbstractStack**, para que você possa prosseguir para a implementação ligada e baseada em array.

A hierarquia dos recursos da pilha é mostrada na Figura 7-5.

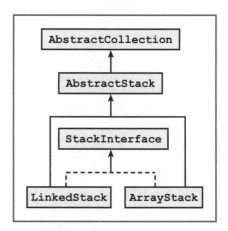

Figura 7-5 Os recursos de pilha na hierarquia de coleções

Implementação de array

A primeira implementação é construída em torno de um array chamado **self.items** e um inteiro chamado **self.size**. Inicialmente, o array tem uma capacidade padrão de 10 posições e **self.size** é igual a 0. O item no topo, se houver algum, sempre estará no local **self.size - 1**. Para inserir um item na pilha, armazene-o no local **self.items[len(self)]** e incremente self.size. Para remover a pilha, retorne self.items[len(self) - 1] e decremente self.size. A Figura 7-6 mostra como self.items e self.size aparecem quando quatro itens estão na pilha.

O array, como apresentado, tem uma capacidade atual de 10 posições. Como você evita o problema de estouro de pilha? Conforme discutido no Capítulo 4, "Arrays e estruturas ligadas", você cria um array quando o existente está prestes a estourar ou quando se torna subutilizado. Seguindo a análise no Capítulo 4, você dobra a capacidade do array após **push** preencher e dividir pela metade quando **pop** deixa três quartos vazios.

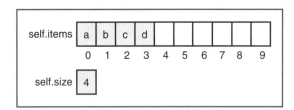

Figura 7-6 Uma representação de array de uma pilha com quatro itens

A implementação da pilha baseada em array usa a classe **Array** desenvolvida no Capítulo 4 e é bastante semelhante à classe **ArrayBag** desenvolvida no Capítulo 6. Como **ArrayBag**, **ArrayStack** é uma subclasse em uma classe abstrata. Nesse caso, a classe pai chama-se **AbstractStack**. Conforme mencionado anteriormente, as únicas operações que você precisa fornecer em **ArrayStack** são __init__, **clear**, **push**, **pop**, **peek** e __iter__.

Eis o código para **ArrayStack**, com algumas partes a serem concluídas nos exercícios:

```
"""
Arquivo: arraystack.py
"""

from arrays import Array
from abstractstack import AbstractStack

class ArrayStack(AbstractStack):
    """Uma implementação de sacola baseada em array."""

    DEFAULT_CAPACITY = 10        # Para todas as pilhas de matriz

    def __init__(self, sourceCollection = None):
        """Define o estado inicial de self, o que inclui o
        conteúdo de sourceCollection, se estiver presente."""
        self.items = Array(ArrayStack.DEFAULT_CAPACITY)
        AbstractStack.__init__(self, sourceCollection)

    # Acessores
    def __iter__(self):
        """Suporta iteração sobre uma visualização de self.
        Visita os itens de baixo para cima da pilha."""
```

```python
        cursor = 0
        while cursor < len(self):
            yield self.items[cursor]
            cursor += 1

    def peek(self):
        """Retorna o item no topo da pilha.
        Precondição: a pilha não está vazia.
        Gera KeyError se a pilha estiver vazia."""
        # Verifica precondição aqui
        return self.items[len(self) - 1]

    # Mutadores
    def clear(self):
        """Torna self vazio."""
        self.size = 0
        self.items = Array(ArrayStack.DEFAULT_CAPACITY)

    def push(self, item):
        """Retorna o item no topo da pilha."""
        # Redimensiona o array aqui se necessário
        self.items[len(self)] = item
        self.size += 1

    def pop(self):
        """Retorna o item no topo da pilha.
        Precondição: a pilha não está vazia."""
        Captura KeyError se a pilha estiver vazia.
        Pós-condição: o item superior é removido da pilha."""
        # Verifica precondição aqui
        oldItem = self.items[len(self) - 1]
        self.size -= 1
        # Redimensiona o array aqui se necessário
        return oldItem
```

Observe as precondições nos métodos **peek** e **pop**. Uma implementação segura reforçaria essas precondições levantando exceções quando forem violadas. Isso é deixado como um exercício para você. Da mesma forma, a inclusão do código para redimensionar o array em **push** e **pop** é deixada como um exercício.

Implementação ligada

Assim como ocorreu com a implementação de sacola ordenada do Capítulo 6, a implementação ligada de uma pilha usa uma sequência ligada de nós. Operações eficientes de inserção (push) e remoção (pop) exigem a adição e a remoção de nós no início da sequência ligada. A variável de instância **self.items** agora referencia o nó no início dessa sequência, se houver. Caso contrário, quando a pilha estiver vazia, **self.items** é **None**. A Figura 7-7 ilustra uma pilha ligada contendo três itens.

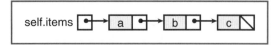

Figura 7-7 Uma representação ligada de uma pilha com três itens

A implementação ligada requer duas classes: `LinkedStack` e `Node`. A classe `Node`, como definida no Capítulo 4, contém dois campos:

- `data` — Um item na pilha
- `next` — Um ponteiro para o próximo nó

Como novos itens são adicionados e removidos de apenas uma extremidade da estrutura ligada, os métodos **pop** e **push** são fáceis de implementar, conforme mostrado nas próximas duas figuras. A Figura 7-8 mostra a sequência de etapas necessárias para inserir um item em uma pilha ligada. Para executar essas etapas, você passa o ponteiro `self.items` para o construtor `Node` e atribui o novo nó a `self.items`, como fez para o método `add` de `LinkedBag`.

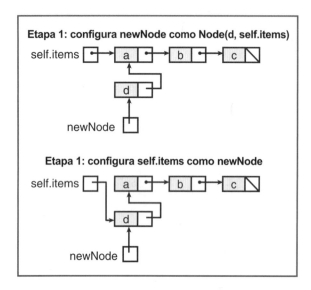

Figura 7-8 Inserindo um item em uma pilha ligada

A Figura 7-9 mostra a única etapa necessária para remover um item de uma pilha ligada.

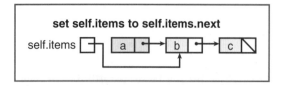

Figura 7-9 Removendo um item de uma pilha ligada

Embora a estrutura ligada suporte **push** e **pop** simples, a implementação do método `__iter__` é complicada pelo fato de que os itens devem ser visitados a partir da parte de baixo da estrutura ligada para a parte de cima. Infelizmente, para fazer um percurso de uma estrutura unicamente ligada, esse percurso ocorre do início e segue as ligações seguintes até o início.

Felizmente, a recursão pode ajudar. Dentro do método **__iter__**, você cria uma lista temporária e define uma função auxiliar recursiva que espera um nó como argumento. Na chamada inicial da função, o nó do argumento é o início da estrutura ligada da pilha (a variável **self. items**). Se esse nó não for **None**, você chama a função recursivamente com o campo **next** do nó para avançar em direção à cauda da estrutura. Quando essa chamada retorna, você anexa os dados do nó à lista temporária. Quando a chamada de nível superior da função auxiliar retorna, você retorna um iterador na lista.

Eis o código para **LinkedStack**:

```python
from node import Node
from abstractstack import AbstractStack

class LinkedStack(AbstractStack):
    """Uma implementação de pilha baseada em ligações."""

    def __init__(self, sourceCollection = None):
        self.items = None
        AbstractStack.__init__(self, sourceCollection)

    # Acessores
    def __iter__(self):
        """Suporta iteração sobre uma visualização de self.
        Visita os itens de baixo para cima da pilha."""
        def visitNodes(node):
            if node != None:
                visitNodes(node.next)
                tempList.append(node.data)
        tempList = list()
        visitNodes(self.items)
        return iter(tempList)

    def peek(self):
        """Retorna o item no topo da pilha.
        Precondição: a pilha não está vazia."""
        if self.isEmpty():
            raise KeyError("The stack is empty.")
        return self.items.data

    # Mutadores
    def clear(self):
        """Torna self vazio."""
        self.size = 0
        self.items = None

    def push(self, item):
        """Retorna o item no topo da pilha.
        self.items = Node(item, self.items)
        self.size += 1

    def pop(self):
```

```
        """Retorna o item no topo da pilha.
        Precondição: a pilha não está vazia."""
        if self.isEmpty():
            raise KeyError("The stack is empty.")
        oldItem = self.items.data
        self.items = self.items.next
        self.size -= 1
        return oldItem
```

O papel da classe Abstract Stack

As implementações dos métodos na interface da pilha são divididas proporcionalmente entre uma classe concreta (**ArrayStack** ou **LinkedStack**) e **AbstractCollection**. Isso pode deixá-lo se perguntando o que sobraria para a classe **AbstractStack**, que fica entre as classes da pilha concreta e **AbstractCollection**.

Se você revisar a interface da pilha listada anteriormente, notará a ausência de um método crítico — **add**. Embora a interface da pilha já inclua um método **push** que faz a mesma coisa que **add**, pode haver muitos clientes, incluindo um importante na própria estrutura de coleção, que preferem usar **add**.

Como você viu no Capítulo 6, o método **__init__** em **AbstractCollection** usa o método **add** para adicionar itens em uma coleção de origem para **self**. Se **auto** é uma pilha, Python levanta uma exceção, informando que o método **add** é indefinido para pilhas.

Para resolver esse problema e manter a consistência com as interfaces de outras coleções, você precisa incluir um método **add** com seus tipos de pilha. O local lógico para inserir esse método, para que todos os tipos de pilha possam usá-lo, é em **AbstractStack**. Como **auto** é sempre uma pilha nesse contexto, o método **add** pode simplesmente chamar **self.push** para realizar a tarefa desejada.

Eis o código para **AbstractStack**:

```
"""
Arquivo: abstractstack.py
Autor: Ken Lambert
"""

from abstractcollection import AbstractCollection

class AbstractStack(AbstractCollection):
    """Uma implementação de sacola abstrata."""

    # Construtor
    def __init__(self, sourceCollection):
        """Define o estado inicial de self, o que inclui o
        conteúdo de sourceCollection, se estiver presente."""
        AbstractCollection.__init__(self, sourceCollection)

    # Métodos mutadores
    def add(self, item):
```

Pilhas

```
"""Adiciona o item a self."""
self.push(item)
```

Análise de tempo e espaço das duas implementações

Com exceção do método `__iter__`, todos os métodos da pilha são simples e têm um tempo de execução máximo de O(1), ou constante. Na implementação de array, a análise se torna mais complexa. No momento da duplicação, o tempo de execução do método **push** salta para O(n), ou linear, mas no resto do tempo ele permanece em O(1). Comentários semelhantes podem ser feitos sobre o método **pop**. Em média, ambos ainda são O(1), como mostrado no Capítulo 4. Mas o programador deve decidir se um tempo de resposta flutuante é aceitável e escolher uma implementação correspondentemente.

O método `__iter__` é executado em tempo linear em ambas as implementações. Mas a função recursiva usada na implementação ligada causa um crescimento linear da memória devido ao uso da pilha de chamadas do sistema. Você pode evitar esse problema usando uma estrutura duplamente ligada: o iterador pode começar no último nó e seguir as ligações para os nós anteriores. O Capítulo 9, "Listas", examina essa estrutura em detalhes.

Uma coleção de n objetos requer espaço pelo menos suficiente para conter as n referências de objeto. Vamos agora ver como nossas duas implementações de pilha se comparam a esse ideal. Uma pilha ligada de n itens requer n nós, cada um contendo duas referências: uma para um item e outra para o próximo nó. Além disso, deve haver uma variável que aponta para o nó superior e uma variável para o tamanho, resultando em um requisito de espaço total de $2n + 2$.

Para uma implementação de array, o requisito de espaço total de uma pilha é fixado quando a pilha é instanciada. O espaço consiste em um array com capacidade inicial de 10 referências e variáveis para rastrear o tamanho da pilha e referenciar o próprio array. Supondo que um inteiro e uma referência ocupem a mesma quantidade de espaço, o espaço total necessário é a capacidade do array + 2. Como discutido no Capítulo 4, uma implementação de array é mais eficiente em termos de espaço do que uma implementação ligada sempre que o fator de carga for maior que ½. O fator de carga para uma implementação de array normalmente varia entre ¼ e 1, embora obviamente possa cair a 0.

Exercícios

1. Discuta a diferença entre usar um array e uma lista do Python para implementar a classe **ArrayStack**. Quais são as vantagens e desvantagens?

2. Adicione o código aos métodos **peek** e **pop** no **ArrayStack** para que levantem uma exceção se suas precondições forem violadas.

3. Modifique o método **pop** em **ArrayStack** de modo que reduza a capacidade do array se for subutilizado.

Fundamentos de Python: estruturas de dados

ESTUDO DE CASO: Avaliando expressões pós-fixas

O estudo de caso apresenta um programa que avalia expressões pós-fixas. O programa permite que o usuário insira uma expressão pós-fixa arbitrária e, em seguida, exibe o valor da expressão ou uma mensagem de erro se a expressão for inválida. O algoritmo baseado em pilha para avaliar expressões pós-fixas é o cerne do programa.

Solicitação

Escreva um programa interativo para avaliar expressões pós-fixas.

Análise

Existem muitas possibilidades para a interface do usuário. Considerando o aspecto educacional, seria bom para o usuário experimentar várias expressões enquanto retém uma transcrição dos resultados. Os erros em uma expressão não devem interromper o programa, mas gerar mensagens que fornecem informações sobre onde o processo de avaliação é interrompido. Com esses requisitos em mente, uma interface de usuário como a apresentada nesta sessão é proposta (as entradas do usuário estão em preto):

```
Insira uma expressão pós-fixa: 6 2 5 + *
6 2 5 + *
42
Insira uma expressão pós-fixa: 10 2 300 *+ 20/
10 2 300 * + 20 /
30
Insira uma expressão pós-fixa: 3 + 4
3 + 4
Erro:
Poucos operandos na pilha
Porção da expressão processada: 3 +
Operandos na pilha:              : 3
Insira uma expressão pós-fixa: 5 6 %
5 6 %
Erro:
Tipo de token desconhecido
Porção da expressão processada: 5 6 %
Operandos na pilha:              : 5 6
Insira uma expressão pós-fixa:
>>>
```

O usuário insere uma expressão em um prompt, e o programa exibe os resultados. A expressão, como inserida, limita-se a uma linha de texto, com espaçamento arbitrário entre os tokens, desde que os operandos adjacentes tenham algum espaço em branco entre eles. Depois que o usuário pressiona Enter ou Return, a expressão é reexibida com exatamente um espaço entre cada token e é seguida na próxima linha pelo valor ou mensagem de erro. Um prompt para outra expressão é então exibido. O usuário encerra pressionando Enter ou Return no prompt.

O programa deve detectar e relatar todos os erros de entrada, sejam intencionais ou não. Alguns erros comuns são:

* A expressão contém muitos operandos; em outras palavras, há mais de um operando restante na pilha quando o final da expressão é encontrado.

(continua)

- A expressão contém poucos operandos; em outras palavras, um operador é encontrado quando há menos de dois operandos na pilha.

- A expressão contém tokens irreconhecíveis. O programa espera que a expressão seja composta de inteiros, quatro operadores aritméticos (+, −, *, /) e espaço em branco (um espaço ou uma guia). Qualquer outra coisa é irreconhecível.

- A expressão inclui divisão por 0.

Eis alguns exemplos que ilustram cada tipo de erro com uma mensagem de erro apropriada:

```
Expressão:
Erro: A expressão não contém tokens
Parte da expressão processada: nenhuma
A pilha is empty.
Expressão: 1 2 3 +
Erro: Muitos operandos na pilha
Parte de expressão processada: 1 2 3 +
Operandos na pilha: 1 5
Expressão: 1 + 2 3 4 *
Erro: Poucos operandos na pilha
Parte de expressão processada: 1 +
Operandos na pilha: 1
Expressão: 1 2 % 3 +
Erro: Tipo de token desconhecido
Parte de expressão processada: 1 2 %
Operandos na pilha: 1 2
Expressão: 1 2 0 / +
Erro: divisão por zero
Parte de expressão processada: 1 2 0/
Operandos na pilha: 1
```

Como sempre, presume-se a existência de uma visualização e modelo de dados. A seguir, o prefixo *PF* é uma abreviação para a palavra pós-fixo. A Figura 7-10 é um diagrama de classes que mostra os relacionamentos entre as classes propostas. Observe que tanto o modelo como o avaliador usam o scanner. Você já leu por que o avaliador precisa do scanner. O modelo usa o scanner para formatar a string de expressão. Embora você possa realizar essa tarefa manipulando a string de expressão diretamente, é mais fácil usar o scanner e a penalidade de desempenho é insignificante.

A classe de visualização chama-se `PFView`. Quando o usuário pressiona Enter ou Return, a visualização executa três métodos definidos no modelo:

1. A visualização solicita que o modelo formate a string de expressão com exatamente um espaço entre cada token e, em seguida, exiba a string formatada.

2. A visualização solicita que o modelo avalie a expressão e então exiba o valor retornado.

3. A visualização captura todas as exceções lançadas pelo modelo, solicita ao modelo as condições que eram pertinentes quando o erro foi detectado e exibe as mensagens de erro apropriadas.

A classe do modelo chama-se `PFEvaluatorModel`. Deve ser capaz de formatar e avaliar uma string de expressão, gerar exceções em resposta a erros de sintaxe na string e relatar o estado interno. Para cumprir essas responsabilidades, o modelo pode dividir o trabalho entre os dois processos principais a seguir:

1. Percorre uma string e extrai os tokens.

2. Avalia uma sequência de tokens.

(continua)

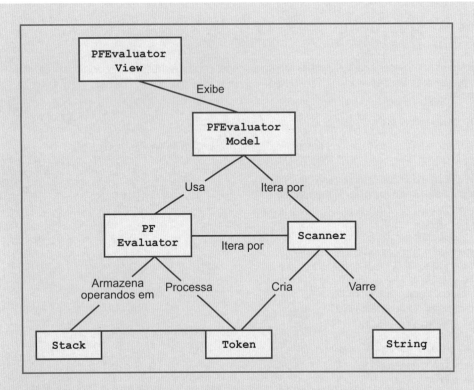

Figura 7-10 Um diagrama de classes para o avaliador de expressão

A saída do primeiro processo se torna a entrada para o segundo. Esses processos são complexos e se repetem em outros problemas. Por ambas as razões, vale a pena encapsulá-los em classes separadas, chamadas **Scanner** e **PFEvaluator**.

Considerando a forma como será utilizado, o **scanner** recebe uma string como entrada e retorna uma sequência de tokens como saída. Em vez de retornar todos esses tokens de uma vez, o scanner responde aos métodos **hasNext** e **next**.

O avaliador recebe um scanner como entrada, itera pelos tokens do scanner, retorna o valor de uma expressão ou levanta uma exceção. No processo, o avaliador usa o algoritmo baseado em pilha descrito anteriormente neste capítulo. A qualquer momento, o avaliador pode fornecer informações sobre o estado interno.

Se o scanner precisar retornar tokens, uma classe **Token** será necessária. Uma instância da classe **Token** tem um valor e um tipo. Os tipos possíveis são representados por constantes inteiras escolhidas arbitrariamente com os nomes **PLUS**, **MINUS**, **MUL**, **DIV** e **INT**. Os valores das primeiras quatro constantes de números inteiros são os caracteres correspondentes +, -, * e /. O valor de um **INT** é encontrado convertendo-se uma substring de caracteres numéricos, como **"534"**, em sua representação inteira interna. Um token pode fornecer uma representação de string de si mesmo, convertendo o valor em uma string.

Projeto

Agora você verá mais de perto o funcionamento interno de cada classe. A Figura 7-11 é um diagrama de interação que resume os métodos executados entre as classes:

(continua)

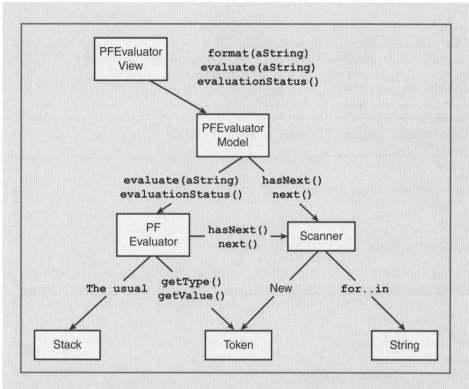

Figura 7-11 Um diagrama de interação para o avaliador de expressão

A seguir há uma lista de métodos e variáveis de instância de cada classe.

Métodos e variáveis de instância para a classe PFEvaluatorView

O atributo é um modelo. Os métodos são:

PFEvaluatorView ()
    Cria e salva uma referência ao modelo.

run()
    enquanto True:
        Recupera a string de expressão do teclado.
        Se a string estiver vazia, retorna.
        Envia-a ao modelo para formatação.
        Envia-a ao modelo para avaliação.
        Imprime o valor ou captura exceções levantadas pelo avaliador,
        pede ao modelo os detalhes associados e exibe mensagens
        de erro.

Métodos e variáveis de instância para a classe PFEvaluatorModel

O modelo se comunica com o scanner e o avaliador, portanto, precisa fazer referência a ambos.
O avaliador deve ser uma variável de instância porque é referenciado em mais de um método.
Mas o scanner pode ser local para o método **format**. Os métodos públicos são:

(continua)

Fundamentos de Python: estruturas de dados

```
format(expressionStr)
    Instancia um scanner na string de expressão.
    Constrói uma string de resposta iterando pelo scanner e anexando uma
    representação de string de cada token para a string de resposta.
    Retorna a string de resposta.

evaluate(expressionStr)
    Pede para o avaliador avaliar a string de expressão.
    Retorna o valor.

evaluationStatus()
    Pergunta ao avaliador o seu status.
    Retorna o status.
```

Métodos e variáveis de instância para a classe PFEvaluator

Os atributos do avaliador incluem uma pilha, um scanner e uma variável de string chamada **expressionSoFar**, que contém a parte da string de expressão processada até agora. A pilha é um **ArrayStack**. Os métodos públicos são:

```
PFEvaluator(scanner)
    Inicializa expressionSoFar.
    Instancia um ArrayStack.
    Salva uma referência para o scanner.

evaluate()
    Itera pelo scanner e avalia a expressão.
    Levanta exceções nas seguintes situações:
        O scanner é None ou vazio.
        Há muitos operandos.
        Há poucos operandos.
        Há tokens irreconhecíveis.
        Uma exceção de divisão por 0 é capturada pelo PVM.

evaluationStatus()
    Retorna uma string multiparte que contém a parte da expressão
    processada e o conteúdo da pilha.
```

Métodos e variáveis de instância para a classe Scanner

Suponha que um terceiro tenha fornecido o scanner. Consequentemente, você não precisa considerar o funcionamento interno, e os métodos públicos são apenas **next()** e **hasNext()**.

```
Scanner(sourceStr)
    Salva uma referência para a string que será lida e tokenizada.

hasNext()
    Retorna True se a string contiver outro token e False caso contrário.

next()
```

(continua)

> Retorna o próximo token. Gera uma exceção se hasNext() retornar False.

Métodos e variáveis de instância de classe para a classe Token

Os atributos de um token são **type** e **value**. Ambos são números inteiros. O **type** é uma das seguintes variáveis de classe **Token**:

```
UNKNOWN        = 0              # desconhecido
INT            = 4              # inteiro
MINUS          = 5              # operador de subtração
PLUS           = 6              # operador de adição
MUL            = 7              # operador de multiplicação
DIV            = 8              # operador de divisão
```

Os valores reais das constantes simbólicas são arbitrários. Um token **value** é o seguinte:

- Um número para operandos de números inteiros.

- Um código de caractere para operadores; por exemplo, '*' corresponde ao operador de multiplicação.

Os métodos são:

```
Token(value)
    Constrói um token inteiro com o valor especificado.

Token(ch)
    Se ch for um operador (+, -, *, /), constrói um token de operador;
    caso contrário, constrói um token de tipo desconhecido.

getType()
    Retorna o tipo de um token.

getValue()
    Retorna o valor de um token.

isOperator()
    Retorna True se o token for um operador e False caso contrário.

__str__()
    Retorna o valor numérico do token como uma string se o token for um
    inteiro; caso contrário, retorna a representação de caractere do token.
```

Implementação

O código para a classe de visualização é de rotina, exceto pela pequena complicação do uso de uma instrução **try-except**. O funcionamento interno de scanner não é apresentado aqui. Em seguida, apresentamos as classes token e evaluator:

```
"""
Arquivo: tokens.py
Tokens para expressões de processamento.
"""

class Token(object):
```

(continua)

Fundamentos de Python: estruturas de dados

```python
    UNKNOWN = 0              # desconhecido
    INT = 4                  # inteiro
    MINUS = 5                # operador de subtração
    PLUS = 6                  # operador de adição
    MUL = 7                  # operador de multiplicação
    DIV = 8                  # operador de divisão
    FIRST_OP = 5             # primeiro código operador

    def __init__(self, value):
        if type(value) == int:
            self.type = Token.INT
        else:
            self.type = self.makeType(value)
        self.value = value

    def isOperator(self):
        return self._type >= Token.FIRST_OP

    def __str__(self):
        return str(self.value)

    def getType(self):
        return self.type

    def getValue(self):
        return self.value

    def makeType(self, ch):
        if   ch == '*': return Token.MUL
        elif ch == '/': return Token.DIV
        elif ch == '+': return Token.PLUS
        elif ch == '-': return Token.MINUS
        else:           return Token.UNKNOWN;

"""
Arquivo: model.py
Define PFEvaluatorModel e PFEvaluator
"""

from tokens import Token
from scanner import Scanner
from arraystack import ArrayStack

class PFEvaluatorModel(object):

    def evaluate(self, sourceStr):
        self.evaluator = PFEvaluator(Scanner(sourceStr))
        value = self.evaluator.evaluate()
        return value

    def format(self, sourceStr):
        normalizedStr = ""
```

(continua)

```python
        scanner = Scanner(sourceStr);
        while scanner.hasNext():
            normalizedStr += str(scanner.next()) + " "
        return normalizedStr

    def evaluationStatus(self):
        return str(self.evaluator)

class PFEvaluator(object):

    def __init__(self, scanner):
        self.expressionSoFar = ""
        self.operandStack = ArrayStack()
        self.scanner = scanner

    def evaluate(self):
        while self.scanner.hasNext():
            currentToken = self.scanner.next()
            self.expressionSoFar += str(currentToken) + " "
            if currentToken.getType() == Token.INT:
                self.operandStack.push(currentToken)
            elif currentToken.isOperator():
                if len(self.operandStack) < 2:
                    raise AttributeError ( \
                        "Too few operands on the stack")
                t2 = self.operandStack.pop()
                t1 = self.operandStack.pop()
                result = \
                    Token(self.computeValue(currentToken,
                                            t1.getValue(),
                                            t2.getValue)
                self.operandStack.push(result)
            else:
                raise AttributeError ("Unknown token type")
        if len(self.operandStack) > 1:
            raise AttributeError (
                "Too many operands on the stack")
        result = self.operandStack.pop()
        return result.getValue()

    def __str__(self):
        result = "\n"
        if self.expressionSoFar == "":
            result += \
                "Portion of expression processed: none\n"
        else:
            result += "Portion of expression processed: " + \
                self.expressionSoFar + "\n"
        if self.operandStack.isEmpty():
            result += "The stack is empty"
        else:
            result += "Operands on the stack: " + \
                    str(self.operandStack)
```

(continua)

```python
        return result

    def computeValue(self, op, value1, value2):
        result = 0
        theType = op.getType()
        if theType == Token.PLUS:
            result = value1 + value2
        elif theType == Token.MINUS:
            result = value1 - value2
        elif theType == Token.MUL:
            result = value1 * value2
        elif theType == Token.DIV:
            result = value1 // value2
        else:
            raise AttributeError ("Unknown operator")
        return result
```

Resumo

- Uma pilha é uma coleção linear que permite acesso a apenas uma extremidade, chamada topo. Os elementos são empurrados para cima ou retirados dela.

- Outras operações nas pilhas incluem observar o elemento no topo, especificar o número de elementos, determinar se a pilha está vazia e retornar uma representação de string.

- As pilhas são usadas em aplicativos que gerenciam itens de dados do estilo último a entrar, primeiro a sair. Esses aplicativos incluem a correspondência de símbolos de colchetes nas expressões, avaliação de expressões pós-fixas, algoritmos de retrocesso e gerenciamento de memória para chamadas de sub-rotina em uma máquina virtual.

- Arrays e estruturas unicamente ligadas suportam implementações simples das pilhas.

Perguntas de revisão

1. Exemplos de pilhas são:
   a. Clientes esperando em uma fila de checkout
   b. Um baralho de cartas
   c. Um sistema de diretório de arquivos
   d. Uma fila de carros em um pedágio
   e. Roupa em um cesto

2. As operações que modificam uma pilha são chamadas:
   a. Adicionar e remover
   b. Inserir e remover

3. As pilhas também são conhecidas como:

    a. Estruturas de dados no estilo primeiro a entrar, primeiro a sair

    b. Estruturas de dados no estilo último a entrar, primeiro a sair

4. A pós-fixa equivalente da expressão 3 + 4 * 7 é:

    a. 3 4 + 7 *   b. 3 4 7 * +

5. O infixo equivalente da expressão pós-fixa 22 45 11 * − é:

    a. 22 − 45 * 11   b. 45 * 11 − 22

6. O valor da expressão pós-fixa 5 6 + 2 * é:

    a. 40   b. 22

7. Memória para parâmetros de função ou método é alocada em:

    a. Heap de objeto   b. Pilha de chamadas

8. O tempo de execução das duas operações de pilha-modificador é:

    a. Linear   b. Constante

9. A implementação ligada de uma pilha usa nós com:

    a. Ligação única para o próximo nó

    b. Ligações para o próximo nó e o anterior

10. A implementação do array de uma pilha insere o elemento no topo em:

    a. Primeira posição no array

    b. Posição após o último elemento que foi inserido

Projetos

1. Conclua e teste as implementações ligadas e de array do tipo de coleção de pilha discutido neste capítulo. Verifique se as exceções são disparadas quando as precondições são violadas e se a implementação baseada em array adiciona ou remove armazenamento conforme necessário.

2. Escreva um programa que use uma pilha para testar strings de entrada e determinar se são palíndromos. Um palíndromo é uma sequência de caracteres lida da mesma forma de frente para trás e de trás para a frente; por exemplo, *arara*.

3. Complete as classes necessárias para executar o avaliador de expressão discutido no estudo de caso.

4. Adicione operador ∧ à linguagem das expressões processadas pelo avaliador de expressão do estudo de caso. Esse operador tem a mesma semântica que a do operador de exponenciação do Python. Portanto, a expressão 2 2 3 ∧ ∧ é avaliada como 256.

5. Escreva um programa que converta expressões infixas em expressões pós-fixas. Este programa deve usar as classes `Token` e `Scanner` desenvolvidas no estudo de caso. O programa deve consistir em uma função `main` que executa as entradas e saídas e uma classe chamada `IFToPFConverter`. A função `main` recebe uma string de entrada e cria um scanner com ela.

Fundamentos de Python: estruturas de dados

O scanner é então passado como um argumento para o construtor do objeto conversor. O método `convert` do objeto conversor é então executado para converter a expressão infixa usando o algoritmo descrito neste capítulo. Esse método retorna uma lista de tokens que representa a string pós-fixa. A função `main` então exibe essa string. Você também deve definir um novo método na classe `Token`, `getPrecedence ()`, que retorna um número inteiro que representa o nível de precedência de um operador. (*Nota*: Você deve supor para este projeto que o usuário sempre insere uma expressão infixa sintaticamente correta.)

6. Adicione o operador ^ para a linguagem de expressão processada pelo conversor de infixo em pós-fixo desenvolvido no Projeto 5. O operador tem uma precedência mais alta do que * ou /. Além disso, o operador é associativo à direita, o que significa que aplicações consecutivas desse operador são avaliadas da direita para a esquerda, em vez da esquerda para a direita. Assim, o valor da expressão 2 ^ 2 ^ 3 é equivalente a 2 ^ (2 ^ 3) ou 256, não (2 ^ 2) ^ 3 ou 64. Você deve modificar o algoritmo da conversão de infixo para pós-fixo para inserir os operandos e também os operadores nas posições apropriadas na string pós-fixa.

7. Modifique o programa do Projeto 6 para que ele verifique se há erros de sintaxe na string infixa à medida que ela é convertida em pós-fixa. A estratégia de detecção de erros e recuperação deve ser semelhante à usada no estudo de caso. Adicione um método chamado `conversionStatus` à classe `IFToPFConverter`. Quando o conversor detecta um erro de sintaxe, ele deve gerar uma exceção, que a função `main` pega em uma instrução `try-except`. A função `main` pode então chamar `conversionStatus` para obter as informações a serem impressas quando ocorrer um erro. Essas informações devem incluir a parte da expressão verificada até que o erro seja detectado. As mensagens de erro também devem ser as mais específicas possível.

8. Adicione o conversor de infixo em pós-fixo de um dos projetos anteriores ao avaliador de expressão do estudo de caso. Assim, a entrada para o programa é uma suposta expressão infixa e a saída é o valor ou uma mensagem de erro. Os principais componentes do programa são o conversor e o avaliador. Se o conversor detectar um erro de sintaxe, o avaliador não será executado. Assim, o avaliador pode supor que a entrada seja uma expressão pós-fixa sintaticamente correta (que ainda pode conter erros semânticos, como a tentativa de divisão por 0).

9. Escreva um programa que resolva o problema do labirinto discutido anteriormente neste capítulo. Você deve usar classe `Grid` desenvolvida no Capítulo 4. O programa deve inserir uma descrição do labirinto a partir de um arquivo de texto na inicialização. O programa então exibe o labirinto, tenta encontrar uma solução, mostra o resultado e exibe o labirinto mais uma vez.

10. No Capítulo 3, você usou objetos contadores para monitorar o número de instruções executadas nos algoritmos de classificação. Adicione um contador ao programa de labirinto do Projeto 9 para contar o número de células visitadas enquanto o programa resolve o labirinto. O programa exibe essa contagem quando termina.

CAPÍTULO 8

Filas

Depois de concluir este capítulo, você será capaz de:

◎ Descrever os recursos de uma fila e as operações nela

◎ Escolher uma implementação de fila com base nas características de desempenho

◎ Reconhecer aplicativos em que é apropriado usar uma fila

◎ Explicar a diferença entre uma fila e uma fila com prioridades

◎ Reconhecer aplicativos em que é apropriado usar uma fila com prioridades

Este capítulo explora a fila, outra coleção linear que tem amplo uso na ciência da computação. Existem várias estratégias de implementação para filas — algumas baseadas em arrays e outras em estruturas ligadas. Para ilustrar a aplicação de uma fila, este capítulo desenvolve um estudo de caso que simula uma fila de caixa de supermercado. Ele termina com o exame de um tipo especial de fila, conhecido como fila com prioridades e mostra como é usada em um segundo estudo de caso.

Visão geral das filas

Como as pilhas, as filas são coleções lineares. Mas com filas, as inserções são restritas a uma extremidade, chamada de **traseira** (*rear*, em inglês) e remoções para a outra extremidade, chamadas de **frente** (*front*, em inglês). Uma fila, portanto, suporta um protocolo **primeiro a entrar, primeiro a sair** (*first-in first-out*, Fifo). Filas são onipresentes na vida cotidiana e ocorrem em qualquer situação em que pessoas ou coisas são alinhadas para serviço ou processamento por ordem de chegada. Filas de caixa em lojas, filas de pedágio em rodovias e filas de check-in de bagagem em aeroportos são exemplos conhecidos de filas.

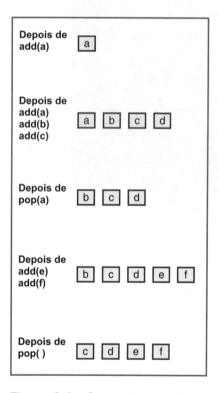

Figura 8-1 Os estados na vida de uma fila

As filas têm duas operações fundamentais: **add**, que adiciona um item ao final de uma fila e **pop**, que remove um item da frente. A Figura 8-1 mostra como uma fila pode aparecer em vários estágios de sua vida útil. Na figura, a frente da fila está à esquerda e a parte traseira está à direita.

Inicialmente, a fila está vazia. Em seguida, um item chamado **a** é adicionado. Depois, mais três itens chamados **b**, **c** e **d** são adicionados, após o que um item é exibido e assim por diante.

Há uma coleção chamada **fila com prioridades** relacionada a filas. Em uma fila, o item exibido, ou servido em seguida, é sempre o que está esperando há mais tempo. Mas em algumas circunstâncias, essa restrição é bem rígida e é preferível combinar a ideia da espera com a noção de prioridade. Em uma fila com prioridades, os itens com prioridade mais alta são exibidos antes dos com prioridade mais baixa e os itens com prioridade igual são exibidos na ordem Fifo. Considere, por exemplo, a maneira como os passageiros embarcam em uma aeronave. Os passageiros da primeira classe fazem fila e embarcam primeiro e os da classe econômica de baixa prioridade fazem fila e embarcam em segundo lugar. Mas isso não é uma fila com prioridades real porque, depois que a fila da primeira classe se esvazia e a fila da classe econômica começa a embarcar, os passageiros da primeira classe que chegam atrasados geralmente vão para o final da segunda fila. Em uma fila real com prioridades, eles passariam imediatamente para a frente de todos os passageiros da classe econômica.

A maioria das filas na ciência da computação envolve agendamento de acesso a recursos compartilhados. A lista a seguir descreve alguns exemplos:

- **Acesso à CPU** — Os processos são enfileirados para acesso a uma CPU compartilhada.
- **Acesso ao disco** — Os processos são enfileirados para acesso a um dispositivo de armazenamento secundário compartilhado.
- **Acesso à impressora** — Os trabalhos de impressão são enfileirados para acesso a uma impressora a laser compartilhada.

O agendamento de processos pode envolver filas simples ou filas de prioridades. Por exemplo, os processos que exigem entrada de teclado e saída na tela geralmente recebem acesso com prioridade mais alta à CPU do que aqueles que exigem muita computação. O resultado é que os usuários humanos, que tendem a avaliar a velocidade de um computador de acordo com o tempo de resposta, têm a impressão de que o computador é rápido.

Os processos que estão esperando por um recurso compartilhado também podem ser priorizados de acordo com a duração esperada, com processos curtos tendo maior prioridade do que os mais longos, novamente com a intenção de melhorar o tempo de resposta aparente de um sistema. Imagine 20 trabalhos de impressão enfileirados para acesso a uma impressora. Se 19 trabalhos tiverem 1 página e 1 trabalho, 200 páginas, mais usuários ficarão felizes se os trabalhos curtos tiverem prioridade mais alta e forem impressos primeiro.

A interface da fila e seu uso

Se estiverem com pressa, os programadores Python podem usar uma lista Python para emular uma fila. Embora não importe quais extremidades da lista você vê como a frente e a retaguarda da fila, a estratégia mais simples é usar o método **append** de **list** para adicionar um item ao final dessa fila e usar o método **pop(0)** de **list** para remover e devolver o item no início da fila. Como vemos no caso das pilhas, a principal desvantagem dessa opção é que todas as outras operações de lista também podem manipular a fila. Isso inclui a inserção, substituição

Fundamentos de Python: estruturas de dados

e remoção de um item em qualquer posição. Essas operações extras violam o espírito de uma fila como um tipo de dado abstrato. Além disso, a remoção de um item no início de um objeto **list** do Python é uma operação de tempo linear. Esta seção define uma interface mais restrita, ou conjunto de operações, para qualquer implementação de fila e mostra como essas operações são usadas.

Além das operações **add** e **pop**, será útil ter uma operação **peek**, que retorna o item na frente da fila. As demais operações na interface da fila são padrão para qualquer coleção. A Tabela 8-1 lista todos eles.

Método de fila	O que ele faz
q.isEmpty()	Retorna **True** se **q** estiver vazio, ou **False** caso contrário.
__len__(q)	O mesmo que **len(q)**. Retorna o número de itens em **q**.
__str__(q)	O mesmo que **str(q)**. Retorna a representação de string de **q**.
q.__iter__()	Igual a **iter (q)**, ou **para o item in q:**. Visita cada item em **q**, da frente para trás.
q.__contains__(item)	O mesmo que **item in q**. Retorna **True** se o item estiver em **q** ou **False** caso contrário.
q1__add__(q2)	Igual a **q1 + q2**. Retorna uma nova fila contendo os itens em **q1** seguidos pelos itens em **q2**.
q.__eq__(anyObject)	O mesmo que **q == anyObject**. Retorna **True** se **q** for igual a **anyObject** ou **False** caso contrário. Duas filas são iguais se os itens nas posições correspondentes são iguais.
q.clear()	Torna **q** vazio.
q.peek()	Retorna o item na frente de **q**. *Precondição:* **q** não deve estar vazio; levanta um **KeyError** se a fila estiver vazia.
q.add(item)	Adiciona **item** à parte traseira de **q**.
q.pop()	Remove e retorna o item para a frente de **q**. *Precondição* **q** não deve estar vazio; levanta um **KeyError** se a fila estiver vazia.

Tabela 8-1 Os métodos na interface de fila

Observe que os métodos **pop** e **peek** têm uma precondição importante e geram uma exceção se o usuário da fila não atender a essa precondição.

Agora que uma interface de fila foi definida, veremos como usá-la. A Tabela 8-2 mostra como as operações listadas anteriormente afetam uma fila chamada **q**.

Suponha que qualquer classe de fila que implementa essa interface também terá um construtor que permite ao usuário criar uma instância de fila. Posteriormente, neste capítulo, duas implementações diferentes, chamadas **ArrayQueue** e **LinkedQueue**, serão consideradas. Por enquanto, suponha que alguém tenha codificado essas implementações para que você possa usá-las. O próximo segmento de código mostra como elas podem ser instanciadas:

```
q1 = ArrayQueue()              # Cria fila de array vazia
q2 = LinkedQueue([3, 6, 0])    # Cria fila ligada com determinados itens
```

Filas

Operação	Estado da fila após a operação	Valor retornado	Comentário
q = <Tipo de fila>()			Inicialmente, a fila está vazia.
q.add(a)	a		A fila contém o único item **a**.
q.add(b)	a b		**a** está na parte da frente da fila e **b** está na parte traseira.
q.add(c)	a b c		**c** é adicionado na parte traseira.
q.isEmpty()	a b c	False	A fila não está vazia.
len(q)	a b c	3	A fila contém três itens.
q.peek()	a b c	a	Retorna o item na frente da fila sem removê-lo.
q.pop()	b c	a	Remove o item da frente da fila e o devolve. **b** agora é o item da frente.
q.pop()	c	b	Remove e retorna **b**.
q.pop()		c	Remove e retorna **c**.
q.isEmpty()		True	A fila está vazia.
q.peek()		exception	Uma fila vazia lança uma exceção.
q.pop()		Exception	Tenta abrir uma fila vazia por meio de uma exceção.
q.add(d)	d		**d** é o item na frente.

Tabela 8-2 Os efeitos das operações de fila

EXERCÍCIOS

1. Usando o formato de Tabela 8-2, preencha uma tabela que envolve a seguinte sequência de operações de fila.

Operação	Estado da fila após a operação	Valor retornado
Crie q		
q.add(a)		
q.add(b)		
q.add(c)		
q.pop()		
q.pop()		
q.peek()		
q.add(x)		
q.pop()		

(continua)

Operação	Estado da fila após a operação	Valor retornado
q.pop()		
q.pop()		

2. Defina uma função chamada `stackToQueue`. Essa função espera uma pilha como um argumento. A função cria e retorna uma instância de `LinkedQueue` que contém os itens da pilha. A função considera que a pilha tem a interface descrita no Capítulo 7, "Pilhas". As pós-condições da função são que a pilha seja mantida no mesmo estado em que estava antes de a função ser chamada e que o item na frente da fila seja o que está no topo da pilha.

Duas aplicações de filas

Este capítulo agora examina rapidamente duas aplicações das filas: uma envolvendo simulações por computador e a outra envolvendo escalonamento de CPU round-robin.

Simulações

Simulações em computador são usadas para estudar o comportamento de sistemas do mundo real, especialmente quando é impraticável ou perigoso fazer experimentos com esses sistemas diretamente. Por exemplo, uma simulação por computador pode representar o fluxo de tráfego em uma rodovia movimentada. Os planejadores urbanos podem então experimentar fatores que afetam o fluxo do tráfego, como o número e tipos de veículos na rodovia, os limites de velocidade para diferentes tipos de veículos, o número de faixas na rodovia e a frequência dos pedágios. Os resultados dessa simulação podem incluir o número total de veículos capazes de se mover entre pontos especificados em um período designado e a duração média de uma viagem. Executando a simulação com muitas combinações de entradas, os planejadores podem determinar a melhor forma de atualizar as seções da rodovia, sujeito às sempre presentes restrições de tempo, espaço e dinheiro.

Como um segundo exemplo, considere o problema enfrentado pelo gerente de um supermercado que está tentando determinar o número necessário de pessoas trabalhando nos caixas em vários horários do dia. Alguns fatores importantes nessa situação são:

- A frequência com que chegam novos clientes
- O número de pessoas trabalhando nos caixas disponíveis
- O número de itens no carrinho de compras de um cliente
- O período de tempo considerado

Esses fatores poderiam ser entradas para um programa de simulação, o que determinaria o número total de clientes processados, o tempo médio que cada cliente espera pelo serviço e o número de clientes que permanecem na fila no final do período simulado. Variando as entradas, especialmente a frequência das chegadas de clientes e o número de pessoas disponíveis no caixa, um programa de simulação pode ajudar o gerente a tomar decisões eficazes sobre a equipe em horários movimentados e desacelerados do dia. Adicionando uma entrada que quantifica a eficiência de diferentes equipamentos de pagamento no caixa, o gerente pode até decidir se é mais econômico adicionar mais caixas ou comprar equipamentos melhores e mais eficientes.

Uma característica comum dos dois exemplos e dos problemas de simulação em geral, é a variabilidade momento a momento dos fatores essenciais. Considere a frequência das chegadas de clientes nas estações de pagamento no caixa. Se os clientes chegassem em intervalos precisos, cada um com o mesmo número de itens, seria fácil determinar o número de caixas de plantão. Mas essa regularidade não reflete a realidade de um supermercado. Às vezes, vários clientes aparecem praticamente no mesmo momento e, em outras ocasiões, nenhum novo cliente chega por vários minutos. Além disso, o número de itens varia de cliente para cliente; portanto, o mesmo acontece com a quantidade de serviço que cada cliente requer. Toda essa variabilidade torna difícil o desenvolvimento de fórmulas para responder a perguntas simples sobre o sistema, por exemplo, a maneira como o tempo de espera de um cliente varia de acordo com o número de caixas em serviço. Um programa de simulação, por outro lado, evita a necessidade de fórmulas mimetizando a situação real e coletando estatísticas pertinentes.

Os programas de simulação usam uma técnica simples para simular a variabilidade. Por exemplo, suponha que se espera que novos clientes cheguem, em média, uma vez a cada 4 minutos. Então, durante cada minuto do tempo simulado, um programa pode gerar um número aleatório entre 0 e 1. Se o número é menor que 1/4, o programa adiciona um novo cliente a uma fila de checkout; do contrário, não adiciona. Esquemas mais sofisticados baseados em funções de distribuição de probabilidade produzem resultados ainda mais realistas. Obviamente, sempre que o programa é executado, os resultados mudam ligeiramente, mas isso só contribui para o realismo da simulação.

Agora veremos o papel comum desempenhado pelas filas nesses exemplos. Os dois exemplos envolvem provedores de serviços e consumidores de serviços. No primeiro exemplo, os provedores de serviço incluem cabines de pedágio e faixas de tráfego, e os consumidores de serviço são os veículos que esperam nas cabines de pedágio e dirigem nas faixas de tráfego. No segundo exemplo, os caixas fornecem um serviço que é consumido pelos clientes em espera. Para emular essas condições em um programa, associe cada provedor de serviço a uma fila de consumidores de serviço.

As simulações operam manipulando essas filas. A cada tique de um relógio imaginário, uma simulação adiciona vários números de consumidores às filas e fornece aos consumidores no início de cada fila outra unidade de serviço. Depois que um consumidor recebeu a quantidade necessária de serviço, ele sai da fila e o próximo consumidor dá um passo à frente. Durante a simulação, o programa acumula estatísticas como quantos tiques cada consumidor esperou em uma fila e a porcentagem de tempo que cada provedor está ocupado. A duração de um tique é escolhida para corresponder ao problema que está sendo simulado. Pode representar um milissegundo, um minuto ou uma década. No próprio programa, um tique provavelmente corresponde a uma passagem pelo laço de processamento principal do programa.

Você pode usar métodos orientados a objetos para implementar programas de simulação. Por exemplo, em uma simulação de supermercado, cada cliente é uma instância de uma classe `Customer`. Um objeto cliente controla quando o cliente começa a permanecer na fila, quando o serviço é prestado pela primeira vez e quanto serviço é necessário. Da mesma forma, um caixa é uma instância de uma classe `Cashier` e cada objeto caixa contêm uma fila de objetos cliente. Uma classe simuladora coordena as atividades dos clientes e caixas. A cada tique do relógio, o objeto de simulação faz o seguinte:

- Gera objetos cliente conforme apropriado
- Atribui clientes a caixas
- Informa cada caixa para fornecer uma unidade de serviço ao cliente no início da fila

No primeiro estudo de caso deste capítulo, você desenvolve um programa baseado nas ideias anteriores. Nos exercícios, você estende o programa.

Agendamento de CPU round-robin

A maioria dos computadores modernos permite que vários processos compartilhem uma única CPU. Existem várias técnicas para programar esses processos. O mais comum, chamado **programação round-robin**, adiciona novos processos ao final de um **fila pronta**, que consiste em processos esperando para usar a CPU. Cada processo na fila pronta é exibido de cada vez e recebe uma fatia do tempo de CPU. Quando a fração de tempo se esgota, o processo retorna para o final da fila, como mostra a Figura 8-2.

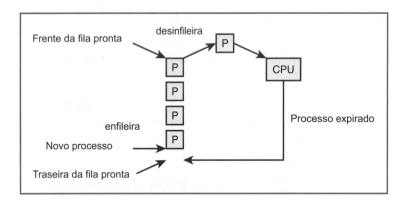

Figura 8-2 Processos de agendamento para uma CPU

Geralmente, nem todos os processos precisam da CPU com a mesma urgência. Por exemplo, a satisfação do usuário com um computador é significativamente influenciada pelo tempo de resposta do computador às entradas de teclado e mouse. Portanto, faz sentido atribuir precedência aos processos que tratam essas entradas. O agendamento round-robin se adapta a esse requisito usando uma fila com prioridades e atribuindo a cada processo uma prioridade apropriada. Como acompanhamento para essa discussão, o segundo estudo de caso neste capítulo mostra como você pode usar uma fila com prioridades para agendar pacientes em um pronto-socorro.

Filas

Implementações de filas

A abordagem deste capítulo à implementação de filas é semelhante àquela usada para pilhas. A estrutura de uma fila se presta a uma implementação de array ou a uma implementação ligada. Para obter algum comportamento padrão gratuitamente, crie uma subclasse de cada implementação de fila sob a classe `AbstractCollection` em sua estrutura de coleção (consulte o Capítulo 6, "Herança e classes abstratas"). Como a implementação ligada é relativamente simples e direta, considere-a primeiro.

EXERCÍCIOS

1. Suponha que os clientes em um supermercado 24 horas estejam prontos para fazer o pagamento no valor exato de um a cada dois minutos. Suponha também que leve exatamente cinco minutos para um caixa processar um cliente. Quantos caixas precisam estar de plantão para atender a demanda? Os clientes precisarão esperar na fila? Quanto tempo ocioso cada caixa terá por hora?

2. Agora, suponha que as taxas — um cliente a cada dois minutos e cinco minutos por cliente — representem as médias. Descreva de maneira qualitativa como isso afetará o tempo de espera do cliente. Essa mudança afetará a quantidade média de tempo ocioso por caixa? Para ambas as situações, descreva o que acontece se o número de caixas diminuir ou aumentar.

Uma implementação ligada das filas

As implementações ligadas das pilhas e filas têm muito em comum. Ambas as classes, `LinkedStack` e `LinkedQueue`, utilizam uma classe `Node` unicamente ligada para implementar nós. A operação `pop` remove o primeiro nó na sequência em ambas as coleções. Contudo, `LinkedQueue.add` e `LinkedStack.push` diferem. A operação `push` adiciona um nó no início da sequência, enquanto `add` adiciona um nó no fim. Para fornecer acesso rápido a ambas as extremidades da estrutura ligada de uma fila, existem ponteiros externos para as duas extremidades. A Figura 8-3 mostra uma fila ligada contendo quatro itens.

As variáveis de instância `front` e `rear` da classe `LinkedQueue` recebem um valor inicial de `None`. Uma variável chamada `size`, já definida na estrutura da coleção, monitora o número de elementos atualmente na fila.

Durante uma operação `add`, crie um novo nó, defina o próximo ponteiro do último nó para o novo nó e defina a variável `rear` para o novo nó, conforme mostra a Figura 8-4.

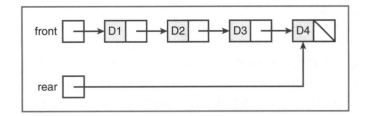

Figura 8-3 Uma fila ligada com quatro itens

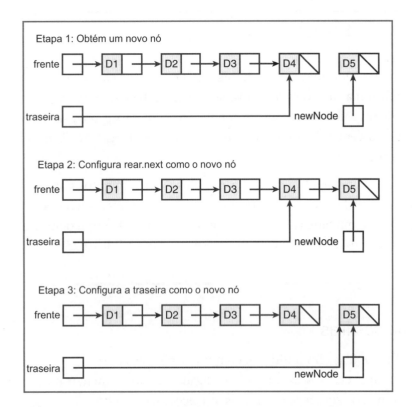

Figura 8-4 Adicionando um item à parte de trás de uma fila ligada

Eis o código para o novo método **add**:

```
def add(self, newItem):
    """Adiciona newItem ao final da fila."""
    newNode = Node(newItem, None)
    if self.isEmpty():
        self.front = newNode
    else:
        self.rear.next = newNode
    self.rear = newNode
    self.size += 1
```

Como mencionado anteriormente, `LinekdQueue.pop` é similar a `LinkedStack.pop`. Mas se a fila ficar vazia após uma operação **pop**, os ponteiros **front** e **rear** devem ser configurados como **None**. Eis o código:

```
def pop(self):
    """Retorna o item no topo da pilha.
    Precondição: a pilha não está vazia."""
    # Verifica a precondição aqui
    oldItem = self.front.data
    self.front = self.front.next
    if self.front is None:
        self.rear = None
    self.size -= 1
    return oldItem
```

A conclusão da classe **LinkedQueue**, incluindo a aplicação das precondições nos métodos **pop** e **peek**, é deixada como um exercício para você.

Uma implementação de array

As implementações de array de pilhas e filas têm menos em comum do que as implementações ligadas. A implementação do array de uma pilha precisa acessar itens apenas no final lógico do array. Entretanto, a implementação do array de uma fila deve acessar itens no início lógico e no final lógico. Fazer isso de maneira computacionalmente eficiente é complexo, portanto, é melhor abordar o problema em uma sequência de três tentativas.

Primeira tentativa

A primeira tentativa de implementação mantém fixa a fila à frente da posição de índice 0 e mantém uma variável de índice, chamada **rear**, que aponta para o último item na posição $n - 1$, em que n é o número de itens na fila. Uma imagem dessa fila, com quatro itens de dados em um array de seis células, é mostrada na Figura 8-5.

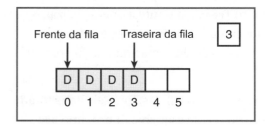

Figura 8-5 Uma implementação de array de uma fila com quatro itens

Para essa implementação, a operação **add** é eficiente. Mas a operação **pop** envolve deslocar todos, exceto o primeiro item, no array para a esquerda, o que é um processo O(n).

Segunda tentativa

Você pode evitar o comportamento linear de **pop** não deslocando itens deixados a cada vez que a operação é aplicada. A implementação modificada mantém um segundo índice, chamado

front, que aponta para o item na frente da fila. O ponteiro **front** começa em 0 e avança pelo array à medida que os itens são removidos. A Figura 8-6 mostra essa fila depois das cinco operações **add** e duas **pop**.

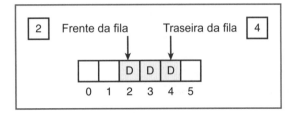

Figura 8-6 Uma implementação de array de uma fila com um ponteiro frontal

Observe que, nesse esquema, as células à esquerda do ponteiro frontal da fila só são usadas depois que todos os elementos foram deslocados para a esquerda, o que é feito sempre que o ponteiro traseiro está prestes a extrapolar o final. Agora, o tempo máximo de execução de **pop** é O(1), mas vem a custo de aumentar o tempo máximo de execução de **add** de O(1) para O(n). Além disso, a memória do array à esquerda do ponteiro **front** não está disponível para a fila.

Terceira tentativa

Usando uma **implementação de array circular**, você pode alcançar simultaneamente bons tempos de execução tanto para **add** como para **pop**. A implementação se assemelha à anterior em um aspecto: os ponteiros **front** e **rear** começam no início do array.

Mas o ponteiro **front** agora "persegue" o ponteiro **rear** ao longo do array. Durante a operação **add**, o ponteiro **rear** se move mais para a frente do ponteiro **front** e durante a operação **pop**, o ponteiro **front** fica à frente uma posição. Quando um dos ponteiros está prestes a extrapolar o final do array, o ponteiro é redefinido como 0. Isso tem o efeito de dar uma volta na fila para o início do array sem o custo de mover itens.

Como exemplo, suponha que uma implementação de array use seis células, que seis itens foram adicionados e que dois itens foram removidos. De acordo com esse esquema, o próximo **add** reinicia o ponteiro **rear** como 0. A Figura 8-7 mostra o estado do array antes e depois de o ponteiro **rear** ser redefinido para 0 pela última operação **add**.

O ponteiro **rear** agora parece perseguir o ponteiro **front** até que **front** atinja o final do array e, nesse ponto, também é redefinido como 0. Como você pode ver prontamente, os tempos máximos de execução de **add** e **pop** agora são O(1).

Você naturalmente se perguntará o que acontece quando a fila fica cheia e como a implementação pode detectar essa condição. Mantendo uma contagem dos itens na fila, você pode determinar se a fila está cheia ou vazia. Quando essa contagem é igual ao tamanho da array, você sabe que é hora de redimensionar.

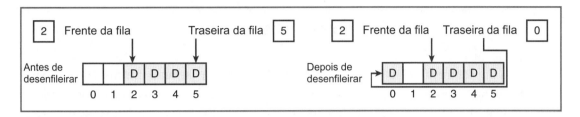

Figura 8-7 Circulando dados em torno de uma implementação de array circular de uma fila

Após o redimensionamento, você quer que a fila ocupe o segmento inicial do novo array, com o ponteiro **front** configurado como 0. Para alcançar isso, execute as seguintes etapas:

1. Crie um novo array com o dobro do tamanho do array atual.
2. Itere pela fila, usando seu laço **for**, para copiar itens para o novo array, começando na posição 0 nesse array.
3. Reinicie a variável **items** para o novo array.
4. Configure **front** como 0 e **rear** como o comprimento da fila menos 1.

O código de redimensionamento para uma fila baseada em array depende do iterador da fila. Como esse iterador pode ter de percorrer o array circular, o código é mais complexo do que o código para os iteradores de coleções baseadas em array desenvolvidas anteriormente neste livro. A conclusão da implementação do array circular da classe **ArrayQueue** é deixada como um exercício para você.

Análise de tempo e espaço para as duas implementações

A análise de tempo e espaço para as duas classes de fila é similar àquela para as classes de pilha correspondentes, portanto, não se detenha aos detalhes. Considere primeiro a implementação ligada de filas. O tempo de execução dos métodos __str__, __add__ e __eq__ é O(n). O tempo máximo de execução de todos os outros métodos é O(1). Em particular, como há ligações externas para os nós inicial e final na estrutura ligada da fila, você pode acessar esses nós em tempo constante. A necessidade de espaço total é 2n + 3, onde n é o tamanho da fila. Há uma referência a um dado e um ponteiro para o próximo nó em cada um dos n nós e há três células para o tamanho lógico da fila e ponteiros de início e fim.

Para a implementação de array circular de filas, se o array for estático, o tempo máximo de execução de todos os métodos além de __str__, __add__ e __eq__ é O(1). Em particular, nenhum item no array é deslocado durante **add** ou **pop**. Se o array for dinâmico, **add** e **pop** pulam para O(n) sempre que o array é redimensionado, mas mantém um tempo médio de execução de O(1). A utilização do espaço para a implementação do array depende novamente do fator de carga, conforme discutido no Capítulo 4, "Arrays e estruturas ligadas". Para fatores de carga acima de ½, uma implementação de array faz uso mais eficiente da memória do que uma implementação ligada e para fatores de carga abaixo de ½, o uso de memória é menos eficiente.

EXERCÍCIOS

216

1. Escreva um segmento de código que use uma instrução **if** durante um método **add** para ajustar o índice traseiro da implementação do array circular de **ArrayQueue**. Você pode considerar que a implementação da fila use as variáveis **self.rear** e **self.items** para referenciar o índice traseiro e o array, respectivamente.

2. Escreva um segmento de código que use o operador **%** durante um método **add** a fim de ajustar o índice traseiro da implementação do array circular de **ArrayQueue** para evitar o uso de uma instrução **if**. Você pode considerar que a implementação da fila use as variáveis **self.rear** e **self.items** para referenciar o índice traseiro e o array, respectivamente.

ESTUDO DE CASO: Simulando uma fila de caixa de supermercado

Neste estudo de caso, você desenvolve um programa para simular caixas de supermercado. Para manter o programa simples, alguns fatores importantes encontrados em uma situação realista de supermercado foram omitidos; você é solicitado a adicioná-los de volta como parte dos exercícios.

Solicitação

Escreva um programa que permita ao usuário prever o comportamento de uma fila de caixa de supermercado sob várias condições.

Análise

Para simplificar, as seguintes restrições são impostas:

- Há apenas uma fila de checkout, operada por um caixa.

- Cada cliente tem o mesmo número de itens para checkout e requer o mesmo tempo de processamento.

- A probabilidade de um novo cliente chegar ao caixa não varia ao longo do tempo.

As entradas para o programa de simulação são:

- O tempo total, em minutos abstratos, que a simulação deve ser executada.

- O número de minutos necessários para atender a um cliente individual.

- A probabilidade de que um novo cliente chegue à fila do caixa durante o próximo minuto. Essa probabilidade deve ser um número de ponto flutuante maior que 0 e menor ou igual a 1.

As saídas do programa são o número total de clientes processados, o número de clientes restantes na fila quando o tempo se esgota e o tempo médio de espera de um cliente. A Tabela 8-3 resume as entradas e saídas.

(continua)

(continuação)

Entradas	Intervalo de valores para entradas	Saídas
Minutos totais	0 <= total <=1000	Total de clientes processados
Média de minutos por cliente	0 < média <= total	Os clientes que permanecem na fila
Probabilidade de uma nova chegada no próximo minuto	0 < probabilidade <= 1	Tempo médio de espera

Tabela 8-3 Entradas e saídas do simulador de caixa de supermercado

A interface de usuário

A seguinte interface de usuário para o sistema foi proposta:

```
Bem-vindo ao Market Simulator
Insira o tempo total de execução: 60
Insira o tempo médio por cliente: 3
Insira a probabilidade de uma nova entrada: 0.25
TOTAIS PARA A CAIXA
"Número de clientes atendidos: 16
Número de clientes restantes na fila: 1
Tempo médio que os clientes gastam
Esperando para ser servido: 2.3
```

Classes e responsabilidades

No que diz respeito às classes e suas responsabilidades gerais, o sistema é dividido em uma função **main** e várias classes de modelo. A função **main** é responsável por interagir com o usuário, validar os três valores de entrada e se comunicar com o modelo. O projeto e a implementação dessa função não requerem comentários e o código da função não é apresentado. As classes no modelo estão listadas na Tabela 8-4.

Os relacionamentos entre essas classes são mostrados na Figura 8-8.

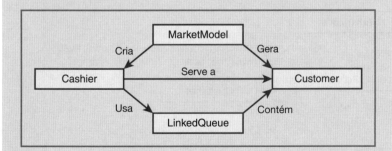

Figura 8-8 Um diagrama de classes do simulador de caixa de supermercado

(continua)

(continuação)

Classe	Responsabilidades
`MarketModel`	Um modelo de mercado faz o seguinte: 1. Executa a simulação. 2. Cria um objeto caixa. 3. Envia novos objetos cliente para o caixa. 4. Mantém um relógio abstrato. 5. Durante cada tique-taque do relógio, instrui o caixa a fornecer outra unidade de atendimento a um cliente.
`Cashier`	Um objeto caixa faz o seguinte: 1. Contém uma fila de objetos cliente. 2. Adiciona novos objetos cliente a essa fila quando instruído a fazê-lo. 3. Remove clientes da fila sucessivamente. 4. Fornece ao cliente atual uma unidade de atendimento quando instruído a fazê-lo e libera o cliente quando o atendimento é concluído.
`Customer`	Um objeto cliente: 1. Conhece a hora de chegada e o atendimento necessário. 2. Conhece quando o caixa prestou atendimento suficiente. A classe como um todo gera novos clientes quando orientada a fazer isso de acordo com a probabilidade de chegada de um novo cliente.
`LinkedQueue`	Usado por um caixa para representar uma fila de clientes.

Tabela 8-4 As classes no modelo

O projeto geral do sistema reflete-se no diagrama de colaboração mostrado na Figura 8-9.

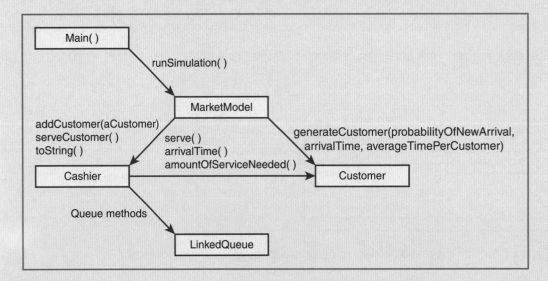

Figura 8-9 Um diagrama de colaboração para o simulador de caixa de supermercado

(continua)

Filas

(continuação)

Agora você pode projetar e implementar cada classe sucessivamente.

Como a situação de checkout foi restrita, o projeto da classe **MarketModel** é bastante simples. O construtor faz o seguinte:

4. Salva as entradas — probabilidade de nova chegada, duração da simulação e tempo médio por cliente.

5. Cria o único caixa.

O único outro método necessário é **runSimulation**. O método executa o relógio abstrato que conduz o processo de checkout. A cada tique do relógio, o método faz três coisas:

1. Pede para a classe **Customer** gerar um cliente, o que pode ou não acontecer, dependendo da probabilidade de uma nova chegada ou uma nova saída de um gerador de números aleatórios.

2. Se um novo cliente é gerado, envia o novo cliente para o caixa.

3. Instrui o caixa para fornecer uma unidade de atendimento ao cliente atual.

Quando a simulação termina, o método **runSimulation** retorna os resultados do caixa para a exibição. Eis o pseudocódigo para o método:

```
para cada minuto da simulação
    pede à classe Cliente para gerar um cliente
    se um cliente for gerado
        cashier.addCustomer(customer)
        cashier.serveCustomers(current time)
return cashier's results
```

Observe que o algoritmo do pseudocódigo pede à classe **Customer** uma instância dela própria. Como é apenas provável que um cliente chegue a dado minuto, às vezes um cliente não será gerado. Em vez de codificar a lógica para fazer essa escolha nesse nível, você pode inseri-la em um **método de classe** na classe **Customer**. A partir do modelo, o método **generateCustomer** da classe **Customer** recebe a probabilidade de chegada de um novo cliente, a hora atual e o tempo médio necessário por cliente. O método usa essas informações para determinar se deve criar um cliente e, se sim, como inicializá-lo. O método retorna o novo objeto **Customer** ou o valor **None**. A sintaxe da execução de um método de classe é semelhante à de um método de instância, exceto que o nome à esquerda do ponto é o nome da classe.

Eis uma listagem completa da classe **MarketModel**:

```
"""
Arquivo: marketmodel.py
"""
from cashier import Cashier
from customer import Customer
class MarketModel(object):

    def __init__(self, lengthOfSimulation, averageTimePerCus,
                probabilityOfNewArrival):
        self.probabilityOfNewArrival = probabilityOfNewArrival
        self.lengthOfSimulation = lengthOfSimulation
        self.averageTimePerCus = averageTimePerCus
        self.cashier = Cashier()

    def runSimulation(self):
```

(continua)

(continuação)

```python
        """Executa o relógio por n tiques."""
        for currentTime in range(self.lengthOfSimulation):
            # Tenta gerar um novo cliente
            customer = Customer.generateCustomer(
                self.probabilityOfNewArrival,
                currentTime,
                self.averageTimePerCus)
            # Envia o cliente para o caixa se gerado
            # bem-sucedido
            if customer != None:
                self.cashier.addCustomer(customer)
            # Instrui o caixa a fornecer outra unidade de atendimento
            self.cashier.serveCustomers(currentTime)

    def __str__(self):
        return str(self.cashier)
```

Um caixa é responsável por atender uma fila de clientes. Durante esse processo, ele registra os clientes atendidos e os minutos que passam esperando na fila. No final da simulação, o método **__str__** da classe retorna esses totais, bem como o número de clientes restantes na fila. A classe tem as seguintes variáveis de instância:

totalCustomerWaitTime
customersServed
queue
currentCustomer

A última variável contém o cliente que está sendo processado.

Para permitir que o modelo de mercado envie um novo cliente para um caixa, a classe implementa o método **addCustomer**. O método espera um cliente como parâmetro e adiciona o cliente à fila do caixa.

O método **servir os clientes** lida com a atividade do caixa durante um tique do relógio. O método espera a hora atual como parâmetro e responde de uma das várias maneiras, conforme listado na Tabela 8-5.

Eis o pseudocódigo para o método **serveCustomers**:

```
if currentCustomer is None
    if queue is empty
        return
    else
        currentCustomer = queue.pop()
        totalCustomerWaitTime = totalCustomerWaitTime +
            currentTime - currentCustomer.arrivalTime()
        increment customersServed
        currentCustomer.serve()
        if currentCustomer.amountOfServiceNeeded () == 0
            currentCustomer = None
```

(continua)

Filas

(continuação)

Condição	O que significa	Ação a ser executada
O cliente atual é **None** e a fila está vazia.	Não há clientes para atender.	Nenhum; apenas retorne.
O cliente atual é **None** e a fila não está vazia.	Há um cliente esperando na frente da fila.	1. Exibir um cliente e torná-lo o cliente atual. 2. Perguntar quando foi instanciado, determinar quanto tempo está esperando e somar esse tempo ao tempo total de espera de todos os clientes. 3. Aumentar o número de clientes atendidos. 4. Atribuir ao cliente uma unidade de atendimento e descartá-la quando concluído.
O cliente atual não é **None**.	Atende o cliente atual.	Atribuir ao cliente uma unidade de atendimento e descartá-la quando concluída.

Tabela 8-5 Respostas de um caixa durante um tique do relógio

Eis o código para a classe **Cashier**:

```
"""
Arquivo: cashier.py
"""
from linkedqueue import LinkedQueue
class Cashier(object):

    def __init__(self):
        self.totalCustomerWaitTime = 0
        self.customersServed = 0
        self.currentCustomer = None
        self.queue = LinkedQueue()

    def addCustomer(self, c):
        self.queue.add(c)

    def serveCustomers(self, currentTime):
        if self.currentCustomer is None:
            # Nenhum cliente ainda
            if self.queue.isEmpty():
                return
            else:
                # Remove o primeiro cliente esperando
                # e conta os resultados do final
                self.currentCustomer = self.queue.pop()
                self.totalCustomerWaitTime += \
                    currentTime - \
                    self.currentCustomer.getArrivalTime()
                self.customersServed += 1
        # Fornece uma unidade de serviço
        self.currentCustomer.serve()
```

(continua)

(continuação)

```
            # Se o cliente atual terminou, manda-o embora
            if self.currentCustomer.getAmountOfServiceNeeded() == 0:
            self.currentCustomer = None
    def __str__(self):
        result = "TOTALS FOR THE CASHIER\n" + \
                 "Número de clientes atendidos:        " + \
                 str(self.customersServed) + "\n"
        if self.customersServed != 0:
            aveWaitTime = self.totalCustomerWaitTime / \
            self.customersServed
            result += "Number of customers left in queue: " \
                 + str(len(self.queue)) + "\n" + \
                     "Tempo médio que os clientes gastam\n" + \
                     "esperando para ser servido: "
                     + "%5.2f" % aveWaitTime
        return result
```

A classe **Customer** mantém a hora de chegada do cliente e a quantidade de atendimento necessária. O construtor inicializa com os dados fornecidos pelo modelo de mercado. Os métodos de instância incluem:

- **getArrivalTime()** — Retorna a hora em que o cliente chegou à fila do caixa.

- **getAmountOfServiceNeeded()** — Retorna o número de unidades de atendimento restantes.

- **Serve()** — O número de unidades de atendimento é diminuído por um.

O último método, **generateCustomer**, é um *método de classe*. Um método de classe difere de um método de instância, pois é chamado na própria classe, e não em uma instância ou objeto dessa classe. O método **generateCustomer** espera como argumentos a probabilidade de chegada de um novo cliente, a hora atual e o número de unidades de atendimento por cliente. O método retorna uma nova instância de **Customer** com as unidades de tempo e serviço fornecidas, desde que a probabilidade seja maior ou igual a um número aleatório entre 0 e 1. Caso contrário, o método retorna **None**, indicando que nenhum cliente foi gerado. Eis um exemplo de seu uso:

```
>>> Customer.generateCustomer(.6, 50, 4)
>>> Customer.generateCustomer(.6, 50, 4)
<__main__.Customer object at 0x11409e898>
```

Observe que a primeira chamada do método não parece retornar nada, porque a função de fato retornou **None**, o que IDLE não imprime. A segunda chamada retorna um novo objeto **Customer**.

A sintaxe para definir um método de classe no Python é:

```
@classmethod
def <method name>(cls, <other parameters>):
    <instruções>
```

Eis o código da classe **Customer**:

```
"""
Arquivo: customer.py
"""
```

(continua)

(continuação)

```python
import random

class Customer(object):

    @classmethod
    def generateCustomer(cls, probabilityOfNewArrival,
                         arrivalTime,
                         averageTimePerCustomer):
        """Retorna um objeto Customer se a probabilidade
        de chegada for maior ou igual a um número aleatório.
        Caso contrário, retorna None, indicando nenhum novo cliente.
        """
        if random.random() <= probabilityOfNewArrival:
            return Customer(arrivalTime, averageTimePerCustomer)
        else:
            return None

    def __init__(self, arrivalTime, serviceNeeded):
        self.arrivalTime = arrivalTime
        self.amountOfServiceNeeded = serviceNeeded

    def getArrivalTime(self):
        return self.arrivalTime

    def getAmountOfServiceNeeded(self):
        return self.amountOfServiceNeeded

    def serve(self):
        """Aceita uma unidade de serviço do caixa."""
        self.amountOfServiceNeeded -= 1
```

Filas com prioridades

Como mencionado anteriormente, uma fila com prioridades é um tipo especializado de fila. Quando itens são adicionados a uma fila com prioridades, eles recebem uma ordenação. Quando são removidos, os itens com prioridade mais alta são removidos antes daqueles com prioridade mais baixa. Os itens com a mesma prioridade são removidos na ordem Fifo usual. Um item A tem uma prioridade mais alta do que um item B se A < B. Portanto, inteiros, strings ou quaisquer outros objetos que reconhecem os operadores de comparação podem ser ordenados em filas com prioridade. Se um objeto não reconhece esses operadores, ele pode ser empacotado com um número de prioridade em outro objeto que reconhece esses operadores. A fila então reconhecerá esse objeto como comparável a outros do tipo.

Como uma fila com prioridades é bastante semelhante a uma fila, as duas têm a mesma interface ou conjunto de operações (ver Tabela 8-1). A Tabela 8-6 mostra os estados durante o

Fundamentos de Python: estruturas de dados

Operação	Estado da fila após a operação	Valor retornado	Comentário
q = <Tipo de fila com prioridades>()			Inicialmente, a fila está vazia.
q.add(3)	3		A fila contém o único item 3.
q.add(1)	1 3		1 está na frente da fila e 3 está no final da fila porque 1 tem prioridade mais alta.
q.add(2)	1 2 3		2 é adicionado, mas tem prioridade mais alta do que 3, portanto, 2 é movido à frente de 3.
q.pop()	2 3	1	Remove o item da frente da fila e retorna-o. 2 agora é o item na frente.
q.add(3)	2 3 3		O novo 3 é inserido após o 3 existente, na ordem Fifo.
q.add(5)	2 3 3 5		5 tem a prioridade mais baixa, então vai para a parte de trás.

Tabela 8-6 Estados na vida de uma fila prioritária

tempo de vida de uma fila com prioridades. Observe que os itens são números inteiros, portanto, os menores inteiros são os itens com prioridade mais alta.

Como já mencionado, quando um objeto não é intrinsecamente comparável, ele pode ser empacotado com uma prioridade em outro objeto que é comparável. Você define uma classe **wrapper** usada para construir um item comparável a partir de outra que ainda não é comparável. A nova classe chama-se **Comparable**. Ela inclui um construtor que espera um item e sua prioridade como argumentos. A prioridade deve ser um inteiro, uma string ou outro objeto que reconheça os operadores de comparação. Lembre-se de que o Python procura os métodos de comparação de um objeto quando os operadores de comparação são usados. Após a criação de um objeto empacotador, você pode usar os métodos **getItem**, **getPriority**, **__str__**, **__eq__**, **__le__** e **__lt__** para extrair o item ou sua prioridade, retornar sua representação de string e oferecer suporte a comparações com base na prioridade, respectivamente. Eis o código para a classe **Comparable**:

```python
class Comparable(object):
    """Classe de invólucro para itens que não são comparáveis."""

    def __init__(self, data, priority = 1):
        self.data = data
        self.priority = priority

    def __str__(self):
    """Retorna a representação de string do contador."""
        return str(self.data)
```

```python
def __eq__(self, other):
    """Retorna True se prioridades contidas forem iguais
    ou False, caso contrário."""
    if self is other: return True
    if type(self) != type(other): return False
    return self.priority == other.priority

def __lt__(self, other):
    """Retorna True se self for < prioridade de other,
    ou False, caso contrário."""
    return self.priority < other.priority

def __le__(self, other):
    """Retorna True se self for <= à prioridade de other,
    ou False, caso contrário."""
    return self.priority <= other.priority

def getData(self):
    """Retorna o dado contido."""
    return self.data

def getPriority(self):
    """Retorna a prioridade contida."""
    return self.priority
```

Observe que o método **__str__** também está incluído na classe **Comparable** de tal modo que o método **__str__** da fila tenha o comportamento esperado desses itens.

Durante as inserções, uma fila com prioridades não sabe se está comparando itens em empacotadores ou apenas itens. Quando um item empacotado é acessado com o método **peek** ou **pop** ou no contexto de um laço **for**, ele deve ser desempacotado com o método **getItem** antes do processamento. Por exemplo, suponha que os itens rotulados **a**, **b** e **c** não sejam comparáveis, mas devem ter as prioridades 1, 2 e 3, respectivamente, em uma fila. Em seguida, o código para adicioná-los a uma fila prioritária chamada **queue** e recuperá-los dela é o seguinte:

```python
queue.add(Comparable(a, 1))
queue.add(Comparable(b, 2))
queue.add(Comparable(c, 3))
while not queue.isEmpty():
    item = queue.pop().getItem()
    <faz algo com o item>
```

Este livro discute duas implementações de uma fila com prioridades. Neste capítulo, discutimos uma implementação de lista ordenada, que estende a classe **LinkedQueue** apresentada anteriormente. Mais adiante, no Capítulo 10, "Árvores", examinaremos uma estrutura de dados chamada heap como uma implementação alternativa.

Uma lista ordenada é uma lista de elementos comparáveis mantidos em ordem natural. A lista de uma fila com prioridades deve ser organizada de tal forma que o elemento mínimo sempre seja acessado ou removido de apenas uma extremidade da lista. Os elementos são inseridos nos locais adequados na ordem.

Uma estrutura unicamente ligada representa bem esse tipo de lista se o elemento mínimo sempre for removido do início da estrutura. Se essa estrutura for herdada da estrutura unicamente ligada usada na classe **LinkedQueue**, você pode continuar a remover um elemento executando o método **pop**. Apenas o método **add** precisa mudar. A definição dele é sobrescrita na nova subclasse, chamada **LinkedPriorityQueue**.

A nova implementação de **add** realiza uma pesquisa pela posição do novo item na lista. Considera os seguintes casos:

1. Se a fila estiver vazia ou o novo item for maior ou igual ao item na parte traseira, o adiciona como antes. (Será inserido na parte traseira.)

2. Do contrário, começa pelo cabeçalho e avança pelos nós até que o novo item seja menor que o item no nó atual. Nesse ponto, um novo nó contendo o item deve ser inserido entre o nó atual e o nó anterior, se houver algum. Para realizar essa inserção, a pesquisa usa dois ponteiros, chamados **probe** e **trailer**. Quando a pesquisa para, **probe** aponta para o nó *depois da* posição do novo item. Se esse nó não for o primeiro, **trailer** apontará para o nó *antes* da posição do novo item. O próximo ponteiro do novo nó é então definido como o ponteiro **probe**. O próximo ponteiro do nó anterior é então definido para como o novo nó, se **probe** não apontar para o primeiro nó. Caso contrário, o ponteiro **front** da fila é configurado como o novo nó.

Para ilustrar o processo descrito no Caso 2, a Figura 8-10 descreve o estado de uma fila com prioridades contendo os três inteiros 1, 3 e 4 durante o método **add** do valor 2. Observe os ajustes dos ponteiros **probe** e **trailer** durante esse processo.

Embora o código para **add** seja complicado, você não precisa escrever outros métodos na nova classe. Além disso, o uso de **add** de **LinkedQueue** anteriormente, no Caso 1, simplifica um pouco o novo método.

Eis o código para a classe **LinkedPriorityQueue**:

```
"""
Arquivo: linkedpriorityqueue.py
"""

from node import Node
from linkedqueue import LinkedQueue

class LinkedPriorityQueue(LinkedQueue):
    """Uma implementação de fila baseada em ligações."""

    def __init__(self, sourceCollection = None):
        """Define o estado inicial de self, o que inclui o
        conteúdo de sourceCollection, se estiver presente."""
        LinkedQueue.__init__(self, sourceCollection)

    def add(self, newItem):
        """Insere newItem após itens de maior ou igual
        prioridade ou à frente de itens de menor prioridade.
```

```
        A tem maior prioridade do que B se A < B."""
    if self.isEmpty() or newItem >= self.rear.data:
        # Novo item entra no fim
        LinkedQueue.add(self, newItem)
    else:
        # Pesquisa uma posição em que é menos
        probe = self.front
        while newItem >= probe.data:
            trailer = probe
            probe = probe.next
        newNode = Node(newItem, probe)
        if probe == self.front:
            # Novo item entra na frente
            self.front = newNode
        else:
            # Novo item entra entre dois nós
            trailer.next = newNode
        self.size += 1
```

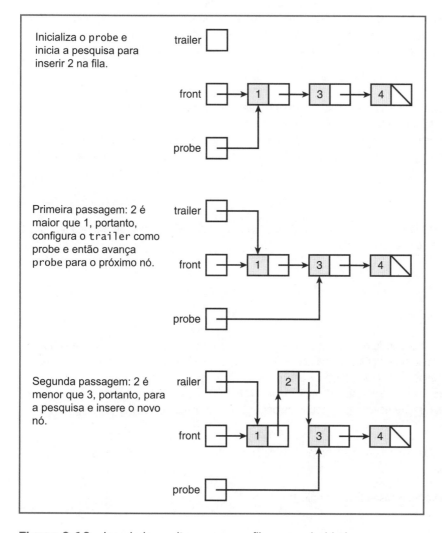

Figura 8-10 Inserindo um item em uma fila com prioridades

Fundamentos de Python: estruturas de dados

A análise de tempo e espaço para **LinkedPriorityQueue** é a mesma de **LinkedQueue**, com exceção do método **add**. O método agora deve procurar o local adequado para inserir um item. Reorganizar as ligações assim que o local é encontrado é uma operação de tempo constante, mas a pesquisa em si é linear, então **add** é agora $O(n)$.

Exercício

Sugira uma estratégia para uma implementação baseada em array de uma fila com prioridades. A complexidade em termos de espaço/tempo será diferente da implementação ligada? Quais são as vantagens e desvantagens?

ESTUDO DE CASO: Um cronograma de sala de emergência

Como qualquer pessoa que já esteve no pronto-socorro de um hospital movimentado sabe, as pessoas precisam esperar pelo atendimento. Embora todos possam parecer estar esperando no mesmo lugar, eles estão, na verdade, em grupos distintos e agendados de acordo com a gravidade da enfermidade. Este estudo de caso desenvolve um programa que realiza o agendamento com uma fila com prioridades.

Solicitação

Escreva um programa que permita a um supervisor agendar tratamentos para pacientes que entram na sala de emergência de um hospital. Suponha que, como alguns pacientes têm enfermidades mais críticas do que outros, os pacientes não sejam tratados estritamente por ordem de chegada, mas recebem uma prioridade quando internados. Pacientes com alta prioridade recebem atenção antes daqueles com prioridade mais baixa.

Análise

Os pacientes chegam à sala de emergência em uma das três enfermidades. Em ordem de prioridade, as enfermidades são ordenadas da seguinte forma:

1. Crítico
2. Grave
3. Leve

Quando o usuário seleciona a opção Agendar, o programa permite que o usuário insira o nome e a enfermidade de um paciente e o paciente é colocado na fila para tratamento de acordo com a gravidade da sua enfermidade. Quando o usuário seleciona a opção Tratar Próximo Paciente, o programa remove e exibe o paciente primeiro de acordo com a enfermidade mais grave. Quando o usuário seleciona a opção Tratar Todos os Pacientes, o programa remove e exibe todos os pacientes para que possam atender do primeiro ao último paciente.

Cada botão de comando produz uma mensagem apropriada na área de saída. A Tabela 8-7 lista as respostas da interface aos comandos.

Eis uma interação com a interface baseada em terminal:

(continua)

(continuação)

Comando do usuário	Resposta do programa
Cronograma	Solicita ao usuário o nome e enfermidade do paciente e, em seguida, imprime `<nome do paciente> is added to the <enfermidade> list`.
Tratar o próximo paciente	Imprime `<nome do paciente> is being treated`
Tratar todos os pacientes	Imprime `<nome do paciente> is being treated`

Tabela 8-7 Programa de comandos do pronto-socorro

```
Menu principal
1 Agende um paciente
2 Trate o próximo paciente
Trate todos os pacientes
4  Saia do programa
Digite um número [1-4]: 1
Informe o nome do paciente: Bill
Condição do paciente:
1 Crítico
2 Grave
3 Leve
Digite um número [1-3]: 1
Bill é adicionado à lista crítica.
Menu principal
1 Agende um paciente
2 Trate o próximo paciente
Trate todos os pacientes
4  Saia do programa
Digite um número [1-4]: 3
Bill / crítico está sendo tratado.
Martin / sério está sendo tratado.
Ken / leve está sendo tratado.
Nenhum paciente disponível para tratamento.
```

Classes

O aplicativo consiste em uma classe de visualização, chamada **ERView** e um conjunto de classes-modelo. A classe de visualização interage com o usuário e executa os métodos no modelo. A classe **ERModel** mantém uma fila com prioridades de pacientes. A classe **Patient** representa os pacientes e a classe **Condition** representa as três condições possíveis. Os relacionamentos entre as classes são mostrados na Figura 8-11.

(continua)

(continuação)

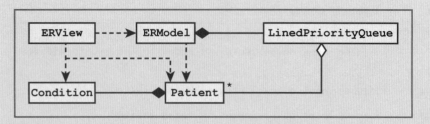

Figura 8-11 As classes no sistema de agendamento ER

Projeto e implementação

As classes **Patient** e **Condition** mantêm o nome e a condição do paciente. Você pode comparar (de acordo com as enfermidades deles) e visualizá-los como strings. Eis o código para essas duas classes:

```
class Condition(object):

    def __init__(self, rank):
        self.rank = rank

    def __ge__(self, other):
        """Usado para comparações."""
        return self.rank >= other.rank

    def __str__(self):
        if   self.rank == 1:    return "critical"
        elif self.rank == 2:    return "serious"
        else:                   return "fair"

class Patient(object):

    def __init__(self, name, condition):
        self.name = name
        self.condition = condition

    def __ge__(self, other):
        """Usado para comparações."""
        return self.condition >= other.condition

    def __str__(self):
        return self.name + " / " + str(self.condition)
```

A classe **ERView** usa um laço baseado em menu típico. Você estrutura o código utilizando vários métodos auxiliares. Eis uma lista completa:

```
"""
Arquivo: erapp.py
A visualização para um programador de um pronto-socorro.
"""

from model import ERModel, Patient, Condition
```

(continua)

(continuação)

```python
class ERView(object):
    """A classe view para o aplicativo ER."""

    def __init__(self, model):
        self.model = model

    def run(self):
        """Laço de comando orientado por menu para o aplicativo."""
        menu = "Main menu\n" + \
               """ 1 Agende um pacientet\n" + \
               " 2 Trate o próximo paciente\n" + \
               " 3 Trate todos os pacientes\n" \
               " 4 Saia do programa\n"
        while True:
            command = self.getCommand(4, menu)
            if command == 1: self.schedule()
            elif command == 2: self.treatNext()
            elif command == 3: self.treatAll()
            else: break

    def treatNext(self):
        """Trata um paciente, se houver."""
        if self.model.isEmpty():
            print("No patients available to treat.")
        else:
            patient = self.model.treatNext()
            print(patient, "is being treated.")

    def treatAll(self):
        """Trata todos os pacientes restantes."""
        if self.model.isEmpty():
            print("No patients available to treat.")
        else:
            while not self.model.isEmpty():
                self.treatNext()

    def schedule(self):
        """Obtém informações do paciente e agenda o paciente."""
        name = input("\nEnter the patient's name: ")
        condition = self.getCondition()
        self.model.schedule(Patient(name, condition))
        print(name, "is added to the", condition, "list\n")

    def getCondition(self):
        """Obtém informações sobre a condição."""
        menu = "Patient's condition:\n" + \
               " 1 Critical\n" + \
               " 2 Serious\n" + \
               " 3 Fair\n"
        number = self.getCommand(3, menu)
        return Condition(number)

    def getCommand(self, high, menu):
```

(continua)

(continuação)

```python
        """Obtém e retorna um número de comando."""
        prompt = "Enter a number [1-" + str(high) + "]: "
        commandRange = list(map(str, range(1, high + 1)))
        error = "Error, number must be 1 to " + str(high)
        while True:
            print(menu)
            command = input(prompt)
            if command in commandRange:
                return int(command)
            else:
                print(error)

# Função principal para iniciar o aplicativo
def main():
    model = ERModel()
    view = ERView(model)
    view.run()

if __name__ == "__main__":
    main()
```

A classe **ERModel** usa uma fila com prioridades para agendar os pacientes. Sua implementação é deixada como um projeto de programação para você.

Resumo

- Uma fila é uma coleção linear que adiciona elementos a uma extremidade, chamada parte traseira e remove-os da outra extremidade, chamada frente. Portanto, eles são acessados na ordem primeiro a entrar, primeiro a sair (Fifo).

- Outras operações em filas incluem espiar o elemento no topo, determinar o número de elementos, determinar se a fila está vazia e retornar uma representação de string.

- As filas são usadas em aplicativos que gerenciam itens de dados em uma ordem Fifo. Esses aplicativos incluem itens de programação para processamento ou acesso a recursos.

- Arrays e estruturas unicamente ligadas suportam implementações simples de filas.

- Filas com prioridade agendam os elementos usando um esquema de ordenação, bem como uma ordem Fifo. Se dois elementos têm prioridade igual, eles são agendados na ordem Fifo. Do contrário, os elementos são ordenados do menor para o maior, de acordo com algum atributo, como um número ou conteúdo alfabético. Em geral, os elementos com os menores valores de prioridade são removidos primeiro, independentemente de quando são adicionados à fila com prioridades.

Filas

Perguntas de revisão

1. Exemplos de filas são (escolha todas as que se aplicam):
   a. Clientes esperando em uma fila de checkout
   b. Um baralho de cartas
   c. Um sistema de diretório de arquivos
   d. Uma fila de carros em um pedágio
   e. Roupa em um cesto

2. As operações que modificam uma fila são chamadas:
   a. Adicionar e remover
   b. Add e pop

3. Filas também são conhecidas como:
   a. Estruturas de dados no estilo primeiro a entrar, primeiro a sair
   b. Estruturas de dados último a entrar, primeiro a sair

4. A frente de uma fila contendo os itens **a b c** está à esquerda. Depois de duas operações **pop**, a fila contém:
   a. **a**
   b. c

5. A frente de uma fila contendo os itens **a b c** está à esquerda. Depois da operação **add(d)**, a fila contém:
   a. **a b c d**
   b. **d a b c**

6. A memória para objetos como nós em uma estrutura ligada é alocada em:
   a. O heap de objetos
   b. A pilha de chamadas

7. O tempo de execução das três operações do modificador de fila é:
   a. Linear
   b. Constante

8. A implementação ligada de uma fila usa:
   a. Nós com uma ligação para o próximo nó
   b. Nós com ligações para os nós anteriores e seguintes
   c. Nós com uma ligação para o próximo nó e um ponteiro externo para o primeiro nó e um ponteiro externo para o último nó

9. Na implementação de array circular de uma fila:
   a. O índice na parte da frente pesquisa o índice na parte de trás em torno do array
   b. O índice na parte da frente sempre é menor ou igual ao índice na parte de trás

10. Os itens em uma fila com prioridade são ordenados:
    a. Do menor (prioridade mais alta) ao maior (prioridade mais baixa)
    b. Do maior (prioridade mais alta) ao menor (prioridade mais baixa)

(continua)

Projetos

1. Conclua a implementação ligada da coleção de filas discutida neste capítulo. Verifique se as exceções são disparadas quando as precondições são violadas.

2. Conclua e teste a implementação de array circular da coleção de filas discutida neste capítulo. Verifique se as exceções são disparadas quando as condições prévias são violadas e se a implementação adiciona ou remove armazenamento conforme necessário.

3. Ao enviar um arquivo para impressão em uma impressora compartilhada, ele é inserido em uma fila de impressão com outros trabalhos. A qualquer momento antes do trabalho de impressão, você pode acessar a fila para removê-lo. Assim, algumas filas suportam uma operação **remove**. Adicione esse método às implementações da fila. O método deve esperar um item como argumento. Ele deve remover o item fornecido na fila ou gerar uma exceção se o item não for encontrado.

4. Modifique o simulador de caixa de supermercado para que ele simule uma loja com muitas filas de pagamento. Adicione o número de caixas como uma nova entrada de usuário. Na instanciação, o modelo deve criar uma lista desses caixas. Quando um cliente é gerado, ele deve ser enviado a um caixa escolhido aleatoriamente na lista de caixas. A cada tique-taque do relógio abstrato, cada caixa deve ser instruído a atender o próximo cliente. Ao final da simulação, devem ser apresentados os resultados de cada caixa.

5. Na vida real, os clientes não escolhem um caixa aleatório ao finalizar a compra. Eles normalmente baseiam sua escolha em pelo menos dois fatores a seguir:

    a. O comprimento de uma fila de clientes esperando para finalizar a compra.

    b. A proximidade física de um caixa.

    Modifique a simulação do Projeto 5 para que leve em consideração o primeiro fator.

6. Modifique a simulação do Projeto 5 para que leve em consideração os dois fatores listados nesse projeto. Você deve supor que um cliente inicialmente chegue à fila de pagamento em um caixa aleatório e, em seguida, escolha um caixa que não esteja a mais de duas filas de distância desse local. Esta simulação deve ter pelo menos quatro caixas.

7. A interface do simulador solicita que o usuário insira o número médio de minutos necessários para processar um cliente. Mas como escrita, a simulação atribui o mesmo tempo de processamento a cada cliente. Na vida real, os tempos de processamento variam em torno da média. Modifique o construtor da classe **Customer** do Projeto 6 para que gere aleatoriamente tempos de atendimento entre 1 e (média * 2 + 1).

8. Complete o aplicativo agendador da sala de emergência como descrito no estudo de caso.

9. Modifique o aplicativo de solução de labirinto do Capítulo 7 para que use uma fila em vez de uma pilha. Execute cada versão do aplicativo no mesmo labirinto e conte o número de pontos de escolha necessários para cada versão. Você pode chegar a alguma conclusão sobre as diferenças nesses resultados?

10. Descreva as situações em que usar uma fila para uma pesquisa regressiva de um objetivo seria mais eficiente do que o uso de uma pilha.

CAPÍTULO 9

Listas

Depois de concluir este capítulo, você será capaz de:

◎ Descrever as características de uma lista e as operações nela

◎ Escolher uma implementação de lista com base nas características de desempenho

◎ Reconhecer aplicativos em que é apropriado usar uma lista

◎ Descrever os recursos de um iterador de lista e as operações nele

◎ Reconhecer aplicativos em que é apropriado usar um iterador de lista

◎ Desenvolver algumas funções recursivas de processamento de lista

Fundamentos de Python: estruturas de dados

Este capítulo discute listas, a última das três principais coleções lineares abordadas neste livro (as outras duas são pilhas e filas). Listas suportam uma gama muito mais ampla de operações do que pilhas e filas e, consequentemente, são mais amplamente utilizadas e mais difíceis de implementar. Embora o Python inclua um tipo de lista embutido, existem várias implementações possíveis, das quais a do Python é apenas uma. Para entendermos a profusão de operações fundamentais de uma lista, nós as ordenamos em três grupos: operações baseadas em índice, operações baseadas em conteúdo e operações baseadas em posição. Este capítulo discute as duas implementações de lista mais comuns: arrays e estruturas ligadas. Um tipo especial de objeto denominado iterador de lista deve ser desenvolvido para fornecer suporte a operações baseadas em posição. O estudo de caso deste capítulo mostra como desenvolver um tipo especial de lista chamado lista ordenada.

Visão geral das listas

Uma lista fornece suporte à manipulação de itens em qualquer ponto de uma coleção linear. Alguns exemplos comuns de listas incluem:

- Uma receita, que é uma lista de instruções
- Uma string, que é uma lista de caracteres
- Um documento, que é uma lista de palavras
- Um arquivo, que é uma lista de blocos de dados em um disco

Em todos esses exemplos, a ordem é extremamente importante, e embaralhar os itens torna as coleções sem sentido. Entretanto, os itens em uma lista não necessariamente são ordenados. Palavras em um dicionário e nomes em uma lista telefônica são exemplos de listas ordenadas, mas as palavras neste parágrafo também formam uma lista e não estão ordenadas. Embora os itens em uma lista sempre sejam logicamente contíguos, eles não precisam ser fisicamente contíguos na memória. As implementações de array das listas usam posições físicas para representar a ordem lógica, mas as implementações ligadas não usam.

O primeiro item de uma lista está em sua **cabeça**, enquanto o último item de uma lista está em sua **cauda**. Os itens em uma lista mantêm a posição em relação entre si ao longo do tempo, e adições e exclusões afetam os relacionamentos de predecessor/sucessor apenas no ponto de modificação. Os cientistas da computação normalmente contam posições de 0 ao comprimento da lista menos 1. Cada posição numérica também é chamada **índice**. Quando uma lista é visualizada, os índices diminuem à esquerda e aumentam à direita. A Figura 9-1 mostra como uma lista muda em resposta a uma sucessão de operações. As operações, que representam apenas um pequeno subconjunto daquelas possíveis para listas, estão descritas na Tabela 9-1.

Usando listas

Se você observar a maioria dos livros sobre estruturas de dados e a classe `list` fornecida em Python, poderá discernir duas categorias amplas de operações, que são chamadas de operações baseadas em índice e operações baseadas em conteúdo. A essas, você pode adicionar uma terceira categoria de operações baseadas em posição. Antes de aprendermos o uso das listas, veremos essas categorias.

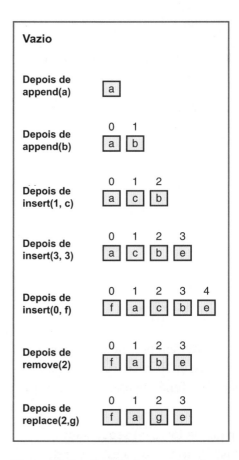

Figura 9-1 Os estados na vida de uma lista

Operação	O que ele faz
`add(item)`	Adiciona `item` ao final da lista.
`insert(index, item)`	Insere `item` na posição `index`, deslocando outros itens para a direita em uma posição, se necessário.
`replace(index, item)`	Substitui o item na posição `index` por `item`.
`pop(index)`	Remove o item na posição `index`, deslocando outros itens para a esquerda em uma posição, se necessário.

Tabela 9-1 As operações usadas na Figura 9-1

Operações baseadas em índice

Operações baseadas em índice manipulam itens em índices designados dentro de uma lista. No caso de implementações baseadas em array, essas operações também fornecem a conveniência do acesso aleatório. Suponha que uma lista contenha *n* itens. Como uma lista é

Método de lista	O que ele faz
`L.insert(i, item)`	Adiciona `item` ao índice `i`, depois de deslocar os itens uma posição para a direita.
`L.pop(i = None)`	Remove e retorna o item no índice `i`.
	Se `i` estiver ausente, remove e retorna o último item.
	Precondição: `0 <= i <= len(L)`.
`L[i]`	Retorna o item no índice `i`.
	Precondição: `0 <= i <= len(L)`.
`L[i] = item`	Substitui o item no índice `i` por `item`.
	Precondição: `0 <= i <= len (L)`.

Tabela 9-2 Operações baseadas em índice para uma lista

ordenada linearmente, você pode se referir inequivocamente a um item por meio da posição relativa no topo da lista usando um índice que vai de 0 a $n - 1$. Assim, o início está no índice 0 e o final está no índice $n - 1$. A Tabela 9-2 lista algumas operações fundamentais baseadas em índice para qualquer lista chamada `L`.

Quando vistas dessa perspectiva, as listas às vezes são chamadas **vetores** ou **sequências** e em seu uso de índices, são uma reminiscência de arrays. Mas um array é uma estrutura de dados concreta com uma implementação específica e invariável baseada em um único bloco de memória física. Uma lista é um tipo de dado abstrato que pode ser representado de várias maneiras, apenas uma delas usa um array. Além disso, uma lista tem um repertório muito maior de operações básicas do que um array, embora sequências adequadas de operações de array possam imitar todas as operações de lista.

Operações baseadas em conteúdo

Operações baseadas em conteúdo baseiam-se não em um índice, mas no conteúdo de uma lista. Essas operações geralmente esperam um item como um argumento e fazem algo com ele e a lista. Algumas dessas operações pesquisam um item igual a determinado item antes de realizar outras ações. A Tabela 9-3 lista três operações básicas baseadas em conteúdo para uma lista chamada `i`. Observe que **add** é usado em vez de **append**, para consistência com outras coleções.

Operações baseadas em posição

Operações baseadas em posição são realizadas em relação a uma posição atualmente estabelecida chamada de **cursor**. As operações permitem que o programador navegue por uma lista movendo esse cursor. Em algumas linguagens de programação, um objeto separado chamado de **iterador de lista** fornece essas operações. Essa diretriz é adotada aqui. Embora uma lista já

Método de lista	O que ele faz
`L.add(item)`	Adiciona `item` depois do final da lista.
`L.remove(item)`	Remove `item` da lista.
	Precondição: `item` está na lista.
`L.index(item)`	Retorna a posição da primeira instância de `item` na lista.
	Precondição: `item` está na lista.

Tabela 9-3 Operações baseadas em conteúdo para uma lista

suporte um iterador, que permite ao programador visitar os itens de uma lista com um laço **for**, um iterador de lista é mais poderoso. Ao contrário de um iterador simples, um iterador de lista suporta o movimento para as posições anteriores, diretamente para a primeira posição e diretamente para a última. Além dessas operações de navegação, um iterador de lista também oferece suporte a inserções, substituições e remoções de itens nas posições do cursor. Uma implementação de iterador de lista é desenvolvida mais adiante neste capítulo, mas, neste ponto, você pode examinar a estrutura e o comportamento lógicos.

O programador cria um objeto iterador de lista executando o método **listIterator** em uma lista, da seguinte maneira:

`listIterator = aList.listIterator()`

A lista pode estar vazia ou já conter itens. Nesse ponto, há dois objetos — o iterador de lista e a lista — conectados pela interface da lista, como mostrado na Figura 9-2.

A lista às vezes é chamada **armazenamento de suporte** (backing store) do iterador de lista.

Com relação aos itens no armazenamento de suporte, o cursor de um iterador de lista está sempre em um de três locais:

- Pouco antes do primeiro item
- Entre dois itens adjacentes
- Logo após o último item

Inicialmente, quando um iterador de lista é aberto em uma lista não vazia, a posição do cursor é imediatamente antes do primeiro item na lista. Se a lista estiver vazia, a posição do cursor será indefinida. A qualquer momento durante a navegação por uma lista não vazia, o usuário pode redefinir a posição do cursor movendo-o para o início ou para o final da lista. A partir

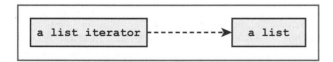

Figura 9-2 Um iterador de lista anexado ao armazenamento de suporte (uma lista)

Fundamentos de Python: estruturas de dados

dessas posições, o usuário pode navegar para outra posição de alguma forma. A Tabela 9-4 lista as operações de navegação para um iterador de lista denominado `LI`.

Operação	O que ele faz
`LI.hasNext()`	Retorna **True** se houver um item após o cursor. Retorna **False** se o cursor estiver indefinido ou posicionado após o último item.
`LI.next()`	Retorna o próximo item e move o cursor uma posição para a direita. *Precondições*: **hasNext** retorna **True**. Não houve modificações intervenientes na lista desde a operação **next** ou **previous** mais recente.
`LI.hasPrevious()`	Retorna **True** se houver um item antes do cursor. Retorna **False** se o cursor estiver indefinido ou posicionado antes do primeiro item.
`LI.previous()`	Retorna o item anterior e move o cursor uma posição para a esquerda. *Precondições*: **hasPrevious** retorna **True**. Não houve modificações intervenientes na lista desde a operação **next** ou **previous** mais recente.
`LI.first()`	Move o cursor antes do primeiro item, se houver um.
`LI.last()`	Move o cursor após o último item, se houver um.

Tabela 9-4 Operações de navegação para um iterador de lista

As demais operações baseadas em posição são usadas para modificar a lista. A Tabela 9-5 lista as operações modificadoras que funcionam na posição atualmente estabelecida no iterador da lista denominado `LI`.

A Tabela 9-6 apresenta uma sequência de operações em um iterador de lista e indica o estado da lista associada após cada operação. Você pode supor que essa lista esteja vazia quando o iterador da lista for aberto nela.

Operação	O que ele faz
`LI.insert(item)`	Se o cursor estiver definido, insere **item** depois disso; caso contrário, insere **item** no final da lista.
`LI.remove()`	Remove o item retornado pela operação **next** ou **previous** mais recente. *Precondições*: pelo menos uma operação **next** ou **previous** foi executada e não houve mutações intervenientes na lista desde a mais recente operação **next** ou **previous**.
`LI.replace(item)`	Substitui o item retornado pela chamada mais recente da operação **next** ou **previous**. *Precondições*: pelo menos uma operação **next** ou **previous** foi executada e não houve mutações intervenientes na lista desde a mais recente operação **next** ou **previous**.

Tabela 9-5 Operações de um mutador para um iterador de lista

Listas

Lembre-se de que o cursor de um iterador de lista, uma vez definido, está localizado antes do primeiro item, após o último item ou entre dois itens. Na tabela, o cursor é indicado por uma vírgula e por uma variável de número inteiro chamada **posição atual**. Se a lista contém n itens, aplica-se o seguinte:

- Posição atual $= i$ se estiver localizado antes do item no índice i, em que $i = 0, 1, 2, ..., n-1$.
- Posição atual $= n$ se estiver localizado após o último item.

Observe na Tabela 9-6 que não há posição atual até que haja pelo menos um item na lista e o método `first` ou `last` for executado. Até esse ponto, os métodos `asNext` e `hasPrevious` retornam `False` e os métodos `next`, `previous`, `remove` e `replace` não devem ser executados. Mas você pode executar a operação `insert` no iterador de lista neste ponto para adicionar itens repetidamente ao final da lista.

A partir da especificação das operações, você sabe que `remove` e `replace` operam no último item devolvido por uma operação `next` ou `previous`, desde que não tenha havido operações `insert` ou `remove` no meio. A tabela destaca o último item retornado em negrito. Se nenhum item estiver destacado, `remove` e `replace` são inválidos. O item destacado, quando presente, pode estar em qualquer lado do cursor — à esquerda após uma operação `next` ou à direita após uma operação `previous`.

Quando uma lista está vazia, o cursor torna-se novamente indefinido.

Operação	Posição após a operação	A lista após a operação	Valor retornado	Comentário
Instanciação	Indefinida	Vazia		Um novo iterador de lista.
insert(a)	Indefinida	a		Quando o cursor está indefinido, cada item inserido vai para o final da lista.
insert(b)	Indefinida	a b		
hasNext()	Indefinida		False	Quando o cursor está indefinido, não há item seguinte ou anterior.
first()	0	, a b		Estabelece o cursor antes do primeiro item, se houver um.
hasNext()	0		True	Há um item à direita do cursor, portanto, há um próximo item.
next()	1	**a** , b	a	Retorna **a** e move o cursor para a direita.
replace(c)	1	c, b		Substitui **a**, o item retornado mais recentemente por **next**, com **c**.

Tabela 9-6 Efeitos das operações do iterador de lista sobre uma lista (*continua*)

Fundamentos de Python: estruturas de dados

(continuação)

Operação	Posição após a operação	A lista após a operação	Valor retornado	Comentário
next()	2	c **b** ,	b	Retorna **b** e move o cursor para a direita.
next()	2	c b,	Exception	O cursor está no final da lista, portanto, é impossível passar para o próximo item.
hasNext()	2	c b,	False	O cursor está no final da lista, portanto, não há próximo item.
hasPrevious()	2	c b ,	True	Há um item à esquerda do cursor, portanto, há um item anterior.
previous()	1	c b ,	b	Retorna **b** e move o cursor para a esquerda.
insert(e)	1	c e b		Retorna **e** à direita da posição do cursor.
remove()	1	c e b	Exception	Um **insert** ocorreu desde o mais recente **next** ou **previous**.
previous()	0	, c e b	c	Retorna **c** e move o cursor para a esquerda.
remove()	0	e b		Remove **c**, o item retornado mais recentemente por **previous**.

Tabela 9-6 Efeitos das operações do iterador de lista sobre uma lista

O próximo segmento de código também ilustra o uso de um iterador de lista. Você pode presumir que alguém definiu a classe **ArrayList** que suporta as operações mencionadas anteriormente.

```python
print("Create a list with 1-9")
lyst = ArrayList(range(1, 10))
print("Length:", len(lyst))
print("Items (first to last): ", lyst)
# Cria e usa um iterador de lista
listIterator = lyst.listIterator()
print("Forward traversal: ", end = "")
listIterator.first()
while listIterator.hasNext():
    print (listIterator.next(), end = " ")
print("\nBackward traversal: ", end = "")
listIterator.last()
while listIterator.hasPrevious():
```

```python
        print(listIterator.previous(), end = " ")
print("\nInserting 10 before 3: ", end = "")
listIterator.first()
for count in range(2):
        listIterator.next()
listIterator.insert(10)
print(lyst)
print("Removing 2: ", end = "")
listIterator.first()
for count in range(3):
    listIterator.next()
listIterator.remove()
print(lyst)
print("Removing all items")
listIterator.first()
while listIterator.hasNext():
    listIterator.next()
    listIterator.remove()
print("Length:", len(lyst))
```

Eis a saída do segmento de código:

```
Cria uma lista com 1-9
Comprimento: 9
Itens (do primeiro ao último): 1 2 3 4 5 6 7 8 9
Percurso para a frente: 1 2 3 4 5 6 7 8 9
Percurso para trás: 9 8 7 6 5 4 3 2 1
Inserindo 10 antes de 3: 1 2 10 3 4 5 6 7 8 9
Removendo 2: 1 10 3 4 5 6 7 8 9
Remove todos os itens
Comprimento: 0
```

Observe que um percurso com um iterador de lista começa movendo o cursor para a primeira posição ou para a última posição. Lembre-se de que existem restrições adicionais para algumas operações. Por exemplo, **replace** e **remove** exigem o estabelecimento de uma posição atual com uma operação **next** ou **previous** imediatamente anterior . Essas duas operações, por sua vez, assumem que **hasNext** e **hasPrevious** retornam **True**, respectivamente. Essas operações são discutidas em detalhes mais adiante neste capítulo.

Interfaces para listas

Embora haja um número impressionante de operações de lista, o esquema de ordenação ajuda a reduzir a confusão potencial. A Tabela 9-7 faz uma recapitulação. Nessa tabela, i refere-se a uma lista e **LI** refere-se a um iterador de lista aberto em uma lista.

Com base na discussão anterior sobre as operações de lista, é proposto que você divida essas operações em duas interfaces. Como aprendeu no Capítulo 5, uma interface no Python não inclui nenhum código funcional, mas, em vez disso, funciona como um princípio organizacional para as implementações que incluem esse código. A primeira interface inclui as operações

Operação baseada em índice	Operação baseada em conteúdo	Operação baseada em posição
`L.insert(i, item)`	`L.add(item)`	`LI.hasNext()`
`L.pop(i)`	`L.remove(item)`	`LI.next()`
`L[i]`	`L.index(item)`	`LI.hasPrevious()`
`L[i] = item`		`LI.first()`
		`LI.last()`
		`LI.insert(item)`
		`LI.remove(item)`
		`LI.replace(item)`

Tabela 9-7 Resumo das operações básicas da lista

baseadas em índice e baseadas em conteúdo que são semelhantes às da classe `list` do Python. Mais adiante no capítulo, você desenvolverá duas implementações chamadas `ArrayList`. A segunda interface contém operações para iteradores de lista. Cada implementação de um iterador de lista está associada a determinada implementação de lista. Embora as duas interfaces sejam apenas conjuntos de operações, você pode dar-lhes nomes, como `ListInterface` e `ListIteratorInterface`, para identificá-las.

O diagrama UML na Figura 9-3 mostra como as classes de implementação estão relacionadas às duas interfaces. Para a interface de lista, você também adiciona os métodos básicos comuns a todas as coleções, a saber, `isEmpty`, `__len__`, `__str__`, `__iter__`, `__add__`, `__eq__`, `count` e `clear`, bem como o método `listIterator`. As setas que se estendem das classes do iterador de lista às classes de lista indicam um relacionamento de dependência.

Exercícios

1. Quais são as precondições nas operações baseadas em índice com uma lista?

2. Em que a operação `insert` baseada na posição difere de uma operação `insert` baseada em índice?

Aplicações das listas

As listas são provavelmente as coleções mais utilizadas na ciência da computação. Esta seção examina três aplicações importantes: gerenciamento de armazenamento de heap, gerenciamento de arquivo em disco e a implementação de outras coleções.

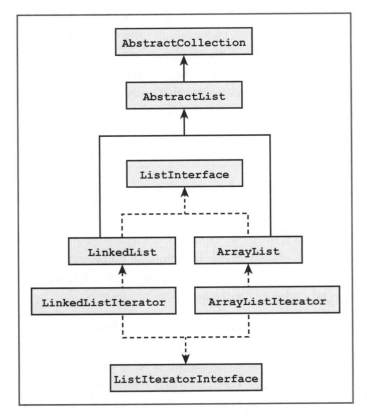

Figura 9-3 As interfaces e classes de implementação para listas e iteradores de lista

Gerenciamento de armazenamento de heap

Ao ler o Capítulo 7, "Pilhas", você aprendeu um aspecto do gerenciamento de memória do Python: a pilha de chamadas. Agora aprenderá os outros aspectos analisando como gerenciar o espaço livre no heap do objeto, também apresentado no Capítulo 7, usando uma lista ligada. Lembre-se de que o heap de objeto é uma área da memória à qual a máquina virtual Python aloca segmentos de vários tamanhos para todos os novos objetos de dados. Quando um objeto não pode mais ser referenciado a partir de um programa, a Python Virtual Machine (PVM) pode retornar o segmento de memória desse objeto ao heap para uso por outros objetos. Os esquemas de gerenciamento de heap podem ter um impacto significativo no desempenho geral de um aplicativo, especialmente se o aplicativo cria e abandona muitos objetos durante o curso de sua execução. Os implementadores de PVM, portanto, estão dispostos a investir grande esforço para organizar o heap da maneira mais eficiente possível. Suas soluções aprimoradas estão além do escopo deste livro, portanto, um esquema simplificado é apresentado aqui.

Nesse esquema, blocos contíguos de espaço livre no heap são ligados a uma lista livre. Quando um aplicativo instancia um novo objeto, a PVM pesquisa na lista livre o primeiro bloco grande o suficiente para conter o objeto. Quando o objeto não é mais necessário, o coletor de lixo retorna o espaço do objeto para a lista livre.

Esse esquema tem dois problemas. Primeiro, com o tempo, os blocos grandes da lista livre se fragmentam em muitos blocos menores. Em segundo lugar, procurar em uma lista livre blocos de tamanho suficiente pode levar um tempo de execução O(n), em que n é o número de blocos na lista. Para neutralizar a fragmentação, o coletor de lixo reorganiza periodicamente a lista livre, recombinando blocos adjacentes. Para reduzir o tempo de pesquisa, você pode usar várias listas livres. Por exemplo, se uma referência de objeto requer 4 bytes, a lista 1 pode consistir em blocos de tamanho 4; lista 2, blocos de tamanho 8; lista 3, blocos de tamanho 16; lista 4, blocos de tamanho 32; e assim por diante. A última lista conteria todos os blocos maiores do que algum tamanho designado.

Nesse esquema, o espaço sempre é alocado em unidades de 4 bytes e o espaço para um novo objeto é obtido do cabeçalho da primeira lista não vazia contendo blocos de tamanho suficiente. Como o acesso e a remoção do início são O(1), alocar espaço para um novo objeto agora leva O(1) tempo, a menos que o objeto exija mais espaço do que o disponível no primeiro bloco da última lista. Nesse ponto, a última lista deve ser pesquisada, dando à operação um tempo máximo de execução de O(n), em que n é o tamanho da última lista.

Para simplificar essa discussão, dois problemas difíceis foram completamente ignorados. O primeiro tem a ver com a decisão de quando executar o coletor de lixo. Executar o coletor de lixo demanda tempo de aplicativo, mas não executá-lo significa que as listas livres nunca são reabastecidas. O segundo problema diz respeito a como o coletor de lixo identifica objetos que não são mais referenciados e, consequentemente, não são mais necessários. (Uma solução para esses problemas está além do escopo deste livro.)

Organização dos arquivos em um disco

O sistema de arquivos de um computador possui três componentes principais: um diretório de arquivos, os próprios arquivos e espaço livre. Para entender como funcionam juntos para criar um sistema de arquivos, primeiro considere o formato físico do disco. A Figura 9-4 mostra um arranjo padrão. A superfície do disco é dividida em trilhas concêntricas e cada trilha é subdividida em setores. Os números dessas trilhas variam dependendo da capacidade e tamanho físico do disco. Mas todas as trilhas contêm o mesmo número de setores e todos os setores contêm o mesmo número de bytes. Para fins dessa discussão, suponha que um setor contenha 8 kilobytes de dados mais alguns bytes adicionais reservados para um ponteiro. Um setor é a menor unidade de informação transferida de e para o disco, independentemente de seu tamanho real e um par de números (t, s) especifica um localização do setor no disco, onde t é o número da faixa e s o número do setor. A Figura 9-4 mostra um disco com n faixas. Os k setores na faixa 0 são rotulados de 0 a $k - 1$.

O diretório de um sistema de arquivos é organizado como uma coleção hierárquica. Não é necessário entrar em detalhes sobre essa estrutura aqui. Para nossos propósitos, apenas suponha que o diretório ocupe as primeiras trilhas do disco e contenha uma entrada para cada arquivo. Essa entrada contém o nome do arquivo, data de criação, tamanho etc. Além disso, contém o endereço do setor que contém os primeiros bytes do arquivo. Dependendo do tamanho, um arquivo pode estar completamente contido em um único setor ou pode se estender por vários setores. Normalmente, o último setor só permanece parcialmente cheio,

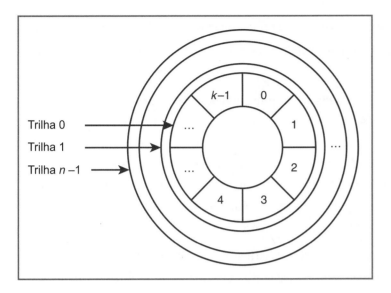

Figura 9-4 Trilhas e setores na superfície de um disco

e nenhuma tentativa é feita para recuperar o espaço não utilizado. Os setores que compõem um arquivo não precisam ser fisicamente adjacentes porque cada setor, exceto o último, termina com um ponteiro para o setor que contém a próxima parte do arquivo. Por fim, os setores que não estão em uso são ligados em uma lista livre. Quando arquivos são criados, eles recebem espaço nessa lista e, quando os arquivos antigos são excluídos, o espaço retorna à lista.

Como todos os setores têm o mesmo tamanho e o espaço é alocado em setores, um sistema de arquivos não tem o mesmo problema de fragmentação encontrado no heap de objetos do Python. Mas ainda existe uma dificuldade. Para transferir dados de ou para o disco, os cabeçotes de leitura/gravação devem primeiro ser posicionados na trilha correta, o disco deve girar até que o setor desejado esteja sob os cabeçotes e, em seguida, a transferência de dados ocorre. Dessas três etapas, a transferência de dados é a que leva menos tempo. Felizmente, os dados podem ser transferidos de ou para vários setores adjacentes durante uma única rotação, sem a necessidade de reposicionar os cabeçotes. Portanto, o desempenho de um sistema de disco é otimizado quando os arquivos multissetoriais não estão espalhados pelo disco. Com o tempo, entretanto, à medida que arquivos de tamanhos variados são criados e destruídos, esse tipo de dispersão se torna frequente e o desempenho do sistema de arquivos diminui. Como contramedida, os sistemas de arquivos incluem um utilitário, executado automaticamente ou a pedido explícito do usuário, que reorganiza o sistema de arquivos para que os setores em cada arquivo sejam contíguos e tenham a mesma ordem física e lógica.

Implementação de outras coleções

As listas são frequentemente usadas para implementar outras coleções, como pilhas e filas. Existem duas maneiras de fazer isso:

- Estender a classe de lista, tornando a nova classe uma subclasse da classe de lista.
- Usar uma instância da classe de lista dentro da nova classe e permitir que a lista contenha os itens de dados.

Por exemplo, você pode implementar uma classe de pilha estendendo uma classe de lista. Mas a extensão não é uma escolha sábia nesse caso, porque essa versão de uma pilha herda os métodos da lista que permitem aos usuários acessar itens em posições diferentes além do topo, violando assim o espírito do tipo de dados abstratos da pilha. No caso de pilhas e filas, uma decisão de projeto melhor é conter uma lista dentro da pilha ou fila. Nesse caso, todas as operações de lista estão disponíveis para o implementador da pilha ou fila, mas apenas as operações essenciais da pilha ou fila estão disponíveis para os usuários.

Coleções que usam listas também herdam as características de desempenho. Por exemplo, uma pilha que usa uma lista baseada em array tem as características de desempenho de uma lista baseada em array, enquanto uma pilha que usa uma lista baseada em ligação tem características de uma lista baseada em ligação.

A principal vantagem de usar uma lista para implementar outra coleção é que a codificação torna-se mais fácil. Em vez de operar em um array ou estrutura ligada concreta, o implementador de uma pilha precisa apenas chamar os métodos de lista apropriados.

O Capítulo 10, "Árvores" e o Capítulo 11, "Conjuntos e dicionários," mostram outras situações nas quais você pode usar listas na implementação de coleções.

Implementações de listas

No início deste capítulo, mencionamos que existem duas estruturas de dados comuns para implementar listas: arrays e estruturas ligadas. Esta seção desenvolve implementações baseadas em array e ligadas.

O papel da classe `AbstractList`

As implementações de lista seguem o padrão estabelecido pelas classes bag, stack e queue discutidas nos Capítulos 6 a 8. Em vez de começar do zero, cada classe de lista concreta é subdividida em uma classe abstrata, chamada `AbstractList`. Como essa classe é uma subclasse de `AbstractCollection`, as classes de lista herdam os métodos usuais de coleção, bem como a variável `self.size`. Você também pode incluir alguns outros métodos de lista em `AbstractList` para reduzir o número de métodos que você precisa definir nas classes concretas?

A resposta é, "claro que sim!". Lembre-se de que o método baseado em conteúdo `index` é uma pesquisa pela posição de determinado item. Como a pesquisa pode usar um simples laço `for`, você pode definir esse método em `AbstractList`. Além disso, os métodos baseados em conteúdo `remove` e `add` podem chamar os métodos baseados em índice `pop` e `insert`, respectivamente, para excluir ou adicionar um item após localizar sua posição com uma chamada a `index`. Portanto, você também pode definir esses dois métodos baseados em conteúdo em `AbstractList`.

Além desses métodos, a classe **AbstractList** mantém uma nova variável de instância chamada **self.modCount**. Os iteradores de lista usam essa variável para impor precondições em certos métodos, como discutido mais adiante neste capítulo. Eis o código para a classe:

```python
"""
Arquivo: abstractlist.py
Autor: Ken Lambert
"""

from abstractcollection import AbstractCollection

    class AbstractList(AbstractCollection):
    """Uma implementação de lista abstrata."""

    def __init__(self, sourceCollection):
        """Mantém uma contagem de modificações na lista."""
        self.modCount = 0
        AbstractCollection.__init__(self, sourceCollection)

    def getModCount(self):
        """Retorna a contagem de modificações na lista."""
        return self.modCount

    def incModCount(self):
        """Incrementa a contagem de modificações
        para a lista."""
        self.modCount += 1

    def index(self, item):
        """Precondição: o item está na lista.
        Retorna a posição do item.
        Gera exceção: ValueError se o item não estiver na lista."""
        position = 0
        for data in self:
            if data == item:
                return position
            else:
                position += 1
        if position == len(self):
            raise ValueError(str(item) + " not in list.")

    def add(self, item):
        """Adiciona o item ao final da lista."""
        self.insert(len(self), item)

    def remove(self, item):
        """Precondição: o item está no self.
        Gera exceção: ValueError se o item não estiver em self.
        Pós-condição: o item é removido de self."""
```

```
        position = self.index(item)
        self.pop(position)
```

Uma implementação baseada em array

250

A implementação baseada em array da interface de lista é uma classe chamada `ArrayList`. Um `ArrayList` mantém seus itens de dados em uma instância da classe `Array` introduzida no Capítulo 4, "Arrays e estruturas ligadas". Um `ArrayList` tem uma capacidade padrão inicial que é aumentada automaticamente quando necessário.

Como a classe `ArrayList` é uma subclasse de `AbstractList`, apenas os métodos baseados em índice, o método `__iter__` e os métodos `listIterator` são definidos aqui.

As operações baseadas em índice `__getitem__` e `__setitem__` simplesmente usam o operador subscrito na variável de array `self.items`. Os métodos `insert` e `pop` deslocam os itens no array usando as técnicas descritas no Capítulo 4. Uma discussão sobre a classe `ArrayListIterator` é apresentada em uma seção mais à frente neste capítulo. Eis o código para a classe `ArrayList`

```
"""
Arquivo: arraylist.py
Autor: Ken Lambert
"""

from arrays import Array
from abstractlist import AbstractList
from arraylistiterator import ArrayListIterator
class ArrayList(AbstractList):
    """Uma implementação de lista baseada em array."""

    DEFAULT_CAPACITY = 10

    def __init__(self, sourceCollection = None):
        """Define o estado inicial de self, o que inclui o
        conteúdo de sourceCollection, se estiver presente."""
        self.items = Array(ArrayList.DEFAULT_CAPACITY)
        AbstractList.__init__(self, sourceCollection)

    # Métodos acessores
    def __iter__(self):
        """Suporta iteração sobre uma visualização de self."""
        cursor = 0
        while cursor < len(self):
            yield self.items[cursor]
            cursor += 1

    def __getitem__(self, i):
        """Precondição: 0 <= i < len(self)
        Retorna o item na posição.
        Gera exceção: IndexError."""
        if i < 0 or i >= len(self):
            raise IndexError("List index out of range")
        return self.items[i]

    # Métodos mutadores
    def __setitem__(self, i, item):
```

```python
        """Precondição: 0 <= i < len (self):
        Substitui o item na posição i.
        Gera exceção: IndexError."""
        if i < 0 or i >= len(self):
            raise IndexError("List index out of range")
        self.items[i] = item

    def insert(self, i, item):
        """Insere o item na posição i."""
        # Redimensiona o array aqui se necessário
        if i < 0: i = 0
        elif i > len(self): i = len(self)
        if i < len(self):
            for j in range(len(self), i, -1):
                self.items[j] = self.items[j - 1]
        self.items[i] = item
        self.size += 1
        self.incModCount()

    def pop(self, i = None):
        """Precondição: 0 <= i < len (self).
        Remove e retorna o item na posição i.
        Se i for None, i recebe um valor padrão len(self) - 1.
        Gera exceção: IndexError."""
        if i == None: i = len(self) - 1
        if i < 0 or i >= len(self):
            raise IndexError("List index out of range")
        item = self.items[i]
        for j in range(i, len(self) - 1):
            self.items[j] = self.items[j - 1]
        self.size -= 1
        self.incModCount()
        # Redimensiona o array aqui se necessário
        return item

    def listIterator(self):
        """Retorna um iterador de lista."""
        return ArrayListIterator(self)
```

Uma implementação ligada

Você usou estruturas ligadas para implementar sacolas, pilhas e filas anteriormente neste livro. A estrutura usada para uma pilha ligada (ver Capítulo 7), que tem um ponteiro para o início, mas não para o final, seria uma escolha imprudente para uma lista ligada. O método **add** teria que percorrer toda a sequência de nós para localizar o final da lista.

A estrutura ligada simples usada para a fila ligada (ver Capítulo 8, "Filas") funcionaria melhor, porque um ponteiro é mantido no final da estrutura, bem como no início. O método de lista **add** insere o novo item no final da estrutura ligada e ajusta a ligação inicial, se necessário.

Mas remover o item na última posição em uma estrutura unicamente ligada ainda exigiria seguir as ligações do início da estrutura até o penúltimo nó. Portanto, abrir o último item, que é uma operação de tempo constante para uma lista baseada em array, torna-se uma operação de tempo linear para uma lista ligada. Além disso, uma estrutura unicamente ligada não é a ideal para suportar um iterador de lista. O iterador de lista permite o movimento do cursor em qualquer direção, mas uma estrutura unicamente ligada suporta o movimento apenas para o próximo nó. Você pode resolver esses problemas usando uma estrutura duplamente ligada, em que cada nó tem um ponteiro para o nó anterior e também um ponteiro para o próximo nó.

O código necessário para manipular uma estrutura duplamente ligada pode ser simplificado se um nó extra for adicionado ao início da estrutura, como mencionado no Capítulo 4. Esse nó é chamado de **nó sentinela** ou nó inicial fictício e aponta para a frente para o primeiro nó de dados e para trás para o último nó de dados. O ponteiro externo do cabeçalho aponta para o nó sentinela. A estrutura resultante lembra a estrutura ligada circular apresentada no Capítulo 4. O nó sentinela não contém um item de lista e, quando a lista está vazia, o sentinela permanece. A Figura 9-5 mostra uma estrutura ligada circular vazia e uma estrutura ligada circular contendo um item de dados.

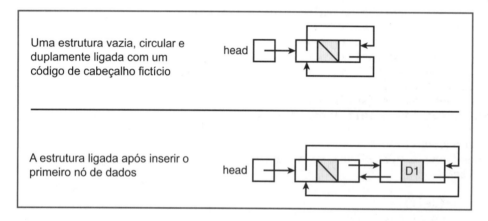

Figura 9-5 Duas estruturas circulares duplamente ligadas com nós sentinela

Como podemos ver na figura, o próximo ponteiro do nó sentinela localiza o primeiro nó de dados, enquanto o ponteiro anterior localiza o último nó de dados. Portanto, não há necessidade de um ponteiro separado para a posição final na implementação. Além disso, como veremos em breve, quando o primeiro ou o último nó de dados é inserido ou removido, não há necessidade de redefinir o ponteiro do cabeçalho da implementação.

O bloco de construção básico de uma estrutura duplamente ligada é um nó com dois indicadores: `next`, que aponta para a direita; e `previous`, que aponta para a esquerda. Esse tipo de nó, denominado `TwoWayNode`, é uma subclasse da classe `Node` definida no Capítulo 4.

O próximo segmento de código mostra o código de configuração para aclasse `LinkedList`, bem como seu método `__iter__`:

```
"""
Arquivo: linkedlist.py
Autor: Ken Lambert
"""

from node import TwoWayNode
from abstractlist import AbstractList

class LinkedList(AbstractList):
    """Uma implementação de lista baseada em ligações."""

    def __init__(self, sourceCollection = None):
        """Define o estado inicial de self, o que inclui o
        conteúdo de sourceCollection, se estiver presente."""
        # Usa uma estrutura circular com um nó sentinela
        self.head = TwoWayNode()
        self.head.previous = self.head.next = self.head
        AbstractList.__init__(self, sourceCollection)

    # Métodos acessores
    def __iter__(self):
        """Suporta iteração sobre uma visualização de self."""
        cursor = self.head.next
        while cursor != self.head:
            yield cursor.data
            cursor = cursor.next
```

Observe que o método **__init__** cria um nó sem dados — este é o nó sentinela. O método **__iter__** então define o cursor não para o nó inicial, que é a sentinela, mas para o próximo nó, que é o primeiro nó contendo dados, se esse nó existir. Quando o cursor volta ao nó principal, o laço do iterador termina.

Restam a serem desenvolvidos os métodos baseados em índices **__getitem__**, **__setitem__**, **insert** e **pop**. Cada um desses métodos deve percorrer os nós na estrutura ligada, começando com o nó após o nó principal, até o i-ésimo nó ser alcançado. Nesse ponto, o dado contido nesse nó é retornado ou modificado (**__getitem__** ou **__setitem__**), ou o nó é removido (**pop**), ou um novo nó é inserido antes desse nó (**insert**). Como a pesquisa pelo i-ésimo nó é uma operação que todos os quatro métodos devem realizar, você inclui um método auxiliar, denominado **getNode**, que faz isso. Esse método espera a posição no índice do nó-alvo como um argumento e retorna um ponteiro para o i-ésimo nó. Os quatro métodos de chamada podem então usar esse ponteiro para manipular a estrutura ligada correspondentemente.

Eis o código para os métodos **getNode**, **__setitem__** e **insert**. Os métodos restantes são deixados como exercícios para você.

```
# O método auxiliar retorna o nó na posição i
def getNode(self, i):
    """Método auxiliar: retorna um ponteiro para o nó
     na posição i."""
    if i == len(self):            # Acesso em tempo constante ao nó principal
        return self.head
```

```python
        if i == len(self) - 1:      # ou último nó de dados
            return self.head.previous
        probe = self.head.next
        while i > 0:
            probe = probe.next
            i -= 1
        return probe

# Métodos mutadores
def __setitem__(self, i, item):
    """Precondição: 0 <= i < len (self)
    Substitui o item na posição i.
    Gera exceção: IndexError."""
    if i < 0 or i >= len(self):
        raise IndexError("List index out of range")
    self.getNode(i).data = item

def insert(self, i, item):
    """Insere o item na posição i."""
    if i < 0: i = 0
    elif i > len(self): i = len(self)
    theNode = self.getNode(i)
    newNode = TwoWayNode(item, theNode.previous, theNode)
    theNode.previous.next = newNode
    theNode.previous = newNode
    self.size += 1
    self.incModCount()
```

Observe o uso do método `getNode` em ambos, `__setitem__` e `insert`. Cada um desses métodos assegura que o índice do item esteja dentro do intervalo antes de chamar `getNode` para localizar o nó. Além disso, como a estrutura ligada inclui um nó sentinela, o método `insert` não tem que lidar com os casos especiais de inserções no início e no final da estrutura.

Análise de tempo e espaço para as duas implementações

Os tempos de execução dos métodos de lista seguem o padrão já estabelecido para arrays e estruturas ligadas no Capítulo 4. A diferença no desempenho é vista mais claramente nos métodos de acesso e substituição, `__getitem__` e `__setitem__`. No `ArrayList`, esses métodos simplesmente executam a operação de subscrito do array em tempo constante, enquanto em `LinkedList`, esses métodos devem realizar uma pesquisa linear para o i-ésimo nó na estrutura ligada.

Os dois outros métodos baseados em índice, `insert` e `pop`, exibem as compensações esperadas nas duas implementações, embora seus tempos de execução sejam lineares em ambos os casos. Os métodos `ArrayList` localizam a posição do item-alvo em tempo constante, mas requerem tempo linear para alterar os itens a fim de concluir o processo. Inversamente, os métodos `LinkedList` exigem um tempo linear para localizar o item-alvo, mas só precisam de um tempo constante para inserir ou remover um nó.

O método baseado em conteúdo `index` é $O(n)$ para ambas as implementações. O método baseado em conteúdo `remove` executa o método `index`, seguido pelo método `pop`. Portanto, esse método não é pior do que linear nas duas implementações. Mas algum trabalho extra é realizado para repetir a pesquisa da posição em `LinkedList.pop`. Você pode eliminar esse desperdício de trabalho incluindo o método `remove`, com seu próprio processo de pesquisa, em `LinkedList`.

O método `add`, que também chama o método `insert` parece ser executado em tempo linear. Mas o método `insert` nas duas implementações é executado em tempo constante quando a posição está no final da lista ou além dela. Portanto, `add` também é O(1).

A Tabela 9-8 lista a complexidade em tempo de execução dos métodos de lista.

Método de lista	ArrayList	LinkedList
`__getitem__(i)`	O(1)	O(n)
`__setitem__(i, item)`	O(1)	O(n)
`insert(i, item)`	O(n)	O(n)
`pop(i)`	O(n)	O(n)
`add(item)`	O(1)	O(1)
`remove(item)`	O(n)	O(n)
`index(item)`	O(n)	O(n)

Tabela 9-8 Tempo médio de execução para operações de lista

Uma análise do espaço para implementações de lista segue o padrão já estabelecido para pilhas e filas. Uma implementação mínima de array requer memória para os seguintes itens:

- Uma array que pode conter referências a **capacidade**, em que **capacidade** $> = n$
- Uma referência ao array
- Variáveis para o número de itens e a contagem de mod

Assim, o requisito de espaço total para a implementação mínima de array é **capacity + 3**.

A implementação ligada requer memória para os seguintes itens:

- $n + 1$ nós, em que cada nó contém três referências
- Uma referência ao nó principal
- Variáveis para o número de itens e a contagem de mod

Portanto, o requisito de espaço total para a implementação ligada é $3n + 6$.

Ao comparar os requisitos de memória das duas implementações, você deve lembrar que a utilização do espaço para a implementação do array depende do fator de carga. Para fatores de carga acima de 1/3, a implementação do array faz uso mais eficiente da memória do que uma implementação ligada e para fatores de carga abaixo de 1/3, um array é menos eficiente.

Fundamentos de Python: estruturas de dados

Exercícios

1. Quais implementações de lista funcionariam bem para a implementação de sacolas, pilhas e filas?

2. Alguém sugere que `ArrayList` deve ser uma subclasse de `ArrayBag`, e `LinkedList` deve ser uma subclasse de `LinkedBag`. Discuta as vantagens e desvantagens dessa proposta.

Implementando um iterador de lista

Como mencionado anteriormente, um iterador de lista é um objeto anexado a uma lista que fornece operações posicionais nessa lista. Essas operações, listadas nas Tabelas 9-4 e 9-5, permitem que o programador visualize e modifique uma lista movendo um cursor. Nesta seção, você desenvolve um iterador de lista para uma lista baseada em array; a versão baseada em ligação é deixada como exercício para você.

Função e responsabilidades de um iterador de lista

Quando o programador executa o método `listIterator` em uma lista, esse método retorna uma nova instância de uma classe iteradora de lista. O objeto iterador de lista depende da lista associada, em que o primeiro precisa acessar o segundo para localizar itens, substituí-los, inseri-los ou removê-los. Assim, o iterador de lista manterá uma referência à lista ou ao armazenamento de suporte que recebe quando é criado.

Além de oferecer suporte às operações básicas, o iterador de lista também deve aplicar suas precondições. Existem três tipos de precondições:

- Um programador não pode executar uma operação `next` ou uma operação `previous` se a operação `hasNext` ou `hasPrevious` retornar `False`, respectivamente.

- Um programador não pode executar métodos modificadores consecutivos em um iterador de lista. Um método `next` ou um `previous` deve primeiro ser executado antes de cada mutação para estabelecer uma posição do cursor.

- Um programador não pode executar mutações na própria lista, com os métodos modificadores da lista, enquanto usa um iterador de lista nessa lista.

Para ajudar a determinar algumas dessas precondições, o iterador de lista mantém duas variáveis adicionais. A primeira é sua própria variável de contagem de mod. Essa variável é definida como o valor da contagem de mod da lista quando o iterador da lista é criado. Assim, a lista e o iterador de lista têm cada um sua própria "noção" da contagem de mod. Sempre que o próprio modificador de uma lista é executado, ele incrementa a contagem de mod da lista para registrar a modificação na lista. Quando certos métodos, como `next` e `previous`, são executados no iterador de lista, o iterador de lista compara sua própria contagem de mod com a contagem de mod da lista. Se os dois valores são diferentes, alguém executou um modificador de lista no contexto errado; uma exceção é então gerada. Quando um método iterador de lista altera a lista, o iterador de lista incrementa sua própria contagem de mod para manter as duas contagens de mod consistentes.

A segunda variável rastreia a posição na qual o iterador da lista pode realizar uma mutação na lista. Na implementação baseada em array, essa variável é −1 sempre que a posição ainda não tenha sido estabelecida. Seu valor se torna um índice na lista sempre que o programador executa com sucesso uma operação **next** ou **previous** no iterador da lista. Assim, os métodos modificadores **insert** e **remove** no iterador da lista podem verificar essa variável quanto à sua precondição e redefini-la para −1 depois de alterar a lista com êxito.

Configurando e instanciando uma classe de iterador de lista

A classe de iterador de lista para listas de array é chamada **ArrayListIterator**. Esta classe inclui as seguintes variáveis de instância:

- **self.backingStore** — A lista na qual o iterador é aberto.
- **self.modCount** — A noção do iterador da contagem de mod.
- **Self.cursor** — A posição do cursor manipulada pelos métodos de navegação do iterador **first, last, hasNext, next, hasPrevious** e **previous**.
- **self.lastItemPos** — A posição do cursor usada pelos métodos modificadores do iterador **insert, remove** e **replace**. Essa posição é estabelecida executando-se **next** ou **previous** e é indefinida após a execução **insert** ou **remove**.

Lembre-se de que o método **ArrayList listIterator** passa o armazenamento de suporte (**self**) para o iterador da lista durante sua instanciação. O iterador de lista pode então executar os métodos de lista nesse objeto para manipulá-lo. Eis o código para essa parte da classe **ArrayListIterator**.

```
"""
Arquivo: arraylistiterator.py
Autor: Ken Lambert
"""

class ArrayListIterator(object):
    """Representa o iterador de lista para uma lista de array."""

    def __init__(self, backingStore):
        """Define o estado inicial da lista do iterador"""
        self.backingStore = backingStore
        self.modCount = backingStore.getModCount()
        self.first()

    def first(self):
        """Redefine o cursor para o início
        do armazenamento de suporte."""
        self.cursor = 0
        self.lastItemPos == -1:
```

Os métodos de navegação no iterador de lista

Os métodos de navegação **hasNext** e **next** trabalham com um cursor que está se movendo do início de uma lista baseada em array para o seu final. Esse cursor é inicialmente 0 e é redefinido para 0 quando o programador executa o método **first** no iterador da lista. O método **hasNext** retorna **True** contanto que o cursor seja menor que o comprimento do armazenamento de suporte.

O método **next** deve verificar duas precondições antes de avançar o cursor e retornar um item do armazenamento de suporte. Primeiro, o método **hasNext** deve retornar **True**. Segundo, as duas contagens de mod — uma pertencente ao iterador de lista e a outra ao armazenamento de suporte — devem ser iguais. Se não forem iguais, isso significa que alguém modificou o armazenamento de suporte, seja com uma operação de lista ou com modificações consecutivas do iterador de lista. Se tudo correr bem, o método **next** configura **self.lastItemPos** como **self.cursor**, incrementa este último por 1 e retorna o item em **self.lastItemPos** no armazenamento de suporte. Eis o código para esses dois métodos:

```python
def hasNext(self):
    """Retorna True se o iterador tiver
    um próximo item ou False caso contrário."""
    return self.cursor < len(self.backingStore)


def next(self):
    """Precondições: hasNext retorna True.
    A lista não foi modificada, exceto pelos
    modificadores do iterador.
    Retorna o item atual e avança o cursor.
    para o próximo item."""
    if not self.hasNext():
        raise ValueError("No next item in list iterator")
    if self.modCount != self.backingStore.getModCount():
        raise AttributeError(
            "Illegal modification of backing store")
    self.lastItemPos = self.cursor
    self.cursor += 1
    return self.backingStore[self.lastItemPos]
```

Os métodos **last**, **hasPrevious** e **previous** trabalham com um cursor que está se movendo do final de uma lista baseada em array para o seu início. O método **last** configura a posição do cursor como sendo à direita do último item na lista. Essa posição será igual ao comprimento da lista. O método **hasPrevious** retorna **True** se o cursor for maior que a posição 0. O método **previous** verifica as mesmas duas precondições do método **next**. Em seguida, ele diminui o cursor em 1, configura **self.lastItemPos** como **self.cursor** e devolve o item em **self.lastItemPos** no armazenamento de suporte. Aqui está o código para os três métodos:

```python
def last(self):
    """Move o cursor para o final do armazenamento de suporte."""
    self.cursor = len(self.backingStore)
    self.lastItemPos = -1:
```

Listas

```python
def hasPrevious(self):
    """Retorna True se o iterador tiver um
    item anterior ou False caso contrário."""
    return self.cursor > 0

def previous(self):
    """Precondições prévias: hasPrevious retorna True.
    A lista não foi modificada exceto
    pelos modificadores deste iterador.
    Retorna o item atual e move
    o cursor para o item anterior."""
    if not self.hasPrevious():
        raise ValueError("No previous item in list iterator")
    if self.modCount != self.backingStore.getModCount():
        raise AttributeError(
            "Illegal modification of backing store"
    self.cursor -= 1
    self.lastItemPos = self.cursor
    return self.backingStore[self.lastItemPos]
```

Os métodos modificadores no iterador de lista

Os métodos modificadores **remove** e **replace** devem verificar duas condições prévias. Primeiro, o cursor deve ser estabelecido, o que significa que a variável **self.lastItemPos** não deve ser igual a −1. Segundo, as duas contagens de mod devem ser iguais. O método **insert** verifica apenas a precondição nas contagens de mod. Esses métodos realizam as tarefas da seguinte maneira:

- O método **replace** tem o trabalho mais fácil. O item é substituído na posição atual no armazenamento de suporte e **self.lastItemPos** é redefinido para −1. A contagem de mod do iterador de lista não é incrementada durante uma operação de substituição.

- Se o cursor estiver definido, o método **insert** insere o item no armazenamento de suporte na posição atual e reinicia **self.lastItemPos** como −1. Do contrário, o item é adicionado ao final do armazenamento de suporte. Em qualquer um dos casos, a contagem de mod do iterador de lista é incrementada.

- O método **remove** exibe o item do armazenamento de suporte na posição atual e aumenta a contagem de mod do iterador de lista em 1. Se **self.lastItemPos** for menor do que **self.cursor**, isso significa que o método **remove** foi executado após uma operação **next**, então o cursor será diminuído em 1. Por fim, **self.lastItemPos** é redefinido como −1.

Eis o código para os três métodos modificadores:

```python
def replace(self, item):
    """Precondições: a posição atual está definida.
    A lista não foi modificada, exceto pelos
    modificadores do iterador."""
    if self.lastItemPos == -1:
        raise AttributeError(
            "The current position is undefined.")
    if self.modCount != self.backingStore.getModCount():
        raise AttributeError(
```

```python
            "List has been modified illegally.")
        self.backingStore[self.lastItemPos] = item
        self.lastItemPos == -1:

def insert(self, item):
    Precondições:
    A lista não foi modificada, exceto pelos
    modificadores do iterador."""
    if self.modCount != self.backingStore.getModCount():
        raise AttributeError(
            "List has been modified illegally.")
    if self.lastItemPos == -1:
    # Cursor não definido, então adiciona o item ao final da lista
        self.backingStore.add(item)
    else:
        self.backingStore.insert(self.lastItemPos, item)
    self.lastItemPos == -1:
    self.modCount += 1

def remove(self):
    """Precondições: a posição atual está definida.
    A lista não foi modificada, exceto pelos
    modificadores do iterador."""
    if self.lastItemPos == -1:
        raise AttributeError(
            "The current position is undefined.")
    if self.modCount != self.backingStore.getModCount():
        raise AttributeError(
            "List has been modified illegally.")
    item = self.backingStore.pop(self.lastItemPos)
    # Se o item removido foi obtido via next,
    # move o cursor para trás
    if self.lastItemPos < self.cursor:
        self.cursor -= 1
    self.modCount += 1
    self.lastItemPos = -1:
```

Projeto de um iterador de lista para uma lista ligada

É possível usar a classe **ArrayListIterator** que acabamos de descrever com uma lista ligada. Entretanto, como essa implementação do iterador de lista executa os métodos baseados em índice **__getitem__** e **__setitem__** no armazenamento de suporte, as operações **next**, **previous** e **replace** serão executadas em tempo linear quando o armazenamento de suporte for uma lista ligada. Essa penalidade de desempenho é inaceitável, em comparação a desempenho em tempo constante com a lista baseada em array.

O cursor em uma implementação alternativa rastreia os nós dentro da estrutura ligada do armazenamento de suporte. Os métodos de navegação ajustam o cursor configurando-o como o próximo nó ou nó anterior. Como são operações em tempo constante, a navegação posicional por meio de uma lista ligada não é menos eficiente do que por meio de uma lista baseada em array. O acesso direto à estrutura ligada do armazenamento de suporte também possibilita a inserção, remoção ou substituição de um item em tempo constante. A implementação de um iterador de lista para uma lista ligada é deixada como exercício para você.

Análise de tempo e espaço das implementações de iterator de lista

Os tempos de execução de todos os métodos na implementação ligada de um iterador de lista são O(1). Isso por si só o torna um vencedor claro sobre a implementação baseada em array, cujo métodos `insert` e `remove` são ambos O(n).

ESTUDO DE CASO: Desenvolvendo uma lista ordenada

Este estudo de caso explora o desenvolvimento de um tipo útil de coleção: a lista ordenada.

Solicitação

Desenvolva uma coleção de lista ordenada.

Análise

Ao desenvolver uma classe de sacola ordenada no Capítulo 6, "Herança e classes abstratas", você foi capaz de criar uma subclasse da classe de sacola ordenada em uma classe sacola, porque as duas tinham a mesma interface. Uma lista ordenada e uma lista regular têm a mesma interface? Se a resposta for "sim", o caminho para o projeto e a implementação serão similares àquele que você seguiu para a sacola ordenada.

Infelizmente, a resposta é "não". Uma lista ordenada inclui a maioria dos métodos em uma lista regular, mas há duas exceções importantes. Os métodos `insert` e `__setitem__` colocam um item em uma lista em determinada posição. Mas você não pode permitir que um programador insira um item em uma posição arbitrária em uma lista ordenada. Se isso fosse permitido, o programador poderia inserir um item maior antes de um menor ou vice-versa. Portanto, você deve excluir esses dois métodos da interface da lista ordenada.

Essa restrição quanto ao posicionamento do item na lista também tem consequências para a interface do iterador de lista em uma lista ordenada. O programador deve ser capaz de navegar e remover itens como antes, mas você não pode permitir inserções ou substituições com um iterador de lista em uma lista ordenada.

Dois métodos na lista ordenada, `add` e `index`, se comportam de maneira diferente do que fazem para listas regulares. O método `add` agora procura o local adequado para inserir o item entre os itens já na lista. A operação `index` agora pode tirar vantagem do fato de que a lista é ordenada executando uma pesquisa binária para o item especificado.

Por último, suponha que os itens possam ser comparados usando os operadores de comparação padrão. Portanto, qualquer classe de um item que entra em uma lista ordenada deve incluir os métodos `__le__` e `__gt__`.

As operações específicas de lista na interface para listas ordenadas, que são chamadas **Interface SortedList**, estão resumidas na Tabela 9-9.

(continua)

(continuação)

Método de lista ordenada	O que ele faz
L.add(item)	Insere item em seu devido lugar em L.
L.remove(item)	Remove item de L. *Precondição*: item está em L.
L.index(item)	Retorna a posição da primeira instância de item em L. *Precondição*: o item está em L.
L.__getitem__(i)	Retorna o item de i na posição i. *Precondição*: 0 <= i < len(L).
L.pop(i = None)	Se *i* é omitido, remove e retorna o último item em L. Caso contrário, remove e retorna o item em L na posição i. *Precondição*: 0 <= i < len(L).

Tabela 9-9 As operações da lista ordenada

Projeto

Como você quer fornecer suporte a pesquisas binárias, deve desenvolver apenas uma implementação baseada em array, chamada **ArraySortedList**.

A classe **ArraySortedList** não pode ser uma subclasse da classe **ArrayList**, porque então **ArraySortedList** herdaria os dois métodos inutilizáveis mencionados anteriormente (ver Figura 9-6).

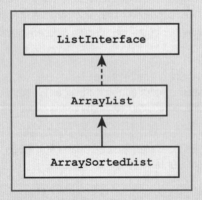

Figura 9-6 A estratégia de implementação rejeitada para uma lista ordenada baseada em array

(continua)

(continuação)

Quando surgem essas situações, a maioria dos livros didáticos de programação sugere o uso de uma instância de classe que seria transformada em uma subclasse como o contêiner para os itens. Essa estratégia faria **ArrayList** o tipo de coleção usado para manter os itens dentro do objeto **ArraySortedList** (ver Figura 9-7).

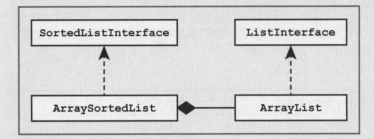

Figura 9-7 Uma melhor estratégia de implementação para uma lista ordenada baseada em array

Infelizmente, o segundo design não explora a reutilização de código da maneira que você está acostumado. Cada método em **ArrayList** deve ser refeito em **ArraySortedList** e a variável **size** em uma das duas classes vai para o lixo.

Um design melhor vem da percepção de que uma lista é na verdade uma lista ordenada com dois métodos adicionais: **insert** e **__setitem__**. Dito de outra forma, a interface de lista é uma extensão da interface de lista ordenada; portanto, a classe de lista baseada em array pode estender a classe de lista ordenada baseada em array. Com um pouco de esforço, você pode refatorar sua hierarquia de lista criando subclasses **ArrayList** sob **ArraySortedList**, conforme mostrado no diagrama de classe da Figura 9-8.

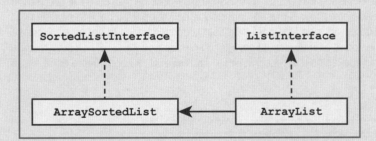

Figura 9-8 Uma estratégia de implementação ainda melhor para uma lista ordenada baseada em array

Nesse novo arranjo, a classe **ArraySortedList** mantém o array, conforme referenciado pela variável **self.items**. Essa classe também implementa os métodos baseados em índices permitidos **pop** e **__getitem__** e substitui os métodos **add** e **index** herdados da classe **AbstractList**. A classe **ArrayList** substitui os métodos **add** e **index** herdados da classe **ArraySortedList**, inclui os métodos baseados em índice **insert** e **__setitem__** e herda os métodos restantes de seus ancestrais.

(continua)

(continuação)

Outro método também está incluído na classe **ArraySortedList**. Essa classe agora precisa do método __contains__. Lembre-se de que quando o Python vê o operador **in**, ele procura um método __contains__ na classe do segundo operando. Se esse método não existir, o Python executa automaticamente uma pesquisa linear com o operando **for**. Como agora você quer que o Python selecione o método **index** de determinada classe para realizar a pesquisa, inclua uma implementação de __contains__. Esse método pode facilmente capturar as exceções geradas por **index** quando um item de destino não está em uma lista. A Tabela 9-10 mostra como os métodos de lista são distribuídos entre as classes de implementação. Observe que os métodos definidos exclusivamente estão sombreados; também observe que os métodos **ArrayList index** e **add** chamam seus homônimos na classe **AbstractList**.

AbstractList	ArraySortedList	ArrayList
getModCount	__iter__	__setitem__
incModCount	__getitem__	insert
remove	__contains__	índice
índice	clear	add
add	pop	listIterator
	índice	
	add	
	listIterator	

Tabela 9-10 A distribuição dos métodos de lista entre as classes de lista

Você pode usar uma estratégia semelhante para projetar as classes do iterador de lista para a lista baseada em array e a lista ordenada baseada em array. A classe do iterador de lista para uma lista baseada em array é uma subclasse da classe do iterador de lista para uma lista ordenada baseada em array. A classe **ArraySortedListIterator** inclui todos os métodos de navegação e o método **remove**. Sua subclasse, a classe **ArrayListIterator**, inclui apenas os métodos **insert** e **replace**. O relacionamento entre essas duas classes é mostrado na Figura 9-9.

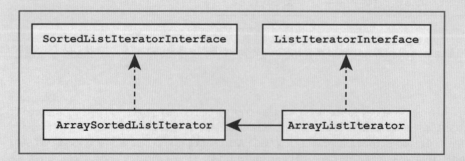

Figura 9-9 Uma estratégia de implementação ainda melhor para uma lista ordenada baseada em array

(continua)

(continuação)

Implementação (codificação)

Eis o código para a **ArrayList** refatorada. Observe que os métodos **add** e **index** chamam os mesmos métodos em **AbstractList** para reter seu comportamento da implementação anterior. Caso contrário, apenas os métodos **insert**, **__setitem__** e **listIterator** serão incluídos.

```python
"""
Arquivo: arraylist.py
Autor: Ken Lambert
"""

from arrays import Array
from abstractlist import AbstractList
from arraysortedlist import ArraySortedList
from arraylistiterator import ArrayListIterator

class ArrayList(ArraySortedList):
    """Uma implementação de lista baseada em array."""

    def __init__(self, sourceCollection = None):
        """Define o estado inicial de self, o que inclui o
        conteúdo de sourceCollection, se estiver presente."""
        ArraySortedList.__init__(self, sourceCollection)
    # Métodos acessores

    def index(self, item):
        """Precondição: o item está na lista.
        Retorna a posição do item.
        Captura exceção: ValueError se o item não estiver na lista."""
        return AbstractList.index(self, item)


    # Métodos mutadores
    def __setitem__(self, i, item):
        """Precondição: 0 <= i < len(self)
        Substitui o item na posição i.
        Captura exceção: IndexError se i estiver fora do intervalo."""
        if i < 0 or i >= len(self):
            raise IndexError("List index out of range")
        self.items[i] = item

    def insert(self, i, item):
        """Insere o item na posição i."""
        # Resize the array here if necessary
        if i < 0: i = 0
        elif i > len(self): i = len(self)
        if i < len(self):
            for j in range(len(self), i, -1):
                self.items[j] = self.items[j - 1]
        self.items[i] = item
        self.size += 1
        self.incModCount()
```

(continua)

Fundamentos de Python: estruturas de dados

(continuação)

```
def add(self, item):
    """Adiciona o item a si próprio."""
    AbstractList.add(self, item)

def listIterator(self):
    """Retorna um iterador de lista."""
    return ArrayListIterator(self)
```

O código para a classe `ArraySortedList` foi deixado como exercício para você.

Processamento recursivo de listas

No final dos anos 1950, o cientista da computação John McCarthy desenvolveu a linguagem de programação Lisp como uma linguagem de processamento de informações simbólicas de propósito geral. O termo **Lisp** em si vem do inglês *"list processing"*, ou seja, processamento de listas. A lista é a estrutura de dados básica do Lisp. Uma lista Lisp é uma estrutura de dados recursiva e os programas Lisp geralmente consistem em um conjunto de funções recursivas para processar listas. O processamento recursivo de listas mais tarde se tornou um dos blocos de construção de um movimento importante no desenvolvimento de software chamado **programação funcional**. Nesta seção, exploramos o processamento recursivo de listas, desenvolvendo uma variante de listas Lisp no Python. No processo, você aprenderá alguns padrões de projeto recursivos e alguns dos conceitos básicos da programação funcional.

Operações básicas em uma lista do tipo Lisp

Uma lista do tipo Lisp tem a seguinte definição recursiva. Uma lista está vazia ou consiste em duas partes: um item de dados seguido por outra lista. O caso-base dessa definição recursiva é a lista vazia, enquanto o caso recursivo é uma estrutura que contém outra lista.

Podemos descrever qualquer lista do tipo Lisp em termos dessa definição. Por exemplo, uma lista que contém apenas um item de dados possui um item de dados seguido por uma lista vazia. Uma lista que contém dois itens de dados possui um item de dados seguido por uma lista que contém apenas um item de dados etc. A vantagem dessa maneira de descrever uma lista é que ela naturalmente leva a alguns padrões de projeto para algoritmos de processamento de recursivo de listas.

Os usuários de uma lista do tipo Lisp têm três funções básicas para examinar as listas. A primeira função é um predicado denominado `isEmpty`. Essa função retorna `True` se seu argumento for uma lista vazia, ou `False` caso contrário. As outras duas funções, chamadas `first` e `rest`, acessam as partes componentes de uma lista não vazia. A função `first` retorna o item de dados no topo da lista. A função `rest` retorna uma lista contendo os itens de dados após esse primeiro.

Vamos considerar alguns exemplos dos usos dessas operações. Se você considerar que `lyst` refere-se a uma lista que contém os itens 34, 22 e 16, então a Tabela 9-11 mostra os resultados da aplicação das três funções básicas para `lyst`:

Aplicação de função	Resultado
`isEmpty(lyst)`	Retorna **False**.
`first(lyst)`	Retorna 34.
`rest(lyst)`	Retorna uma lista contendo 22 e 16.
`first(rest(lyst))`	Retorna 22.
`first(rest(rest(lyst)))`	Retorna 16.
`isEmpty(rest(rest(rest(lyst))))`	Retorna **True**.
`first(rest(rest(rest(lyst))))`	Gera um erro (nenhum dado em uma lista vazia).

Tabela 9-11 Aplicando as funções básicas de lista a uma lista contendo 34, 22 e 16

Observe que as chamadas aninhadas da função **rest** têm o efeito de encadear uma lista a determinado elemento de dados, desde que o argumento da lista para **rest** não seja uma lista vazia. A última aplicação na Tabela 9-11 mostra o que acontece quando a função **first** é aplicada a uma lista vazia. As funções **first** e **rest** são indefinidas para uma lista vazia e geram erros quando aplicadas.

Os diagramas de caixa e ponteiro na Figura 9-10 representam a estrutura de uma lista semelhante a Lisp contendo 34, 22 e 16. O primeiro diagrama mostra que a estrutura dessa lista parece ser a mesma da estrutura unicamente ligada apresentada no Capítulo 4. O segundo diagrama descreve as listas retornadas pelas três chamadas sucessivas da função **rest** na Tabela 9-11. Observe que cada contorno fica menor conforme as chamadas de **rest** avançam pela lista. Mas cada esboço nessa estrutura recursiva inclui uma lista, incluindo a lista vazia.

Percursos recursivos de uma lista do tipo Lisp

Dada a definição recursiva de uma lista do tipo Lisp e suas operações acessoras básicas, podemos agora definir algumas funções recursivas que percorrem as listas. A função **contains** pesquisa uma lista para determinado item. Essa função espera um item-alvo e uma lista como argumentos e retorna **True** ou **False**. Se a lista estiver vazia, não há itens para examinar, então a

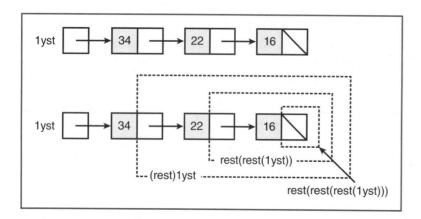

Figura 9-10 Uma lista do tipo Lisp contendo 34, 22 e 16

função retorna `False`. Caso contrário, se o item-alvo for igual ao primeiro item na lista, a função retornará `True`. Caso contrário, você usa `contains` para pesquisar recursivamente o item fornecido no resto da lista. Eis o código para essa função:

```
def contains(item, lyst):
    """Retorna True se o item estiver em lyst ou
    caso contrário, False."""
    if isEmpty(lyst):
        return False
    elif item == first(lyst):
        return True
    else:
        return contains(item, rest(lyst))
```

A função baseada em índice `get` retorna o *i*-ésimo elemento de determinada lista. Você supõe que o argumento de índice varie de 0 ao comprimento do argumento `lyst` menos 1. A função essencialmente avança pela lista e faz a contagem regressiva a partir do índice fornecido até 0. Quando o índice chega a 0, a função retorna o primeiro item na lista nesse ponto. Cada chamada recursiva não apenas diminui o índice, mas também avança para o restante da lista. Segue a definição de `get`:

```
def get(index, lyst):
    """Retorna o item no índice de posição em lyst.
    Precondição: 0 <= index < length(lyst)"""
    if index == 0:
        return first(lyst)
    else:
        return get(index - 1, rest(lyst))
```

Suponha que você não conheça o comprimento de uma lista, que é parte da precondição da função `get`. A definição do comprimento de uma lista do tipo Lisp pode ser declarada recursivamente. Seu comprimento é 0 se a lista estiver vazia. Do contrário, o comprimento de uma lista é um mais o comprimento do restante da lista após o primeiro item. Eis o código para a função recursiva `length`:

```python
def length(lyst):
    """Retorna o número de itens em lyst."""
    if isEmpty(lyst):
        return 0
    else:
        return 1 + length(rest(lyst))
```

O mais importante sobre esses percursos é que eles seguem a estrutura recursiva de uma lista. Uma ampla gama de funções de processamento de recursivo de listas pode ser definida simplesmente em termos das funções básicas de acesso de lista `isEmpty`, `first` e `rest`.

Construindo uma lista do tipo Lisp

Agora veremos como criar uma lista do tipo Lisp. Uma lista do tipo Lisp tem uma única função construtora básica chamada `cons`. Ela espera dois argumentos: um item de dados e outra lista. A função cria e retorna uma nova lista cujo primeiro item é o primeiro argumento da função. O restante dos itens na nova lista estão contidos no segundo argumento da função. As relações entre as funções `cons`, `first` e `rest` podem ser expressas algebricamente no seguinte par de equações:

`first(cons(A, B)) == A`

`rest(cons(A, B)) == B`

Se a função `cons` constrói uma lista de um item de dados e outra lista, de onde obtemos a outra lista? Inicialmente, essa lista deve ser uma lista vazia. Um recurso de lista do tipo Lisp geralmente inclui uma constante que representa esse caso especial de uma lista. Nos exemplos a seguir, o símbolo `THE_EMPTY_LIST` refere-se a essa constante. A Tabela 9-12 apresenta alguns exemplos de listas e como são construídas.

Aplicação de função ou referência de variável	Lista resultante
`THE_EMPTY_LIST`	Uma lista vazia.
`cons(22, THE_EMPTY_LIST)`	Uma lista contendo 22.
`cons(11, cons(22, THE_EMPTY_LIST))`	Uma lista contendo 11 e 22.

Tabela 9-12 Construindo Listas com `cons`

Observe que as listas que têm mais de um item de dados são construídas por aplicações sucessivas da função `cons`.

Vamos usar essas informações para definir uma função recursiva que retorna uma lista contendo um intervalo de números consecutivos. Os limites desse intervalo são os argumentos para nossa função, chamada `buildRange`. Por exemplo, uma chamada de `buildRange (1, 5)` retorna uma lista contendo 1, 2, 3, 4 e 5 e `buildRange (10, 10)` retorna uma lista contendo apenas 10. Para generalizar, se os limites são iguais, **buildRange** retorna uma lista contendo um deles. Caso contrário, **buildRange** retorna uma lista cujo primeiro item é o limite inferior e cujos itens restantes compreendem uma lista construída a partir do intervalo entre o limite inferior mais um e o limite superior. Eis o código para **buildRange**, seguido por uma explicação:

```
def buildRange(lower, upper):
    """Retorna uma lista contendo os números de
    inferior a superior.
    Precondição: lower <= upper"""
    if lower == upper:
        return cons(lower, THE_EMPTY_LIST)
    else:
        return cons(lower, buildRange(lower + 1, upper))
```

Essa função conta essencialmente a partir de **lower** para **upper**. Quando esse caso é alcançado, a função retorna uma lista contendo **lower**. Essa lista pode se tornar o segundo argumento para a segunda chamada de **cons**, o que torna o valor anterior inferior ao primeiro item da lista. À medida que a recursão se desenrola, chamadas sucessivas da função cons adicionam o restante dos números na ordem correta ao início da lista. A Figura 9-11 mostra uma representação das chamadas de função **buildRange** para construir uma lista de quatro números. Cada par de números nas primeiras quatro linhas contém os argumentos de uma nova chamada de **buildRange**. As listas retornadas de cada chamada estão nas últimas quatro linhas.

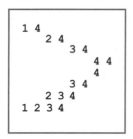

Figura 9-11 Traçando a construção recursiva de uma lista com **buildRange**

O padrão recursivo na função que acabamos de discutir é encontrado em muitas outras funções de processamento de lista. Como mais um exemplo, considere o problema de remover o item na *i*-ésima posição em uma lista. Se essa posição for a primeira (0), então retornaremos o restante da lista. Do contrário, retornaremos uma lista construída a partir do primeiro item e a lista que resulta da remoção do item naquela posição menos um do restante da lista. Como a função **get** discutida anteriormente, **remove** diminui o índice e move para o resto da lista em cada chamada recursiva. Eis o código:

```
def remove(index, lyst):
    """Retorna uma lista com o item no índice removido.
    Precondição 0 <= index < length(lyst)"""
    if index == 0:
        return rest(lyst)
    else:
```

```
    return cons(first(lyst),
                remove(index - 1, rest(lyst)))
```

A estrutura interna de uma lista do tipo Lisp

Como mostra a Figura 9-10, a estrutura interna de uma lista do tipo Lisp lembra a estrutura unicamente ligada apresentada no Capítulo 4. Essa estrutura consiste em uma sequência de nós, em que cada nó contém um item de dados denominado **data** e uma ligação para o próximo nó chamado **next**. A ligação **next** no último nó é **None**. Se você definir o símbolo **THE_EMPTY_LIST** como sendo **None**, então pode usar a classe **Node** do Capítulo 4 para representar nós em uma lista do tipo Lisp. As definições das quatro funções básicas de lista são triviais, como mostra o próximo segmento de código:

```
"""
Arquivo: lisplist.py
Dados e operações básicas para listas do tipo Lisp.
"""

from node import Node

THE_EMPTY_LIST = None

def isEmpty(lyst):
    """Retorna True se o lyst estiver vazio, ou False caso contrário."""
    return lyst is THE_EMPTY_LIST

def first(lyst):
    """Retorna o item no topo de lyst.
    Precondição: lyst não está vazia."""
    return lyst.data

def rest(lyst):
    """Retorna uma lista dos itens após a início de lyst.
    Precondição: lyst não está vazia."""
    return lyst.next

def cons(data, lyst):
    """Retorna uma lista cujo início é item e cujo final
    é a lista."""
    return Node(data, lyst)
```

O ponto importante a lembrar é que uma lista do tipo Lisp é um tipo de dado abstrato (Abstract Data Type - ADT) que inclui essas quatro funções básicas e a constante para a lista vazia. O usuário do ADT não precisa saber nada sobre nós, ligações ou ponteiros.

Imprimindo listas do tipo Lisp em IDLE com __repr__

As listas Lisp têm uma representação literal quando impressas em um interpretador Lisp. Essa representação é semelhante à das listas Python, mas usa parênteses em vez de colchetes e omite vírgulas entre os itens. A lista vazia é impressa como um símbolo especial, como **nil**. Seria conveniente para o programador ver listas do tipo Lisp impressas nesse formato no shell do IDLE, como a seguir:

```
>>> cons(22, (cons 33, THE_EMPTY_LIST))
(22 33)
>>> rest(cons(22, (cons 33, THE_EMPTY_LIST)))
(33)
THE_EMPTY_LIST
None
>>> rest(rest(cons(22, (cons 33, THE_EMPTY_LIST))))
None
```

Para fazer isso, você adiciona um método chamado __repr__ à classe Node. Quando o Python avalia um valor para exibição no shell IDLE, ele procura esse método na classe do valor. Se você incluir esse método na classe Node, pode construir e retornar uma string com os dados de toda a sequência de nós entre parênteses. Eis o código para uma classe Node que inclui esse método:

```
class Node(object):
    """Representa um nó unicamente ligado."""

    def __init__(self, data, next = None):
        self.data = data
        self.next = next

    def __repr__(self):
        """Retorna a representação de string de uma
        lista lisp não vazia."""
        def buildString(lyst):
            if isEmpty(rest(lyst)):
                return str(first(lyst))
            else:
                return str(first(lyst)) + " " + buildString(rest(lyst))
        return "(" + buildString(self) + ")"
```

Observe que o método __repr__ usa uma função aninhada chamada buildSting para percorrer a estrutura ligada. Como a estratégia recursiva emprega as funções isEmpty, first e rest, você agora inclui a definição da classe Node dentro do módulo lisplist.

Listas e programação funcional

Uma das coisas interessantes sobre listas do tipo Lisp, pelo menos como as definimos, é que elas não têm operações modificadoras. Mesmo a função remove desenvolvida anteriormente não altera a estrutura de seu argumento de lista; ela simplesmente retorna uma lista com o *i*-ésimo item removido. O próximo segmento de código ilustra isso removendo o primeiro item da lista A e atribuindo o resultado à lista B:

```
>>> A = buildRange(1, 3)
>>> print(A)
(1 2 3)
>>> B = remove(0, A)          # Remove o item da posição 0
```

```
>>> print(B)
(2 3)
>>> print(A)              # Lista referenciada por A não alterada
(1 2 3)
```

Esse comportamento não é nada parecido com o método de lista pop do Python, que altera o objeto lista no qual é executado.

Na realidade, as duas listas A e B também compartilham a estrutura, conforme mostra a Figura 9-12.

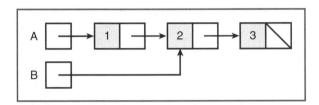

Figura 9-12 A estrutura compartilhada de duas listas A e B

Se houvesse operações modificadoras nessas listas, esse compartilhamento de estrutura seria uma má ideia, porque quaisquer mudanças na estrutura da lista A resultaria em mudanças na estrutura da lista B. Mas quando nenhuma mutação é possível, compartilhar a estrutura é uma boa ideia porque pode economizar memória.

Listas do tipo Lisp sem modificadores se encaixam perfeitamente em um estilo de desenvolvimento de softwares chamado **programação funcional**. Um programa escrito nesse estilo consiste em um conjunto de funções cooperativas que transformam valores de dados em outros valores de dados. Assim, quando uma estrutura de dados deve ser alterada, ela não é modificada, mas, em vez disso, é passada como um argumento para uma função. A função cria e retorna uma estrutura de dados que representa as alterações desejadas.

O benefício desse estilo de programação é que pode ser fácil verificar se as funções são executadas corretamente porque as alterações que elas efetuam nos dados são todas transparentes (sem efeitos colaterais ocultos).

Por outro lado, o custo em tempo de execução decorrente de proibir modificações pode ser caro. Por exemplo, o índice baseado no método **remove** discutido anteriormente neste capítulo não requer memória extra para remover um item de uma lista. Por outro lado, a remoção de um item na posição i de uma lista do tipo Lisp requer $i - 1$ nós extras.

Essas compensações levaram à velha piada de que os programadores Lisp conhecem o valor de tudo e o custo de nada. Claramente, uma estrutura de dados baseada em objeto que suporta modificações seria a melhor escolha para aplicativos com grandes bancos de dados que incorrem em inserções e remoções frequentes. Para processar listas relativamente curtas de informações simbólicas, pode-se afirmar que existem poucas estruturas de dados tão simples e elegantes quanto à lista recursiva do tipo Lisp.

Fundamentos de Python: estruturas de dados

Resumo

- Uma lista é uma coleção linear que permite aos usuários inserir, remover, acessar e substituir elementos em qualquer posição.

- As operações nas listas são baseadas em índice, conteúdo ou posição. Uma operação baseada em índice permite o acesso a um elemento em um índice de inteiros especificado. Uma lista baseada em posição permite que o usuário percorra-a movendo um cursor.

- As implementações de lista são baseadas em arrays ou em estruturas ligadas. Uma estrutura duplamente ligada é mais conveniente e rápida quando usada com um iterador de lista do que uma estrutura unicamente ligada.

- Uma lista ordenada é uma lista cujos elementos estão sempre em ordem crescente ou decrescente.

- Uma lista pode ter uma definição recursiva: ela está vazia ou consiste em um item de dados e outra lista. A estrutura recursiva dessas listas suporta uma ampla gama de funções recursivas de processamento de lista.

Perguntas de revisão

1. Exemplos de listas são (escolha todas as que se aplicam):
   a. Clientes esperando em uma fila de checkout
   b. Um baralho de cartas
   c. Um sistema de diretório de arquivos
   d. Uma fila de carros em um pedágio
   e. A lista de um time de futebol

2. As operações que acessam os elementos da lista em posições de inteiros são chamadas:
   a. Operações baseadas em conteúdo
   b. Operações baseadas em índice
   c. Operações baseadas em posição

3. As operações que acessam os elementos da lista movendo um cursor são chamadas:
   a. Operações baseadas em conteúdo
   b. Operações baseadas em índice
   c. Operações baseadas em posição

4. As operações baseadas em índice em uma implementação ligada de uma lista são executadas em:
   a. Tempo constante
   b. Tempo linear

5. A operação que insere um elemento após o final de uma lista é chamada:
   a. pop
   b. add

6. A maioria das operações em um iterador de lista conectado a uma lista ligada são executadas em:

a. Tempo constante b. Tempo linear

7. As operações `insert` e `remove` em uma lista indexada baseada em array são executadas em:

a. Tempo constante b. Tempo linear

8. A operação da lista posicional `next` tem:

a. Nenhuma precondição

b. Uma precondição — que `hasNext` retorne `True`

9. Uma lista ligada é mais bem implementada com:

a. Estrutura unicamente ligada b. Estrutura duplamente ligada

10. A operação `index` em uma lista ordenada baseada em array usa:

a. Pesquisa binária b. Pesquisa sequencial

Projetos

1. Complete o iterador de lista para a implementação de lista ligada discutida neste capítulo. Verifique se as exceções são disparadas quando as precondições são violadas.

2. Conclua a implementação da lista ordenada de array discutida no estudo de caso. Você pode adiar a conclusão do iterador de lista para listas ordenadas até o Projeto 3.

3. Conclua os dois iteradores de lista para a lista de arrays e a lista ordenada de arrays usando a estratégia de design discutida no estudo de caso.

4. Escreva um programa que insira linhas de texto de um arquivo em uma lista e permita ao usuário visualizar qualquer linha de texto do arquivo. O programa deve apresentar um menu de opções que permita ao usuário inserir um nome de arquivo e navegar para a primeira linha, a última linha, a próxima linha e a linha anterior.

5. Adicione comandos ao programa do Projeto 4 para que o usuário possa excluir a linha atualmente selecionada, substituí-la por uma nova linha ou inserir uma linha na posição atual do cursor. O usuário também deve ser capaz de salvar o arquivo atual.

6. A maioria dos processadores de texto tem um recurso chamado quebra de linha, que move automaticamente a próxima palavra do usuário uma linha quando a margem direita é alcançada. Para explorar como esse recurso funciona, escreva um programa que permita ao usuário reformatar o texto em um arquivo. O usuário deve inserir a largura da linha em caracteres e inserir os nomes dos arquivos de entrada e saída. O programa deve então inserir as palavras do arquivo em uma lista de sublistas. Cada sublista representa uma linha de texto a ser enviada para o arquivo. À medida que as palavras são inseridas em cada sublista, o programa rastreia o comprimento dessa linha para garantir que é menor ou igual ao comprimento da linha do usuário. Quando todas as palavras forem inseridas nas sublistas, o programa deve percorrê-las para gravar o conteúdo no arquivo de saída.

Fundamentos de Python: estruturas de dados

7. Defina uma função recursiva chamada **insert**, que espera um índice, um item e uma lista do tipo Lisp como argumentos. A função retorna uma lista na qual o item é inserido na posição de índice fornecida. Eis um exemplo de seu uso:

```
>>> from lisplist import *
>>> lyst = buildRange(1, 5)
>>> lyst
(1 2 3 4 5)
>>> insert(2, 66, lyst)       # insere 66 na posição 2
(1 2 66 3 4 5)
>>> lyst
(1 2 3 4 5)
```

8. Defina uma função booleana recursiva chamada **equals** para duas listas do tipo Lisp. Duas listas são iguais se estiverem vazias ou se seus comprimentos forem iguais, bem como seus primeiros itens e o restante de seus itens.

```
>>> from lisplist import *
>>> lyst = buildRange(1, 5)
>>> lyst
(1 2 3 4 5)
>>> equals(lyst, buildrange(1, 5))
True
>>> equals(lyst, buildrange(1, 4))
False
```

9. Defina uma função recursiva **removeAll** que espera um item e uma lista do tipo Lisp como argumentos. Essa função retorna uma lista do tipo Lisp com todas as instâncias do item removidas. (*Dica*: Continue removendo o item se for igual ao primeiro item da lista.)

```
>>> from lisplist import *
>>> lyst = cons(2, cons(2, (cons 3, THE_EMPTY_LIST)))
>>> lyst
(2 2 3)
>>> removeAll(2, lyst)
(3)
>>> removeAll(3, lyst)
(2 2)
```

10. Defina as funções recursivas **lispMap** e **lispFilter** para listas do tipo Lisp. Seu comportamento é semelhante ao das funções Python **map** e **filter**, mas as funções Lisp retornam uma lista dos resultados.

```
>>> from lisplist import *
>>> lyst = buildRange(1, 4)
>>> lyst
(1 2 3 4)
>>> lispMap(lambda x: x ** 2, lyst)
(1 4 9 16)
>>> lispFilter(lambda x: x % 2 == 0, lyst)
(2 4)
>>> lispFilter(lambda x: x % 2 == 0,
               lispMap(lambda x: x ** 2, lyst))
(4 16)
```

CAPÍTULO 10

Árvores

Depois de concluir este capítulo, você será capaz de:

◎ Descrever os recursos de uma árvore

◎ Descrever vários tipos de percurso de árvore

◎ Reconhecer três aplicativos comuns em que é apropriado usar uma árvore

◎ Descrever os recursos de uma árvore binária de pesquisa e suas operações

◎ Reconhecer os três aplicativos comuns em que é apropriado usar uma árvore binária de pesquisa

◎ Descrever os recursos de uma árvore de expressões e suas operações

◎ Usar uma árvore de expressões na análise descendente recursiva

◎ Descrever os recursos de um heap e suas operações

◎ Fornecer uma análise de complexidade da ordenação por heap

Uma terceira categoria importante de coleções, que foi chamada **hierárquicas** no Capítulo 2, "Visão geral das coleções", consiste em vários tipos de estruturas em árvore. A maioria das linguagens de programação não inclui árvores como um tipo padrão. Mas as árvores têm usos generalizados. Elas representam coleções de objetos, como uma estrutura de diretório de arquivos ou o índice de um livro, de maneira bem natural. Árvores também podem ser usadas para implementar outras coleções, como conjuntos ordenados e dicionários ordenados, que requerem pesquisa eficiente ou que, como filas de prioridade, devem impor alguma ordem de prioridade aos elementos. Este capítulo examina as propriedades das árvores que as tornam estruturas de dados úteis e explora seu papel na implementação de vários tipos de coleções.

Visão geral das árvores

Nas estruturas de dados lineares que analisamos até agora, todos os itens, exceto o primeiro, têm um predecessor distinto, e todos os itens, exceto o último, têm um sucessor distinto. Em uma árvore, as ideias de predecessor e sucessor são substituídas pelas de um **pai** e um **filho**. As árvores têm dois recursos principais:

- Cada item pode ter vários filhos.
- Todos os itens, exceto um item privilegiado chamado **root** (ou seja, raiz), têm exatamente um pai. A raiz não tem pai.

Termo	Definição
Nó	Um item armazenado em uma árvore.
Raiz	O nó superior em uma árvore. É o único nó sem um pai.
Filho	Um nó logo abaixo e diretamente conectado a determinado nó. Um nó pode ter mais de um filho, e os filhos são vistos organizados da esquerda para a direita. O filho mais à esquerda é chamado primeiro filho e o mais à direita chama-se último filho.
Pai	Um nó logo acima e diretamente conectado a determinado nó. Um nó pode ter apenas um pai.
Irmãos	Os filhos de um pai comum.
Folha	Um nó que não tem filhos.
Nó interno	Um nó que tem pelo menos um filho.
Aresta/Ramo/Ligação	A linha que conecta um pai ao filho.
Descendente	Os filhos de um nó, os filhos de seus filhos etc. até as folhas.
Antepassado	O pai de um nó, o pai de seu pai e assim por diante até a raiz.
Caminho	A sequência de arestas que conecta um nó e um de seus descendentes.
Comprimento do caminho	O número de arestas em um caminho.

(continua)

(continuação)

Termo	Definição
Profundidade ou nível	A profundidade ou nível de um nó é igual ao comprimento do caminho que o conecta à raiz. Portanto, a profundidade da raiz ou nível da raiz é 0. Seus filhos estão no nível 1 e assim por diante.
Altura	O comprimento do caminho mais longo na árvore; dito de outra forma, o número do nível máximo entre as folhas na árvore.
Subárvore	A árvore formada considerando um nó e todos os seus descendentes.

Tabela 10-1 Um resumo dos termos usados para descrever árvores

Terminologia de árvore

A terminologia de árvore é uma mistura peculiar de termos biológicos, genealógicos e geométricos. A Tabela 10-1 fornece um rápido resumo desses termos. A Figura 10-1 mostra uma árvore e algumas de suas propriedades.

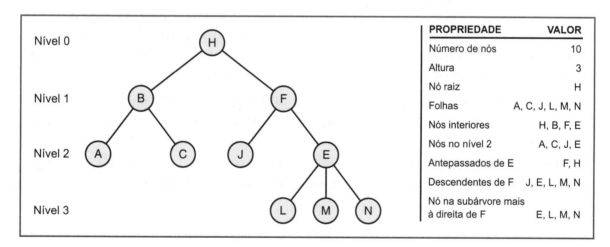

Figura 10-1 Algumas propriedades de uma árvore

Observe que a altura de uma árvore é diferente do número de nós contidos nela. A altura de uma árvore contendo um nó é 0 e, por convenção, a altura de uma árvore vazia é −1.

Árvores gerais e árvores binárias

A árvore mostrada na Figura 10-1 às vezes é chamada de **árvore geral** para distingui-la de uma categoria especial chamada de **árvore binária**. Em uma árvore binária, cada nó tem no máximo dois filhos, chamados de **filho esquerdo** e **filho direito**. Em uma árvore binária, quando um nó tem apenas um filho, você o distingue como filho à esquerda ou à direita. Assim, as duas árvores mostradas na Figura 10-2 não são as mesmas quando consideradas árvores binárias, embora sejam iguais quando consideradas árvores gerais.

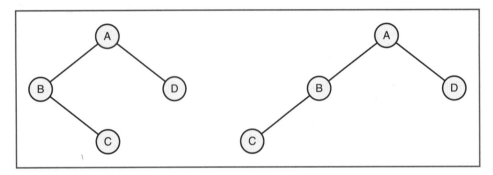

Figura 10-2 Duas árvores binárias desiguais que têm os mesmos conjuntos de nós

Definições recursivas das árvores

Agora veremos as definições mais formais das árvores gerais e árvores binárias. Como costuma acontecer, não é possível entender a definição formal sem uma compreensão intuitiva do conceito que está sendo definido. Mas a definição formal é importante porque fornece uma base precisa para uma discussão posterior. Além disso, como o processamento recursivo de árvores é comum, aqui estão as definições recursivas dos dois tipos de árvore:

- **Árvore geral** — A árvore geral está vazia ou consiste em um conjunto finito de nós T. Um nó r é distinto de todos os outros e é chamado de raiz. Além disso, o conjunto $T - \{r\}$ é particionado em subconjuntos separados, cada um dos quais é uma árvore geral.
- **Árvore binária** — Uma árvore binária está vazia ou consiste em uma raiz mais uma subárvore esquerda e uma subárvore direita, cada uma das quais é uma árvore binária.

Exercícios

Use a árvore a seguir para responder às próximas seis perguntas.

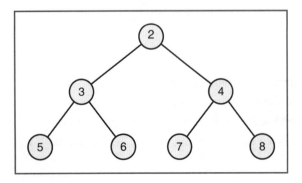

1. Quais são os nós de folha na árvore?
2. Quais são os nós internos na árvore?
3. Quais são os irmãos do nó 7?
4. Qual é a altura da árvore?
5. Quantos nós estão no nível 2?
6. A árvore é uma árvore geral, uma árvore binária ou ambas?

Por que usar uma árvore?

Conforme mencionado anteriormente, as árvores representam bem as estruturas hierárquicas. Por exemplo, podemos considerar a **análise sintática** de uma frase específica em um idioma. A **árvore de análise** descreve a estrutura sintática de uma frase em termos de suas partes componentes, como sintagmas nominais e sintagmas verbais. A Figura 10-3 mostra a árvore de análise para a seguinte frase: "A menina rebateu a bola com um taco".

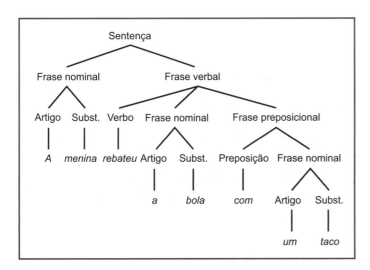

Figura 10-3 Uma árvore de análise para uma frase

O nó raiz dessa árvore, denominado "Sentença", representa a frase de nível superior nessa estrutura. Seus dois filhos, rotulados "Frase nominal" e "Frase verbal", representam as frases constituintes dessa frase. O nó rotulado "Frase preposicional" é filho de "Frase verbal", que indica que a frase preposicional "com um taco" modifica o verbo "rebater" em vez do sintagma nominal "a bola". No nível inferior, os nós de folha, como "bola", representam as palavras dentro das frases.

Como veremos mais adiante neste capítulo, programas de computador podem construir árvores de análise durante a análise de expressões aritméticas. Você pode então usar essas árvores para processamento posterior, como verificar nas expressões erros gramaticais e interpretá-las por seus significados ou valores.

As estruturas do sistema de arquivos também são semelhantes a árvores. A Figura 10-4 mostra uma estrutura, na qual os diretórios (agora comumente conhecidos como pastas) são rotulados "D" e os arquivos são rotulados "F".

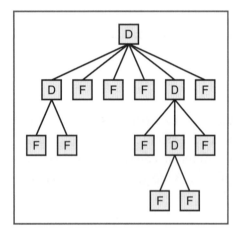

Figura 10-4 Uma estrutura de sistema de arquivos

Observe que o nó raiz representa o diretório raiz. Os outros diretórios são nós internos quando não estão vazios ou folhas quando estão vazios. Todos os arquivos são folhas.

Algumas coleções ordenadas também podem ser representadas como estruturas semelhantes a árvores. Esse tipo de árvore é chamado de **árvore binária de pesquisa**, ou BST (do inglês Binary Search Tree). Cada nó na subárvore à esquerda de determinado nó é menor do que esse nó e cada nó na subárvore à direita de determinado nó é maior do que esse nó. A Figura 10-5 mostra uma representação da árvore binária de pesquisa de uma coleção ordenada que contém as letras *A* a *G*.

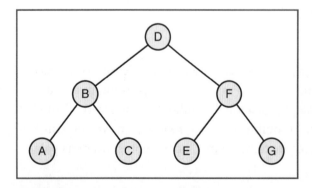

Figura 10-5 Uma coleção ordenada como uma árvore binária de pesquisa

Ao contrário da sacola ordenada discutida no Capítulo 6, "Herança e classes abstratas", uma árvore binária de pesquisa pode suportar não apenas pesquisas logarítmicas, mas inserções e remoções logarítmicas.

Esses três exemplos mostram que a característica mais importante e útil de uma árvore não são as posições de seus itens, mas os relacionamentos entre pais e filhos. Esses relacionamentos são essenciais para o significado dos dados da estrutura. Eles podem indicar ordem alfabética, estrutura de frase, contenção em um subdiretório ou qualquer relacionamento de um-para-muitos em determinado domínio de problema. O processamento dos dados dentro das árvores é baseado nos relacionamentos pai/filho entre os dados.

As seções a seguir focalizam diferentes tipos, aplicações e implementações das árvores binárias.

A forma das árvores binárias

Árvores na natureza têm várias formas e tamanhos e árvores como estruturas de dados têm várias formas e tamanhos. Falando informalmente, algumas árvores são parecidas com videiras e têm forma quase linear, enquanto outras são espessas. Os dois extremos dessas formas são mostrados na Figura 10-6.

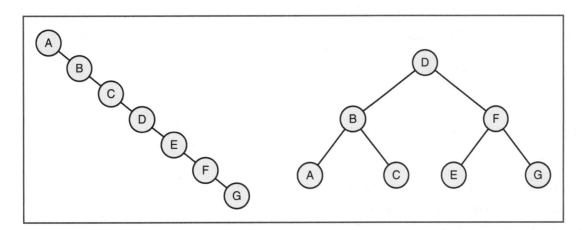

Figura 10-6 Uma árvore tipo videira e uma tipo arbusto

A forma de uma árvore binária pode ser descrita mais formalmente especificando o relacionamento entre a altura e o número de nós que ela contém. Esse relacionamento também fornece informações sobre a potencial eficiência de algumas operações na árvore.

Em um extremo, uma árvore binária pode ser semelhante a uma videira, com N nós e uma altura de $N - 1$. (Ver o lado esquerdo da Figura 10-6.) Essa árvore lembra uma cadeia linear de nós em uma lista ligada.

Um acesso, uma inserção ou uma remoção de um nó nessa estrutura seria, portanto, linear no pior dos casos.

No outro extremo, considere um **árvore binária cheia** (*full binary tree*) que contém o número máximo de nós para determinada altura *H*. (Ver o lado direito de Figura 10-6.) Uma árvore que apresenta essa forma contém o complemento total dos nós em cada nível. Todos os nós internos têm dois filhos e todas as folhas estão no nível mais baixo. Tabela 10-2 lista a altura e o número de nós para árvores binárias cheias de quatro alturas.

Altura da árvore	Número de nós na árvore
0	1
1	3
2	7
3	15

Tabela 10-2 O relacionamento entre a altura e o número de nós na árvore binária cheia

Vamos generalizar a partir dessa tabela. Qual é o número de nós, *N*, contido em uma árvore binária cheia de altura *H*? Para expressar *N* em termos de *H*, você começa com a raiz (1 nó), adiciona os filhos (2 nós), adiciona os filhos (4 nós) e assim por diante, da seguinte maneira:

$$N = 1 + 2 + 4 + \cdots + 2^H$$
$$= 2^{H+1} - 1$$

E qual é a altura, *H*, de uma árvore binária cheia com *N* nós? Usando álgebra simples, obtemos

$$H = \log_2(N+1) - 1$$

Como o número de nós em determinado caminho da raiz até uma folha está próximo de $\log_2(N)$, a quantidade máxima de trabalho necessária para acessar determinado nó em uma árvore binária cheia é O(log *N*).

Nem todas as árvores espessas são árvores binárias cheias. Mas a **árvore binária perfeitamente balanceada**, que inclui um complemento completo dos nós em cada nível, exceto o último, é espessa o suficiente para suportar o acesso logarítmico no pior dos casos aos nós folha. A **árvore binária completa** (*complete binary tree*), em que quaisquer nós no último nível são preenchidos da esquerda para a direita é, como uma árvore binária cheia, um caso especial de árvore binária perfeitamente balanceada. A Figura 10-7 resume esses tipos das formas das árvores binárias com alguns exemplos.

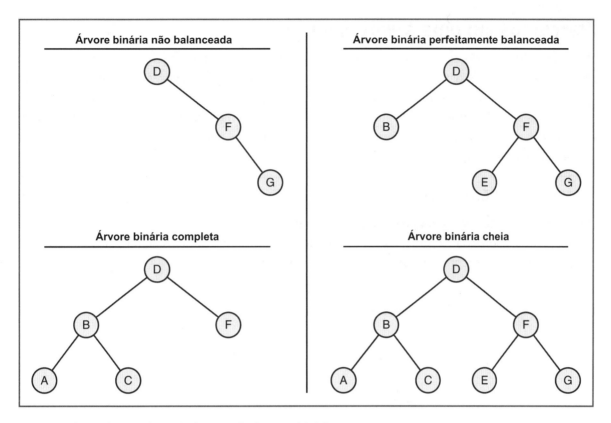

Figura 10-7 Quatro tipos de formas de árvores binárias

De modo geral, à medida que uma árvore binária se torna mais balanceada, o desempenho de acessos, inserções e remoções melhora.

Exercícios

1. Qual é a diferença entre uma árvore binária perfeitamente balanceada e uma árvore binária completa?
2. Qual é a diferença entre uma árvore binária completa e uma árvore binária cheia?
3. Uma árvore binária cheia tem uma altura de 5. Quantos nós ela contém?
4. Uma árvore binária completa contém 125 nós. Qual é a altura?
5. Quantos nós estão em determinado nível L em uma árvore binária cheia? Expresse sua resposta em termos de L.

Percursos em uma árvore binária

Nos capítulos anteriores, vimos como percorrer os itens em coleções lineares usando um laço for ou um iterador. Existem quatro tipos padrão de percursos para árvores binárias: pré-ordem, pós-ordem, in-ordem e ordem de níveis. Cada tipo de percurso segue um caminho e direção específicos à medida que visita os nós da árvore. Esta seção mostra diagramas de cada tipo de percurso em árvores binárias de pesquisa; algoritmos para os percursos são desenvolvidos mais adiante neste capítulo.

Percurso em pré-ordem

O algoritmo do **percurso em pré-ordem** visita o nó raiz de uma árvore e, em seguida, percorre a subárvore à esquerda e a subárvore à direita de maneira semelhante. A sequência dos nós visitados por um percurso em pré-ordem é ilustrada na Figura 10-8.

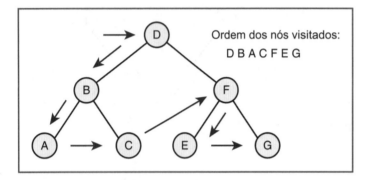

Figura 10-8   Um percurso em pré-ordem

Percurso em in-ordem

O algoritmo do **percurso em in-ordem** percorre a subárvore esquerda, visita o nó raiz e percorre a subárvore direita. Esse processo se move o mais para a esquerda possível na árvore antes de visitar um nó. A sequência dos nós visitados por um percurso em in-ordem é ilustrada na Figura 10-9.

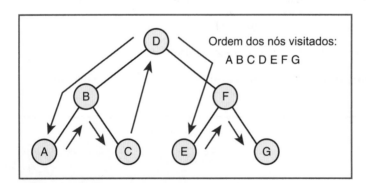

Figura 10-9   Um percurso em in-ordem

Percurso em pós-ordem

O algoritmo do **percurso em pós-ordem** percorre a subárvore esquerda, percorre a subárvore direita e visita o nó raiz. O caminho percorrido por um percurso em pós-ordem é ilustrado na Figura 10-10.

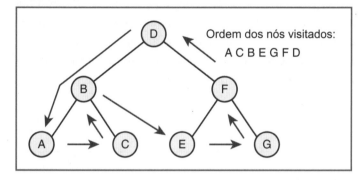

Figura 10-10 Um percurso em pós-ordem

Percurso em ordem de níveis

Começando com o nível 0, o algoritmo do **percurso em ordem de níveis** visita os nós em cada nível na ordem da esquerda para a direita. O caminho percorrido por um percurso em ordem de níveis é ilustrado na Figura 10-15.

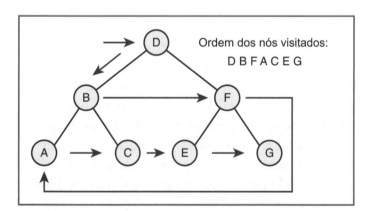

Figura 10-11 Um percurso em ordem de níveis

Como podemos ver, um percurso em in-ordem é apropriado para visitar os itens em uma árvore binária de pesquisa de forma ordenada. Os percursos em pré-ordem, in-ordem e pós-ordem das árvores de expressão podem ser usados para gerar as representações de prefixo, infixo e pós-fixo das expressões, respectivamente.

Três aplicações comuns das árvores binárias

Como mencionado anteriormente, as árvores enfatizam o relacionamento pai/filho, que permite aos usuários ordenar os dados de acordo com critérios além da posição. Esta seção apresenta três usos especiais das árvores binárias que impõem uma ordem aos dados: heaps, árvores binárias de pesquisa e árvores de expressão.

Heaps

Os dados em árvores binárias são frequentemente extraídos de conjuntos ordenados cujos itens podem ser comparados. Um **min-heap** é uma árvore binária na qual cada nó é menor ou igual a ambos os filhos. Um **max-heap** coloca os nós maiores mais próximos da raiz. Qualquer restrição na ordem dos nós é chamada **propriedade heap**. Você não deve confundir esse tipo de heap com o heap que um computador usa para gerenciar a memória dinâmica. A Figura 10-12 mostra dois exemplos de min-heaps.

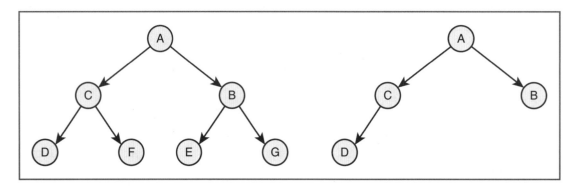

Figura 10-12   Exemplos de min-heaps

Como mostra a figura, o menor item está no nó raiz e os maiores itens estão nas folhas. Observe que os heaps na Figura 10-8 têm a forma de uma árvore binária completa, de acordo com a definição dada anteriormente. Esse arranjo dos dados em um heap suporta um método de ordenação eficiente chamado **ordenação de heap**. O algoritmo de ordenação de heap constrói um heap a partir de um conjunto de dados e então remove repetidamente o item raiz e o adiciona ao final de uma lista. Heaps também são usados para implementar filas de prioridades. Você desenvolverá uma implementação de um heap mais adiante neste capítulo.

Árvores binárias de pesquisa

Como mencionado anteriormente, uma BST impõe uma ordem de ordenação aos nós. Mas a maneira como faz isso é diferente daquela de uma pilha. Em uma BST, os nós na subárvore à esquerda de determinado nó são menores do que o nó específico e os nós na subárvore à direita são maiores do que o nó específico. Quando a forma de uma BST se aproxima de uma árvore binária perfeitamente balanceada, as pesquisas e inserções são O(log n) no pior caso.

A Figura 10-13 mostra todos os caminhos de pesquisa possíveis para a pesquisa binária de uma lista ordenada, embora apenas um desses caminhos seja usado em determinada pesquisa. Os itens visitados para comparação em cada sublista estão sombreados.

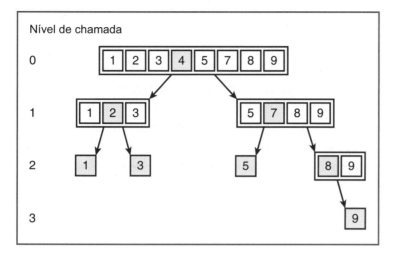

Figura 10-13 Os caminhos de pesquisa possíveis para a pesquisa binária de uma lista ordenada

Como mostra a figura, o caminho de pesquisa mais longo (itens 5-7-8-9) requer quatro comparações na lista de oito itens. Como a lista é ordenada, o algoritmo de pesquisa reduz o espaço de pesquisa pela metade após cada comparação.

Agora você pode transferir os itens sombreados para uma estrutura de árvore binária explícita, como mostra a Figura 10-14.

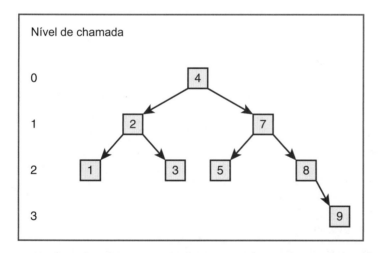

Figura 10-14 Uma árvore binária de pesquisa

O algoritmo de pesquisa, que você desenvolverá mais adiante neste capítulo, segue um caminho explícito do nó raiz ao nó-alvo. Nesse caso, uma árvore perfeitamente balanceada produz um tempo de pesquisa logarítmico. Infelizmente, nem todas as BSTs são perfeitamente balanceadas. No pior dos casos, elas se tornam lineares e suportam pesquisas lineares. Felizmente, o pior caso raramente ocorre na prática.

Árvores de expressões

O Capítulo 7, "Pilhas", mostrou como usar uma pilha para converter expressões infixas no formato pós-fixo e como usar uma pilha para avaliar expressões pós-fixas. Nesse capítulo, você também desenvolveu um tradutor e um avaliador para uma linguagem de expressões aritméticas. O processo de tradução de frases em um idioma também é chamado **análise** ou *parsing*. Outra maneira de processar frases é construir uma **árvore de análise** durante a análise. Para uma linguagem de expressões, essa estrutura também é chamada **árvore de expressões**. A Figura 10-15 mostra algumas árvores de expressões que resultam da análise de expressões infixas.

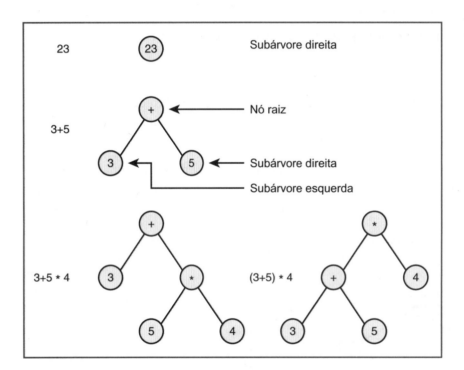

Figura 10-15 Algumas árvores de expressões

Observe os seguintes pontos:

- Uma árvore de expressões nunca está vazia.
- Cada nó interno representa uma expressão composta, consistindo em um operador e seus operandos. Assim, cada nó interno possui exatamente dois filhos, que representam os operandos.
- Cada nó de folha representa um operando atômico numérico.
- Operadores de precedência mais alta geralmente aparecem próximo da parte inferior da árvore, a menos que sejam substituídos na expressão de origem por parênteses.

Ao supor que uma árvore de expressões represente a estrutura de uma expressão aritmética, você pode fazer as seguintes solicitações Dy uma árvore de expressões:

- Solicitar o valor da expressão.
- Solicitar a expressão no formato pós-fixo.
- Solicitar a expressão no formato prefixo.
- Solicitar a expressão no formato infixo.

O estudo de caso deste capítulo desenvolve um tipo de árvore de expressões e o incorpora a um programa para realizar essas operações.

Exercícios

1. Qual é a propriedade de heap para um min-heap?
2. Em que uma árvore binária de pesquisa difere de uma árvore binária?

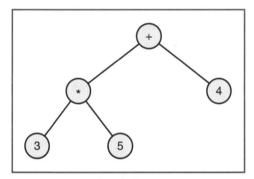

3. Escreva a expressão representada pela seguinte árvore de expressões em notações infixa, prefixa e pós-fixa. (*Dica*: Use os percursos em in-ordem, pré-ordem e pós-ordem descritos nesta seção para obter suas respostas.)
4. Desenhe diagramas das árvores de expressões para as seguintes expressões:
    a. 3 5 + 6
    b. 3 + 5 6
    c. 3 5 6

Desenvolvendo uma árvore binária de pesquisa

Uma árvore binária de pesquisa impõe uma ordem especial aos nós em uma árvore binária, portanto, fornece suporte a pesquisas e inserções logarítmicas. Esta seção desenvolve uma coleção de árvore binária de pesquisa e avalia o desempenho.

Fundamentos de Python: estruturas de dados

A interface da árvore binária de pesquisa

A interface para uma árvore binária de pesquisa deve incluir um construtor e as operações básicas comuns a todas as coleções (**isEmpty**, **len**, **str**, **+**, **==**, **in**, **add** e **count**).

Tal como acontece com sacolas e conjuntos, as inserções e remoções são realizadas pelos métodos **add** e **remove**. O método __**contains**__, que é executado quando o Python encontra o operador **in**, executa uma pesquisa binária em qualquer implementação de BST.

Para permitirem que os usuários recuperem e substituam itens em uma árvore binária de pesquisa, os métodos **find** e **replace** também estão incluídos. O método **find** espera um item como argumento e retorna o item correspondente na árvore, ou **None** caso contrário. O método **replace** espera dois itens como argumentos. Se o método localizar uma correspondência na árvore para o primeiro argumento, ele substituirá o item nesse nó pelo segundo argumento e retornará o item substituído. Do contrário, o método retornará **None**. Esses dois métodos serão úteis para pesquisas e modificações dos itens como entradas de dicionário, quando você usar uma árvore binária de pesquisa para implementar um dicionário ordenado.

Como existem quatro maneiras de percorrer uma árvore binária, você deve incluir os métodos para cada uma. Cada método de percurso retorna um iterador. O método de árvore __**iter**__ suporta um percurso em pré-ordem. A escolha desse tipo de percurso para o iterador padrão permite que o usuário crie um clone de uma árvore binária de pesquisa com a mesma forma da original e produza uma árvore de formato semelhante a partir da concatenação das duas.

Duas árvores são consideradas iguais se contiverem os mesmos itens nas mesmas posições. A operação **str** retorna uma string que mostra a forma da árvore quando impressa.

Os métodos incluídos em qualquer classe de árvore binária de pesquisa estão descritos na Tabela 10-3.

Método BST	O que ele faz
tree.isEmpty()	Retorna **True** se o **list** estiver vazia, ou **False** caso contrário.
tree.__len__()	O mesmo que **len(tree)**. Retorna o número de itens em **tree**.
tree.__str__()	O mesmo que **str(tree)**. Retorna uma string que mostra a forma da árvore quando impressa.
tree.__iter__()	O mesmo que **iter(tree)** ou **for item in tree:** Executa um percurso em pré-ordem na árvore.
tree.__contains__(item)	O mesmo que **item in tree**. Retorna **True** se **item** estiver na árvore ou **False** caso contrário.
tree.__add__(otherTree)	O mesmo que **tree + otherTree**. Retorna uma nova árvore contendo os itens em **tree** e **otherTree**.

(continua)

(continuação)

Método BST	O que ele faz
tree.__eq__(anyObject)	O mesmo que **tree == anyObject**. Retorna **True** se a árvore for igual a **anyObject** ou **False** caso contrário. Duas árvores são iguais se tiverem os mesmos itens nas posições correspondentes.
tree.clear()	Torna **tree** vazia.
tree.add(item)	Adiciona **item** ao seu devido lugar na árvore.
tree.remove(item)	Remove **item** da árvore. *Precondição*: **item** está na árvore.
tree.find(item)	Se um item correspondente a **item** estiver na árvore, retorna o item correspondente. Caso contrário, retorna **None**.
tree.replace(item, newItem)	Se **item** for igual a outro item na árvore, substitui o item correspondente na árvore por **novo item** e retorna o item correspondente. Caso contrário, retorna **None**.
tree.preorder()	Retorna um iterador que realiza um percurso em pré-ordem na árvore.
tree.inorder()	Retorna um iterador que executa um percurso em in-ordem na árvore.
tree.postorder()	Retorna um iterador que executa um percurso pós-fixo na árvore.
tree.levelorder()	Retorna um iterador que executa um percurso de ordem de níveis na árvore.

Tabela 10-3 Os métodos na interface da árvore binária de pesquisa

O próximo script Python considera que a classe **LinkedBST** foi definida no módulo **linkedbst** . O script cria uma BST contendo as letras mostradas na Figura 10-15 e imprime sua forma.

```python
from linkedbst import LinkedBST

tree = LinkedBST()
print("Adding D B A C F E G")
tree.add("D")
tree.add("B")
tree.add("A")
tree.add("C")
tree.add("F")
tree.add("E")
tree.add("G")

# Mostra a estrutura da árvore
print("\nTree structure:\n")
print(tree)
```

Eis a saída do script:

```
Adicionando D B A C F E G
Estrutura da árvore:
|  | G
| F
```

```
|   | E
D
|   | C
| B
|   | A
```

Estrutura de dados para a implementação ligada

Sua implementação da árvore binária de pesquisa, chamada `LinkedBST`, é uma subclasse de `AbstractCollection`, que fornece os métodos básicos da coleção e a variável `self.size`. O contêiner para cada item em uma árvore é um objeto de nó do tipo `BSTNode`. Esse tipo de nó contém um campo `data` e dois campos de ligação, chamados `left` e `right`. Como cada item é inicialmente inserido em um nó folha, os valores padrão das ligações à esquerda e à direita de um `BSTNode` são ambos `None`. A ligação externa para toda a estrutura da árvore é denominado `self.root`. Na instanciação, essa variável é definida como `None`. Eis o código para a parte da classe `LinkedBST` que cria uma árvore.

```python
"""
Arquivo: linkedbst.py
Autor: Ken Lambert
"""

from abstractCollection import AbstractCollection
from bstnode import BSTNode

class LinkedBST (AbstractCollection):
    """Uma implementação de árvore binária de pesquisa baseada em ligações."""

    def __init__(self, sourceCollection = None):
        """Define o estado inicial de self, o que inclui o
        conteúdo de sourceCollection, se estiver presente."""
        self.root = None
        AbstractCollection.__init__(sourceCollection)
    # As definições restantes dos métodos entram aqui
```

Vários outros métodos são examinados em mais detalhes. A maioria deles usa estratégias recursivas, que espelham a estrutura recursiva dos nós em uma árvore. Esse padrão de projeto é semelhante ao que você usou para processar listas do tipo Lisp no Capítulo 9.

Pesquisando em uma árvore binária de pesquisa

O método `find` retorna o primeiro item correspondente se o item-alvo estiver na árvore; do contrário, retorna `None`. Você pode usar uma estratégia recursiva que aproveita a estrutura recursiva da árvore binária subjacente. Eis um algoritmo em pseudocódigo para esse processo:

```
se a fila estiver vazia
    retorna None
caso contrário, se o item-alvo for igual ao item raiz
```

```
    retorna o item raiz
caso contrário, se o item-alvo for menor que o item raiz
    retorna o resultado da pesquisa na subárvore esquerda
caso contrário
    retorna o resultado da pesquisa da subárvore certa
```

Como o algoritmo de pesquisa recursivo requer um parâmetro para um nó de árvore, você não pode defini-lo como um método de nível superior. Em vez disso, o algoritmo é definido como uma função auxiliar aninhada que é chamada dentro do método `find`. Eis o código para as duas rotinas:

```python
def find(self, item):
    """Retorna True se o item estiver em self, ou None caso contrário."""

    # Função auxiliar para pesquisar a árvore binária
    def recurse(node):
        if node is None:
            return None
        elif item == node.data:
            return node.data
        elif item < node.data:
            return recurse(node.left)
        else:
            return recurse(node.right)

    # Chamada de nível superior no nó raiz
    return recurse(self.root)
```

Percorrendo uma árvore binária de pesquisa

Existem quatro métodos para percorrer uma árvore binária de pesquisa: `inorder`, `postorder`, `levelorder` e `__iter__` (o percurso em pré-ordem). Cada método retorna um iterador que permite ao usuário visitar a sequência dos itens da árvore na ordem especificada. Esta seção mostra exemplos das estratégias recursivas e iterativas para dois dos percursos e deixa os outros como exercícios para você.

Aqui está uma estratégia recursiva geral para um percurso em in-ordem de uma árvore binária:

```
se a árvore não estiver vazia
    visita a subárvore esquerda
    visita o item na raiz da árvore
    visita a subárvore direita
```

Você pode incorporar essa estratégia em uma função auxiliar recursiva dentro do método `inorder`. O método cria uma lista vazia e então passa o nó raiz para a função auxiliar. Quando essa função visita um item, ele é adicionado à lista. O método `inorder` retorna um iterador na lista. Eis o código para a implementação recursiva do método `inorder`:

```python
def inorder(self):
    """Suporta iteração sobre um percurso de self."""
    lyst = list()
```

```python
def recurse(node):
    if node != None:
        recurse(node.left)
        lyst.append(node.data)
        recurse(node.right)

recurse(self.root)
return iter(lyst)
```

O percurso em pós-ordem pode usar uma estratégia recursiva bastante semelhante, mas insere a visita a um item em uma posição diferente no código.

O percurso em ordem de níveis orienta as visitas aos itens da esquerda para a direita ao longo dos níveis da árvore, de maneira muito semelhante à leitura das linhas de texto em um documento. Uma estratégia iterativa para esse processo emprega uma fila para agendar nós para visitação e uma lista para coletar os itens visitados. O método `levelorder` cria a lista e a fila e adiciona o nó raiz, se houver algum, à fila. Então, enquanto a fila não está vazia, o nó da frente é removido e o item é adicionado à lista. Os filhos à esquerda e à direita desse nó, se existirem, são adicionados à fila. Quando o laço termina, o método retorna um iterador na lista.

O método `__iter__`, que faz um percurso em pré-ordem, é executado com tanta frequência que uma estratégia iterativa também seria desejável. Você pode construir uma lista como antes e retornar um iterador nela, mas essa estratégia exigiria tempo de execução linear e uso de memória linear antes de o usuário visitar os itens. Uma estratégia alternativa seria usar um laço baseado em sondagem para visitar os nós, junto com uma pilha para fornecer suporte a retornos aos nós pais durante o percurso. A cada visita a um nó, o item é gerado, como você fez nas suas implementações desse método para outras coleções. A nova estratégia é a seguinte:

```
cria uma pilha
insere o nó raiz, se houver, na pilha
enquanto a pilha não estiver vazia
    tira um nó da pilha
    produz o item no nó
    insere os filhos direito e esquerdo do nó, se existirem,
    nessa ordem na pilha
```

Essa implementação não incorre em sobrecarga em tempo de execução, e o maior uso de memória não é pior do que a profundidade da árvore [idealmente, $O(\log n)$].

A representação de string de uma árvore binária de pesquisa

Você pode visualizar os itens em uma árvore binária de pesquisa executando qualquer um dos percursos. Mas como você usa o método `__str__` principalmente para teste e depuração, sua implementação retorna uma string de "arte ASCII" que exibe a forma da árvore, bem como seus itens. Uma maneira conveniente de fazer isso para uma exibição somente de texto é "girar" a árvore 90 graus no sentido anti-horário e exibir barras verticais entre os nós internos. O código a seguir constrói a string apropriada primeiro usando funções recursivas com a subárvore à direita, depois visitando um item e, finalmente, usando funções recursivas com a subárvore à esquerda.

```python
def __str__(self):
    """Retorna uma representação de string com a árvore girada
    90 graus no sentido anti-horário."""
    def recurse(node, level):
        s = ""
        if node != None:
            s += recurse(node.right, level + 1)
            s += "| " * level
            s += str(node.data) + "\n"
            s += recurse(node.left, level + 1)
        return s
    return recurse(self.root, 0)
```

Inserindo um item em uma árvore binária de pesquisa

O método **add** insere um item no local apropriado na árvore binária de pesquisa.

Em geral, o local adequado de um item será em uma de três posições:

- O nó raiz, se a árvore já estiver vazia
- Um nó na subárvore à esquerda do nó atual, se o novo item for menor que o item no nó atual
- Um nó na subárvore à direita do nó atual, se o novo item for maior ou igual ao item no nó atual

Para a segunda e terceira opções, o método **add** usa uma função auxiliar recursiva chamada **recurse**. Essa função, que recebe um nó como argumento, pesquisa o local do novo item nos filhos à esquerda ou à direita do nó. A função **recurse** analisa à esquerda ou à direita do nó atual, dependendo de o novo item ser menor que (à esquerda), ou maior ou igual (à direita), o item no nó atual. Se o nó filho apropriado for **None**, o novo item é colocado em um novo nó e anexado nessa posição. Caso contrário, **recurse** é chamado recursivamente com esse nó filho para continuar a pesquisa da posição apropriada.

Eis o código para o método **add**:

```python
def add(self, item):
    """Adiciona um item ao contador."""

    # Função auxiliar para pesquisar a posição do item
    def recurse(node):
        # O novo item é menor; pesquisa à esquerda até encontrar um local
        if item < node.data:
            if node.left == None:
                node.left = BSTNode(item)
            else:
                recurse(node.left)
        # O novo item é maior ou igual;
```

```
          # pesquisa à direita até o local ser encontrado
          elif node.right == None:
              node.right = BSTNode(item)
          else:
              recurse(node.right)
          # Fim da recursão

      # A árvore está vazia, então o novo item entra na raiz
      if self.isEmpty():
          self.root = BSTNode(item)
      # Caso contrário, procura o local do item
      else:
          recurse(self.root)
      self.size += 1
```

Observe que, em todos os casos, um item é adicionado a um nó de folha.

Removendo um item de uma árvore binária de pesquisa

Lembre-se de que remover um item de um array provoca um deslocamento dos itens para preencher a lacuna. Remover um item de uma lista ligada requer a reorganização de alguns ponteiros. Remover um item de uma árvore binária de pesquisa pode exigir as duas ações anteriores. A seguir há um esboço da estratégia para esse processo:

1. Salve uma referência ao nó raiz.

2. Localize o nó a ser removido, o pai e a referência do pai a esse nó.

3. Se o nó tiver um filho à esquerda e um filho à direita, substitua o valor do nó pelo maior valor na subárvore à esquerda e exclua o nó desse valor da subárvore à esquerda.

4. Do contrário, defina a referência do pai ao nó para o único filho do nó.

5. Redefina o nó raiz como a referência salva.

6. Diminua o tamanho e retorne o item.

A etapa 3 nesse processo é complexa, portanto, você pode fatorá-la em uma função auxiliar, que leva o nó a ser excluído como um parâmetro. O esboço dessa função segue. No esboço, o nó que contém o item a ser removido é referido como o *nó do topo*.

1. Pesquise na subárvore à esquerda do nó do topo o nó que contém o maior item. É no nó mais à direita da subárvore (o nó no final do caminho mais à direita nessa subárvore). Certifique-se de rastrear o pai do nó atual durante a pesquisa.

2. Substitua o valor do nó no topo pelo item.

3. Se o filho à esquerda do nó no topo contiver o maior item (por exemplo, esse nó não tem a subárvore à direita, então a referência ao pai ainda se refere ao nó no topo), defina o filho à esquerda do nó no topo como filho à esquerda do filho à esquerda.

4. Do contrário, defina o filho à direita do nó pai como o filho à esquerda do filho à direita.

Análise de complexidade das árvores binárias de pesquisa

Como você poderia esperar, as árvores binárias de pesquisa são configuradas com a intenção de replicar o comportamento $O(\log n)$ para a pesquisa binária de uma lista ordenada. Além disso, uma árvore binária de pesquisa pode fornecer inserções rápidas. Infelizmente, como mencionado anteriormente, essa intenção nem sempre é alcançada. O comportamento ideal depende da altura da árvore. Uma árvore perfeitamente balanceada (uma com altura $\log(n)$) suporta pesquisas logarítmicas. No pior dos casos, quando os itens são inseridos em ordem (crescente ou decrescente), a altura da árvore torna-se linear, assim como o comportamento de pesquisa. Surpreendentemente, as inserções em ordem aleatória resultam em uma árvore com comportamento de pesquisa próximo do ideal.

O tempo de execução das inserções também depende muito da altura da árvore. Lembre-se de que uma inserção envolve uma pesquisa pelo local do item, que é sempre um nó de folha. Portanto, o tempo de execução de uma inserção em uma árvore perfeitamente balanceada é quase logarítmico. As remoções também exigem pesquisa do item-alvo, com comportamento semelhante ao das demais operações.

Estratégias para manter uma estrutura de árvore que fornece suporte a inserções e pesquisas ótimas em todos os casos é o tema de cursos avançados de ciência da computação. Mas, supondo que uma árvore já esteja relativamente balanceada, existe uma técnica que pode ser aplicada imediatamente para preservar a forma da árvore se seu aplicativo precisar transferir BSTs de e para arquivos de texto. Considere a operação de saída. A única maneira de obter os itens da árvore é executar um de seus percursos. A pior escolha possível seria um percurso em in-ordem. Como esse percurso visita os nós segundo sua ordem, os itens na árvore são salvos nessa ordem. Então, quando os itens são levados do arquivo para outra árvore, eles são inseridos em ordem, produzindo uma árvore com uma forma linear. Como alternativa, ao selecionar uma percurso em pré-ordem (usando um simples laço **for**), os itens serão enviados para o arquivo começando com cada nó pai e descendo para seus filhos esquerdo e direito. A entrada dos itens desse arquivo gera então uma árvore cuja forma é a mesma da original.

Os projetos de programação incluem exercícios para construir métodos a fim de determinar se uma árvore está balanceada e, assim, rebalanceá-la.

Exercícios

1. Descreva como as inserções podem ter um efeito negativo nas pesquisas subsequentes de uma árvore binária de pesquisa.

2. Discuta as vantagens e desvantagens entre a implementação baseada em array de uma sacola ordenada apresentada no Capítulo 6 e uma implementação de árvore binária de pesquisa de uma sacola ordenada.

Fundamentos de Python: estruturas de dados

Análise descendente recursiva e linguagens de programação

O Capítulo 7 discutiu algoritmos que usam uma pilha para converter expressões infixas em pós-fixas e então avaliar o formato pós-fixo. Algoritmos recursivos também são usados no processamento de linguagens, sejam linguagens de programação como o Python ou linguagens naturais como o inglês. Esta seção fornece uma visão breve de alguns recursos para linguagens de processamento, incluindo gramáticas, análise e uma estratégia de análise descendente recursiva. A próxima seção ilustra sua aplicação em um estudo de caso.

Introdução a gramáticas

A maioria das linguagens de programação, não importa o tamanho delas, tem uma definição precisa e completa chamada **gramática**. Uma gramática consiste em algumas partes:

- Um **vocabulário** (ou **dicionário** ou **léxico**) consistindo em palavras e símbolos permitidos em frases do idioma.

- Um conjunto de **regras de sintaxe** que especificam como os símbolos do idioma são combinados para formar frases.

- Um conjunto de **regras semânticas** que especificam como as sentenças do idioma devem ser interpretadas. Por exemplo, a instrução **x** = **y** pode significar "copiar o valor de **y** para a variável **x**".

Os cientistas da computação desenvolveram várias notações para expressar gramáticas. Por exemplo, suponha que você queira definir uma linguagem para representar expressões aritméticas simples, como as seguintes:

```
4 + 2
3 * 5
6 - 3
10 / 2
(4 + 5) * 10
```

Agora, suponha que você não queira permitir expressões, como 4 + 3 − 2 ou 4 * 3/2, que contêm operações de adição consecutivas ou operações de multiplicação consecutivas. A gramática a seguir define a sintaxe e o vocabulário dessa nova pequena linguagem:

```
expressão = termo [ operadorDeAdição termo ]
termo = fator [ operadorDeMultiplicação fator ]
fator = número | "(" expressão ")"
número = dígito { dígito }
dígito = "0" | "1" | "2" | "3" | "4" | "5" | "6" | "7" | "8" | "9"
operadorDeAdição = "+" | "-"
operadorDeMultiplicação = "*" | "/"
```

Esse tipo de gramática chama-se Extended Backus-Naur Form (EBNF). Uma gramática EBNF usa três tipos de símbolos:

- **Símbolos terminais** — Estes símbolos estão no vocabulário do idioma e aparecem literalmente em programas no idioma — por exemplo, + e * nos exemplos anteriores.

Árvores

- **Símbolos não terminais** — Estes símbolos nomeiam frases no idioma, como **expressão** ou **fator** nos exemplos anteriores. Uma frase geralmente consiste em um ou mais símbolos terminais ou nomes de outras frases.

- **Metassímbolos** — Estes símbolos são usados para organizar as regras na gramática. A Tabela 10-4 lista os metassímbolos usados na EBNF.

Metassímbolos	Usa
""	Inclui itens literais
=	Significa "é definido como"
[]	Inclui itens opcionais
{}	Inclui zero ou mais itens
()	Agrupa as escolhas necessárias
|	Indica uma escolha

Tabela 10-4 Metassímbolos em EBNF

Assim, a regra

```
expressão = termo [ operadorDeAdição termo ]
```

significa "uma expressão é definida como um termo, que pode ou não ser seguido por um operador de adição e outro termo". O símbolo à esquerda de = em uma regra chama-se o lado esquerdo da regra; o conjunto de itens à direita do = é chamado lado direito da regra.

A gramática que acabamos de discutir não permite expressões como 45 * 22 * 14 / 2, forçando assim os programadores a usar parênteses se quiserem formar uma expressão equivalente, como ((45 * 22) * 14) / 2. A próxima gramática resolve esse problema, permitindo a iteração ao longo de termos e fatores:

```
expressão = termo { operadorDeAdição termo }
termo = fator { operadorDeMultiplicação fator }
fator = número | "(" expressão ")"
número = dígito { dígito }
dígito = "0" | "1" | "2" | "3" | "4" | "5" | "6" | "7" | "8" | "9"
operadorDeAdição = "+" | "-"
operadorDeMultiplicação = "*" | "/"
```

Em qualquer gramática, existe um símbolo privilegiado conhecido como **símbolo inicial**. Nos dois exemplos de gramáticas, o símbolo inicial é **expressão**. O uso desse símbolo será discutido em breve.

Você deve ter notado que as gramáticas anteriores têm uma qualidade recursiva. Por exemplo, uma expressão consiste em termos, um termo consiste em fatores e um fator pode ser um número ou uma expressão entre parênteses. Assim, uma expressão pode conter outra expressão.

Reconhecendo, analisando e interpretando frases em uma linguagem

Para processar as frases em uma linguagem, são usados reconhecedores, analisadores e interpretadores. Um **reconhecedor** analisa uma string para determinar se é uma frase em determinada linguagem. As entradas para o reconhecedor são a gramática e uma string. As saídas são "Sim" ou "Não" e mensagens de erro de sintaxe apropriadas. Se houver um ou mais erros de sintaxe, você receberá "Não" e a string não é uma frase.

Um **analisador** (*parser*) tem todos os recursos de um reconhecedor e retorna informações sobre a estrutura sintática e semântica da frase. Essas informações são usadas em processamento adicional e estão contidas em uma árvore de análise.

Um **interpretador** executa as ações especificadas por uma frase. Em outras palavras, um intérprete executa o programa. Ocasionalmente, a análise e a interpretação ocorrem ao mesmo tempo. Do contrário, a entrada para o interpretador é a estrutura de dados que resulta da análise.

A partir de agora, não há distinção entre um reconhecedor e um analisador, mas *analisador* refere-se a ambos.

Análise lexical e o scanner

Ao desenvolver um analisador, é conveniente atribuir a tarefa de reconhecimento de símbolos em uma string a um módulo de nível inferior chamado **scanner** (ou seja, varredura). O scanner executa **análise lexical**, em que palavras individuais são escolhidas de um fluxo de caracteres. O scanner também envia mensagens de erro lexicais conforme necessário. Exemplos de erros lexicais são caracteres inadequados em um número e símbolos não reconhecidos (aqueles que não estão no vocabulário).

A saída do scanner é um fluxo de palavras chamado **tokens**. Eles tornam-se a entrada para outro módulo chamado **analisador de sintaxe**. O módulo usa os tokens e as regras gramaticais para determinar se o programa está sintaticamente correto. Assim, o analisador léxico determina se os caracteres se associam para formar palavras corretas, enquanto o analisador de sintaxe determina se as palavras se associam para formar frases corretas. Para simplificar, o analisador léxico é conhecido como scanner e o analisador de sintaxe é conhecido como analisador. A conexão entre o scanner e o analisador é mostrada na Figura 10-16.

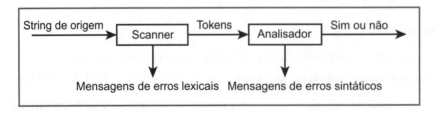

Figura 10-16 Um scanner e um analisador trabalhando em sequência

Estratégias de análise

Você pode usar várias estratégias de análise. Uma das mais simples chama-se **análise descendente recursiva**. Um analisador descendente recursivo define uma função para cada regra da gramática. Cada função processa a frase ou parte da frase de entrada abrangida pela regra. A função de nível superior corresponde à regra que tem o símbolo de início no lado esquerdo. Quando essa função é chamada, ela chama as funções correspondentes aos símbolos não terminais no lado direito da regra. Eis a regra de nível superior e a função de análise associada para a gramática original mostrada nesta seção:

```
# Regra de sintaxe:
# expressão = termo [ operadorDeAdição termo ]
# Função de análise:
def expression():
    term()
    token = scanner.get()
    if token.getType() in (Token.PLUS, Token.MINUS):
        scanner.next()
        term()
        token = scanner.get()
```

Observe os seguintes pontos:

- Cada símbolo não terminal na gramática torna-se o nome de uma função no analisador.
- O corpo de uma função processa as frases no lado direito da regra.
- Para processar um símbolo não terminal, basta invocar uma função com o nome do símbolo.
- Para processar um item opcional, use uma instrução **if**.
- Você observa o token atual chamando o método **get** no objeto scanner.
- Você varre o próximo token chamando o método **next** sobre o objeto scanner.

Seu analisador desce pelas regras gramaticais, começando com a função de nível superior e descendo para funções de nível inferior, que podem então chamar recursivamente funções em um nível mais alto.

Você pode facilmente estender analisadores descendentes recursivos para interpretar e analisar programas. No caso das suas linguagens, por exemplo, cada função de análise pode calcular e retornar o valor representado pela frase associada na expressão. O valor retornado pela função superior seria o valor de toda a expressão. Como alternativa, conforme mostrado no próximo estudo de caso, um analisador descendente recursivo pode construir e retornar uma árvore de análise. Outro módulo então percorre essa árvore para calcular o valor da expressão.

ESTUDO DE CASO: Árvores de análise e de expressões

Como mencionado anteriormente, as árvores de expressões são árvores binárias que contêm os operandos e operadores das expressões. Como uma árvore de expressões nunca está vazia, ela se presta a um tipo particularmente elegante de processamento recursivo. Nesta seção, você projeta e implementa uma árvore de expressões para fornecer suporte ao processamento de expressões aritméticas.

Solicitação

Escreva um programa que usa uma árvore de expressões para avaliar expressões ou convertê-las em formas alternativas.

Análise

O programa analisa uma expressão de entrada e imprime mensagens de erro de sintaxe se ocorrerem erros. Se a expressão estiver sintaticamente correta, o programa imprimirá o valor e as representações prefixas, infixas e pós-fixas. A próxima sessão mostra uma interação com o programa. Como podemos ver, a saída infixa é colocada entre parênteses para mostrar a precedência dos operadores explicitamente.

```
Insere uma expressão infixa: 4 + 5 * 2
Prefixas: + 4 * 5 2
Infixas: (4 + (5 * 2))
Pós-fixas: 4 5 2 * +
Valor: 14
Insere uma expressão infixa: (4 + 5) * 2
Prefixas: * + 4 5 2
Infixas: ((4 + 5) * 2)
Pós-fixas: 4 5 + 2 *
Valor: 18
```

O programa inclui as classes **Scanner** e **Token** discutidas anteriormente. A essas, três novas classes são adicionadas. A classe **Parser** faz a análise e as classes **LeafNode** e **InteriorNode** representam árvores de expressões. Os nós de folha representam operandos inteiros em uma expressão, enquanto os nós internos representam um operador e os dois operandos. A estrutura do sistema é mostrada no diagrama de classes da Figura 10-17.

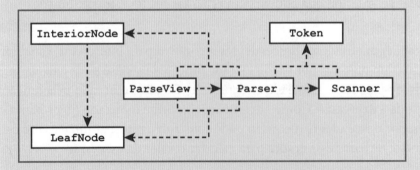

Figura 10-17   As classes para o sistema de análise

(continua)

(continuação)

Projeto e implementação das classes de nó

O analisador constrói uma árvore de expressões de duas maneiras:

- Constrói um nó folha contendo um número.

- Constrói um nó interno cujo valor é um operador e cujas subárvores à esquerda e à direita são nós que representam as expressões do operando.

Um projeto simples e elegante resulta da partição dos nós em dois tipos. O primeiro tipo de nó, chamado **LeafNode**, contém um número inteiro. O segundo tipo de nó, chamado **InteriorNode**, contém um operador e dois outros nós. Os últimos nós podem ser nós folha ou nós internos.

Os dois tipos de nós reconhecem os mesmos métodos, listados na Tabela 10-5.

Método	O que ele faz
`N.prefix()`	Retorna a representação de string da expressão do nó no formato prefixo
`N.infix()`	Retorna a representação de string da expressão do nó no formato infixo
`N.postfix()`	Retorna a representação de string da expressão do nó no formato pós-fixo
`N.value()`	Retorna o valor da expressão do nó

Tabela 10-5 Métodos para as classes de nó

O construtor de **LeafNode** espera um inteiro como argumento, enquanto o construtor para **InteriorNode** espera o token para o símbolo do operador e dois outros nós como argumentos.

Eis um pequeno programa testador que ilustra o uso das classes de nós:

```python
from expressiontree import LeafNode, InteriorNode
a = LeafNode(4)
b = InteriorNode(Token('+'), LeafNode(2), LeafNode(3))
c = InteriorNode(Token('*'), a, b)
c = InteriorNode(Token('-'), c, b)
print("Expect ((4 * (2 + 3)) - (2 + 3)) :", c.infix())
print("Expect - * 4 + 2 3 + 2 3 :", c.prefix())
print("Expect 4 2 3 + * 2 3 + - :", c.postfix())
print("Expect 15 :", c.value())
```

Agora você desenvolve um dos métodos de percurso para ambas as classes e os outros são deixados como exercícios. O método **postfix** retorna a representação de string de uma expressão no formato prefixo. No caso de um **LeafNode**, isso é a representação de string do número inteiro do nó.

```python
class LeafNode(object):
    """Representa um número inteiro."""

    def __init__(self, data):
        self.data = data
```

(continua)

(continuação)

```python
    def postfix(self):
        return str(self)

    def __str__(self):
        return str(self.data)
```

Uma string pós-fixa de **InteriorNode's** contém as strings pós-fixas dos dois nós do operando, seguidos pelo operador do nó.

```python
class InteriorNode(object):
    """Representa um operador e seus dois operandos."""

    def __init__(self, op, leftOper, rightOper):
        self.operator = op
        self.leftOperand = leftOper
        self.rightOperand = rightOper

    def postfix(self):
        return self.leftOperand.postfix() + " " + \
               self.rightOperand.postfix() + " " + \
               str(self.operator)
```

O padrão de design dos métodos **postfix** de **InteriorNode** e **LeafNode** pode parecer semelhante ao usado para percurso de árvores binárias. Entretanto, uma diferença é que, nesse aplicativo, uma árvore de expressões nunca está vazia, assim um nó folha é o caso-base. Outra diferença é que a operação **postfix** da árvore de expressões não faz uso de uma função recursiva, que incluiria uma instrução **if** e uma chamada recursiva. Em vez disso, a operação utiliza dois métodos **postfix** distintos com o mesmo cabeçalho. A máquina virtual Python seleciona a versão específica desse método baseado no tipo de nó em que chamou. Esse conceito, denominado polimorfismo, foi apresentado no Capítulo 5 e fornece uma maneira poderosa de simplificar o processamento de dados recursivos. Os outros percursos em árvores de expressões têm um design semelhante e são deixados como exercícios para você.

Projeto e implementação da classe de analisador

É mais fácil construir uma árvore de expressões com um analisador que usa a estratégia descendente recursiva descrita anteriormente. Como estão embutidas em uma classe, as funções de análise descritas na seção anterior são redefinidas como métodos.

O método de nível superior **parse** retorna uma árvore de expressões para seu chamador, que usa essa árvore para obter informações sobre a expressão. Cada método de análise que lida com uma forma sintática na linguagem constrói e retorna uma árvore de expressões. Essa árvore representa a frase da expressão analisada pelo método. Desenvolveremos dois desses métodos; os outros são deixados como exercícios.

O método **factor** processa um número ou uma expressão aninhada entre parênteses. Quando o token é um número, o método cria um nó folha contendo o número e o retorna. Caso contrário, se o token for um parêntese esquerdo, o método chama o método **expression** para analisar a expressão aninhada. Esse método retorna uma árvore que representa os resultados e **factor** passa essa árvore de volta para seu chamador. Eis o código revisado para **factor**:

(continua)

Árvores

(continuação)

```python
# Regra de sintaxe:
# fator = número | "(" expressão ")"
def factor(self):
    token = self.scanner.get()
    if token.getType() == Token.INT:
        tree = LeafNode(token.getValue())
        self.scanner.next()
    elif token.getType() == Token.L_PAR:
        self.scanner.next()
        tree = self.expression()
        self.accept(self.scanner.get(),
                    Token.R_PAR,
                    "')' expected")
        self.scanner.next()
    else:
        tree = None
        self.fatalError(token, "bad factor")
    return tree
```

O método **expression** processa um termo seguido de zero ou mais operadores e termos de adição. Você começa chamando o método **term**, que retorna uma árvore que representa o termo. Se o token atual não for um operador de adição, **expression** apenas passa a árvore de volta para seu chamador. Caso contrário, **expression** entra em um laço de repetição. Nesse laço, **expression** constrói um nó interior cujo valor é o operador de adição, cuja subárvore esquerda é a árvore que acabou de receber da última chamada para **term** e cuja subárvore direita é a árvore recebida de uma nova chamada para **term**. Esse processo termina quando **expression** não vê um operador de adição. Nesse ponto, uma árvore complexa pode ter sido construída e **expression** a retorna. Eis o código para a classe **expression**:

```python
# Regra de sintaxe:
# expressão = termo { operadorDeAdição termo }
def expression(self):
    tree = self.term()
    token = self.scanner.get()
    while token.getType() in (Token.PLUS, Token.MINUS):
        self.scanner.next()
        tree = InteriorNode(token, tree, self.term())
        token = self. Scanner rules.get()
    return tree
```

Os outros métodos de análise constroem as árvores de maneira semelhante. A conclusão do programa é deixada como exercício para você.

Uma implementação de array de árvores binárias

Uma implementação baseada em array de uma árvore binária também é possível, mas é difícil de definir e só é prática em algumas situações especiais. O mapeamento de pilhas, filas e listas para arrays é simples porque todos são lineares e suportam a mesma noção de adjacência, cada elemento tendo um predecessor e sucessor óbvios. Mas dado um nó em uma árvore, qual seria o predecessor imediato em um array? Seria o pai ou um irmão à esquerda? Qual seria o sucessor imediato? Seria um filho ou irmão à direita? As árvores são hierárquicas e resistem ao achatamento. Mas para árvores binárias completas, há uma representação elegante e eficiente baseada em array.

Considere a árvore binária completa na Figura 10-18.

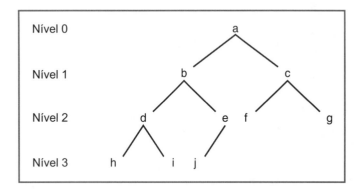

Figura 10-18   Uma árvore binária completa

Em uma implementação baseada em array, os elementos são armazenados por nível, conforme mostrado na Figura 10-19.

Figura 10-19   Uma representação em array de uma árvore binária completa

Dado um item arbitrário na posição *i* no array, é fácil determinar a localização dos itens relacionados, como mostra a Tabela 10-6.

Item	Localização
Pai	(*i* − 1) / 2
Irmão à esquerda, se houver um	*i* − 1
Irmão à direita, se houver um	*i* + 1
Filho à esquerda, se houver um	*i* * 2 + 1
Filho à direita, se houver um	*i* * 2 + 2

Tabela 10-6   As localizações dos itens em uma representação em array de uma árvore binária completa

Portanto, para o item **d** no local 3, você obtém os resultados mostrados na Tabela 10-7.

Item	Localização
Pai	**b** at 1
Irmão à esquerda, se houver um	Não aplicável
Irmão à direita, se houver um	**e** at 4
Filho à esquerda, se houver um	**h** at 7
Filho à direita, se houver um	**i** at 8

Tabela 10-7 Os parentes do item d em uma representação em array de uma árvore binária completa

Você pode naturalmente perguntar por que a representação em array não funciona para árvores binárias incompletas. É fácil entender a razão. Em uma árvore binária incompleta, alguns níveis não são preenchidos acima de outros. Mas o cálculo dos pais de um nó em um array é baseado na capacidade de multiplicar ou dividir o índice por 2, o que você não pode fazer quando os níveis não são preenchidos de cima para baixo.

A representação em array de uma árvore binária é muito rara e é usada principalmente para implementar um heap, que será discutido na próxima seção.

Exercícios

1. Suponha que um nó esteja na posição 12 em uma representação em array de uma árvore binária. Forneça as posições do pai, filho à esquerda e filho à direita desse nó.

2. Quais são as restrições em uma árvore binária contida em um array?

Implementando heaps

Você usará um min-heap para implementar uma fila de prioridade, então a interface de heap deve incluir métodos para retornar seu tamanho, adicionar um item, remover um item e examinar um item (ver Tabela 10-8).

As duas operações de heap mais críticas são **add** e **pop**. O método **add** espera um elemento comparável como um argumento e insere o elemento no local adequado no heap. Esse local geralmente está em um nível acima de um elemento que é maior e abaixo de um elemento que é menor. Os elementos duplicados são colocados abaixo dos inseridos anteriormente. O método **pop** exclui o nó superior do heap, retorna o elemento contido nele e mantém a propriedade do heap. A operação **peek** retorna, mas não remove o elemento superior em um heap.

Fundamentos de Python: estruturas de dados

Método	O que ele faz
heap.isEmpty()	Retorna **True** se **heap** estiver vazio ou **False** caso contrário.
heap.__len__()	O mesmo que **len(heap)**. Retorna o número de itens em **heap**.
heap.__iter__()	O mesmo que **iter(heap)** ou **for item in heap:**. Visita os itens do menor ao maior.
heap.__str__()	O mesmo que **str(heap)**. Retorna uma string que mostra a forma do heap.
heap.__contains__(item)	O mesmo que **item in heap**. Retorna **True** se o item estiver no heap, ou **False** caso contrário.
heap.__add__(otherHeap)	O mesmo que **heap + otherHeap**. Retorna um novo heap com o conteúdo de **heap** e **otherHeap**.
heap.__eq__(anyObject)	O mesmo que **heap == anyObject**. Retorna **True** se heap for igual **anyObject** ou **False** caso contrário. Dois heaps são iguais se contiverem os mesmos itens.
heap.peek()	Retorna o primeiro item em **heap**. *Precondição*: **heap** não está vazio.
heap.add(item)	Insere **item** em seu devido lugar em **heap**.
heap.pop()	Remove e retorna o primeiro item em **heap**. *Precondição*: **heap** não está vazio.

Tabela 10-8 Os métodos na interface de heap

Os métodos **add** (inserção) e **pop** (remoção), usados em toda a implementação de heap, são definidos na classe **ArrayHeap**. Na implementação baseada em array, os dois métodos precisam manter a estrutura do heap dentro do array. (Na verdade, você usa uma lista Python, mas se refere à estrutura como um array na discussão a seguir.) Essa estrutura é semelhante à representação de array de uma árvore binária discutida anteriormente, mas tem a restrição de que cada nó é menor que qualquer um dos filhos.

Considere primeiro a inserção. O objetivo é encontrar o local adequado do novo elemento no heap e inseri-lo aí. O seguinte é sua estratégia para inserções:

1. Comece inserindo o elemento na parte inferior do heap. Na implementação de array, é a posição após o último elemento atualmente no array.

2. Em seguida, insira um laço que "conduza" o novo elemento para cima no heap enquanto o valor do novo elemento é menor que o do pai. Sempre que esse relacionamento for verdadeiro, você troca o novo elemento pelo pai. Quando o processo para (ou o novo elemento é maior ou igual ao pai ou você alcançou o nó no topo), o novo elemento estará no local adequado.

Lembre-se de que a posição do pai de um elemento no array é calculada subtraindo-se 1 da posição do elemento e dividindo o resultado por 2. O topo do heap está na posição 0 no array. Na implementação, a variável de instância **self.heap** refere-se a uma lista do Python. Eis o código para o método **add**:

```python
def add(self, item):
    self.size += 1
    self.heap.append(item)
    curPos = len(self.heap) - 1
    while curPos > 0:
        parent = (curPos - 1) // 2      # Quociente inteiro!
        parentItem = self.heap[parent]
        if parentItem <= item:          # Encontrou o local
            break
        else:                           # Continua subindo
            self.heap[curPos] = self.heap[parent]
            self.heap[parent] = item
            curPos = parent
```

Uma rápida análise desse método revela que, no máximo, você deve fazer $\log_2 n$ comparações para subir na árvore a partir da parte inferior, então a operação de adição é O($\log n$). O método às vezes dispara uma duplicação no tamanho do array subjacente. Quando ocorre a duplicação, essa operação é O(n), mas amortizada com todas as adições, a operação é O(1) por adição.

O objetivo de uma remoção é retornar o elemento no nó raiz após excluir esse nó e ajustar as posições de outros nós para manter a propriedade do heap. A seguir está sua estratégia para remoções:

1. Comece salvando ponteiros no elemento do topo e no elemento da parte inferior do heap e movendo o elemento da parte inferior do heap para a parte superior.

2. Desça até o heap a partir do topo, movendo o menor filho um nível para cima, até que a parte inferior do heap seja alcançada.

A seguir está o código para o método **pop**:

```python
def pop(self):
    if self.isEmpty():
        raise AttributeError("Heap is empty")
    self.size -= 1
    topItem = self.heap[0]
    bottomItem = self.heap.pop(len(self.heap) - 1)
    if self.isEmpty():
        return bottomItem
    self.heap[0] = bottomItem
    lastIndex = len(self.heap) - 1
    curPos = 0
    while True:
        leftChild = 2 * curPos + 1
        rightChild = 2 * curPos + 2
        if leftChild > lastIndex:
            break
        if rightChild > lastIndex:
            maxChild = leftChild
        else:
            leftItem = self.heap[leftChild]
            rightItem = self.heap[rightChild]
```

Fundamentos de Python: estruturas de dados

```python
        if leftItem < rightItem:
            maxChild = leftChild
        else:
            maxChild = rightChild
            maxItem = self.heap[maxChild]
        if bottomItem <= maxItem:
            break
        else:
            self.heap[curPos] = self.heap[maxChild]
            self.heap[maxChild] = bottomItem
            curPos = maxChild
    return topItem
```

Mais uma vez, a análise mostra que o número de comparações necessárias para uma remoção é no máximo $\log_2 n$, então a operação **pop** é O($\log n$). O método **pop** às vezes dispara uma divisão ao meio no tamanho do array subjacente. Quando ocorre a redução pela metade, essa operação é O(n), mas amortizada com todas as remoções, a operação é O(1) por remoção.

Exercícios

1. Como os tempos de execução das operações de heap diferem das suas contrapartes nas árvores binárias de pesquisa?

2. Qual é a vantagem de usar uma lista em vez de usar um array para implementar um heap?

3. A ordenação de heap usa um heap para ordenar uma lista de itens. A estratégia dessa ordenação é adicionar os itens na lista a um heap e, em seguida, removê-los do heap à medida que são transferidos de volta para a lista. Qual é o tempo de execução e a complexidade de memória da ordenação de heap?

Resumo

- Árvores são coleções hierárquicas. O nó superior de uma árvore chama-se raiz. Em uma árvore geral, cada nó abaixo da raiz tem no máximo um predecessor, ou nó pai e zero ou mais sucessores, ou nós filhos. Os nós sem filhos são chamados folhas. Os nós que possuem filhos são chamados nós internos. A raiz de uma árvore está no nível 0, seus filhos estão no nível 1 etc.

- Em uma árvore binária, um nó pode ter no máximo dois filhos. Uma árvore binária completa preenche cada nível dos nós antes de passar para o próximo nível. Uma árvore binária cheia inclui todos os nós possíveis em cada nível.

- Existem quatro tipos padrão de percursos de árvore: pré-ordem, in-ordem, pós-ordem e ordem de níveis.

Árvores

- Uma árvore de expressões é um tipo de árvore binária em que os nós internos contêm operadores e os nós sucessores contêm os operandos. Operandos atômicos estão contidos nos nós folha. Árvores de expressões representam a estrutura de expressões em analisadores e interpretadores das linguagens de programação.

- Uma árvore binária de pesquisa é um tipo de árvore em que cada subárvore à esquerda não vazia contém dados menores que o dado no nó pai e cada subárvore à direita não vazia contém dados maiores que o dado no nó pai.

- Uma árvore binária de pesquisa suporta pesquisas e inserções logarítmicas se for quase completa.

- Um heap é um tipo de árvore binária em que itens de dados menores estão localizados próximo à raiz. Você pode usar um heap para implementar um algoritmo de ordenação de heap $n \log n$ e uma fila de prioridade.

Perguntas de revisão

1. O nó especial no início ou topo de uma árvore é chamado:
    a. Nó principal
    b. Nó raiz
    c. Nó folha

2. Um nó sem filhos chama-se:
    a. Nó único
    b. Nó folha

3. Cada nível k em uma árvore binária cheia contém:
    a. $2k$ nós
    b. $2^k + 1$ nós
    c. $2^k - 1$ nós

4. Suponha que os dados sejam inseridos em uma árvore binária de pesquisa na ordem D B A C F E G. Um percurso em pré-ordem retornaria esses dados na ordem:
    a. D B A C F E G
    b. A B C D E F G

5. Suponha que os dados sejam inseridos em uma árvore binária de pesquisa na ordem D B A C F E G. Um percurso em in-ordem retornaria esses dados na ordem:
    a. D B A C F E G
    b. A B C D E F G

6. Suponha que os dados sejam inseridos em uma árvore binária de pesquisa na ordem A B C D E F G. A estrutura dessa árvore lembra aquela da:
    a. Árvore binária cheia
    b. Lista

7. O item removido de um min-heap sempre é:
    a. O menor item
    b. O maior item

8. Um percurso em pós-ordem de uma árvore de expressões retorna a expressão em:
    a. Formato infixo
    b. Formato prefixo
    c. Formato pós-fixo

Fundamentos de Python: estruturas de dados

9. O comportamento no pior caso da pesquisa de uma árvore binária de pesquisa é:

a. O(log n)
c. O(n^2)

b. O(n)

10. As inserções e remoções de um heap são:

a. Operações lineares
b. Operações logarítmicas

Projetos

1. Conclua a implementação da classe `LinkedBST` discutida neste capítulo e teste-a com um programa de teste.

2. Adicione os métodos `height` e `isBalanced` à classe `LinkedBST`. O método `height` retorna a altura da árvore, conforme definida neste capítulo. O método `isBalanced` retorna `True` se a altura da árvore for menor que o dobro de $\log_2$ do seu número de nós, ou `False` caso contrário.

3. Adicione o método `rebalance` à classe `LinkedBST`. O método copia os itens da árvore para uma lista durante um percurso em in-ordem e, em seguida, limpa a árvore. O método então copia os itens da lista de volta para a árvore de tal maneira que a forma da árvore permaneça balanceada. *Dica*: Use uma função auxiliar recursiva que visite repetidamente os itens nos pontos médios das partes da lista.

4. Adicione os métodos `sucessor` e `antecessor` à classe `LinkedBST`. Cada método espera um item como argumento e retorna um item ou `None`. Um sucessor é o menor item na árvore que é maior do que o determinado item. Um predecessor é o maior item na árvore que é menor do que o determinado item. Observe que o sucessor pode existir mesmo se o item fornecido não estiver presente na árvore.

5. Adicione um método **rangeFind** à classe `LinkedBST`. Esse método espera dois itens como argumentos que especificam os limites de um intervalo dos itens a serem encontrados na árvore. O método percorre a árvore e constrói e retorna uma lista ordenada dos itens encontrados dentro do intervalo especificado.

6. A classe `ArraySortedSet`, discutida no Capítulo 6, é uma implementação baseada em array de uma coleção de conjuntos ordenados. Uma implementação ligada, chamada `TreeSortedSet`, usa uma árvore binária de pesquisa. Conclua e teste essa nova implementação de uma coleção de conjuntos ordenados. Compare o desempenho em tempo de execução das operações `add`, `remove` e `in` das duas implementações de conjuntos ordenados.

7. Conclua e teste as classes de nós para árvores de expressões desenvolvida neste capítulo.

8. Adicione e teste o operador de exponenciação ^ para a árvore de expressões desenvolvida neste capítulo.

9. Complete o analisador desenvolvido no estudo de caso deste capítulo. O analisador também deve lidar com o operador de exponenciação ^. Lembre-se de que esse

operador tem uma precedência maior do que * e / e é associativo à direita. Isso significa que a expressão 2 ^ 3 ^ 4 é equivalente a 2 ^ (3 ^ 4), não (2 ^ 3) ^ 4. Para lidar com essa sintaxe e semântica, renomeie a regra (e o método no analisador) de `factor` para `primary`. Em seguida, adicione uma nova regra chamada `factor` para a gramática e um método correspondente para o analisador. Um fator agora é um operador primário, seguido por um opcional ^ e outro fator. Você também terá que modificar a classe `Token` para incluir o novo operador ^.

10. Implemente e teste uma função `heapSort` baseada na classe de heap desenvolvida neste capítulo. Crie o perfil dessa função usando a tecnologia desenvolvida no Capítulo 3, "Pesquisa, ordenação e análise de complexidade", para verificar a complexidade em tempo de execução.

11. Modifique o programa do estudo de caso do agendador de sala de emergência do Capítulo 8, "Filas", para que ele use uma fila de prioridade baseada em heap chamada `HeapPriorityQueue`.

CAPÍTULO 11

Conjuntos e dicionários

Depois de concluir este capítulo, você será capaz de:

- ◎ Descrever as características de um conjunto e suas operações

- ◎ Escolher uma implementação definida com base nas características de desempenho

- ◎ Reconhecer aplicativos onde for apropriado usar um conjunto

- ◎ Descrever as características de um dicionário e suas operações

- ◎ Escolher uma implementação de dicionário com base nas características de desempenho

- ◎ Reconhecer aplicativos onde é apropriado usar um dicionário

- ◎ Usar uma estratégia de hashing para implementar coleções não ordenadas com desempenho em tempo constante

Em uma coleção ordenada, tanto o valor como a posição de cada item são significativos e cada item é acessado de acordo com a posição. Este capítulo examina coleções não ordenadas e focaliza particularmente a implementação delas. Da perspectiva do usuário, apenas os valores dos itens importam; para o usuário, a posição de um item não é relevante. Portanto, nenhuma das operações em uma coleção não ordenada baseia-se na posição. Depois de adicionado, um item é acessado por seu valor. Os usuários podem inserir, recuperar ou remover itens das coleções não ordenadas, mas não podem acessar o *i*-ésimo item, o próximo item ou o item anterior. Alguns exemplos de coleções não ordenadas são sacolas, conjuntos e dicionários. O Capítulo 5, "Interfaces, implementações e polimorfismo", e o Capítulo 6, "Herança e classes abstratas", exploraram vários tipos de sacolas e talvez você já saiba como trabalhar com conjuntos e dicionários Python. Este capítulo apresenta algumas estratégias de implementação eficientes para conjuntos e dicionários.

Usando conjuntos

Como você aprendeu em seus estudos de matemática, um **conjunto** é uma coleção de itens sem uma ordem específica. Da perspectiva do usuário, os itens em um conjunto são únicos. Isto é, não há itens duplicados. Na matemática, você realiza muitas operações em conjuntos. Algumas das mais comuns são:

- Retornar o número de itens no conjunto.

- Testar se o conjunto é vazio (um conjunto que não contém itens).

- Adicionar um item ao conjunto.

- Remover um item do conjunto.

- Testar a associação ao conjunto (se determinado item está ou não no conjunto).

- Obter a união de dois conjuntos. A união dos dois conjuntos A e B é um conjunto que contém todos os itens em A e todos os itens em B.

- Obter a interseção de dois conjuntos. A interseção dos dois conjuntos A e B é o conjunto de itens em A que também estão em B.

- Obter a diferença entre dois conjuntos. A diferença entre os dois conjuntos A e B é o conjunto de itens em A que não estão em B.

- Testar um conjunto para determinar se outro conjunto é ou não seu subconjunto. O conjunto B é um subconjunto do conjunto A se e somente se B for um conjunto vazio ou todos os itens em B também estiverem em A.

Observe que as operações de diferença e subconjunto (os dois últimos marcadores) não são simétricas. Por exemplo, a diferença dos conjuntos A e B nem sempre é a mesma que a diferença dos conjuntos B e A.

Para descrever o conteúdo de um conjunto, você usa a notação `{<item-1> … <item-n> }`, mas suponha que os itens não estejam em ordem específica. A Tabela 11-1 mostra os resultados de algumas operações em conjuntos de exemplo.

Conjuntos e dicionários

Conjunto	Valor	União	Inteseção	Diferença	Subconjunto
A	{12 5 17 6}	{12 5 42 17 6}	{17 6}	{12 5}	False
B	{42 17 6}				
A	{21 76 10 3 9}	{21 76 10 3 9}	{}	{21 76 10 3 9}	True
B	{}				
A	{87}	{22 87 23}	{87}	{}	False
B	{22 87 23}				
A	{22 87 23}	{22 87 23}	{87}	{22 23}	True
B	{87}				

Tabela 11-1 Resultados de algumas operações de conjunto típicas

A classe set do Python

O Python inclui uma classe **set**. Os métodos mais comumente usados nesta classe estão lista-dos na Tabela 11-2.

Método set	O que ele faz
`s = set()`	Cria um conjunto vazio e o atribui a **s**.
`s = set (anIterable)`	Cria um conjunto que contém os itens únicos em um objeto **anIterable** (como uma string, uma lista ou um dicionário) e o atribui a **s**.
`s.add(item)`	Adiciona **item** a **s** se ainda não estiver em **s**.
`s.remove(item)`	Remove **item** de **s**. *Precondição*: **item** deve estar em **s**.
`s.__len__()`	O mesmo que **len(s)**. Retorna o número de itens atualmente em **s**.
`s.__iter__()`	Retorna um iterador em **s/**. Suporta um laço **for** com **s**. Os itens são visitados em um pedido não especificado.
`s.__str__()`	O mesmo que **str(s)**. Retorna uma string contendo a representação de string dos itens em **s**.
`s.__contains__ (item)`	O mesmo que **item in s**. Retorna **True** se **item** estiver em **s**, ou **False** caso contrário.
`S1.__or__(s2)`	Define a união. O mesmo que **s1	s2**. Retorna um conjunto contendo os itens em **s1** e **s2**.
`S1.__and__(s2)`	Define a interseção. O mesmo que **s1 & s2**. Retorna um conjunto contendo os itens em **s1** que também estão em **s2**.
`S1.__sub__(s2)`	Define a diferença. O mesmo que **s1 - s2**. Retorna um conjunto contendo os itens em **s1** que não estão em **s2**.
`S1.issubset(s2)`	Retorna **True** se **s1** for um subconjunto de **s2**, ou **False** caso contrário.

Tabela 11-2 As operações comumente usadas no tipo de conjunto

Uma sessão de exemplo com conjuntos

No próximo exemplo, você criará dois conjuntos chamados **A** e **B** e realizará algumas operações. Quando o construtor **set** recebe uma lista como argumento, os itens da lista são copiados para o conjunto, omitindo os itens duplicados. Observe que Python imprime um valor **set** usando colchetes em vez de parênteses.

```
>>> A = set([0, 1, 2])
>>> B = set()
>>> 1 in A
True
>>> A & B
{}
>>> B.add(1)
>>> B.add(1)
>>> B.add(5)
>>> B
{1, 5}
>>> A & B
{1}
>>> A | B
{0, 1, 2, 5}
>>> A - B
{0, 2}
>>> B.remove(5)
>>> B
{1}
>>> B.issubset(A)
True
>>> for item in A:
        print(item, end = "")
0 1 2
```

Aplicações dos conjuntos

Além do papel na matemática, conjuntos têm muitas aplicações na área de processamento de dados. Por exemplo, na área de gerenciamento de banco de dados, a resposta a uma consulta que contém a conjunção de duas chaves pode ser construída a partir da interseção dos conjuntos dos itens associados a essas chaves.

Relacionamento entre conjuntos e sacolas

Como vimos no Capítulo 5, uma sacola é uma coleção não ordenada de elementos. A principal diferença entre conjuntos e sacolas é que os conjuntos contêm itens exclusivos, enquanto as sacolas podem conter várias instâncias do mesmo item. Um tipo de conjunto também inclui operações, como interseção, diferença e subconjunto, normalmente não associadas a sacolas. A semelhança entre conjuntos e sacolas tem consequências para algumas estratégias de implementação, como veremos mais adiante.

Relacionamento entre conjuntos e dicionários

Como você aprendeu no Capítulo 2, "Visão geral das coleções", um *dicionário* é uma coleção não ordenada de elementos chamados *entradas*. Cada entrada consiste em uma chave e um valor associado. As operações para adicionar, modificar e remover entradas usam uma chave para localizar uma entrada e seu valor. As chaves de um dicionário devem ser exclusivas, mas seus valores podem ser duplicados. Portanto, você pode pensar em um dicionário como tendo um conjunto de chaves. As diferenças e semelhanças entre dicionários e conjuntos entrarão em cena ao examinarmos as estratégias de implementação mais adiante neste capítulo.

Implementações dos conjuntos

Você pode usar arrays ou estruturas ligadas para conter os itens de dados de um conjunto. Uma estrutura ligada tem a vantagem de suportar remoções de itens em tempo constante, uma vez que eles estão localizados na estrutura. Entretanto, como veremos em breve, adicionar e remover itens requerem pesquisas lineares. Outra estratégia, chamada *hashing*, tenta aproximar o acesso aleatório em um array para inserções, remoções e pesquisas. Vamos explorar todas as três estratégias de implementação mais adiante neste capítulo.

Exercícios

1. Como um conjunto difere de uma lista?

2. Suponha que o conjunto **s** contenha o número 3. Escreva a sequência de conjuntos resultante das seguintes operações:
   a. `s.add(4)`
   b. `s.add(4)`
   c. `s.add(5)`
   d. `s.remove(3)`

3. Como você visita todos os itens de um conjunto?

Implementações de conjuntos baseadas em array e ligadas

Como mencionado anteriormente, um conjunto é na verdade apenas uma sacola contendo itens de dados únicos e alguns métodos adicionais. Portanto, as implementações mais simples dos conjuntos são subclasses das classes de sacola discutidas no Capítulo 6. Essas implementações definidas, chamadas `ArraySet`, `LinkedSet` e `ArraySortedSet`, suportam os métodos na interface definida, mas recebem a maior parte de seu código, por herança, de suas classes pai `ArrayBag`, `LinkedBag` e `ArraySortedBag`.

Os métodos específicos de conjuntos `__and__`, `__or__`, `__sub__` e `issubset` podem ser incluídos em cada classe de conjunto. Mas como esses métodos só executam outros métodos na interface dos conjuntos, eles têm o mesmo código em todas as implementações. Portanto, podem ser implementados em uma segunda classe pai chamada `AbstractSet`. A Figura 11-1 mostra esses relacionamentos entre as classes de conjunto.

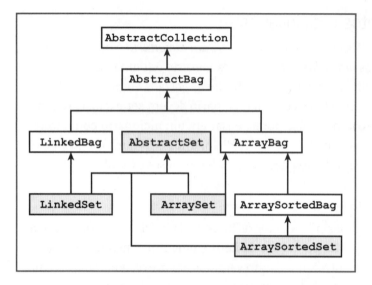

Figura 11-1 Implementações de conjunto baseado em array e ligado

Observe que cada classe de conjunto concreta é uma subclasse das duas classes, uma das quais é **AbstractSet**. O Python suporta múltipla herança, o que significa que determinada classe pode ter mais de uma classe pai, desde que os itens herdados sejam distintos.

Observe também que **AbstractSet**, diferente **AbstractBag**, não é uma subclasse de **AbstractCollection**. A razão para isso é que **AbstractSet** não apresenta nenhuma nova variável de instância para dados, mas apenas define métodos adicionais peculiares a todos os conjuntos. Agora vamos explorar a implementação baseada em array para esclarecer quem está herdando o que de quem nessa hierarquia.

A classe **AbstractSet**

A classe **AbstractSet** é apenas um repositório dos métodos de conjunto genéricos __and__, __or__, __sub__ e issubset. Esta classe é uma subclasse de **object**, porque as outras classes definidas já herdam os outros recursos de coleção das classes bag (sacola). Eis o código para essa classe:

```
"""
Arquivo: abstractset.py
Autor: Ken Lambert
"""

class AbstractSet(object):
    """Implementações de métodos set genéricos."""

    # Métodos acessores
    def __or__(self, other):
        """Retorna a união de self e other."""
        return self + other

    def __and__(self, other):
        """Retorna a interseção de self e other."""
```

```python
        intersection = type(self)()
        for item in self:
            if item in other:
                intersection.add(item)
        return intersection

    def __sub__(self, other):
        """Retorna a diferença entre self e other."""
        difference = type(self)()
        for item in self:
            if not item in other:
                difference.add(item)
        return difference

    def issubset(self, other):
        """Retorna True se self for um subconjunto de other
        ou False, caso contrário."""
        for item in self:
            if not item in other:
                return False
        return True

    # 0 método __eq__ para conjuntos entra aqui (exercício)
```

Esse projeto permite que você adicione qualquer outro método genérico de conjunto, como **__eq__**, para essa classe.

A classe **ArraySet**

A classe **ArraySet** herda os métodos **isEmpty**, **__len__**, **__iter__**, **__add__**, **add** e **remove** de um dos pais, **ArrayBag**. Do outro pai, **AbstractSet**, a classe **ArraySet** herda os métodos **__and__**, **__or__**, **__sub__**, **issubset** e **__eq__**. A classe **ArraySet** essencialmente combina esses métodos para fornecer suporte para um novo tipo de objeto. Ao longo do caminho, porém, **ArraySet** deve substituir o método **add** em **ArrayBag** evitando a inserção de itens duplicados. Eis o código para **ArraySet**:

```python
"""
Arquivo: arrayset.py
Autor: Ken Lambert
"""

from arraybag import ArrayBag
from abstractset import AbstractSet

class ArraySet(AbstractSet, ArrayBag):
    """Uma implementação baseada em array de um conjunto."""

    def __init__(self, sourceCollection = None):
        ArrayBag .__ init __(self, coleçãoDeOrigem)

    def add(self, item):
        """Adiciona um item ao conjunto, se não estiver no conjunto."""
        if not item in self:
            ArrayBag.add(self, item)
```

Observe a listagem das duas classes pai no cabeçalho da classe, em que **AbstractSet** precede **ArrayBag**. Como ambas as classes definem um método **__eq__**, o compilador Python deve determinar qual versão incluir no código para **ArraySet**. Faz isso selecionando o método da primeira classe pai listada no cabeçalho da classe.

Observe também a chamada do método **add** em **ArrayBag** se o item não estiver no conjunto. O código para as classes **LinkedSet** e **ArraySortedSet** é bastante semelhante a **ArraySet** e sua conclusão é deixada como exercício para você.

Usando dicionários

Você pode considerar um dicionário como um conjunto de pares de chave/valor chamados **entradas**. Mas a interface de um dicionário é relativamente diferente daquela de um conjunto. Como você sabe por usar o tipo de Python **dict**, os valores são inseridos ou substituídos em chaves fornecidas usando-se o operador subscrito **[]**. O método **pop** remove um valor em determinada chave e os métodos **keys** e **values** retornam iteradores em um conjunto de chaves e em uma coleção de valores de um dicionário, respectivamente. O método **__iter__** suporta um laço **for** sobre as chaves de um dicionário. O método **get** permite acessar um valor em uma chave ou recuperar retornando um valor padrão se a chave não estiver presente. Os métodos de coleção comuns também são suportados. A Tabela 11-3 lista os métodos específicos a dicionários na interface do dicionário que você implementará neste capítulo.

Método	O que ele faz

`d = <tipo de dicionário>`
`(keys = None,`
`values = None)`
	Cria um dicionário e o atribui a **d**. Copia pares de chave/valor de **keys** e **values** se eles estiverem presentes.

`d.__getitem__(key)`	O mesmo que **d[key]**. Retorna o valor associado a **key** se **key** existir, ou levanta um **KeyError** caso contrário.
`d.__setitem__(key,` `value)`	O mesmo que **d[key] = value**. Se **key** existe, substitui seu valor associado por **value**; caso contrário, insere uma nova entrada de chave/valor.
`d.get(key, defaultValue` `= None)`	Retorna o valor associado se **key** existe ou retorna **defaultValue** caso contrário.
`d.pop(key, defaultValue` `= None)`	Remove a entrada de chave/valor e retorna o valor associado se **key** existe ou retorna **defaultValue** caso contrário.
`d.__iter__()`	O mesmo que **iter(d)** ou para **key in d:**. Retorna um iterador nas chaves em **d**.
`d.keys()`	Retorna um iterador nas chaves em **d**.
`d.values()`	Retorna um iterador nos valores em **d**.
`d.entries()`	Retorna um iterador nas entradas (pares de chave/valor) em **d**.

Tabela 11-3 A interface para coleções de dicionário

Observe que, ao contrário dos métodos de construtor de outros tipos de coleção, o construtor de dicionário espera dois argumentos de coleção opcionais: uma coleção de chaves e uma coleção dos valores correspondentes.

Implementações baseadas em array e ligadas dos dicionários

As duas primeiras implementações dos dicionários são baseadas em array e ligadas. Essa estratégia de design é semelhante à que você usou para outras coleções neste livro:

- Insira as novas classes na estrutura de coleções para que obtenham alguns dados e métodos livremente, por meio de herança de classes ancestrais.
- Se outros métodos na nova interface têm a mesma implementação em todas as classes, insira-os em uma nova classe abstrata.

Para atingir esses objetivos de design, adicione uma classe **AbstractDict** ao framework, como uma subclasse de **AbstractCollection**. Essa nova classe é responsável pelos métodos __str__, __add__, __eq__, __iter__, get, keys, values e entries.

As classes concretas **ArrayDict** e **LinkedDict** então aparecem como subclasses de **AbstractDict**. Elas são responsáveis pelos métodos __iter__, clear, __getitem__, __setitem__ e pop. A Figura 11-2 mostra as relações entre essas classes.

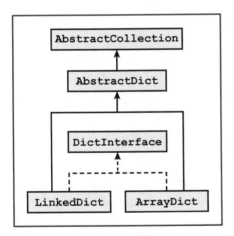

FIGURA 11-2 Implementações de dicionário baseada em array e ligadas

A classe **Entry**

Os itens ou as entradas em um dicionário consistem em duas partes: uma chave e um valor. A Figura 11-3 mostra uma dessas entradas, cuja chave é **"age"** e cujo valor é **39**.

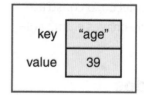

Figura 11-3 Uma entrada de dicionário

Cada implementação de um dicionário contém entradas. Cada par de chave/valor é empacotado em um objeto `Entry`. A classe `Entry` inclui alguns métodos de comparação. Esses métodos permitem ao programador testar a igualdade de duas entradas ou ordená-las em um dicionário ordenado. Todas as comparações são feitas por chave. Eis o código para essa classe:

```python
class Entry(object):
    """Representa uma entrada de dicionário.
    Suporta comparações por chave."""

    def __init__(self, key, value):
        self.key = key
        self.value = value

    def __str__(self):
        return str(self.key) + ":" + str(self.value)

    def __eq__(self, other):
        if type(self) != type(other): return False
        return self.key == other.key

    def __lt__(self, other):
        if type(self) != type(other): return False
        return self.key < other.key

    def __le__(self, other):
        if type(self) != type(other): return False
        return self.key <= other.key
```

Por conveniência, a classe `Entry` é colocada no mesmo módulo, **abstractdict**, que a classe **AbstractDict**.

A classe **AbstractDict**

A classe **AbstractDict** inclui todos os métodos que chamam apenas outros métodos de dicionário para fazer o trabalho. Esses métodos também incluem alguns métodos **AbstractCollection**, como **__str__**, **__add__** e **__eq__**, que deve ser substituído para oferecer suporte a um comportamento semelhante ao de um dicionário.

Além disso, o método __init__ em `AbstractDict` deve agora fazer o trabalho de copiar chaves e valores das coleções de origem opcionais para o novo objeto dicionário. Observe que isso é feito depois que o método __init__ em `AbstractCollection` ser chamado sem argumento de coleção.

Eis o código para a classe `AbstractDict`:

```python
"""
Arquivo: abstractdict.py
Autor: Ken Lambert
"""

from abstractcollection import AbstractCollection

class AbstractDict(AbstractCollection):
    """Implementações de métodos e dados comuns
    para dicionários."""

    def __init__(self, keys, values):
        """Copia entradas para o dicionário
        de chaves e valores, se estiverem presentes."""
        AbstractCollection.__init__(self)
        if keys and values:
            valuesIter = iter(values)
            for key in keys:
                self[key] = next(valuesIter)

    def __str__(self):
        return "{" + ", ".join(map(str, self.entries())) + "}"

    def __add__(self, other):
        """Retorna uma nova sacola contendo o conteúdo
        de self e other."""
        result = type(self)(self.keys(), self.values())
        for key in other:
            result[key] = other[key]
        return result

    def __eq__(self, other):
        """Retorna True se self for igual a other,
        ou False, caso contrário."""
        if self is other: return True
        if type(self) != type(other) or \
           len(self) != len(other):
            return False
        for key in self:
            if not key in other:
                return False
        return True

    def keys(self):
        """Retorna um iterador pelas chaves no
```

```
        dicionário."""
        return iter(self)

    def values(self):
        """Retorna um iterador pelos valores no
        dicionário."""
        return map(lambda key: self[key], self)

    def entries(self):
        """Retorna um iterador pelas entradas no
        dicionário."""
        return map(lambda key: Entry(key, self[key]), self)

    def get(self, key, defaultValue = None):
        """Retorna o valor associado à chave se a chave estiver
        presente, ou defaultValue caso contrário."""
        # Exercício
        return defaultValue
```

A classe **AbstractDict** ilustra muito bem o uso da herança para estruturar o código. Dos oito métodos incluídos lá, quatro (**keys**, **values**, **entries** e **get**) têm a mesma implementação para todos os dicionários, enquanto os outros quatro (**__init__**, **__str__**, **__add__** e **__eq__**) são substituições dos mesmos métodos em **AbstractCollection** para o comportamento específico do dicionário.

A classe **ArrayDict**

Como outras classes concretas, a classe **ArrayDict** é responsável por inicializar o objeto contêiner da coleção e implementar os métodos que devem acessar diretamente esse contêiner. Para evitar o trabalho extra necessário a fim de gerenciar um array, você escolhe a lista baseada em array do Python como o objeto contêiner e implementa os métodos **__iter__**, **__getitem__**, **__setitem__** e **pop** na interface do dicionário. O método auxiliar **getIndex** é chamado para localizar uma chave-alvo nos métodos **__getitem__**, **__setitem__** e **pop**.

Eis o código para a classe **ArrayDict**:

```
"""
Arquivo: arraydict.py
Autor: Ken Lambert
"""

from abstractdict import AbstractDict, Entry

class ArrayDict(AbstractDict):
    """Representa um dicionário baseado em array."""

    def __init__(self, keys = None, values = None):
        """Copia entradas para o dicionário
        de chaves e valores, se estiverem presentes."""
        self.items = list()
```

Conjuntos e dicionários

```python
        AbstractDict.__init__(self, keys, values)

# Acessores
def __iter__(self):
    """Fornece as chaves do dicionário."""
    cursor = 0
    while cursor < len(self):
        yield self.items[cursor].key
        cursor += 1


def __getitem__(self, key):
    """Precondição: a chave está no dicionário.
    Levanta exceção: um KeyError se a chave não estiver no dicionário.
    Retorna o valor associado à chave com a chave"""
    index = self.getIndex(key)
    if index == -1:
        raise KeyError("Missing: " + str(key))
    return self.items[index].value


# Mutadores
def __setitem__(self, key, value):
    """Se a chave não estiver no dicionário, adiciona a chave
    e o valor.
    Caso contrário, substitui o valor antigo pelo novo valor."""
    index = self.getIndex(key)
    if index == -1:
        self.items.append(Entry(key, value))
        self.size += 1
    else:
        self.items[index].value = value


def pop(self, key, defaultValue = None):
    """Remove a chave e retorna o valor associado
    Se a chave estiver no dicionário,
    ou retorna o valor padrão, caso contrário."""
    index = self.getIndex(key)
    if index == -1:
        return defaultValue
    self.size -= 1
    return self.items.pop(index).value


def getIndex(self, key):
    """Método auxiliar para pesquisa de chave."""
    index = 0
    for nextKey in self:
        if nextKey == key:
            return index
        index += 1
    return -1
```

A implementação da classe **LinkedDict** é semelhante e é deixada como exercício para você.

Fundamentos de Python: estruturas de dados

Análise de complexidade das implementações baseadas em array e ligadas dos conjuntos e dicionários

As implementações baseadas em array de conjuntos e dicionários requerem pouco esforço do programador, mas, infelizmente, não funcionam bem. Uma rápida inspeção dos métodos básicos de acesso mostra que cada um deve realizar uma pesquisa linear do array subjacente, de modo que cada método básico de acesso seja $O(n)$.

Como os itens não estão em uma ordem específica da perspectiva do usuário, você não pode recorrer a implementações que suportam acesso e inserções logarítmicos, como as árvores binárias de pesquisa discutidas no Capítulo 10, "Árvores". Entretanto, como veremos na próxima seção, existem estratégias para implementações de conjuntos e dicionários que são mais rápidas do que as implementações lineares.

Exercícios

1. O método **ArraySet add** pesquisa todo o conjunto. Discuta as consequências dessa pesquisa de todo o conjunto para o desempenho dos métodos **union**, **intersection** e **difference** e forneça a complexidade big-O de cada um desses métodos.

2. Jill propõe uma estratégia mais eficiente para o método **ArraySet add**. Sua estratégia não é verificar se há uma duplicata, mas simplesmente adicioná-la à lista. Discuta as consequências dessa estratégia para os outros métodos **ArraySet**.

Estratégias de hashing

Como vimos no Capítulo 4, "Arrays e estruturas ligadas", a maneira mais rápida de acessar itens em uma coleção é por meio do acesso aleatório suportado por arrays e listas baseadas em arrays. Comece supondo então que a estrutura de dados subjacente para um conjunto ou dicionário seja um array; ver se consegue encontrar uma maneira de aproximar o acesso aleatório aos itens ou chaves no conjunto ou dicionário. Em um mundo ideal, os itens ou chaves em um conjunto ou dicionário são números consecutivos de 0 ao tamanho da estrutura menos 1. Portanto, as posições em um array subjacente são acessíveis em tempo constante. No mundo real do processamento de dados, em que as chaves são números grandes ou nomes de pessoas ou outros atributos, raramente esse é o caso.

Suponha, entretanto, que a primeira chave seja o número 15.000 e as chaves seguintes sejam numeradas consecutivamente. A posição de determinada chave em um array pode então ser calculada com a expressão **key - 15000**. Esse tipo de cálculo é conhecido como **transformação de chave em endereço** ou **função de hashing**. Uma função de hashing age em determinada chave retornando a posição relativa em um array. O array usado com uma estratégia de hashing é chamado de **tabela de hash**. Se a função de hashing é executada em tempo constante, inserções, acessos e remoções das chaves associadas são $O(1)$.

O primeiro exemplo de uma função de hashing ainda é bem pouco realista. Suponha que as chaves não sejam números consecutivos e que o comprimento da estrutura do array seja 4. Então, a função de hashing `key % 4` produz um índice distinto no array para cada uma das chaves 3, 5, 8 e 10, conforme mostra a Figura 11-4.

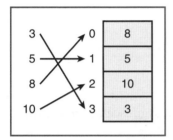

Figura 11-4 Posicionamento das chaves 3, 5, 8 e 10 usando a função de hash `key % 4`

Infelizmente, as chaves 3, 4, 8 e 10 não encontram posições únicas no array, porque tanto 4 como 8 fazem hash para um índice de 0 (Figura 11-5).

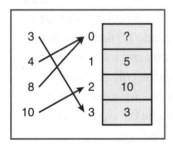

Figura 11-5 Posicionamento das chaves 3, 4, 8 e 10 usando a função de hash `key % 4`

O hash das chaves 4 e 8 para o mesmo índice é chamado **colisão**.

O restante desta seção explora o desenvolvimento das técnicas relacionadas a hashing que minimizam as colisões e aumentam o potencial de acesso em tempo constante a itens em coleções não ordenadas. Também examina as estratégias para lidar com colisões quando elas ocorrem.

O relacionamentos das colisões com a densidade

Na Figura 11-5, vimos um exemplo de colisão de dados durante o hashing em um array cheio. As colisões ocorrem quando células extras (além daquelas necessárias para os dados) estão disponíveis no array? Para responder a essa pergunta, você escreverá uma função Python, `keysToIndexes`, que gera os índices em um array de tamanho N a partir de uma lista de chaves. Uma chave nesse contexto é apenas um número inteiro positivo. O índice do array correspondente à chave é o resto depois de dividir a chave pelo comprimento do array (para qualquer número positivo `c`, `c % n` é um número de 0 a n − 1). Segue-se a definição de **keysToIndexes** e, então, a próxima sessão mostra os índices para os dois conjuntos de dados discutidos anteriormente:

```python
def keysToIndexes(keys, n):
    """Retorna os índices correspondentes às
    as chaves para um array de comprimento n."""
    return list(map(lambda key: key % n, keys))

>>> keysToIndexes([3, 5, 8, 10], 4)     # Sem colisões
[3, 1, 0, 2]
>>> keysToIndexes([3, 4, 8, 10], 4)     # Uma colisão
[3, 0, 0, 2]
```

Execuções de ambos os conjuntos de chaves com comprimentos de array crescentes mostram que nenhuma colisão ocorre quando o comprimento do array alcança 8:

```python
>>> keysToIndexes([3, 5, 8, 10], 8)
[3, 5, 0, 2]
>>> keysToIndexes([3, 4, 8, 10], 8)
[3, 4, 0, 2]
```

Pode haver outros conjuntos de quatro chaves que causariam colisões com um array de comprimento 8, mas está claro que se você estiver disposto a desperdiçar alguma memória de array, a probabilidade de colisões durante o hashing diminui. Dito de outra forma, como a **densidade**, ou o número de chaves em relação ao comprimento de um array diminui, o mesmo acontece com a probabilidade de colisões. O fator de carga de um array, apresentado no Capítulo 4, é uma medida da densidade dos dados (número de itens/comprimento do array). Por exemplo, quando o fator de carga nos exemplos discutidos excedem 0,5, ocorre uma colisão. Manter o fator de carga ainda mais baixo (digamos, abaixo de 0,2) parece uma boa maneira de evitar colisões, mas o custo de memória incorrido por fatores de carga abaixo de 0,5 é provavelmente proibitivo para conjuntos de dados de milhões de itens.

Mesmo fatores de carga abaixo de 0,5 não podem evitar a ocorrência de muitas colisões para alguns conjuntos de dados. Considere o conjunto de sete chaves 10, 20, 30, 40, 50, 60 e 70. Se você fizer hashing neles em um array de comprimento 15, nenhum deles encontrará um índice único, como mostrado na próxima sessão:

```python
>>> keysToIndexes([10, 20, 30, 40, 50, 60, 70], 15)
[10, 5, 0, 10, 5, 0, 10]
```

Mas se você escolher um número primo, como 11, para o comprimento do array, os resultados serão muito melhores:

```python
>>> keysToIndexes([10, 20, 30, 40, 50, 60, 70], 11)
[10, 9, 8, 7, 6, 5, 4]
```

Um pequeno fator de carga e um comprimento de array que seja um número primo ajudam, mas você deve desenvolver outras técnicas para lidar com as colisões quando ocorrerem.

Hashing com chaves não numéricas

Todos os exemplos anteriores usaram chaves de números inteiros para os dados. Como você gera chaves de números inteiros para outros tipos de dados, como nomes ou códigos de item com letras?

Considere as strings em geral. O objetivo é obter uma chave de números inteiros única de cada string única. Você pode tentar retornar a soma dos valores ASCII na string. Mas esse método produz as mesmas chaves para **anagramas**, ou strings que contêm os mesmos caracteres, mas em ordem diferente, como "cinema" e "iceman". Outro problema é que as primeiras letras de muitas palavras em inglês são distribuídas de maneira desigual; mais palavras começam com a letra S, em vez da letra X, por exemplo. Isso pode ter o efeito de ponderar ou distorcer as somas geradas de tal modo que as chaves serão agrupadas em determinados intervalos dentro de todo o conjunto de chaves. Esses agrupamentos podem, por sua vez, resultar em agrupamentos de chaves no array, quando idealmente seria melhor distribuir uniformemente as chaves no array. Para reduzir a potencial distorção das primeiras letras e reduzir o efeito produzido pelos anagramas, se o comprimento da string é maior que um certo limiar, você pode eliminar o primeiro caractere da string antes de calcular a soma. Além disso, você pode subtrair o valor ASCII do último caractere se a string exceder determinado comprimento. A definição dessa função, chamada `stringHash`, é, por sua vez, seguida por uma demonstração de como se tratam os anagramas:

```
def stringHash(item):
    """Gera uma chave inteira a partir de uma string."""
    if len(item) > 4 and \
       (item[0].islower() or item[0].isupper()):
        item = item[1:]            # Descarta a primeira letra
    total = 0
    for ch in item:
        total += ord(ch)
    if len(item) > 2:
        total -= 2 * ord(item[-1]) # Subtrai o último ASCII
    return total

>>> stringHash("cinema")
328
>>> stringHash("iceman")
296
```

Para testar a adequação de sua nova função de hashing, você pode atualizar o função `keysToIndexes` para receber uma função de hash como um terceiro argumento opcional. O padrão dessa função de hash, que abrange os casos de chaves de números inteiros vistos anteriormente, é simplesmente retornar a chave.

```
def keysToIndexes(keys, n, hashFunc = lambda key: key):
    """Retorna os índices correspondentes às
    chaves em hash para um array de comprimento n."""
    return list (map(lambda key: hashFunc(key) % n, keys))
```

Fundamentos de Python: estruturas de dados

A função de teste agora funciona com listas de chaves inteiras, mas também com uma lista de strings, conforme mostra a próxima sessão:

```
# Primeiro exemplo
>>> keysToIndexes([3, 5, 8, 10], 4)
[3, 1, 0, 2]
# Colisão
>>> keysToIndexes(["cinema", "iceman"], 2, stringHash)
[0, 0]
# n é primo
>>> keysToIndexes(["cinema", "iceman"], 3, stringHash)
[1, 2]
```

O Python também inclui uma função **hash** padrão para uso em aplicações de hashing. Essa função pode receber qualquer objeto Python como um argumento e retorna um número inteiro único. Como o inteiro pode ser negativo, você deve obter o valor absoluto antes de aplicar o operador de resto ao inteiro para calcular um índice. Compare os resultados de usar **hash** com aqueles da sua função **stringHash**:

```
>>> list(map(lambda x: abs(hash(x)), ["cinema", "iceman"]))
[1338503047, 1166902005]
>>> list(map(stringHash, ["cinema", "iceman"]))
[328, 296]
>>> keysToIndexes(["cinema", "iceman"], 3,
                  lambda x: abs(hash(x)))
[1, 0]
>>> keysToIndexes(["cinema", "iceman"], 3, stringHash)
[1, 2]
```

Funções de hashing mais sofisticadas são o tema de cursos avançados e estão além do escopo deste livro. No resto deste capítulo, você usará a função **hash** do Python e o último método.

Não importa quão avançadas sejam as funções de hashing, o potencial de colisões em uma tabela de hash permanece. Os cientistas da computação desenvolveram muitos métodos para resolver colisões. As subseções a seguir examinam alguns deles.

Sondagem linear

Para inserções, a maneira mais simples de resolver uma colisão é pesquisar no array, a partir do ponto de colisão, a primeira posição disponível; esse processo chama-se **sondagem linear**. Cada posição no array está em um de três estados distinguíveis: ocupada, nunca ocupada ou ocupada anteriormente. Uma posição é considerada disponível para a inserção de uma chave se nunca tiver sido ocupada ou se uma chave foi excluída dela (ocupada anteriormente). Os valores **EMPTY** e **DELETED** designam esses dois estados, respectivamente. Na inicialização, as células do array são preenchidas com o valor **EMPTY**. O valor de uma célula é definido como **DELETED** quando uma chave é removida. No início de uma inserção, a função de hashing é executada para calcular o **índice inicial**. O índice inicial é a posição para onde o item deve ir se a função de hash é executada perfeitamente (a posição estará desocupada nesse caso). Se a célula no índice inicial não estiver disponível, o algoritmo move o índice para a direita a fim de sondar

Conjuntos e dicionários

uma célula disponível. Quando a pesquisa alcança a última posição do array, a sondagem retorna para continuar a partir da primeira posição. Supondo que o array não se torna cheio e não há itens duplicados, o código para inserções em um array chamado **table** tem a seguinte aparência:

```
# Obtém o índice inicial
index = abs(hash(item)) % len(table)
# Para de pesquisar quando uma célula vazia é encontrada
while not table[index] in (EMPTY, DELETED):
    # Incrementa o índice e volta à primeira
    # posição se necessário
    index = (index + 1) % len(table)
# Uma célula vazia é encontrada, então armazena o item
table[index] = item
```

As recuperações e remoções funcionam de maneira semelhante. Para recuperações, você interrompe o processo de sondagem quando a célula do array atual está vazia ou quando contém o item-alvo. Isso permite que você passe por cima das células ocupadas anteriormente, bem como das células ocupadas atualmente. Para remoções, você também faz uma sondagem, como nas recuperações. Se o item-alvo é encontrado, a célula é definida como **DELETED**.

Um problema com esse método de resolução de colisões é que, após várias inserções e remoções, várias células marcadas **DELETED** podem estar entre determinado item e seu índice inicial. Isso significa que esse item está mais longe do índice inicial do que realmente precisa estar, aumentando assim o tempo médio do acesso geral. Existem duas maneiras de lidar com esse problema:

1. Após a remoção, desloque os itens que estão à direita da célula para a esquerda da célula até que uma célula vazia, uma célula atualmente ocupada, ou os índices iniciais de cada item sejam alcançados. Se a remoção de itens deixar lacunas, esse processo fechará essas lacunas.

2. Regularmente, refaça o hash da tabela, digamos, quando o fator de carga tornar-se 0,5. Isso converte todas as células ocupadas anteriormente em células atualmente ocupadas ou células vazias. Se a tabela tem alguma maneira de rastrear a frequência dos acessos a determinados itens, os itens podem ser reinseridos em ordem decrescente de frequência. Isso coloca os itens acessados com mais frequência mais próximos dos índices iniciais.

Como a tabela de hash tem de ser recalculada quando o array está cheio (ou o fator de carga excede um limite aceitável) em qualquer caso, você pode preferir a segunda estratégia.

A sondagem linear está sujeita a um segundo problema conhecido como **agrupamento** (*clustering*). Essa situação ocorre quando os itens que causam uma colisão são realocados para a mesma região (um cluster) dentro do array. A Figura 11-6 mostra um exemplo dessa situação após várias inserções de chaves, para o conjunto de dados 20, 30, 40, 50, 60, 70. Observe que a sondagem só é feita depois que as chaves 60 e 70 são inseridas, mas um cluster se formou na parte inferior do array.

Esse agrupamento geralmente leva a colisões com outros itens realocados. Durante o curso de um aplicativo, vários clusters podem se desenvolver e se aglutinar em clusters maiores. À

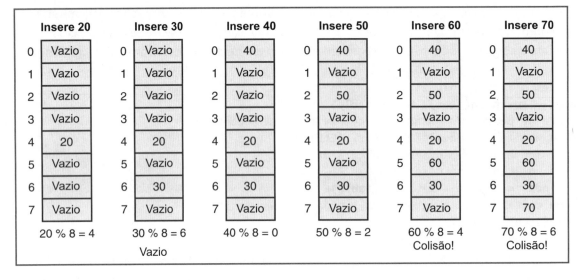

Figura 11-6 Cluster durante a sondagem linear

medida que o tamanho dos clusters aumenta, a distância média incorrida pela sondagem de um índice inicial até uma posição disponível torna-se maior, assim como o tempo médio de execução.

Sondagem quadrática

Uma maneira de evitar o agrupamento associado à sondagem linear é avançar a pesquisa por uma posição vazia a uma distância considerável do ponto de colisão. A **sondagem quadrática** alcança isso incrementando o índice inicial pelo quadrado de uma distância em cada tentativa. Se a tentativa falhar, aumente a distância e tente novamente. Dito de outro modo, se você começar com o índice inicial k e uma distância d, a fórmula usada em cada passagem é $k + d^2$. Assim, se a sondagem é necessária, a sonda começa no índice inicial mais 1 e, em seguida, move-se em distâncias de 4, 9, 25 e assim por diante a partir do índice inicial.

Eis o código para inserções, atualizado para usar a sondagem quadrática:

```
# Define a chave, índice e distância iniciais
key = abs(hash(item))
distance = 1
homeIndex = key % len(table)
index = homeIndex
# Para de pesquisar quando uma célula desocupada é encontrada
while not table[index] in (EMPTY, DELETED):
    # Incrementa o índice e volta para a
    # primeira posição se necessário
    index = (homeIndex + distance ** 2) % len(table)
    distance += 1
# Uma célula vazia é encontrada, então armazena o item
table[index] = item
```

O principal problema dessa estratégia é que, ao saltar sobre algumas células, uma ou mais delas podem ser perdidas. Isso pode levar a algum desperdício de espaço.

Encadeamento

Em uma estratégia de processamento de colisão conhecida como **encadeamento**, os itens são armazenados em uma série de listas ligadas, ou **correntes**. A chave de cada item localiza o **bucket**, ou índice, da cadeia na qual o item já reside ou será inserido. Cada uma das operações de recuperação e remoção executa as seguintes etapas:

1. Calcula o índice inicial do item no array.
2. Pesquisa na lista ligada nesse índice o item.

Se o item for encontrado, você pode retorná-lo ou removê-lo. A Figura 11-7 mostra um array de listas ligadas com cinco buckets e oito itens.

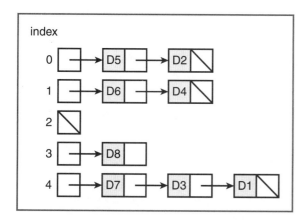

Figura 11-7 Encadeamento com cinco buckets

O índice inicial de cada item é o índice da lista ligada no array. Por exemplo, os itens D7, D3 e D1 têm o índice inicial de 4.

Para inserir um item nessa estrutura, execute as seguintes etapas:

1. Calcule o índice inicial do item no array.
2. Se a célula do array estiver vazia, crie um nó com o item e atribua o nó à célula. Do contrário, ocorre uma colisão. O item existente é o início de uma lista ligada ou cadeia de itens nessa posição. Insira o novo item no topo dessa lista.

Utilizando a classe **Node** discutida no Capítulo 4, eis o código para inserir um item usando o encadeamento:

```python
# Obtém o início
index index = abs(hash(item)) % len(table)
# Acessa um bucket e armazena o item no início
# da lista ligada
table[index] = Node(item, table[index])
```

Análise de complexidade

Como vimos, a complexidade do processamento de colisão linear depende do fator de carga, bem como da tendência de agrupamento dos itens realocados. No pior dos casos, quando o método deve percorrer todo o array antes de localizar a posição de um item, o comportamento é linear. Um estudo do método linear (*The art of computer programming*, v. 3, de Donald E. Knuth) mostrou que o comportamento médio na pesquisa de um item que não pode ser encontrado é

$$(1/2)[1 + 1/(1-D)^2]$$

onde D é a razão de densidade ou fator de carga.

Como o método quadrático tende a mitigar o agrupamento, você pode esperar que o desempenho médio é melhor do que o método linear. De acordo com Knuth (citado anteriormente), a complexidade média de pesquisa para o método quadrático é

$$1 - \log_e(1-D) - (D/2)$$

para o caso de sucesso e

$$1/(1-D) - D - \log_e(1-D)$$

para o caso malsucedido.

A análise do método de bucket/encadeamento mostra que o processo de localização de um item consiste em duas partes:

1. Calculando o índice inicial

2. Pesquisando uma lista ligada quando ocorrem colisões

A primeira parte tem comportamento de tempo constante. A segunda parte tem comportamento linear. A quantidade de trabalho é O(n) no pior caso. Desse modo, todos os itens que entraram em colisão entre si estão em uma cadeia, que é uma lista ligada. Entretanto, se as listas forem distribuídas uniformemente por todo o array e o array for bastante grande, a segunda parte também pode estar próxima de constante. No melhor dos casos, uma cadeia de comprimento 1 ocupa cada célula do array, então o desempenho é exatamente O(1). A inserção aleatória de itens tende a resultar em uma distribuição uniforme. À medida que o fator de carga aumenta além de 1, os comprimentos das cadeias também aumentam, resultando em desempenho degradado. Ao contrário dos outros métodos, o encadeamento não precisa redimensionar e recalcular o hash do array.

Outras compensações e otimizações de várias estratégias de hashing são o tema de cursos avançados na ciência da computação e estão além do escopo deste livro.

Conjuntos e dicionários

Exercícios

1. Explique como o hashing pode fornecer acesso em tempo constante a uma estrutura de dados.
2. O que é um índice inicial?
3. O que causa colisões?
4. Como funciona o método linear de resolução de colisões?
5. O que causa o agrupamento?
6. Como funciona o método quadrático de resolução de colisões e como ele atenua o agrupamento?
7. Calcule os fatores de carga para as seguintes situações:
   a. Um array de comprimento 30 com 10 itens.
   b. Um array de comprimento 30 com 30 itens.
   c. Um array de comprimento 30 com 100 itens.
8. Explique como funciona o encadeamento.

ESTUDO DE CASO: Estratégias de hashing para traçar perfil

No estudo de caso do Capítulo 3, "Pesquisa, ordenação e análise de complexidade", você desenvolveu um perfilador, ou ferramenta de software, para ajudar a medir o desempenho de alguns algoritmos de classificação. Agora você desenvolve uma ferramenta semelhante para avaliar o desempenho de algumas das estratégias de hashing discutidas na seção anterior.

Solicitação

Escreva um programa que permite a um programador traçar o perfil de diferentes estratégias de hashing.

Análise

O perfilador deve permitir que um programador colete estatísticas sobre o número de colisões causadas por diferentes estratégias de hashing. Outras informações úteis a serem obtidas incluem o fator de carga de uma tabela de hashing e o número de sondagens necessárias para resolver as colisões durante a sondagem linear ou quadrática. O perfilador considera que um programador definiu uma classe **HashTable** que inclui os métodos listados em Tabela 11-4.

Para os propósitos deste estudo de caso, a tabela simples permite que o programador insira itens e determine o comprimento do array e o fator de carga, o índice inicial da inserção mais recente e o índice real e o número de sondagens necessárias após uma colisão. Observe que quando uma tabela é criada, o programador pode fornecer a capacidade inicial e uma função de hash. O programador também pode indicar se uma estratégia de sondagem linear deve ou não ser usada. A função de hash padrão é a própria função **hash** do Python, mas o programador pode fornecer uma função de hashing diferente durante a instanciação da tabela. Se o teste linear não for desejado, a tabela usará o teste quadrático. A capacidade padrão de uma tabela é de 29 células, mas o programador pode ajustar essa capacidade ao criar a tabela.

(continua)

(continuação)

Método HashTable	O que ele faz
`T = HashTable(capacity = 29, hashFunction = hash, linear = True)`	Cria e retorna uma tabela de hashing com a capacidade inicial, função de hash e estratégia de resolução de colisão fornecidas. Se `linear` é `False`, usa uma estratégia de sondagem quadrática.
`T.insert(item)`	Insere `item` na tabela.
`T.__len__()`	O mesmo que `len(T)`. Retorna o número de itens na tabela.
`T.getLoadFactor()`	Retorna o fator de carga atual da tabela (número de itens dividido pela capacidade).
`T.getHomeIndex()`	Retorna o índice inicial do item inserido, removido ou acessado mais recentemente.
`T.getActualIndex()`	Retorna o índice real do item inserido, removido ou acessado mais recentemente.
`T.getProbeCount()`	Retorna o número de sondagens necessárias para resolver uma colisão durante a inserção, remoção ou acesso mais recente.
`T.__str__()`	O mesmo que `str(T)`. Retorna uma representação de string do array da tabela. As células vazias mostram o valor **None**. As células que foram ocupadas anteriormente mostram o valor **True**.

Tabela 11-4 Os métodos na classe HashTable

As informações fornecidas para o perfilador são uma tabela de hashing e uma lista de itens no conjunto de dados. A informação retornada é uma string. A string representa uma tabela formatada cujas colunas listam o fator de carga, o item inserido, o índice inicial e a posição eventual da inserção na tabela de hashing e o número de sondagens necessárias. O número total de colisões, o número total de sondagens e a média de sondagens por colisão seguem essa tabela na string. O programador executa o perfilador em uma tabela de hashing e o conjunto de dados fornecendo esses dados como argumentos para um método **test**. O total de colisões e sondagens pode ser obtido individualmente chamando os métodos apropriados do perfilador ou imprimindo o objeto do perfilador. A Tabela 11-5 lista os métodos na classe **Profiler**.

A seguinte função **main** cria o perfil da tabela usada em um exemplo anterior com sondagem linear:

```python
def main():
    # Cria uma tabela com 8 células, uma função de hash de identidade,
    # e uma sondagem linear.
    table = HashTable(8, lambda x: x)
    # Os dados são os números de 10 a 70, por 10s
    data = list(range(10, 71, 10))
```

(continua)

(continuação)

```
profiler = Profiler()
    profiler.test(tabela, dados)
    print(profiler)
```

Método Profiler	O que ele faz
P = profiler()	Cria e retorna um objeto de perfilador.
p.test(aTable, aList)	Executa o perfilador em uma tabela com o conjunto de dados fornecido.
p.__str__()	O mesmo que **str(p)**. Retorna uma tabela formatada dos resultados.
p.getCollisions()	Retorna o número total de colisões.
p.getProbeCount()	Retorna o número total de sondagens necessárias para resolver as colisões.

Tabela 11-5 Os métodos na classe **Profiler**

Eis os resultados do perfilador:

Load Factor	Item Inserted	Home Index	Actual Index	Probes
0.000	10	2	2	0
0.125	20	4	4	0
0.250	30	6	6	0
0.375	40	0	0	0
0.500	50	2	3	1
0.625	60	4	5	1
0.750	70	6	7	1

```
Total de colisões: 3
Total de sondagens: 3
Média de sondagens por colisão: 1.0
```

Projeto

A classe **HashTable** requer variáveis de instância para seu array de células, tamanho, função hash, estratégia de colisão, os índices iniciais e reais mais recentes e a contagem de sondagem. O método **insert** emprega a estratégia discutida na seção anterior, com os seguintes dois aprimoramentos:

- O índice inicial e a contagem de sondagens são atualizados.

- Quando o índice é incrementado durante a sondagem, o método usado é determinado pela estratégia atribuída à tabela, linear ou quadrática.

(continua)

Fundamentos de Python: estruturas de dados

(continuação)

Como antes, o método **insert** supõe que haja espaço para o novo item no array e que o novo item não duplique um item existente. Os demais métodos **HashTable** não exigem nenhum comentário.

A classe **Profiler** requer variáveis de instância para monitorar uma tabela, o número total de colisões e o número total de sondagens. O método **test** insere os itens na ordem fornecida e acumula as estatísticas após cada inserção. Esse método também cria e constrói uma string formatada com os resultados. Essa string é salva em outra variável de instância, para referência quando a função **str** for chamada no criador de perfil. Os demais métodos simplesmente retornam estatísticas individuais.

Implementação

Eis as listagens parciais do código para as duas classes. A conclusão delas é deixada como exercício para você. Eis a classe **HashTable**:

```python
"""
Arquivo: hashtable.py
Estudo de caso para o Capítulo 11.
"""

from arrays import Array

class HashTable(object):
    "Representa uma tabela de hashing."""

    EMPTY = None
    DELETED = True

    def __init__(self, capacity = 29,
                 hashFunction = hash,
                 linear = True):
        self.table = Array(capacity, HashTable.EMPTY)
        self.size = 0
        self.hash = hashFunction
        self.homeIndex = -1
        self.actualIndex = -1
        self.linear = linear
        self.probeCount = 0

    def insert(self, item):
        """Insere o item na tabela
        Precondições: Há pelo menos uma célula vazia ou
        uma célula ocupada anteriormente.
        Não há um item duplicado."""
        self.probeCount = 0
        # Obtém o índice inicial
        self.homeIndex = abs(self.hash(item)) % \
                             len(self.table)
        distance = 1
        index = self.homeIndex
```

(continua)

Conjuntos e dicionários

(continuação)

```python
        # Para de pesquisar quando uma célula vazia é encontrada
        while not self.table[index] in (HashTable.EMPTY,
                                        HashTable.DELETED):
            # Incrementa o índice e volta à primeira
        # posição se necessário
            if self.linear:
                increment = index + 1
            else:
                # Sondagem quadrática
                increment = self.homeIndex + distance ** 2
                distance += 1
            index = increment % len(self.table)
            self.probeCount += 1
        # Uma célula vazia é encontrada, então armazena o item
        self.table[index] = item
        self.size += 1
        self.actualIndex = index

# Métodos __len__(), __str__(), getLoadFactor(), getHomeIndex(),
# getActualIndex() e getProbeCount() são exercícios.
```

Eis a classe **Profiler**:

```python
"""
Arquivo: profiler.py
Estudo de caso para o Capítulo 11.
"""

from hashtable import HashTable

class Profiler(object):
    "Representa um profiler para uma tabela de hashing."""

    def __init__(self):
        self.table = None
        self.collisions = 0
        self.probeCount = 0

    def test(self, table, data):
        """Insere os dados na tabela e reúne estatísticas."""
        self.table = table
        self.collisions = 0
        self.probeCount = 0
        self.result = "Load Factor Item Inserted " + \
                      "Home Index Actual Index Probes\n"
        for item in data:
            loadFactor = table.getLoadFactor()
            table.insert(item)
            homeIndex = table.getHomeIndex()
```

(continua)

(continuação)

```python
                actualIndex = table.getActualIndex()
                probes = table.getProbeCount()
                self.probeCount += probes
            if probes > 0:
                    self.collisions += 1
            line = "%8.3f%14d%12d%12d%14d" % (loadFactor,
                                              item,
                                              homeIndex,
                                              actualIndex,
                                              probes)
            self.result += line + "\n"
        self.result += "Total collisions: " + \
                    str(self.collisions) + \
                    "\nTotal probes: " + \
                    str(self.probeCount) + \
                    "\nAverage probes per collision: " + \
                    str(self.probeCount / self.collisions)

    def__str__(self):
        if self.table is None:
            return "No test has been run yet."
        else:
            return self.result
```

Implementação de hashing de conjuntos

Nesta seção e na próxima, hashing é usado para construir implementações eficientes de coleções não ordenadas. Esta implementação de hash de um conjunto é chamada **HashSet** e usa a estratégia de intervalo/encadeamento descrita anteriormente. Assim, a implementação deve manter um array e representar as entradas de forma a permitir o encadeamento. Para gerenciar o array, inclua três variáveis de instância: **items** (o array), **size** (o número de itens no conjunto) e **capacity** (o número de células no array). Os itens estão contidos em nós individualmente ligados do tipo apresentado no Capítulo 4. O valor de **capacity** é por padrão uma constante, que é definida como 3 para garantir colisões frequentes.

Como você usa a mesma técnica para localizar a posição de um nó para inserções e remoções, pode implementá-la em um método: **__contains__**. Da perspectiva do usuário, esse método apenas pesquisa determinado item e retorna **True** ou **False**. Da perspectiva do implementador, esse método também define os valores de algumas variáveis de instância como as informações que podem ser usadas durante inserções, recuperações e remoções. A Tabela 11-6 fornece as variáveis e seus papéis na implementação.

Variável de instância	Propósito
`self.foundNode`	Referencia o nó que acabou de ser localizado, ou é **None**, caso contrário.
`self.priorNode`	Referencia o nó anterior ao que acabou de ser localizado, ou é **None**, caso contrário.
`self.index`	Referencia o índice da cadeia na qual o nó acabou de ser localizado, ou é –1 caso contrário.

Tabela 11-6 As variáveis usadas para acessar as entradas na classe

Agora você descobrirá como **__contains__** localiza a posição de um nó e define essas variáveis. A seguir está o pseudocódigo para esse processo:

```
__contains__ (item)
    Ajusta index para home index do item
    Ajusta priorNode para None
    Ajusta foundNode para table[index]
    enquanto foundNode != None
       se foundNode.data == item
           retorna true
       senão
           Ajusta priorNode para foundNode
           Ajusta foundNode para foundNode.next
    retorna false
```

Como você pode ver, o algoritmo usa **index**, **foundNode** e **priorNode** durante a pesquisa. Se o algoritmo fizer um hash em uma célula vazia do array, nenhum nó foi encontrado, mas **index** contém o bucket para uma inserção subsequente do primeiro item. Se o algoritmo fizer um hash em uma célula de array não vazia, o algoritmo percorrerá a cadeia dos nós até encontrar um item correspondente ou extrapolar a cadeia. Em qualquer caso, o algoritmo deixa **foundNode** e **priorNode** definido com os valores apropriados para uma inserção ou remoção subsequente do item.

Caso contrário, o projeto da classe **HashSet** será semelhante ao design das classes **ArraySet** e **LinkedSet**. Para obter o máximo de quilometragem da herança, a classe **HashSet** é uma subclasse das classes **AbstractCollection** e **AbstractSet**. A classe **Node** é usada para representar um item e um ponteiro para o próximo item em uma cadeia.

A seguir, uma implementação parcial da classe **HashSet**:

```
from node import Node
from arrays import Array
from abstractset import AbstractSet
from abstractcollection import AbstractCollection

class HashSet( AbstractSet, AbstractCollection):
    """Uma implementação baseada em array de um conjunto."""

    DEFAULT_CAPACITY = 3
```

```python
        def __init__(self, sourceCollection = None,
                     capacity = None):
            if capacity is None:
                self.capacity = HashSet.DEFAULT_CAPACITY
            else:
                self.capacity = capacity
            self.items = Array(self.capacity)
            self.foundNode = self.priorNode = None
            self.index = -1
            AbstractCollection.__init__(self, sourceCollection)

    # Métodos acessores
    def __contains__(self, item):
        """Retorna True se o item estiver em lyst ou
        Caso contrário, False."""
        self.index = abs(hash(item)) % len(self.items)
        self.priorNode = None
        self.foundNode = self.items[self.index]
        while self.foundNode != None:
            if self.foundNode.data == item:
                return True
            else:
                self.priorNode = self.foundNode
                self.foundNode = self.foundNode.next
        return False

    def __iter__(self):
        """Suporta iteração sobre uma visualização de self."""
        # Exercício

    def __str__(self):
        """Retorna a representação de string de."""
        # Exercício

    # Métodos mutadores
    def clear (self):
        """Torna self vazio."""
        self.size = 0
        self.foundNode = self.priorNode = None
        self.index = -1
        self.array = Array(HashSet.DEFAULT_CAPACITY)

    def add(self, item):
        """Adiciona um item ao conjunto, se não estiver no conjunto."""
        if not item in self:
            newNode = Node(item,
                           self.items[self.index])
            self.items[self.index] = newNode
            self.size += 1

    def remove(self, item):
        """Precondição: o item está no self.
```

```
Levanta exceção: KeyError se o item não estiver em self.
Pós-condição: o item é removido de self."""
# Exercício
```

Implementação de hashing de dicionários

Essa implementação de hashing de um dicionário chama-se **HashDict**. Ela usa uma estratégia de bucket/encadeamento bastante semelhante àquela da classe **HashSet**. Para representar uma entrada de chave/valor, você usa a classe **Entry** definida anteriormente nas outras implementações. O campo **data** de cada nó em uma cadeia agora contém um objeto **Entry**.

O método **__contains__** agora procura uma chave na estrutura subjacente e atualiza as variáveis de ponteiro como na implementação de **HashSet**.

O método **__getitem__** simplesmente chama **__contains__** e retorna o valor contido em **foundNode.data** se a chave foi encontrada.

```
__getitem__(key)
    if key in self
        return foundNode.data.value
    else
        raise KeyError
```

O método **__setitem__** chama **__contains__** para determinar se existe ou não uma entrada na posição da chave de destino. Se a entrada for encontrada, **__setitem__** substitui seu valor pelo novo valor. Caso contrário, **__setitem__** executa as seguintes etapas:

1. Cria um objeto de entrada contendo a chave e o valor.

2. Cria um novo nó cujos dados são a entrada e cujo próximo ponteiro é o nó no topo da cadeia.

3. Define o início da cadeia para o novo nó.

4. Incrementa o tamanho.

A seguir mostramos o pseudocódigo para **__setitem__**:

```
d.__setitem__(key, value)
    if key in self
        foundNode.data.value = value
    else
        newNode = Node(Entry(key, value), items[index])
        items[index] = newNode
        size = size + 1
```

A estratégia do método **pop** é similar. A principal diferença é que **pop** usa a variável **priorNode** quando a entrada a ser removida vem depois da cabeça da corrente. A seguir está o código parcialmente concluído da classe **HashDict**:

```
"""
Arquivo: hashdict.py
Autor: Ken Lambert
"""
```

Fundamentos de Python: estruturas de dados

```python
from abstractdict import AbstractDict, Entry
from node import Node
from arrays import Array

class HashDict(AbstractDict):
    """Representa um dicionário baseado em hash."""

    DEFAULT_CAPACITY = 9

    def __init__(self, keys = None, values = None, capacity = None):
        """Copiará entradas para o dicionário de
        chaves e valores, se estiverem presentes."""
        if capacity is None:
            self.capacity = HashDict.DEFAULT_CAPACITY
        else:
            self.capacity = capacity
        self.array = Array(self.capacity)
        self.foundNode = self.priorNode = None
        self.index = -1
        AbstractDict.__init__(self, keys, values)

    # Acessores
    def __contains__(self, key):
        """Retorna True se a chave estiver em self
        ou False, caso contrário."""
        self.index = abs(hash(key)) % len(self.array)
        self.priorNode = None
        self.foundNode = self.array[self.index]
        while self.foundNode != None:
            if self.foundNode.data.key == key:
                return True
            else:
                self.priorNode = self.foundNode
                self.foundNode = self.foundNode.next
        return False

    def __iter__(self):
        """Fornece as chaves do dicionário."""
        # Exercício

    def __getitem__(self, key):
        """Precondição: a chave está no dicionário.
        Levanta uma exceção: um KeyError se a chave não estiver no
        dicionário.
        Retorna o valor associado à chave."""
        if key in self:
            return self.foundNode.data.value
        else:
            raise KeyError("Missing: " + str(key))
```

Conjuntos e dicionários

```python
# Mutadores
def clear(self):
    """Torna self vazio."""
    # Exercício

def __setitem__(self, key, value):
    """Se a chave estiver no dicionário,
    substitui o valor antigo pelo novo valor.
    Caso contrário, adiciona a chave e o valor a ela."""
    if key in self:
        self.foundNode.data.value = value
    else:
        newNode = Node(Entry(key, value),
                        self.array[self.index])
        self.array[self.index] = newNode
        self.size += 1

def pop(self, key, defaultValue = None):
    """Remove a chave e retorna o valor associado
    se a chave estiver no dicionário, ou retorna o
    valor padrão caso contrário."""
    # Exercício
```

Exercício

Você pode modificar o __setitem__ para aproveitar o conhecimento do dicionário sobre o fator de carga atual. Sugira uma estratégia para implementar essa modificação em __setitem__.

Conjuntos e dicionários ordenados

Embora os dados em conjuntos e dicionários não sejam ordenados por posição, é possível e frequentemente conveniente poder visualizá-los em ordem de classificação. Um **conjunto ordenado** e um **dicionário ordenado** têm os comportamentos de um conjunto e um dicionário, respectivamente, mas o usuário pode visitar seus dados em ordem. Cada item adicionado a um conjunto ordenado deve ser comparável com os outros itens e cada chave adicionada a um dicionário ordenado deve ser comparável com as outras chaves. O iterador para cada tipo de coleção garante aos usuários acesso aos itens ou às chaves em ordem. A discussão a seguir focaliza os conjuntos ordenados, mas tudo também se aplica a dicionários ordenados.

O requisito de que os dados sejam ordenados tem consequências importantes para as duas implementações discutidas neste capítulo. Uma implementação baseada em array agora deve manter uma lista ordenada dos itens. Isso melhora o desempenho de tempo de execução do método __contains__ de linear para logarítmico, porque pode fazer uma pesquisa binária para determinado item. Infelizmente, a implementação de hashing deve ser abandonada por completo, porque não há como rastrear a ordem o dos itens de um conjunto.

Outra implementação comum de conjuntos ordenados usa uma árvore binária de pesquisa. Como discutido no Capítulo 10, essa estrutura de dados suporta pesquisas logarítmicas e inserções quando a árvore permanece balanceada. Assim, conjuntos ordenados (e dicionários ordenados) que usam uma implementação baseada em árvore podem fornecer acesso logarítmico a itens de dados.

Há duas estratégias de projeto para usar uma árvore binária de pesquisa em uma implementação de conjunto ordenado. Uma estratégia é desenvolver uma classe de sacolas ordenadas em árvore que contém uma árvore binária de pesquisa para os itens de dados e chama métodos nessa árvore. A classe de conjunto ordenado de árvore então se torna uma subclasse da classe sacola ordenada da árvore e adquire os métodos por herança. Isso é semelhante à estratégia discutida no Capítulo 6 para sacolas e conjuntos ordenados baseados em arrays. A outra estratégia é incluir a árvore binária de pesquisa como uma variável de instância na classe de conjunto ordenado e manipular a árvore diretamente com seus métodos.

O próximo segmento de código adota a segunda estratégia. Ele mostra o uso da classe **LinkedBST** do Capítulo 10 em uma classe parcialmente definida de conjuntos ordenados chamada **TreeSortedSet**. Observe que cada método **TreeSortedSet** chama o método correspondente na variável de instância **LinkedBST**. Os métodos __eq__, __iter__ e __str__ também são substituídos para garantir um comportamento semelhante a um conjunto ordenado. A conclusão é deixada como exercício para você.

```python
from linkedbst import LinkedBST
from abstractCollection import AbstractCollection
from abstractset import AbstractSet

class TreeSortedSet(AbstractSet):
    """Uma implementação baseada em árvore de um conjunto."""
    def __init__(self, sourceCollection = None ):
        self.items = LinkedBST()
        if sourceCollection:
            for item in sourceCollection:
                self.add(item)

    def __contains__(self, item):
        """Retorna True se o item estiver em lyst ou
        Caso contrário, falso."""
        return item in self.items

    def __iter__(self):
        """Suporta iteração sobre um percurso de self."""
        return self.items.inorder()

    def add(self, item):
        """Adiciona um item ao conjunto, se não estiver no conjunto."""
        if not item in self:
            self.items.add(item)

    # Os demais métodos são exercícios
```

Conjuntos e dicionários

Resumo

- Um conjunto é uma coleção não ordenada de itens. Cada item é único. Os itens podem ser adicionados, removidos ou testados quanto à associação no conjunto. Um conjunto pode ser percorrido com um iterador.

- Uma implementação baseada em lista de um conjunto fornece suporte ao acesso em tempo linear. Uma implementação de hashing de um conjunto fornece suporte a acesso em tempo constante.

- Os itens em um conjunto ordenado podem ser visitados em ordem. Uma implementação baseada em árvore de um conjunto ordenado fornece suporte ao acesso em tempo logarítmico.

- Um dicionário é uma coleção não ordenada de entradas, em que cada entrada consiste em uma chave e um valor. Cada chave em um dicionário é única, mas seus valores podem ser duplicados. Acessos, substituições, inserções e remoções dos valores são realizados fornecendo as chaves associadas.

- Um dicionário ordenado impõe uma ordenação por meio de comparação das chaves.

- As implementações dos dois tipos de dicionários são semelhantes às dos conjuntos.

- Hashing é uma técnica para localizar um item em tempo constante. Essa técnica usa uma função de hash para calcular o índice de um item em um array.

- Ao usar hashing, a posição de um novo item pode colidir com a posição de um item já em um array. Existem várias técnicas para resolver as colisões, dentre elas o processamento linear de colisão, o processamento quadrático de colisão e encadeamento.

- O encadeamento emprega um array de buckets, que são estruturas ligadas que contêm os itens.

- Os aspectos em tempo de execução e memória dos métodos de hashing envolvem o fator de carga do array. Quando o fator de carga (tamanho lógico/tamanho físico) se aproxima de 1, a probabilidade de colisões e, portanto, de processamento extra, aumenta.

Perguntas de revisão

1. A complexidade de tempo de execução dos métodos __or__, __and__ e __sub__ para conjuntos baseados em array são:
   a. $O(n)$ c. $O(n^2)$
   b. $O(n \log n)$

2. A interseção dos dois conjuntos {A, B, C} e {B, C, D} é:
   a. {A, B, C, D}   b. {B, C}

3. O fator de carga de um array de 10 posições que contém 3 itens é:
   a. 3.0   c. 0.67
   b. 0.33

Fundamentos de Python: estruturas de dados

4. O método linear de resolução de colisões :

   a. Pesquisa a próxima posição vazia disponível no array

   b. Seleciona uma posição aleatoriamente até que a posição esteja vazia

5. Quando o fator de carga é pequeno, uma implementação de hashing de um conjunto ou dicionário fornece :

   a. Acesso em tempo logarítmico   b. Acesso em tempo constante

6. A melhor implementação de um conjunto ordenado usa uma :

   a. Tabela de hashing   c. Árvore binária de pesquisa

   b. Lista ordenada   balanceada

7. Suponha que o hash da função gere um grande número (positivo ou negativo) com base no conteúdo do argumento. A posição desse argumento em um array de posições de capacidade pode então ser determinada pela expressão :

   a. `abs(hash(item))// capacity`

   b. `abs(hash(item)) % capacity`

8. O pior dos casos em tempo de acesso de uma implementação de encadeamento/hashing dos conjuntos ou dicionários é:

   a. Constante   c. Linear

   b. Logarítmico

9. Um dicionário tem :

   a. Um único método que suporta um iterador

   b. Dois métodos que suportam iteradores: um para as chaves e outro para os valores

10. Um método para evitar o agrupamento é:

    a. Sondagem linear   b. Sondagem quadrática

Projetos

1. Conclua o perfilador para tabelas de hashing iniciadas no estudo de caso.

2. Usando um conjunto de dados e fator de carga que provoca várias colisões, execute o perfilador com três funções de hashing diferentes e processamento de colisão linear e compare os resultados.

3. Adicione os métodos `get` e `remove` à classe `HashTable` desenvolvida no estudo de caso.

4. Modifique a classe `Profiler` para permitir que o programador estude o comportamento do método `HashTable get`. Lembre-se de que esse método deve ignorar as células anteriormente ocupadas ao fazer uma sondagem em um item-alvo. Esse perfilador deve inserir um conjunto de itens de dados na tabela, remover um número especificado deles e executar `get` com os itens restantes. O programador deve ser capaz de visualizar os resultados como o número total de sondagens e o número médio de sondagens para esse processo.

Conjuntos e dicionários

5. Conclua a implementação de hash de um conjunto e teste-o com um programa testador apropriado.

6. Adicione os métodos **loadFactor** e **rehash** para a implementação de hashing de um conjunto para calcular o fator de carga e ajustar a capacidade do array e refazer o hash dos itens. O fator de carga, nesse caso, é o número de células ocupadas do array dividido pela capacidade do array. Você precisará rastrear o número de células ocupadas em uma nova variável de instância. O método rehash deve salvar os itens do conjunto em uma lista, definir o tamanho do conjunto e o número de itens ocupados como 0, dobrar o tamanho do array e adicionar os itens da lista ao conjunto. Você deve tentar refazer o hashing apenas no método **__init__**, com itens suficientes de uma coleção de origem para empurrar o fator de carga acima de 0,8. Você deve executar repetidamente **rehash** até que o fator de carga caia abaixo desse nível.

7. Conclua a implementação de hashing de um dicionário e teste-a com um programa testador apropriado.

8. Conclua uma implementação baseada em árvore de um conjunto ordenado usando a segunda estratégia discutida neste capítulo. Teste sua implementação com um programa de teste apropriado.

9. Conclua uma implementação baseada em árvore de um dicionário ordenado usando uma estratégia semelhante àquela do Projeto 8. Mas neste caso, o dicionário ordenado pode herdar alguns métodos de coleção padrão, como **__len__**, **__str__** e **__add__**, de sua classe pai.

10. A função **zip** do Python é usada para compactar dados em dicionários. **zip** espera uma lista de chaves e uma lista de valores como argumentos e retorna um novo objeto zip iterável. Passar esse objeto para a função **dict** cria e retorna um dicionário com esses dados. Portanto, essa função se comporta como os métodos construtores para os dicionários discutidos neste capítulo. Uma função **unzip** seria o inverso de **zip**. **unzip** espera um dicionário como um argumento e retorna uma tupla, que contém uma lista das chaves do dicionário e uma lista dos valores correspondentes. Adicione um método chamado **unzip** à classe **AbstractDict** que executa essa operação para todos os dicionários na estrutura de coleções.

CAPÍTULO 12

Grafos

Depois de concluir este capítulo, você será capaz de:

- ◎ Descrever as características de um grafo
- ◎ Descrever vários tipos de percursos em grafos
- ◎ Reconhecer aplicações onde é apropriado usar um grafo
- ◎ Escolher uma implementação apropriada de um grafo, com base nas características de desempenho
- ◎ Desenvolver algoritmos para processamento de grafos

Este capítulo abrange uma das coleções mais gerais e úteis: o grafo. Ele começa apresentando alguns termos usados para falar sobre grafos. Em seguida, considera duas representações comuns de grafos: a representação da matriz de adjacência e a da lista de adjacências. Em seguida, discute alguns algoritmos baseados em grafos amplamente usados e conhecidos. Os algoritmos mais interessantes lidam com percursos em grafos, árvores geradoras mínimas, ordenação topológica e problemas de caminho mais curto. Por fim, o capítulo apresenta uma classe para grafos e conclui com um estudo de caso.

Por que usar grafos?

Os grafos servem como modelos para uma ampla gama de objetos. Entre eles estão os seguintes:

- Um roteiro
- Um mapa de rotas aéreas
- Um layout de um mundo de jogo de aventura
- Um esquema dos computadores e das conexões que compõem a internet
- As ligações entre páginas na internet
- A relação entre alunos e cursos
- A estrutura dos pré-requisitos dos cursos em um departamento de ciência da computação
- Um diagrama das capacidades de fluxo em uma rede de comunicações ou transporte

A principal característica que esses modelos têm em comum é que consistem em um conjunto de objetos conectados por ligações, que permitem ao usuário navegar de um objeto a outro. Ao contrário dos tipos lineares e hierárquicos das coleções que vimos antes, as conexões em um grafo podem conectar muitos objetos a muitos outros objetos e fornecer suporte à navegação em qualquer direção. Pode até haver objetos em um grafo que não estão conectados a outros objetos. Assim, o grafo é a categoria mais geral de coleção, que engloba as categorias linear, hierárquica e não ordenada das coleções como casos especiais. Agora voltamos para uma definição precisa dos grafos e alguma terminologia técnica para falar sobre eles.

Terminologia de grafos

Matematicamente, um grafo é um conjunto V de **vértices** e um conjunto E de **arestas**, de modo que cada aresta em E conecta dois dos vértices em V. O termo **nó** também é usado aqui como sinônimo de vértice.

Vértices e arestas podem ser rotulados ou não rotulados. Quando as arestas são rotuladas com números, os números podem ser vistos como **pesos**, e o grafo é considerado um **grafo ponderado**. A Figura 12-1 mostra exemplos de grafos não rotulado, rotulado e ponderado.

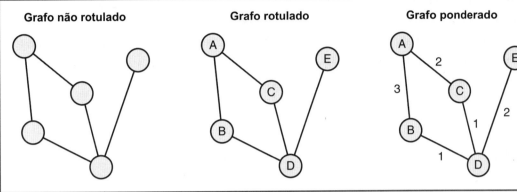

Figura 12-1   Grafos não rotulado, rotulado e ponderado

Um vértice é **adjacente** a outro vértice se houver uma aresta conectando os dois vértices. Esses dois vértices também são chamados **vizinhos**. Um **caminho** é uma sequência de arestas que permite que um vértice seja alcançado a partir de outro vértice em um grafo. Um vértice pode ser **alcançável** a partir de outro vértice se e somente se houver um caminho entre os dois. O comprimento de um caminho é o número de arestas no caminho. Um grafo é **conexo** se houver um caminho de cada vértice a todos os outros vértices. Um grafo está **completo** se houver uma aresta de cada vértice para todos os outros vértices. A Figura 12-2 mostra grafos desconexos, conexos, incompleto e completo.

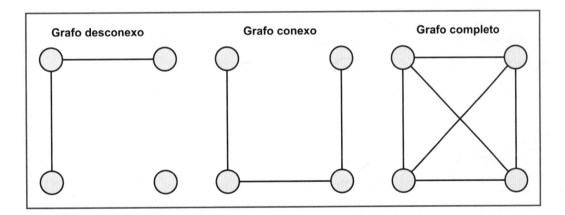

Figura 12-2   Grafos desconexo, conexo, mas não completo e completo

O **grau de um vértice** é igual ao número de arestas conectadas a ele. Por exemplo, o grau de cada vértice em um grafo completo (ver Figura 12-2) é igual ao número de vértices menos um.

O **subgrafo** de um grafo consiste em um subconjunto dos vértices desse grafo e nas arestas que conectam esses vértices. Um **componente conexo** é um subgrafo que consiste no conjunto de vértices que são alcançáveis a partir de determinado vértice. A Figura 12-3 mostra um grafo desconexo com vértices A, B, C, D e E e o componente conexo que contém o vértice B.

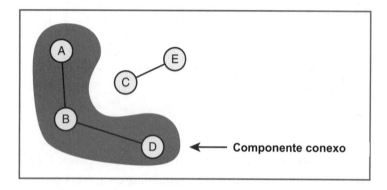

Figura 12-3   Um componente conexo de um grafo

Um **caminho simples** é aquele que não passa pelo mesmo vértice mais de uma vez. Em contraposição, um **ciclo** é um caminho que começa e termina no mesmo vértice. A Figura 12-4 mostra um grafo com um caminho simples e um grafo com um ciclo.

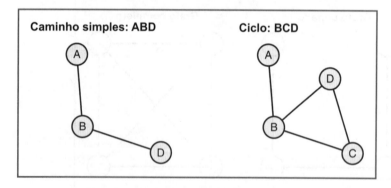

Figura 12-4   Um caminho simples e um ciclo

Os grafos mostrados nas Figuras 12-1 a 12-4 são **não direcionados**, o que significa que suas arestas não indicam direção. Isto é, um algoritmo de processamento de grafos pode se mover em qualquer direção ao longo de uma aresta que conecta dois vértices. Pode haver no máximo uma aresta conectando quaisquer dois vértices em um grafo não direcionado. Em contraste, as arestas em um **grafo direcionado**, ou **dígrafo**, especificam uma direção explícita, conforme mostra a Figura 12-5.

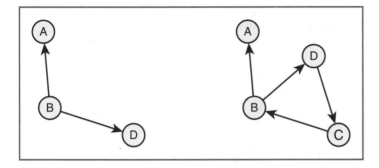

Figura 12-5   Grafos direcionados (dígrafos)

Cada aresta em um dígrafo chama-se **aresta direcionada**. Ela tem um **vértice de origem** e um **vértice de destino**. Quando há apenas uma aresta direcionada conectando dois vértices, os vértices estão na relação de predecessor (o vértice de origem) e sucessor (o vértice de destino). Mas a relação de adjacência entre eles é assimétrica; o vértice de origem é adjacente ao vértice de destino, mas o inverso não é verdadeiro. Para converter um grafo não direcionado em um grafo direcionado equivalente, você substitui cada aresta no grafo não direcionado por um par de arestas apontando para direções opostas, como mostrado na Figura 12-6. As arestas que emanam de determinado vértice de origem são chamadas **arestas incidentes**.

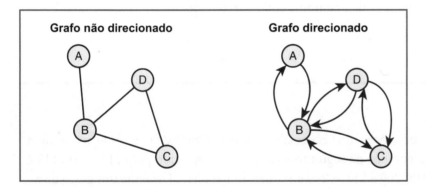

Figura 12-6   Convertendo um grafo não direcionado em um grafo direcionado

Um caso especial de dígrafo que não contém ciclos é conhecido como **grafo acíclico direcionado** (DAG, do inglês Directed Acyclic Graph). O segundo grafo direcionado na figura anterior contém um laço. No grafo do lado direito da Figura 12-7, a direção de uma aresta (entre B e C) é invertida para produzir um DAG.

Listas e árvores são casos especiais de grafos direcionados. Os nós em uma lista são relacionados como predecessores e sucessores, enquanto os nós em uma árvore são relacionados como pais e filhos.

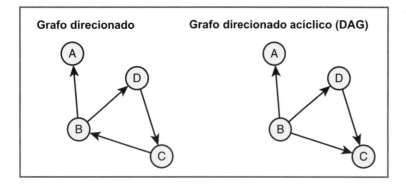

Figura 12-7 Um grafo direcionado e um grafo acíclico direcionado (DAG)

De maneira simples, um grafo conexo que tem relativamente muitas arestas é chamado de **grafo denso**, ao passo que aquele que tem relativamente poucas arestas é chamado de **grafo esparso**. Existem dois casos-limite. O número de arestas em um grafo direcionado completo com N vértices é $N(N-1)$ e o número de arestas em um grafo não direcionado completo é $N(N-1)/2$. Assim, o caso-limite (limite superior) de um grafo denso tem aproximadamente N^2 arestas. Em contraste, o caso-limite (limite inferior) de um grafo esparso tem aproximadamente N arestas.

De agora em diante, "grafo conexo" nesse contexto significa um grafo não direcionado, a menos que seja explicitamente declarado de outra forma. Além disso, quando o texto se refere a "componente", significa um componente conexo em um grafo não direcionado.

Exercícios

1. Os pré-requisitos do curso para uma especialização em ciência da computação em uma faculdade local são numerados da seguinte forma: 111 é requerido para 112 e 210; 112 é requerido para 312, 313, 209 e 211; e 210 é requerido para 312. Desenhe um grafo direcionado que represente essa estrutura de numeração.

2. Quantas arestas existem em um grafo não direcionado completo com seis vértices?

3. A configuração em estrela de uma rede representa a estrutura como um grafo com uma aresta de um único nó central para cada nó remanescente. Uma configuração ponto a ponto representa uma rede como um grafo completo. Faça um desenho de um exemplo de cada tipo de configuração com quatro nós e use a notação big-O para indicar a eficiência de adicionar ou remover determinado nó em cada tipo de configuração. Por enquanto, você pode supor que a remoção de cada aresta é uma operação de tempo constante.

Representações dos grafos

Para representar grafos, você precisa de uma maneira conveniente de armazenar os vértices e as arestas que os conectam. As duas representações de grafos comumente usadas são a **matriz de adjacência** e a **lista de adjacências**.

Matriz de adjacência

A representação da matriz de adjacência armazena as informações sobre um grafo em uma matriz ou grade, como apresentado no Capítulo 4, "Arrays e estruturas ligadas". Lembre-se de que uma matriz é bidimensional e cada célula é acessada em determinada posição de linha e coluna. Suponha que um grafo tenha N vértices marcados com $0, 1, \ldots, N-1$ e então o seguinte se aplica:

- A matriz de adjacência para o grafo é uma grade G com N filas e N colunas.
- A célula $G[i][j]$ contém 1 se houver uma aresta do vértice i ao vértice j no grafo. Do contrário, não há aresta e essa célula contém 0.

A Figura 12-8 mostra um grafo direcionado e a matriz de adjacência. Cada nó do grafo é rotulado com uma letra. Ao lado de cada nó está o número de linha na matriz de adjacência.

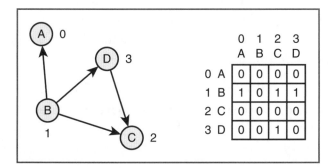

Figura 12-8 Um grafo direcionado e sua matriz de adjacência

A própria matriz é a grade quatro por quatro das células que contém os 1s e os 0s no canto inferior direito da tabela. As duas colunas de números e letras à esquerda da matriz contêm as posições das linhas e os rótulos dos vértices, respectivamente. Os vértices representados nessas duas colunas são considerados os vértices de origem das potenciais arestas. Os números e letras acima da matriz representam os vértices de destino das potenciais arestas.

Observe que há quatro arestas nesse grafo, portanto, apenas 4 das 16 células da matriz estão ocupadas por 1: células (1,0), (1,2), (1,3) e (3,2). Isso é um exemplo de grafo esparso, que produz uma matriz de adjacência esparsa. Se o grafo for não direcionado, então mais quatro células são ocupadas por 1 para contabilizar o caráter bidirecional de cada aresta (ver Figura 12-9).

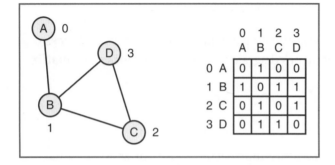

Figura 12-9 Um grafo não direcionado e sua matriz de adjacência

Se as arestas têm pesos, os valores dos pesos podem ocupar as células da matriz. As células que não indicam arestas devem ter algum valor que não esteja dentro do intervalo dos pesos permitidos. Se os vértices são rotulados, os rótulos podem ser armazenados em um array unidimensional separado (como mostra a segunda linha das Figuras 12-8 e 12-9).

Lista de adjacências

A Figura 12-10 mostra um grafo direcionado e sua representação de lista de adjacências. Uma representação de lista de adjacências armazena as informações sobre um grafo em um array de listas. Você pode usar implementações de listas ligadas ou baseadas em array. O exemplo usa uma implementação de lista ligada. Suponha que um grafo tenha N vértices marcados com $0, 1, \ldots, N-1$ e então o seguinte se aplica:

- A lista de adjacências para o grafo é um array de N listas ligadas.
- A i-ésima lista encadeada contém um nó para o vértice j se e somente se houver uma aresta do vértice i ao vértice j.

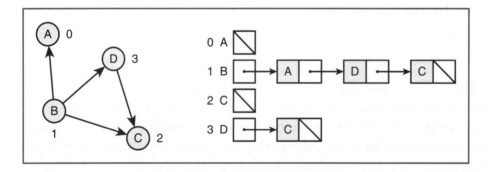

Figura 12-10 Um grafo direcionado e a lista de adjacências

Observe que os rótulos dos vértices estão incluídos nos nós de cada aresta. Naturalmente, haveria o dobro de nós em um grafo não direcionado (ver Figura 12-11).

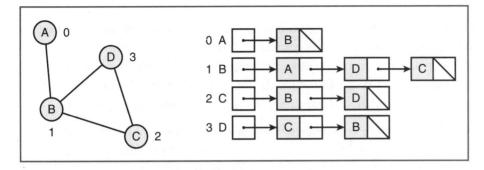

Figura 12-11 Um grafo não direcionado e a lista de adjacências

Quando as arestas têm pesos, os pesos também podem ser incluídos como um segundo campo de dados nos nós, como mostra a Figura 12-12.

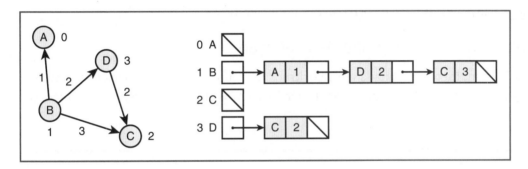

Figura 12-12 Um grafo ponderado e direcionado e a lista de adjacências

Análise das duas representações

No que diz respeito ao tempo de execução, o comportamento das duas operações de grafos comumente usadas ilustra a diferença na eficiência computacional entre a matriz de adjacência e a lista de adjacências. Essas operações são:

- Determinar se há ou não uma aresta entre dois vértices dados.
- Encontrar todos os vértices adjacentes a determinado vértice.

A matriz de adjacência suporta a primeira operação em tempo constante porque requer apenas uma operação de índice em um array bidimensional. Em comparação, a lista de adjacências ligada requer um índice em um array de listas ligadas e, em seguida, uma pesquisa em uma lista ligada de um vértice de destino. O tempo de execução é linear com o comprimento dessa lista, em média. O uso de uma lista de adjacências baseada em array pode melhorar esse desempenho para o tempo logarítmico, se os vértices puderem ser ordenados nas listas.

A lista de adjacências tende a suportar a localização de todos os vértices adjacentes a determinado vértice de forma mais eficiente do que a matriz de adjacência. Na lista de adjacências, o conjunto de vértices adjacentes para um vértice é simplesmente a lista desse vértice, que pode ser localizada com uma operação de índice. Em contraste, o conjunto de vértices adjacentes para um vértice na matriz de adjacência deve ser calculado percorrendo a linha desse vértice na matriz e acumulando apenas as posições que contêm 1. A operação deve sempre visitar N células na matriz de adjacência, enquanto a operação normalmente visita muito menos do que N nós em uma lista de adjacências. O caso-limite é o de um grafo completo. Nesse caso, cada célula da matriz é ocupada por 1, cada lista ligada tem $N - 1$ nós e o desempenho é fraco.

A lista de adjacências ligada e a lista de adjacências baseada em array exibem compensações de desempenho para inserções das arestas nas listas. A inserção baseada em array leva tempo linear, enquanto a inserção baseada em ligações requer tempo constante.

No que diz respeito ao uso de memória, a matriz de adjacência sempre requer N^2 células, não importa quantas arestas conectem os vértices. Assim, o único caso em que nenhuma célula é desperdiçada é o de um grafo completo. Em contraposição, a lista de adjacências requer um array de N ponteiros e um número de nós igual a duas vezes o número de arestas no caso de um grafo não direcionado. O número de arestas normalmente é muito menor do que N^2, embora à medida que o número de arestas aumenta, a memória extra necessária para os ponteiros na lista de adjacências ligadas torna-se um fator significativo.

Outras considerações em tempo de execução

Outra operação comumente executada em algoritmos de grafos é iterar por todos os vizinhos de determinado vértice. Seja N = quantidade de vértices e M = quantidade de arestas. Então, o seguinte se aplica:

Exercícios

1. Crie uma tabela mostrando a matriz de adjacência para o seguinte grafo direcionado com os custos de aresta.

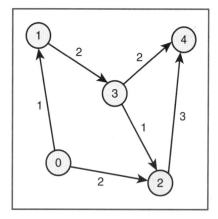

2. Crie um desenho mostrando a lista de adjacências para o grafo direcionado acima com os custos de arestas. Você deve considerar que as arestas em uma lista são ordenadas do menor custo para o maior custo.

3. Indique uma vantagem e uma desvantagem da representação da matriz de adjacência e da representação da lista de adjacências dos grafos.

- Usando uma matriz de adjacência para iterar por todos os vizinhos, você deve percorrer uma linha em um tempo que é O(N). Para repetir isso para todas as linhas é O(N^2).

- Usando uma lista de adjacências, o tempo para percorrer todos os vizinhos depende do número de vizinhos. Em média, esse tempo é O(M/N). Repetir isso para todos os vértices é O(máx (M, N)), que para um grafo denso é O(N^2) e para um grafo esparso é O(N). Portanto, as listas de adjacência podem fornecer uma aresta em tempo de execução ao trabalhar com grafos esparsos.

Percursos em grafos

Como em uma árvore, você acessa um item em um grafo seguindo uma ligação de outro item para ele. Frequentemente, você precisa seguir várias ligações de um item a outro em um caminho para chegar a determinado item. Além da inserção e remoção de itens, importantes operações de processamento de grafo incluem:

- Encontrar o caminho mais curto para determinado item em um grafo

- Encontrar todos os itens aos quais determinado item está conectado por caminhos

- Percorrer todos os itens em um grafo

Esta seção examina vários tipos de percursos em grafos. Inicia-se em um vértice e, a partir daí, visita todos os vértices aos quais se conecta. Os percursos em grafos são, portanto, diferentes dos percursos em árvores, que visitam todos os nós em uma árvore.

Um algoritmo de percursos genéricos

Os algoritmos de percursos em grafos começam em determinado vértice e se movem para fora a fim de explorar caminhos para vértices vizinhos. Versões iterativas (não recursivas) desses algoritmos agendam os vértices a serem visitados em uma coleção separada e temporária. Como veremos, o tipo de coleção usado para o agendamento influencia a ordem em que os vértices são visitados. Por enquanto, você usará uma função genérica que realiza um percurso no grafo, que começa em um vértice arbitrário **startVertex** e usa uma coleção genérica para armazenar os vértices. Quando um vértice é visitado, uma função é aplicada a ele. Essa função é fornecida como argumento para a função de percurso no grafo. Eis o pseudo-código para essa função:

```
percorreApartirDoVértice(grafo, vérticeInicial, processo):
    marca todos os vértices no grafo como não visitados
    adiciona o vérticeInicial a uma coleção vazia
    enquanto a coleção não estiver vazia:
        tira um vértice da coleção
        se o vértice não foi visitado:
            marca o vértice como visitado
            processo(vértice)
            adiciona todos os vértices não visitados adjacentes à coleção
```

Na função anterior, para um grafo que contenha N vértices, aplica-se o seguinte:

1. Todos os vértices alcançáveis de `startVertex` são processados exatamente uma vez.
2. Determinar todos os vértices adjacentes a determinado vértice é simples:

    a. Quando uma matriz de adjacência é usada, você itera pela linha correspondente ao vértice.

    - Esta é uma operação $O(N)$.
    - Repetir isso para todas as linhas é $O(N^2)$.

    b. Quando uma lista de adjacências é usada, você percorre a lista ligada do vértice.

    - O desempenho depende de quantos vértices são adjacentes a determinado vértice.
    - Repetir isso para todos os vértices é $O(máx(M, N))$, onde M é o número de arestas.

Percursos em largura e em profundidade

Existem duas ordens comuns nas quais os vértices podem ser visitados durante o percurso em um grafo. O primeiro, chamado de **percurso em profundidade**, usa uma pilha como coleção no algoritmo genérico. O uso de uma pilha força o processo de percurso a ir fundo no grafo antes de retroceder para outro caminho. Dito de outra forma, o uso de uma pilha restringe o algoritmo a se mover de um vértice para um dos vizinhos e, em seguida, para um dos vizinhos desse vizinho etc.

O segundo tipo de percurso, chamado de **percurso em largura**, usa uma fila como coleção no algoritmo genérico. O uso de uma fila força o processo de percurso a visitar cada vértice adjacente a determinado vértice antes de se aprofundar no grafo. Nesse sentido, um percurso em largura de um grafo é semelhante a um percurso em ordem de níveis de uma árvore, como discutido no Capítulo 10, "Árvores".

A Figura 12-13 mostra um grafo e os vértices ou nós visitados durante esses dois tipos de percursos. O vértice inicial é sombreado e os outros vértices são numerados na ordem em que são visitados durante os percursos.

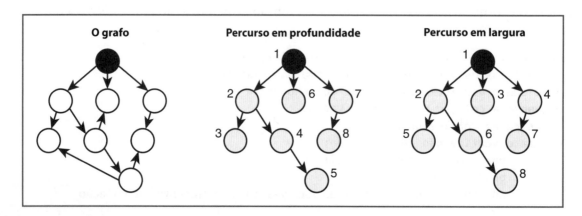

Figura 12-13 Percursos em profundidade e largura de um grafo

Você também pode implementar um percurso em profundidade recursivamente. Esse fato não deve ser muito surpreendente; lembre-se do relacionamento entre pilhas e recursão estabelecido no Capítulo 7, "Pilhas". Eis uma função para um percurso recursivo em profundidade. Ele usa uma função auxiliar chamada `dfs` (abreviação de *depth-first search*, pesquisa em profundidade). Ver o pseudocódigo para as duas funções:

```
percorreApartirDoVértice(grafo, vérticeInicial, processo):
    marca todos os vértices no grafo como não visitados
    dfs(grafo, vérticeInicial, processo)


dfs(grafo, v, processo):
    marca v como visitado
    processo(v)
    para cada vértice, w, adjacente a v:
        se w não foi visitado:
            dfs(grafo, w, processo)
```

Como acabamos de apresentar, um percurso começando em um vértice **v** é limitado aos vértices alcançáveis de **v**, que em um grafo não direcionado é o componente que contém **v**. Se você quiser percorrer todos os vértices de um grafo não direcionado componente por componente, essas funções podem ser estendidas, como ilustrado a seguir. Eis a versão iterativa:

```
percorreTudo(grafo, processo):
    marca todos os vértices no grafo como não visitados
    instancia uma coleção vazia
    para cada vértice no grafo:
        se o vértice não foi visitado:
            adiciona o vértice à coleção
        enquanto a coleção não estiver vazia:
            tira um vértice da coleção
            se o vértice não foi visitado:
                marca o vértice como visitado
                processo(vértice)
                adiciona todos os vértices não visitados adjacentes à coleção
```

Eis a versão recursiva:

```
percorreTudo(grafo, processo):
    marca todos os vértices no grafo como não visitados
    para cada vértice, v, no grafo:
        se v não foi visitado:
            dfs(grafo, v, processo)


dfs(grafo, v, processo):
    marca v como visitado
    processo(v)
    para cada vértice, w, adjacente a v:
        se w foi visitado
            dfs(grafo, w, processo)
```

O desempenho para o algoritmo de percurso básico, ignorando o processamento de um vértice, é $O(máx(N, M))$ ou $O(N^2)$, dependendo da representação, conforme ilustrado no algoritmo a

Fundamentos de Python: estruturas de dados

seguir. Você pode assumir que inserir e excluir da coleção são O(1), o que pode ser feito com pilhas e filas.

```
percorreApartirDoVértice(grafo, vérticeInicial, processo):
    marca todos os vértices no grafo como não visitados       O(N)
    adiciona o vérticeInicial a uma coleção vazia             O(1)
    enquanto a coleção não estiver vazia:         itera O(N) vezes
        tira um vértice da coleção                            O(1)
        se o vértice não foi visitado:                       O(1)
            marca o vértice como visitado                    O(1)
            processo(vértice)                                O(?)
            adiciona todos os vértices não visitados adjacentes à coleção
            adjacente                                        O(deg(v))
```

Observe que o valor da expressão O(deg(v)) depende da representação do grafo.

Componentes do grafo

Você pode usar os algoritmos de percurso que foram discutidos para particionar os vértices de um grafo em componentes separados. Aqui, a título de exemplo, cada componente é armazenado em um conjunto e os conjuntos são armazenados em uma lista:

```
partiçãoEmComponentes(grafo):
    componentes = list()
    marca todos os vértices no grafo como não visitados
    para cada vértice, v, no grafo:
        se v não foi visitado:
            s = set()
            componentes.append(s)
            dfs(grafo, v, s)
    return components

dfs(grafo, v, s):
    marca v como visitado
    s.add(v)
    para cada vértice, w, adjacente a v:
        se w não foi visitado:
            dfs(grafo, w, s)
```

Exercícios

1. Suponha que o grafo a seguir seja percorrido em profundidade, começando com o vértice rotulado A. Escreva uma lista dos rótulos na ordem em que eles podem ser visitados.

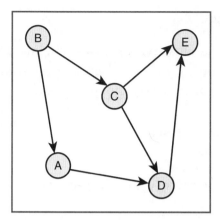

2. Suponha que o grafo do exercício anterior seja percorrido em largura, começando com o vértice rotulado A. Escreva uma lista dos rótulos na ordem em que são visitados.
3. Descreva, informalmente sem pseudocódigo, uma estratégia para realizar um percurso em largura de um grafo.

Árvores dentro de grafos

A função `traverseFromVertex` gera implicitamente uma árvore com raiz localizada no vértice do qual o percurso começa e inclui todos os vértices alcançados durante o percurso. Essa árvore é apenas um subgrafo do grafo que está sendo percorrido. Considere, por exemplo, a variante de pesquisa em profundidade do método. Suponha que `dfs` acabou de ser chamado usando o vértice **v**. Se uma chamada recursiva usando o vértice **C** agora ocorrer, você pode considerar **C** como sendo filho de **v**. A aresta (**v**, **C**) corresponde à relação pai-filho, ou limite, entre **v** e **C**. O vértice inicial é a raiz dessa árvore. A árvore é chamada **árvore de pesquisa em profundidade**.

Também é possível construir uma árvore de pesquisa em largura. A Figura 12-13 mostrou esses dois tipos de árvores em um grafo que foi percorrido a partir de determinado vértice.

Árvores e florestas geradoras

Uma **árvore geradora** é interessante porque tem o menor número de arestas possível e ainda mantém uma conexão entre todos os vértices no componente. Se o componente contiver n vértices, a árvore geradora contém $n - 1$ arestas. Ao percorrer todos os vértices de um grafo não direcionado, não apenas aqueles em um único componente, você gera uma **floresta geradora**.

Árvore geradora mínima

Quando as arestas em um grafo são ponderadas, você pode somar os pesos de todas as arestas em uma árvore geradora e tentar encontrar uma árvore geradora que minimize essa soma. Existem vários algoritmos para encontrar uma **árvore geradora mínima** para um componente. A aplicação repetida a todos os componentes em um grafo produz uma **floresta geradora mínima** para o grafo. Por exemplo, considere o mapa de milhas aéreas entre cidades. Esse mapa é útil para determinar como uma companhia aérea pode atender todas as cidades, ao mesmo tempo que minimiza a extensão total das rotas que precisa oferecer. Para fazer isso, você pode tratar o mapa como um grafo ponderado e gerar a floresta de abrangência mínima.

Algoritmos para árvores geradoras mínimas

Existem dois algoritmos bem conhecidos para encontrar uma árvore geradora mínima: um desenvolvido por Robert C. Prim em 1957 e o outro por Joseph Kruskal em 1956. Eis o algoritmo de Prim. Sem perda da generalidade, você pode supor que o grafo seja conexo.

```
árvoreGeradoraMínima(grafo):
    marca todos os vértices e arestas como não visitados
    marca algum vértice, digamos v, como visitado
    para todos os vértices:
        encontra a aresta de menor peso de um vértice visitado para um
        vértice não visitado, digamos w
        marca a aresta e w como visitados
```

No final desse processo, as arestas marcadas são os ramos em uma árvore geradora mínima. É possível demonstrar que esse é o caso utilizando uma técnica da lógica denominada demonstração por contradição. Nesse tipo de demonstração, supomos que o algoritmo produza uma árvore geradora que não é mínima e, usando essa suposição como um ponto de partida para uma cadeia de raciocínio, derivamos uma afirmação que contradiz essa suposição. Então escapamos da contradição afirmando que nossa suposição inicial era falsa e que o algoritmo realmente produz uma árvore geradora mínima. Suponha que G seja um grafo para o qual o algoritmo de Prim produz uma árvore geradora que não é mínima.

Numere os vértices na ordem em que eles são adicionados à árvore geradora pelo algoritmo de Prim, fornecendo $v_1, v_2, ..., v_n$. Nesse esquema de numeração, v_1 representa o vértice arbitrário no qual o algoritmo começa.

Numere cada aresta na árvore geradora de acordo com o vértice ao qual ela leva; por exemplo, e_i leva ao vértice i.

Como você assumiu que o algoritmo de Prim não produz uma árvore geradora mínima para G, existirá uma primeira aresta denominada e_i, tal que o conjunto de arestas $E_i = \{e_2, e_3, ..., e_i\}$ não possa ser estendido para uma árvore geradora mínima, mas o conjunto de arestas $E_{i-1} = \{e_2, e_3, ..., e_{i-1}\}$ possa. O conjunto E_{i-1} pode até estar vazio, o que significa que o algoritmo de Prim pode dar errado com a primeira aresta adicionada.

Seja $V_i = \{v_1, v_2, ..., v_{i-1}\}$. Esse conjunto contém pelo menos v_1.

Seja T qualquer árvore geradora que estende E_{i-1}. T não inclui e_i.

Adicionar mais arestas a T cria um ciclo, assim cria um ciclo adicionando aresta e_i.

Esse ciclo inclui duas arestas que cruzam o limite entre V_i e os demais vértices no grafo. Uma dessas arestas é e_i. Chama o outro e. Por causa da maneira como e_i foi escolhido, $e_i <= e$.

Remove e de T. Novamente, você tem uma árvore geradora e, porque $e_i <= e$, também é mínima. Mas isso contradiz a suposição anterior de que E_i não pode ser estendido em uma árvore geradora mínima. Então, se você raciocinou corretamente, a única maneira de escapar dessa aparente contradição é supor que o algoritmo de Prim se aplica a todos os grafos.

O tempo máximo de execução é $O(m * n)$. Solução:

Suponha n = quantidade de vértices e m = quantidade de arestas, então

etapa 2. tempo $(n + m)$

etapa 3. O(1) tempo

etapa 4. o laço executa O(n) vezes

passo 5. se isso for feito de maneira direta, então

Examina para m arestas — tempo O(m)

para cada aresta, determine se os pontos finais foram visitados ou não visitados — tempo O(1)

etapa 6. tempo O(1)

$$\text{Tempo máx. O} = (n + m + n\,m)$$
$$\text{mas } n + m + n*m < 1 + n + m + n*m = (n+1)(m+1)$$

$$\text{implica O}(m * n)$$

Você pode obter um resultado melhor modificando ligeiramente o algoritmo. Central para o algoritmo modificado é um heap de arestas. Assim, a aresta com menor peso permanece no topo. Como o grafo é conexo, $n - 1 <= m$.

```
1       árvoreGeradoraMínima(grafo):
2           marca todas as arestas como não visitadas
3           marca todos os vértices como não visitados
4           marca algum vértice, digamos v, conforme visitado
5           para cada aresta que sai de v:
6               adiciona a aresta à pilha
7           k = 1
8           enquanto k < número de vértices:
9             retira uma aresta da pilha
10              se uma extremidade desta aresta, digamos, vértice w, não tiver
                sido visitada:
11                  marca a aresta e w como visitados
12                  para cada aresta que sai de w:
13                      adiciona a aresta ao heap
14              k+=1
```

O tempo máximo de execução é O($m \log n$) para a representação em lista das adjacências. Solução:

Suponha n = número de vértices e m = número de arestas, então, ignorando as linhas que são O(1), você obtém o seguinte:

passo 2 — O(m)

passo 3 — O(n)

passo 5 — O(n) laços

passo 6 — O($\log m$)

passos 5 e 6 — O($n \log m$)

passo 8 — O(n)

etapa 9 — O(log m) e pode acontecer no máximo m vezes; portanto, O(m log m)

etapa 12 — todas as execuções desse laço interno são limitadas por m

passo 13 — O(log m)

Passos 12 e 13 — O(m log m)

Total

= O$(m + n + \log m + n \log m + m \log m)$

= O$(m \log m)$

= O$(m \log n)$, porque $m <= n$ n e log n $n = 2 \log n$

Ordenação topológica

Um DAG tem uma ordem entre os vértices. Por exemplo, em um grafo de cursos para especialização acadêmica, como ciência da computação, alguns cursos são pré-requisitos para outros. Uma pergunta natural nesses casos é, para fazer um determinado curso, em que ordem devo seguir todos os pré-requisitos? A resposta está em uma **ordem topológica** de vértices neste grafo. Uma ordem topológica atribui uma ordenação a cada vértice de tal maneira que as arestas vão dos vértices de ordenação inferior para superior. A Figura 12-14 mostra um grafo dos cursos P, Q, R, S e T. As Figuras 12-15 e 12-16 mostram duas ordenações topológicas possíveis dos cursos neste grafo.

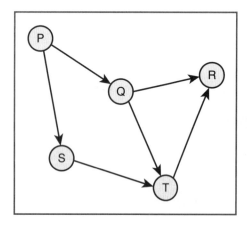

Figura 12-14   Um grafo de cursos

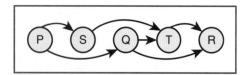

Figura 12-15   A primeira ordem topológica do grafo

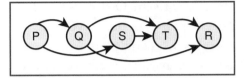

Figura 12-16   A segunda ordem topológica do grafo

O processo de encontrar e retornar uma ordem topológica dos vértices em um grafo chama-se **ordenação topológica**. Um algoritmo de ordenação topológica é baseado em um percurso no grafo. Você pode usar um percurso em profundidade ou um percurso em largura. Um percurso em profundidade é utilizado a seguir. Os vértices são retornados em uma pilha em ordem crescente (topologicamente falando):

```
classificaçãoTopológica(grafo g):
    pilha = PilhaLigada()
    marca todos os vértices no grafo como não visitados
    para cada vértice, v, no grafo:
        se v não foi visitado:
            dfs(g, v, pilha)
    retorna pilha

dfs(grafo, v, pilha):
    marca v como visitado
    para cada vértice, w, adjacente a v:
        se w não foi visitado:
            dfs(grafo, w, pilha)
    pilha.push(v)
```

O desempenho desse algoritmo é O(*m*) quando as inserções da pilha são O(1).

O problema do caminho mais curto

Frequentemente, é útil determinar o caminho mais curto entre dois vértices em um grafo. Considere um mapa de companhia aérea, representado como um grafo direcionado ponderado cujos pesos representam milhas entre aeroportos. O caminho mais curto entre dois aeroportos é o caminho que tem a menor soma dos pesos das arestas.

O **problema do caminho mais curto de origem única** pede uma solução que contenha os caminhos mais curtos de determinado vértice para todos os outros vértices. Esse problema tem uma solução amplamente utilizada desenvolvida por Dijkstra. A solução dele é O(n^2) e supõe que todos os pesos devam ser positivos.

Outro problema, conhecido como **problema de caminho mais curto com todos os pares**, pede o conjunto de todos os caminhos mais curtos em um grafo. Uma solução amplamente utilizada e desenvolvida por Floyd é O(n^3).

Algoritmo de Dijkstra

Agora, você desenvolverá o algoritmo de Dijkstra para calcular o caminho mais curto de origem única. As entradas para esse algoritmo são um grafo acíclico direcionado com pesos de

Fundamentos de Python: estruturas de dados

aresta maiores que 0 e um único vértice que representa o vértice de origem. O algoritmo calcula as distâncias dos caminhos mais curtos do vértice de origem a todos os outros vértices no grafo. A saída do algoritmo é uma grade bidimensional: `results`. Essa grade tem N filas, em que N é o número de vértices no grafo. A primeira coluna de cada linha contém um vértice. A segunda coluna contém a distância do vértice de origem a esse vértice. A terceira coluna contém o vértice pai imediato nesse caminho. (Lembre-se de que os vértices em um grafo podem ter relacionamentos pai/filho quando as árvores implícitas são percorridas nesse grafo.)

Além dessa grade, o algoritmo usa uma lista temporária, `included`, de N booleanos para monitorar se um determinado vértice foi ou não incluído no conjunto de vértices para o qual você já determinou o caminho mais curto. O algoritmo consiste em duas etapas principais: uma de inicialização e uma de cálculo.

A etapa de inicialização

Nesta etapa, você inicializa todas as colunas na grade `results` e todas as células na lista `included` de acordo com o seguinte algoritmo:

```
para cada vértice no grafo
  Armazena vértice na linha atual da grade de resultados
  Se vértice = vértice de origem
      Configura a célula de distância da linha como 0
      Configura a célula pai da linha como indefinida
      Configura included[linha] como True
  Caso contrário, se houver uma aresta do vértice de origem ao vértice
      Configura a célula de distância da linha como o peso da aresta
      Configura a célula pai da linha como o vértice de origem
      Configura included[linha] como False
  Caso contrário
      Configura a célula de distância da linha como infinidade
      Configura a célula pai da linha como indefinida
      Configura included[linha] como False
  Vai para a próxima linha na grade de resultados
```

No final do processo, as seguintes situações são verdadeiras:

- As células da lista `included` são todas `False`, exceto pela célula que corresponde à linha do vértice de origem na grade `results`.

- O intervalo na célula de distância de uma linha é 0 (para o vértice de origem), infinito (para um vértice sem uma aresta direta da origem) ou um número positivo (para um vértice com uma aresta direta da origem). Você verá como representar o infinito para que possa usá-lo em operações aritméticas e de comparação mais adiante.

- O vértice na célula pai de uma linha é o vértice de origem ou indefinido. Você representa indefinido na implementação com `None`.

A Figura 12-17 mostra o estado das duas estruturas de dados após a etapa de inicialização ter sido executada com determinado grafo.

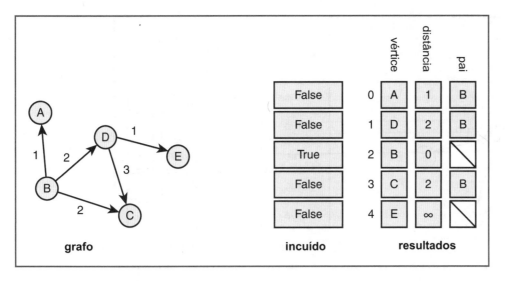

Figura 12-17 Um grafo e o estado inicial das estruturas de dados usadas para calcular os caminhos mais curtos de um vértice

A etapa de cálculo

Na etapa de cálculo, o algoritmo de Dijkstra encontra o caminho mais curto da origem para um vértice, marca a célula desse vértice na lista `included` e continua o processo até que todas as células sejam marcadas. Eis o algoritmo para essa etapa:

```
Faz
    Encontra o vértice F que ainda não está incluído e tem a mínima
    distância na grade de resultados
    Marca F como incluído
    Para cada outro vértice T não incluído
        Se houver uma aresta de F a T
            Configura a nova distância como o peso da aresta da distância de F
            Se a nova distância < distância de T na grade de resultados
                Configura a distância de T como uma nova distância
                Configura o pai de T na grade de resultados como F
Enquanto pelo menos um vértice não for incluído
```

Como podemos ver, o algoritmo seleciona repetidamente o vértice com a distância do caminho mais curto que ainda não foi incluído e marca-o como incluído antes de inserir o laço **for** aninhado. No corpo desse laço, o processo passa por quaisquer arestas do vértice incluído aos vértices não incluídos e determina a menor distância possível entre o vértice de origem e qualquer um desses outros vértices. A etapa crítica nesse processo é o **if** aninhado, que redefine a distância e as células-pai de um vértice não incluído se uma nova distância mínima foi encontrada para o vértice não incluído através do vértice incluído. A Figura 12-18 mostra o grafo e o estado das estruturas de dados após a execução do algoritmo.

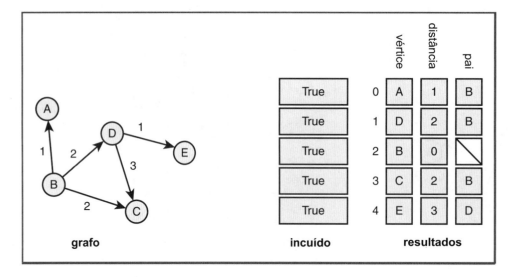

Figura 12-18 Um grafo e o estado final das estruturas de dados usadas para calcular os caminhos mais curtos de um vértice

Representando e trabalhando com infinito

Muitos livros representam o valor de infinito como um número inteiro muito grande, ou o valor de número inteiro máximo suportado pela linguagem. Essa estratégia não apenas é imprecisa, mas também desnecessária no Python. Desde que as operações nos números sejam restritas a adições e comparações, você pode representar o infinito como um valor não numérico. Nesta implementação, você define uma constante, **INFINITY**, para ser o valor da string **"-"**, que imprime elegantemente e define as operações aritméticas e de comparação como funções especializadas. Por exemplo, eis as definições da constante de infinito e uma função para adicionar dois números possivelmente infinitos:

```
INFINITY = "-"

def addWithInfinity(a, b):
    """Se a == INFINITY ou b == INFINITY, retorna INFINITY.
    Caso contrário, retorna a + b."""
    if a == INFINITY or b == INFINITY: return INFINITY
    else: return a + b
```

Observe que os operadores == e != do Python já funcionam corretamente para quaisquer dois operandos. A implementação de funções especializadas, como **isLessWithInfinity** e **minWithInfinity** são deixadas como exercícios para você.

Análise

A etapa de inicialização deve processar todos os vértices, assim é O(n). O laço externo da etapa de cálculo também itera por cada vértice. O laço interno dessa etapa itera por cada vértice não incluído até agora. Portanto, o comportamento geral da etapa de cálculo se assemelha ao de outros algoritmos $O(n^2)$, então o algoritmo de Dijkstra é $O(n^2)$.

Exercícios

1. O algoritmo de caminho mais curto de origem única de Dijkstra retorna uma grade dos resultados que contém os comprimentos dos caminhos mais curtos de determinado vértice para os outros vértices alcançáveis a partir dele. Desenvolva um algoritmo de pseudocódigo que usa a grade de resultados para construir e retornar o caminho real, como uma lista de vértices, do vértice de origem a um vértice. (*Dica*: O algoritmo começa com determinado vértice na primeira coluna da grade e coleta os vértices ancestrais, até que o vértice de origem seja alcançado.)

2. Defina as funções `isLessWithInfinity` e `minWithInfinity`.

Algoritmo de Floyd

O algoritmo de Floyd resolve o problema do caminho mais curto com todos os pares. Isto é, para cada vértice v em um grafo, o algoritmo encontra o caminho mais curto entre o vértice v e qualquer outro vértice w que é alcançável a partir de v. Considere o grafo ponderado da Figura 12-19.

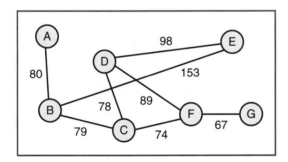

Figura 12-19 Um grafo ponderado

Em uma etapa de pré-processamento, você constrói uma **matriz de distâncias** cujas células contêm os pesos nas arestas que conectam cada vértice a seus vizinhos. Quando nenhuma aresta conecta diretamente dois vértices, um valor que representa a infinidade é inserido na célula da matriz. A Figura 12-20 mostra a matriz de distâncias para o grafo representado na Figura 12-19.

Fundamentos de Python: estruturas de dados

	0 A	1 B	2 C	3 D	4 E	5 F	6 G
0 A	0	80	∞	∞	∞	∞	∞
1 B	80	0	79	∞	153	∞	∞
2 C	∞	79	0	78	∞	74	∞
3 D	∞	∞	78	0	98	89	∞
4 E	∞	153	∞	98	0	∞	∞
5 F	∞	∞	74	89	∞	0	67
6 G	∞	∞	∞	∞	∞	67	0

Figura 12-20   A matriz de distâncias inicial para o grafo da Figura 12-19

O algoritmo de Floyd então percorre essa matriz, substituindo o valor em cada célula pelo caminho de distância mínima que conecta os dois vértices associados, se houver um caminho. Se nenhum caminho existir, o valor da célula permanece na infinidade. A Figura 12-21 mostra a matriz de distâncias modificada que resulta de uma execução do algoritmo de Floyd. Como podemos ver, alguns dos valores infinitos foram substituídos pelos pesos dos caminhos de distância mínima.

	0 A	1 B	2 C	3 D	4 E	5 F	6 G
0 A	0	80	159	237	233	233	300
1 B	80	0	79	157	153	153	220
2 C	159	79	0	78	176	74	141
3 D	237	157	78	0	98	89	156
4 E	233	153	176	98	0	187	254
5 F	233	153	74	89	187	0	67
6 G	300	220	141	156	254	67	0

Figura 12-21   A matriz de distâncias modificada para o grafo da Figura 12-19

Eis o pseudocódigo para o algoritmo de Floyd:

```
for i from 0 to n - 1
    for r from 0 to n - 1
        for c from 0 to n - 1
            matrix[r][c] = min(matrix[r][c],
                               matrix[r][i] + matrix[i][c])
```

Observe que as operações `min` e + devem ser capazes de funcionar com operandos que podem ser infinitos. A seção anterior discutiu uma estratégia para tal implementação.

Análise

A etapa de inicialização para criar a matriz de distâncias do grafo é $O(n^2)$. Essa matriz é na verdade a mesma que uma representação de matriz de adjacência do grafo fornecido. Como o algoritmo do Floyd inclui três laços aninhados sobre N vértices, o algoritmo em si é obviamente $O(n^3)$. Assim, o tempo de execução geral do processo é limitado por $O(n^3)$.

Desenvolvendo uma coleção de grafos

Para desenvolver uma coleção de grafos, você precisa considerar vários fatores:

- Os requisitos dos usuários
- A natureza matemática dos grafos
- As representações comumente usadas, matriz de adjacência e lista de adjacências

Todos os grafos, sejam eles direcionados, não direcionados, ponderados ou não, são coleções de vértices conectados por arestas. Um grafo muito geral permite que os rótulos dos vértices e das arestas sejam qualquer tipo de objeto, embora tipicamente sejam strings ou números. Os usuários devem ser capazes de inserir e remover vértices, inserir ou remover uma aresta e recuperar todos os vértices e arestas. Também é útil obter os vértices vizinhos e as arestas incidentes de determinado vértice em um grafo e definir e limpar marcas nos vértices e nas arestas. Por fim, os usuários devem ser capazes de escolher, de acordo com suas necessidades, entre grafos direcionados e não direcionados e entre uma representação de matriz de adjacência e uma representação de lista de adjacências.

A coleção de grafos desenvolvida nesta seção cria grafos direcionados ponderados com uma representação de lista de adjacências. Nos exemplos, os vértices são rotulados com strings e as arestas são ponderadas com números. A implementação da coleção de grafos mostrada aqui consiste nas classes **LinkedDirectedGraph**, **LinkedVertex** e **LinkedEdge**.

Exemplo do uso de coleção de grafos

Suponha que você queira criar o grafo direcionado ponderado da Figura 12-22.

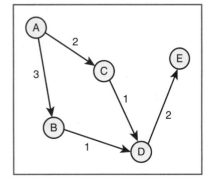

Figura 12-22   Um grafo direcionado ponderado

O segmento de código a seguir faz isso e exibe a representação da string do grafo na janela do terminal:

```
from graph import LinkedDirectedGraph

g = LinkedDirectedGraph()

# Insere vértices
g.addVertex("A")
g.addVertex("B")
g.addVertex("C")
g.addVertex("D")
g.addVertex("E")

# Insere arestas ponderadas
g.addEdge("A", "B", 3)
g.addEdge("A", "C", 2)
g.addEdge("B", "D", 1)
g.addEdge("C", "D", 1)
g.addEdge("D", "E", 2)

print(g)
```

Saída:

```
5 Vértices: A C B E D
5 Arestas:    A>B: 3 A>C: 2 B>D: 1 C>D: 1 D>E: 2
```

O próximo segmento de código exibe os vértices vizinhos e as arestas incidentes do vértice rotulado A neste grafo de exemplo:

```
print("Neighboring vertices of A:")
for vertex in g.neighboringVertices("A"):
    print(vertex)
print("Incident edges of A:")
for edge in g.incidentEdges("A"):
    print(edge)
```

Saída:

```
Neighboring vertices of A:
B
C
Incident edges of A:
A>B:3
A>C:2
```

As próximas subseções apresentam as interfaces e implementações parciais para cada uma das classes nessa versão do ADT grafo. A implementação concluída é deixada como exercício para você.

A classe `LinkedDirectedGraph`

Grafos são bem diferentes das coleções que vimos até agora neste livro, pois há vértices e arestas em arranjos definidos. Por exemplo, embora faça sentido dizer que um grafo possa estar vazio (nenhum vértice), um grafo não tem um único atributo de comprimento, mas sim vários vértices e várias arestas. O iterador em um grafo deve visitar os vértices ou as arestas? Faz sentido comparar a igualdade de dois grafos e clonar um grafo, mas qual é o resultado de combinar dois grafos em um terceiro, ou de criar um grafo com o conteúdo de outra coleção?

Veremos as consequências de realizar os seguintes caminhos de menor resistência na implementação do grafo:

- Você transforma uma classe de grafo em uma subclasse de `AbstractCollection`.
- Você torna o tamanho de um grafo igual ao número de vértices.
- O método **add** adiciona um vértice com o rótulo fornecido a um grafo.
- Você permite que o iterador de um grafo visite os vértices.

Então, surgem as seguintes consequências:

- O método **len** retorna o número de vértices do grafo.
- A coleção de origem do construtor de grafo contém os rótulos dos vértices do novo grafo.
- O laço **for** visita os vértices do grafo.
- O operador **in** retorna **True** se o grafo contiver determinado vértice.
- O operador **==** compara vértices nos dois operandos do grafo.
- O operador **+** cria um grafo que contém os vértices dos dois operandos.

As três primeiras consequências não parecem problemáticas, mas as três últimas podem exigir algum refinamento na implementação. Por enquanto, você vai proceder como antes e incorporar as coleções de grafos na hierarquia de coleções. À medida que outros tipos de grafos, como grafos não direcionados ou grafos que usam uma matriz de adjacência, são adicionados à sua estrutura, você também pode refatorar algum código genérico em uma classe `AbstractGraph`.

Fundamentos de Python: estruturas de dados

A Tabela 12-1 lista os métodos da classe **LinkedDirectedGraph**. Observe que os métodos são categorizados pelos relacionamentos com arestas, vértices e outras funções. Você não incluiu as precondições nos métodos, mas é claro que algumas são necessárias. Por exemplo, os métodos **addVertex** e **addEdge** não devem permitir que o usuário insira um vértice ou uma aresta que já esteja no grafo. O desenvolvimento de um conjunto completo de precondições é deixado como exercício para você.

Método LinkedDirectedGraph	O que ele faz
g = LinkedDirectedGraph (sourceCollection = None)	Cria um grafo direcionado usando uma representação de lista de adjacências. Aceita uma coleção opcional dos rótulos como um argumento e adiciona vértices com esses rótulos.
Limpando marcas, tamanhos e representação de string	
g.clear()	Remove todos os vértices do grafo.
g.clearEdgeMarks()	Limpa todas as marcas de aresta.
g.clearVertexMarks()	Limpa todas as marcas de vértice.
g.isEmpty()	Retorna **True** se o grafo não contiver vértices, ou **False** caso contrário.
g.sizeEdges()	Retorna o número de arestas no grafo.
g.sizeVertices()	O mesmo que **len(g)**. Retorna o número de vértices no grafo.
g.__str__()	O mesmo que **str(g)**. Retorna a representação de string do grafo.
Métodos relacionados a vértices	
g.containsVertex(label)	Retorna **True** se o grafo contiver um vértice com o rótulo especificado, ou **False** caso contrário.
g.addVertex(label)	O mesmo que **add(label)**. Adiciona um vértice com o rótulo especificado.
g.getVertex(label)	Retorna o vértice com o rótulo especificado, ou **None** se não houver tal vértice.
g.removeVertex(label)	Remove o vértice com o rótulo especificado e retorna o vértice ou retorna **None** se não houver tal vértice.
Métodos relacionados a arestas	
g.containsEdge(fromLabel, toLabel)	Retorna **True** se o grafo contiver uma aresta de um vértice com **fromLabel** para um vértice com **toLabel**, ou **False** caso contrário.

(continua)

Grafos

Método `LinkedDirectedGraph`	O que ele faz
`g.addEdge(fromLabel, toLabel, weight = None)`	Adiciona uma aresta com o peso especificado entre os vértices especificados.
`g.getEdge(fromLabel, toLabel)`	Retorna a aresta que conecta os vértices com os rótulos especificados ou retorna None se não houver tal aresta.
`g.removeEdge(fromLabel, toLabel)`	Remove a aresta que conecta os vértices com os rótulos especificados e retorna **True**, ou retorna **False** se não houver tal aresta.
Iteradores	
`g.edges()`	Retorna um iterador ao longo das arestas do grafo.
`g.getVertices()`	O mesmo que **iter(g)** ou **for vertex in g:**. Retorna um iterador ao longo dos vértices do grafo.
`g.incidentEdges(label)`	Retorna um iterador pelos vértices vizinhos do vértice com **label**.
`g.neighboringVertices(label)`	Retorna um iterador ao longo das arestas incidentes do vértice com **label**.

Tabela 12-1 Os métodos da classe `LinkedDirectedGraph`

A implementação de **LinkedDirectedGraph** mantém um dicionário cujas chaves são rótulos e cujos valores são os vértices correspondentes. Eis o código para o cabeçalho da classe e construtor:

```
class LinkedDirectedGraph(AbstractCollection):

    def __init__(self, sourceCollection = None):
        self.edgeCount = 0
        self.vertices = dict() # Dicionário de vértices
        AbstractCollection.__init__(self, sourceCollection)
```

Adicionar, acessar e testar a presença de um vértice usam operações diretas no dicionário. Por exemplo, eis o código para o método **addVertex**:

```
def addVertex(self, label):
    """Adiciona um vértice com o rótulo fornecido ao grafo."""
    self.vertices[label] = LinkedVertex(label)
    self.size += 1
```

Remover um vértice, porém, também envolve remover quaisquer arestas que o conectem a outros vértices. O método **removeVertex** visita cada vértice restante no grafo para cortar quaisquer conexões com o vértice excluído. Ele faz isso chamando o método **LinkedVertex removeEdgeTo**, do seguinte modo:

```
def removeVertex(self, label):
    """Retorna True se o vértice foi removido ou False
    caso contrário."""
    removedVertex = self.vertices.pop(label, None)
    if removedVertex is None:
        return False
```

```
# Examina todos os outros vértices para remover arestas
# direcionadas ao vértice removido
for vertex in self.getVertices():
    if vertex.removeEdgeTo(removedVertex):
        self.edgeCount -= 1
# Examina todas as arestas que saem do vértice removido para outros
for edge in removedVertex.incidentEdges():
    self.edgeCount -= 1
self.size -= 1
return True
```

Os métodos relacionados às arestas primeiro obtêm os vértices correspondentes aos rótulos e, em seguida, usam os métodos correspondentes na classe **LinkedEdge**. Eis o código para adicionar, acessar e remover uma aresta:

```
def addEdge(self, fromLabel, toLabel, weight):
    """Conecta os vértices com uma aresta com o dado
    peso."""
    fromVertex = self.getVertex(fromLabel)
    toVertex = self.getVertex(toLabel)
    fromVertex.addEdgeTo(toVertex, weight)
    self.edgeCount += 1


def getEdge(self, fromLabel, toLabel):
    """Retorna a aresta conectando os dois vértices, ou None se
    nenhuma aresta existir."""
    fromVertex = self.getVertex(fromLabel)
    toVertex = self.getVertex(toLabel)
    return fromVertex.getEdgeTo(toVertex)


def removeEdge(self, fromLabel, toLabel):
    """Retorna True se a aresta foi removida ou False
    caso contrário."""
    fromVertex = self.getVertex(fromLabel)
    toVertex = self.getVertex(toLabel)
    edgeRemovedFlg = fromVertex.removeEdgeTo(toVertex)
    if edgeRemovedFlg:
        self.edgeCount -= 1
    return edgeRemovedFlg
```

Os iteradores do grafo acessam ou constroem as coleções internas apropriadas e retornam iteradores nelas. O método **getVertices**, que retorna um iterador pelos valores do dicionário, é o mais simples. Os métodos **incidenteEdges** e **neighboringVertices** chamam, cada um, um método correspondente na classe **LinkedVertex**. O método **edges**, entretanto, requer que você construa uma coleção do conjunto de todas as arestas incidentes a partir do conjunto de todos os vértices. O resultado é essencialmente a união de todos os conjuntos de arestas incidentes, o que é expresso na seguinte definição de método:

```
def edges(self):
    """Suporta iteração nas arestas do grafo."""
    result = set()
```

```
for vertex in self.getVertices():
    edges = vertex.incidentEdges()
    result = result.union(set(edges))
return iter(result)
```

A classe `LinkedVertex`

A Tabela 12-2 lista os métodos na classe `LinkedVertex`.

Método LinkedVertex	O que ele faz
`v = LinkedVertex(label)`	Cria um vértice com o rótulo especificado. O vértice está inicialmente desmarcado.
`v.clearMark()`	Desmarca o vértice.
`v.setMark()`	Marca o vértice.
`v.isMarked()`	Retorna **True** se o item for encontrado, ou **False** caso contrário.
`v.getLabel()`	Retorna o rótulo do vértice.
`v.setLabel(label, g)`	Altera o rótulo do vértice no grafo **g** para **label**.
`v.addEdgeTo(toVertex, weight)`	Adiciona uma aresta com o peso fornecido de **v** para **toVertex**.
`v.getEdgeTo(toVertex)`	Retorna a aresta de **v** para **toVertex**, ou retorna **None** se a aresta não existir.
`v.incidentEdges()`	Retorna um iterador ao longo das arestas incidentes do vértice.
`v.neighboringVertices()`	Retorna um iterador ao longo dos vértices vizinhos do vértice.
`v.__str__()`	O mesmo que **str(v)**. Retorna uma representação de string do vértice.
`v.__eq__(anyObject)`	O mesmo que **v == anyObject**. Retorna **True** se **anyObject** é um vértice e os dois rótulos são iguais.
`v.__hash__()`	O mesmo que **hash(v)**. Retorna o código hash associado a **v**.

Tabela 12-2 Os métodos na classe LinkedVertex

A implementação da lista de adjacências é expressa como uma lista de arestas pertencentes a cada vértice. O próximo segmento de código mostra o construtor e o método `setLabel`. Observe que `setLabel` inclui o grafo como argumento. Redefinir um rótulo de vértice é complicado, porque na verdade você só quer alterar a chave desse vértice no dicionário do grafo sem perturbar os outros objetos, como arestas incidentes, que podem estar relacionadas a esse vértice. Portanto, primeiro você remove o vértice do dicionário, reinsere esse mesmo objeto de vértice com o novo rótulo como a chave no dicionário e, em seguida, redefine o rótulo desse vértice para o novo rótulo. Eis o código:

Fundamentos de Python: estruturas de dados

```python
class LinkedVertex(object):

    def __init__(self, label):
        self.label = label
        self.edgeList = list()
        self.mark = False

    def setLabel(self, label, g):
        """Define o rótulo do vértice como label."""
        g.vertices.pop(self.label, None)
        g.vertices[label] = self
        self.label = label
```

A classe **LinkedVertex** define vários outros métodos usados por **LinkedGraph** para acessar as arestas de um vértice. Adicionar e acessar uma aresta envolve chamadas diretas aos métodos de lista correspondentes, assim como o método iterador **IncidenteEdges**. O método **getNeighboringVertices** constrói uma lista dos outros vértices da lista de arestas, usando o método **LinkedEdge getOtherVertex**. O método **removeEdgeTo** cria uma aresta fictícia com o vértice atual e o vértice do argumento e remove a aresta correspondente da lista se ela estiver na lista. Eis o código para dois desses métodos:

```python
def neighboringVertices(self):
    """Retorna os vértices vizinhos deste vértice."""
    vertices = list()
    for edge in self.edgeList:
        vertices.append(edge.getOtherVertex(self))
    return iter(vertices)

def removeEdgeTo(self, toVertex):
    """Retorna True se a aresta existir e for removida,
    ou False, caso contrário."""
    edge = LinkedEdge(self, toVertex)
    if edge in self.edgeList:
        self.edgeList.remove(edge)
        return True
    else:
        return False
```

Como você viu antes, a classe **LinkeDirectedGraph** às vezes constrói um conjunto de vértices em sua implementação. Um aplicativo que adiciona objetos ao tipo interno **set** do Python deve garantir que esses objetos possam ser passados como argumentos para a função **hash** do Python.

O tipo **set** usa essa função para armazenar ou acessar um objeto na implementação de hashing (ver Capítulo 11, "Conjuntos e dicionários"). Para oferecer suporte a esse recurso, você deve incluir um método chamado **__hash__** na classe **LinkedVertex**. O método simplesmente retorna o código hash do rótulo dentro do vértice, da seguinte maneira:

```
def __hash__(self):
    """Suporta hashing em um vértice."""
    return hash(self.label)
```

A classe **LinkedEdge**

A Tabela 12-3 lista os métodos na classe **LinkedEdge**.

Método LinkedEdge	O que ele faz
e = LinkedEdge(fromVertex, toVertex, weight = None)	Cria uma aresta com os vértices e peso especificados. É inicialmente desmarcado.
e.clearMark()	Desmarca a aresta.
e.setMark()	Marca a aresta.
e.isMarked()	Retorna **True** se o item for encontrado, ou **False** caso contrário.
e.getWeight()	Retorna o peso da aresta.
e.setWeight(weight)	Define o peso da aresta como o peso especificado.
e.getOtherVertex(vertex)	Retorna o outro vértice da aresta.
e.getToVertex()	Retorna o vértice de destino da aresta.
e.__str__()	O mesmo que **str(e)**. Retorna a representação de string da aresta.
e.__eq__(anyObject)	O mesmo que **e == anyObject**. Retorna **True if anyObject** é uma aresta e as duas arestas estão conectadas aos mesmos vértices e têm o mesmo peso.

Tabela 12-3 Os métodos na classe LinkedEdge

Uma aresta mantém referências aos dois vértices, peso e uma marca. Embora o peso possa ser qualquer objeto que rotule a aresta, o peso geralmente é um número ou algum outro valor comparável. Duas arestas são consideradas iguais se tiverem os mesmos vértices e peso. Eis o código para o construtor e o método **__eq__**:

```
class LinkedEdge(object):

    def __init__(self, fromVertex, toVertex, weight = None):
        self.vertex1 = fromVertex
        self.vertex2 = toVertex
```

Fundamentos de Python: estruturas de dados

```python
        self.weight = weight
        self.mark = False
def __eq__(self, other):
    """Duas arestas são iguais se elas conectam
    os mesmos vértices."""
    if self is other: return True
    if type(self) != type(other): return False
    return self.vertex1 == other.vertex1 and \
           self.vertex2 == other.vertex2 and \
           self.weight == other.weight
```

ESTUDO DE CASO: Teste de algoritmos de grafos

Embora esse ADT grafo seja fácil de usar, construir um grafo complexo para aplicativos reais pode ser complicado e entediante. O estudo de caso desenvolve um modelo de dados e interface com o usuário que permite ao programador criar grafos e usá-los para testar algoritmos de grafos.

Solicitação

Escreva um programa que permita ao usuário testar alguns algoritmos de processamento de grafos.

Análise

O programa permite ao usuário inserir uma descrição dos vértices e arestas do grafo. O programa também permite que o usuário insira o rótulo de um vértice inicial para certos testes. As opções de menu facilitam a execução de várias tarefas pelo usuário, incluindo a execução dos seguintes algoritmos de grafo:

- Encontrar a árvore geradora mínima do vértice de início.

- Determinar os caminhos mais curtos de origem única.

- Executar uma ordenação topológica.

Quando o usuário seleciona a opção de criar um grafo, o programa tenta construí-lo com algumas entradas. Essas entradas podem vir do teclado ou de um arquivo de texto. Se as entradas geram um grafo válido, o programa notifica o usuário. Do contrário, o programa exibe uma mensagem de erro. As outras opções exibem o grafo ou executam algoritmos ao longo do grafo e exibem os resultados. A seguir há uma breve sessão com o programa:

```
Menu principal
    1  Insira um grafo a partir do teclado
    2  Insira um grafo a partir de um arquivo
    3  Visualize o grafo atual
    4  Caminhos mais curtos de origem única
    5  Árvores geradoras mínima
    6  Ordenação topológica
    7  Saia do programa
Digite um número [1-7]: 1
Insira uma aresta ou volte para sair: p>s:0
```

(continua)

Grafos

(continuação)

```
Insira uma aresta ou volte para sair: p>q:0
Insira uma aresta ou volte para sair: s>t:0
Insira uma aresta ou volte para sair: q>t:0
Insira uma aresta ou volte para sair: q>r:0
Insira uma aresta ou volte para sair: t>r:0
Insira uma aresta ou volte para sair:
Insira o rótulo inicial: p
Grafo criado com sucesso
Menu principal
   1  Insira um grafo a partir do teclado
   2  Insira um grafo a partir de um arquivo
   3  Visualize o grafo atual
   4  Caminhos mais curtos de origem única
   5  Árvores geradoras mínima
   6  Ordenação topológica
   7  Saia do programa
Digite um número [1-7]: 6
Ordenação: r t q s p
```

A string **"p>q:0"** significa que existe uma aresta com peso 0 a partir do vértice **p** até o vértice **q**. A string para um vértice desconectado é simplesmente o rótulo do vértice.

O programa consiste em duas classes principais: **GraphDemoView** e **GraphDemoModel**. Como de costume, a classe de visualização trata a interação com o usuário. A classe modelo constrói o grafo e executa os algoritmos de grafo. Esses algoritmos são definidos como funções em um módulo separado denominado **algorithms**. Partes dessas classes são desenvolvidas, mas a conclusão delas é deixada como exercício para você.

As classes GraphDemoView e GraphDemoModel

A configuração do menu de comando é semelhante a menus de comando nos estudos de caso anteriores. Quando o usuário seleciona um dos dois comandos para inserir um grafo, o método **createGraph** é executado no modelo com o texto proveniente da origem de entrada. O método retorna uma string que indica um grafo legítimo ou um grafo malformado.

Quando o usuário seleciona um comando para executar um algoritmo de grafo, a função de processamento de grafo apropriada é passada para o modelo a ser executado. Se o modelo retornar **None**, o modelo não

Método GraphDemoModel	O que ele faz
`createGraph(rep, startLabel)`	Tenta criar um grafo com representação de string **rep** e a etiqueta inicial **startLabel**. Retorna uma string indicando sucesso ou falha.
`getGraph()`	Se o grafo não estiver disponível, retorna **None**; caso contrário, retorna uma representação de string do grafo.
`run(aGraphFunction)`	Se o grafo não estiver disponível, retorna **None**; caso contrário, executa **aGraphFunction** no grafo e retorna seus resultados.

Tabela 12-4   Os métodos na classe GraphDemoModel

(continua)

(continuação)

Função de processamento de grafos	O que ele faz
`spanTree(graph, startVertex)`	Retorna uma lista contendo as arestas na árvore geradora mínima do grafo.
`topoSort(graph, startVertex)`	Retorna uma pilha dos vértices representando uma ordem topológica dos vértices no grafo.
`shortestPaths(graph, startVertex)`	Retorna uma grade bidimensional de *N* linhas e três colunas, onde *N* é o número de vértices. A primeira coluna contém os vértices. A segunda coluna contém a distância do vértice inicial a esse vértice. A terceira coluna contém o vértice pai imediato desse vértice, se houver um, ou **None**, caso contrário.

Tabela 12-5 As funções de processamento de grafos no módulo algorithms

possuía grafo disponível para processamento. Do contrário, o modelo executa a tarefa fornecida e retorna uma estrutura de dados dos resultados para exibição. A Tabela 12-4 apresenta os métodos que o modelo fornece para visualização.

As três funções de processamento de grafos são definidas no módulo **algorithms** e estão listadas na Tabela 12-5.

Implementação (codificação)

A classe de visualização inclui os métodos para exibir o menu e obter um comando que são semelhantes aos métodos em outros estudos de caso. Os outros dois métodos obtêm as entradas do teclado ou de um arquivo. Eis o código para uma implementação parcial:

```
"""
Arquivo: view.py
A visualização para testar algoritmos de processamento de grafos.
"""
from model import GraphDemoModel
from algorithms import shortestPaths, spanTree, topoSort

class GraphDemoView(object):
    """A classe view para o aplicativo."""

    def __init__(self):
        self.model = GraphDemoModel()

    def run(self):
        """Laço de comando orientado por menu para o aplicativo."""
        menu = "Main menu\n" + \

                "    1 Insere um grafo do teclado\n" + \
                "    2 Insere um grafo de um arquivo\n" + \
                "    3 Visualiza o grafo atual\n" \
```

(continua)

(continuação)

```python
                    "   4  Caminhos mais curtos de uma única fonte\ n"\
                    "   5 Árvore geradora mínima\ n"\
                    "   6 Ordenação topológica \ n" \
                    "   7  Sai do programa\n"
        while True:
            command = self.getCommand(7, menu)
            if command == 1: self.getFromKeyboard()
            elif command == 2: self.getFromFile()
            elif command == 3:
                print(self.model.getGraph())
            elif command == 4:
                print("Paths:\n",
                        self.model.run(shortestPaths))
            elif command == 5:
                print("Tree:",
                        .join(map(str,
                            self.model.run(spanTree))))
            elif command == 6:
                print("Sort:",
                        .join(map(str,
                            self.model.run(topoSort))))
            else: break

    def getCommand(self, high, menu):
        """Obtém e retorna um número de comando."""
        # O mesmo que nos estudos de caso anteriores

    def getFromKeyboard(self):
        """Insere uma descrição do grafo a partir
        do teclado e cria o grafo."""
        rep = ""
        while True:
            edge = input("Enter an edge or return to quit: ")
            if edge == "": break
            rep += edge + " "
        startLabel = input("Enter the start label: ")
        print(self.model.createGraph(rep, startLabel))

    def getFromFile(self):
        """Insere uma descrição do grafo a partir de um arquivo
        e cria o grafo."""
        # Exercício

# Inicia o aplicativo
GraphDemoView().run()
```

(continua)

(continuação)

A classe do modelo inclui métodos para criar um grafo e executar um algoritmo de processamento de grafos. Eis o código:

```python
"""
Arquivo: model.py
O modelo para testar algoritmos de processamento de grafos.
"""

from graph import LinkedDirectedGraph

class GraphDemoModel(object):
    """A classe modelo ara o aplicativo."""

    def __init__(self):
        self.graph = None
        self.startLabel = None

    def createGraph(self, rep, startLabel):
        """Cria um grafo a partir de rep e startLabel.
        Retorna uma mensagem se o grafo for criado com
        êxito ou uma mensagem de erro caso contrário."""
        self.graph = LinkedDirectedGraph()
        self.startLabel = startLabel
        edgeList = rep.split()
        for edge in edgeList:
            if not '>' in edge:
                # Um vértice desconectado
                if not self.graph.containsVertex(edge):
                    self.graph.addVertex(edge)
                else:
                    self.graph = None
                    return "Duplicate vertex"
            else:
                # Dois vértices e uma aresta
                bracketPos = edge.find('>')
                colonPos = edge.find(';')
                if bracketPos == -1 or colonPos == -1 or \
                   bracketPos > colonPos:
                    self.graph = None
                    return "Problem with > or :"
                fromLabel = edge[:bracketPos]
                toLabel = edge[bracketPos + 1:colonPos]
                weight = edge[colonPos + 1:]
                if weight.isdigit():
                    weight = int(weight)
                if not self.graph.containsVertex(fromLabel):
                    self.graph.addVertex(fromLabel)
                if not self.graph.containsVertex(toLabel):
```

(continua)

(continuação)

```python
                    self.graph.addVertex(toLabel)
                if self.graph.containsEdge(fromLabel,
                                           toLabel):
                    self.graph = None
                    return "Duplicate edge"
                self.graph.addEdge(fromLabel, toLabel,
                                   weight)
        vertex = self.graph.getVertex(startLabel)
        if vertex is None:
            self.graph = None
            return "Start label not in graph"
        else:
            vertex.setMark()
            return "Graph created successfully"

    def getGraph(self):
        """Retorna a rep de string do grafo ou None se
        não estiver disponível"""
        if not self.graph:
            return None
        else:
            return str(self._graph)

    def run(self, algorithm):
        """Executa o algoritmo fornecido no grafo e
        retorna seu re0073ult; ou None se o grafo estiver
        indisponível."""
        if self.graph is None:
            return None
        else:
            return algorithm(self.graph, self.startLabel)
```

As funções definidas no módulo **algorithms** devem aceitar dois argumentos: um grafo e um rótulo inicial. Quando o rótulo inicial não é usado, ele pode ser definido como um argumento opcional. O código a seguir completa a ordenação topológica e deixa as outras duas funções como exercícios para você:

```python
"""
Arquivo: algorithms.py
Algoritmos de processamento de grafos.
"""

from linkedstack import LinkedStack

def topoSort(g, startLabel = None):
    stack = LinkedStack()
    g.clearVertexMarks()
    for v in g.getVertices():
        if not v.isMarked():
```

(continua)

Fundamentos de Python: estruturas de dados

(continuação)

```python
            dfs(g, v, pilha)
    return stack

def dfs(g, v, stack):
    v.setMark()
    for w in g.neighboringVertices(v.getLabel()):
        if not w.isMarked():
            dfs(g, w, pilha)
    stack.push(v)

def spanTree(g, startLabel):
    # Exercício

def shortestPaths(g, startLabel):
    # Exercício
```

Resumo

- Grafos têm muitas aplicações. Geralmente são usados para representar redes de itens que podem ser conectados por vários caminhos.

- Um grafo consiste em um ou mais vértices (itens) conectados por uma ou mais arestas. Um vértice é adjacente a outro vértice se houver uma aresta conectando os dois vértices. Esses dois vértices também são chamados vizinhos. Um caminho é uma sequência de arestas que permite que um vértice seja alcançado a partir de outro vértice no grafo. Um vértice pode ser alcançado a partir de outro vértice se e somente se houver um caminho entre os dois. O comprimento de um caminho é o número de arestas no caminho. Um grafo é conexo se houver um caminho de cada vértice a todos os outros vértices. Um grafo é completo se houver uma aresta de cada vértice para todos os outros vértices.

- Um subgrafo consiste em um subconjunto dos vértices de um grafo e um subconjunto de suas arestas. Um componente conexo é um subgrafo que consiste no conjunto de vértices que são alcançáveis a partir de determinado vértice.

- Os grafos direcionados permitem o deslocamento ao longo de uma aresta em apenas uma direção, enquanto os grafos não direcionados permitem o deslocamento nos dois sentidos. Arestas podem ser rotuladas com pesos, que indicam o custo de deslocamento ao longo delas.

- Grafos têm duas implementações comuns. Uma implementação de matriz de adjacência de um grafo com N vértices usa uma grade bidimensional G com N filas e N colunas. A célula $G[i][j]$ contém 1 se houver uma aresta do vértice i ao vértice j no grafo. Do contrário, não há aresta e essa célula contém 0. A implementação desperdiça memória se nem todos os vértices estiverem conectados.

- Uma implementação em lista de adjacências de um grafo com N vértices usa um array de N listas ligadas. A i-ésima lista encadeada contém um nó para o vértice j se e somente se houver uma aresta do vértice i ao vértice j.

- Os percursos em grafos exploram estruturas do tipo árvore em um grafo, começando com um vértice inicial distinto. Um percurso em profundidade visita primeiro todos os descendentes em determinado caminho, enquanto um percurso em largura visita primeiro todos os filhos de cada vértice.

- Uma árvore geradora possui o menor número de arestas possível e ainda mantém uma conexão entre todos os vértices em um grafo. Uma árvore geradora mínima é uma árvore geradora cujas arestas contêm os pesos mínimos possíveis.

- Uma ordenação topológica gera uma sequência de vértices em um grafo acíclico direcionado.

- O problema do caminho mais curto de origem única pede uma solução que contenha os caminhos mais curtos de um vértice para todos os outros vértices.

Perguntas de revisão

1. Um grafo é uma coleção apropriada a ser usada para representar
   a. Uma estrutura do diretório de arquivos
   b. Um mapa de voos de companhias aéreas entre cidades

2. Ao contrário de uma árvore, um grafo
   a. É uma coleção não ordenada
   b. Pode conter nós com mais de um predecessor

3. Em um grafo não direcionado conexo, cada vértice tem
   a. Uma aresta para todos os outros vértices
   b. Um caminho para todos os outros vértices

4. Os índices I e J em uma representação de matriz de adjacência de um grafo localizam
   a. Um vértice com uma aresta I conectando a um vértice J
   b. Uma aresta entre os vértices I e J

5. Em um grafo não direcionado completo com N vértices, existem aproximadamente
   a. N^2 arestas
   b. N arestas

6. Uma pesquisa em profundidade de um grafo acíclico direcionado
   a. Visita os filhos de cada nó em um caminho antes de avançar mais ao longo desse caminho

Fundamentos de Python: estruturas de dados

b. Avança o mais longe possível em um caminho de um nó antes de percorrer o próximo caminho de determinado nó

7. A memória em uma implementação de matriz de adjacência de um grafo é totalmente utilizada por um

a. Grafo completo

c. Grafo não direcionado

b. Grafo direcionado

8. Determinar se há ou não uma aresta entre dois vértices em uma representação de matriz de adjacência de um grafo requer

a. Tempo logarítmico

c. Tempo linear

b. Tempo constante

d. Tempo quadrático

9. Determinar se há ou não uma aresta entre dois vértices em uma representação de lista de adjacências de um grafo requer

a. Tempo logarítmico

c. Tempo linear

b. Tempo constante

d. Tempo quadrático

10. O caminho mais curto entre dois vértices em um grafo direcionado ponderado é o caminho com

a. Menos arestas

b. Menor soma dos pesos nas arestas

Projetos

1. Conclua a implementação da lista de adjacências da coleção de grafos direcionados, incluindo a especificação e aplicação de precondições em quaisquer métodos que devam tê-las.

2. Conclua as classes no estudo de caso e teste as operações para inserir um grafo e exibi-lo.

3. Complete a função `spanTree` no estudo de caso e teste-a completamente.

4. Complete a função `ShortestPaths` no estudo de caso e teste-a completamente.

5. Defina uma função `breadthFirst`, que realiza um percurso de pesquisa em profundidade em um grafo, dado um vértice inicial. Essa função deve retornar uma lista dos rótulos dos vértices na ordem em que são visitados. Teste a função completamente com o programa no estudo de caso.

6. Defina uma função `hasPath`, que espera um grafo direcionado e os rótulos de dois vértices como argumentos. Essa função retorna `True` se existe um caminho entre os dois vértices ou `False` caso contrário. Teste essa função completamente com um programa testador apropriado.

7. Adicione o método `makeLabelTable` à classe `LinkedDirectedGraph`. O método constrói e retorna um dicionário cujas chaves são os rótulos dos vértices e cujos valores são

inteiros consecutivos, começando com 0. Inclui um programa testador para construir e visualizar uma tabela.

8. Adicione o método `makeDistanceMatrix` à classe `LinkedDirectedGraph`. Esse método chama o método `makeLabelTable` (ver Projeto 7) para construir uma tabela e então usa a tabela para construir e retornar uma matriz de distâncias. Você deve definir **INFINITY** como uma variável de classe com o valor "-". Inclua um programa de teste para construir e visualizar uma matriz, junto com uma função que imprime uma matriz de distâncias com as linhas e colunas rotuladas como na Figura 12-20.

9. Defina e teste uma função chamada `allPairsShortestPaths`. Essa função espera uma matriz de distâncias para um grafo como argumento. A função usa o algoritmo de Floyd para modificar essa matriz para conter os caminhos mais curtos entre quaisquer vértices conectados por caminhos. Inclua um programa testador para visualizar a matriz antes e depois de executar a função. Teste a função com o grafo mostrado na Figura 12-19.

10. As operações padrão **in**, == e + são baseadas no iterador de uma coleção. No caso dos grafos, o iterador visita os vértices, portanto, essas operações precisam de mais refinamento. O operador **in** deve retornar **True** se seu operando esquerdo for um rótulo de um vértice no grafo, ou **False** caso contrário. O operador == deve retornar **True** se os dois operandos do grafo forem idênticos, ou se eles contiverem o mesmo número de vértices e esses vértices tiverem os mesmos rótulos e forem conectados por arestas da mesma maneira (incluindo os pesos nas arestas). O operador + deve criar e construir um novo grafo com o conteúdo dos dois operandos, de forma que cada operando produza um componente separado no novo grafo. Adicione esses métodos à classe **LinkedDirectedGraph**, bem como um método **clone**, que retorna uma cópia exata do grafo original.

Glossário

A

Acesso aleatório — Um tipo de acesso a uma célula ou posição, geralmente dentro de um array, cujo tempo de execução é constante.

Agregação — Um tipo de relacionamento entre as classes em que várias instâncias (zero, uma ou muitas) de uma classe estão contidas em uma instância de outra classe.

Agrupamento — A relação de itens durante o processamento de colisão para a mesma região em um array.

Algoritmo de backtracking (ou retrocesso) — Um algoritmo que explora caminhos alternativos na pesquisa de um objetivo, com a capacidade de retornar a um estado anterior para escolher outro caminho.

Algoritmo em tempo polinomial — Um algoritmo cujo tempo de execução é limitado pela expressão nk, em que n é o tamanho do problema e k é uma constante.

Ambiente em tempo de execução — A organização da memória do computador em regiões, como a pilha de chamadas e a pilha do sistema, para fornecer suporte à execução de um programa.

Anagramas — Palavras que contêm os mesmos caracteres em ordem diferente.

Analisador — Um programa que determina se uma string forma ou não uma frase em determinado idioma e constrói e retorna uma árvore de análise.

Analisador de sintaxe — Ver Analisador.

Análise — O processo de tradução de frases em um idioma.

Análise assintótica — Um método para descrever o comportamento de um algoritmo, em que a taxa de crescimento do trabalho ou uso de memória se aproxima de determinado limite à medida que o tamanho do problema aumenta muito.

Análise de complexidade — A determinação da quantidade de trabalho que um algoritmo fará para qualquer tamanho de problema, expressa como uma fórmula matemática.

Análise descendente recursiva — O processo de chamar funções para verificar a sintaxe de uma frase, geralmente definido por uma gramática que contém regras recursivas.

Análise lexical — O processo pelo qual palavras individuais são selecionadas de um fluxo de caracteres.

Aresta — A conexão entre dois vértices em um grafo, que permite que um vértice seja visitado a partir do outro.

Aresta de incidente — Uma aresta que emana de determinado vértice de origem.

Aresta direcionada — Uma aresta que suporta movimento entre vértices em apenas uma direção.

Armazenamento de backup — O objeto de lista por meio do qual um iterador de lista navega.

Array — Uma estrutura de dados que representa uma sequência de tamanho fixo dos itens que podem ser acessados ou substituídos especificando uma posição de índice de números inteiros.

Array bidimensional — Uma estrutura de dados organizada como um grupo retangular de células, em linhas e colunas, em que cada célula possui um único par de índices.

Array dinâmico — Um array cujo tamanho não é fixo até ser criado em tempo de execução.

Array unidimensional — Uma sequência de valores de dados, cada um dos quais é acessado especificando uma única posição de índice.

Árvore binária — Um tipo de coleção hierárquica em que cada nó, exceto o primeiro, tem um único pai e cada nó tem no máximo dois filhos.

Árvore binária cheia — Um tipo de árvore binária que contém o número máximo de nós da altura.

Árvore binária completa — Um tipo de árvore binária em que todos os nós que estão no último nível são preenchidos da esquerda para a direita.

Árvore binária de pesquisa — Um tipo de árvore binária em que cada item na subárvore à esquerda de um nó é menor que o item nesse nó, e cada item na subárvore à direita do nó é maior que o item nesse nó.

Árvore binária perfeitamente balanceada — Um tipo de árvore binária em que cada nível, exceto o último, possui um complemento completo de nós.

Árvore de análise — Uma estrutura construída durante a análise que reflete a forma sintática de uma frase.

Árvore de chamadas — Um diagrama que mostra um rastreamento das chamadas de um método ou função.

Árvore de expressão — Um tipo de árvore de análise que reflete a forma de uma expressão aritmética.

Árvore de pesquisa em profundidade — Um conjunto de vértices visitados durante o percurso em profundidade de um grafo.

Árvore geradora — Uma árvore que possui o menor número de arestas possível e ainda mantém uma conexão entre todos os vértices em um grafo.

Árvore geradora mínima — Um componente conexo de um grafo no qual tem a soma mínima do comprimento dos caminhos que conectam os seus vértices.

Árvore geral — Um tipo de coleção hierárquica em que cada nó, exceto o primeiro, tem um único pai e cada nó tem zero ou mais filhos.

Assessor — Uma operação que permite a um programador visualizar, mas não modificar os dados em um objeto.

Avaliação comparativa — Ver Perfilamento.

B

Barreira de abstração — Uma parede virtual, geralmente um nome de tipo e um conjunto de operações, que oculta a implementação de um recurso de seus usuários, e o uso de um recurso dos seus implementadores.

Bucket — A posição de uma cadeia em um array.

C

Cadeia — Uma estrutura ligada usada para armazenar itens com hash na mesma posição em um array.

Glossário

Caminho — Uma sequência de arestas que permite que um vértice seja alcançado a partir de outro vértice.

Caminho simples — Um caminho que não passa pelo mesmo vértice mais de uma vez.

Caracteres de espaço em branco — Os caracteres de espaço, tabulação e nova linha.

Caso-base — Uma condição que pode evitar que uma função recursiva chame a si mesma.

Ciclo — Um caminho que começa e termina no mesmo vértice.

Classe — Código de programa que define os dados e as operações para um conjunto de objetos.

Classe abstrata — Uma classe normalmente não instanciada, cujo propósito é funcionar como repositório para os recursos e o comportamento comuns de um conjunto de classes.

Classe concreta — Uma classe com um complemento completo de recursos e comportamentos, pronta para ser instanciada.

Classe empacotadora — Uma classe que adiciona um recurso a um objeto contido nela.

Classe pai — Uma classe da qual outra classe pode herdar dados e métodos.

Coleção de grafos — Um tipo de coleção em que cada item tem zero ou mais predecessores e zero ou mais sucessores.

Coleção dinâmica — Um tipo de coleção em que o número de itens pode aumentar ou diminuir em tempo de execução.

Coleção estática — Uma coleção cujo tamanho não pode ser alterado em tempo de execução.

Coleção hierárquica — Um tipo de coleção em que cada item possui no máximo um predecessor e zero ou mais sucessores.

Coleção imutável — Um tipo de coleção em que os itens não podem ser adicionados, removidos ou substituídos.

Coleção linear — Um tipo de coleção em que cada item, exceto o primeiro, tem um único predecessor e cada item, exceto o último, tem um único sucessor.

Coleção não ordenada — Uma coleção na qual os itens não estão em uma ordem específica, pelo menos do ponto de vista do cliente.

Coleção ordenada — Uma coleção cujos itens são mantidos e podem ser acessados em uma ordem natural.

Colisão — O hash de dois ou mais valores de dados para a mesma posição em um array.

Componente conexo — Um subgrafo que consiste no conjunto de vértices que são alcançáveis a partir de determinado vértice.

Composição — Um tipo de relacionamento entre classes em que uma instância de uma classe contém um número fixo de instâncias ou outras classes como suas partes componentes.

Comprimento de um caminho — O número de arestas que permitem alcançar um vértice a partir de outro vértice.

Concatenação — A colagem de duas sequências de itens para formar uma nova sequência.

Conjunto — Uma coleção de itens únicos em nenhuma ordem específica.

Conjunto ordenado — Um tipo de conjunto cujos itens são fornecidos em ordem durante a iteração.

Constante — Um termo em determinada expressão que não muda.

Constante de proporcionalidade — O aspecto de um relacionamento entre duas variáveis que permanece o mesmo, não importa quais sejam seus valores.

Construtor — O método usado para criar uma nova instância de uma classe, geralmente inicializando suas variáveis de instância.

Cópia profunda — O processo pelo qual os itens de dados contidos em um objeto são copiados, até o fim, para outro objeto do mesmo tipo.

Cópia superficial — O processo pelo qual os itens de dados contidos em um objeto são compartilhados ou referenciados por outro objeto do mesmo tipo.

Cursor — Um valor que designa a posição atual de um item em um iterador de lista.

D

Densidade — O número de itens de dados relativos ao comprimento de um array.

Desvio — A distância, expressa como determinado número de células de memória, do endereço básico de um array a determinada posição dentro dele.

Diagrama de classes — Um conjunto de figuras que representam as classes e seus relacionamentos.

Dicionário — Um conjunto de pares de valores-chave; ou o conjunto de palavras em um idioma.

Dicionário ordenado — Um tipo de dicionário cujas chaves são fornecidas em ordem durante a iteração.

Dígrafo — Ver Grafo direcionado.

Docstring — Uma string entre aspas triplas que descreve para o leitor humano o que um componente do programa faz.

E

Encadeamento — Uma estratégia para resolver colisões, em que os itens são armazenados em uma série de estruturas ligadas.

Endereço de base — A localização da memória da primeira célula ou posição em um array.

Entrada — Um par que consiste em uma chave e um valor, dentro de um dicionário.

Época — O número de segundos decorridos entre a hora atual do relógio do computador e 1° de janeiro de 1970.

Estrutura de dados — Um meio de organizar um conjunto de valores de dados para que possam ser tratados como uma única coisa.

Estrutura ligada — Um meio de organizar dados que são acessados por meio de ligações para outros dados.

Estrutura ligada circular — Uma estrutura ligada na qual a ligação seguinte ao último nó aponta para o nó no topo da estrutura.

Estrutura unicamente ligada — Uma estrutura de dados na qual os dados são acessados começando no cabeçalho e seguindo as ligações para os próximos itens.

Exponencial — Uma taxa de crescimento do trabalho em que o tamanho do problema é um expoente.

F

Fator de carga — A proporção entre o número de valores de dados e o número de células ou posições disponíveis para armazenamento.

Fila de prioridades — Um tipo de fila cujos itens são ordenados por comparações, com os menores aparecendo antes dos maiores e os que são iguais na ordem Fifo.

Fila pronta — Uma estrutura usada em tempo de execução para agendar processos para acesso a uma única CPU.

Filho — O sucessor de um nó em uma coleção hierárquica.

Filho à direita — O segundo sucessor de um nó em uma árvore binária.

Filho à esquerda — O primeiro sucessor de um nó em uma árvore binária.

Filhos — Os sucessores de um item em uma coleção hierárquica.

Final — O item no final de uma lista.

Floresta geradora — O conjunto de todas as árvores geradoras nas componentes conexas de um grafo.

Floresta geradora mínima — O conjunto de todas as árvores geradoras mínimas em um grafo.

Formato infixo — Uma notação em que o operador de uma expressão aparece entre os operandos.

Formato pós-fixo — Uma notação em que o operador de uma expressão aparece após os operandos.

Glossário

Frente — A posição do próximo item a ser removido de uma fila.

Função de hash — Uma função que transforma um valor de dados em um inteiro, que pode localizar sua posição em um array.

Função de ordem superior — Uma função que recebe outra função como argumento.

Função recursiva — Uma função que chama a si mesma.

G

Grade (grid) — Uma estrutura de dados organizada em termos de linhas e colunas, na qual cada valor de dados é acessado especificando sua linha e coluna.

Grafo — Ver Coleção de grafos.

Grafo acíclico direcionado (Directed Acyclic Graph — DAG) — Um grafo direcionado sem ciclos.

Grafo completo — Um grafo no qual cada vértice está conectado a todos os outros vértices por uma aresta.

Grafo conexo — Um grafo em que cada vértice é acessível a partir de todos os outros vértices.

Grafo denso — Um grafo com relativamente muitas arestas conectando os vértices.

Grafo direcionado — Um tipo de grafo que contém apenas arestas direcionadas entre vértices.

Grafo esparso — Um grafo com relativamente poucas arestas entre vértices.

Grafo não direcionado — Um grafo cujas arestas permitem movimento em ambas as direções entre os vértices.

Grafo ponderado — Um grafo cujas arestas são rotuladas com pesos.

Gramática — O conjunto de regras para construir sentenças bem formadas em um idioma.

Grau de um vértice — O número de arestas conectadas a esse vértice.

H

Head (cabeça) — O item no início de uma lista.

Heap de objeto — Uma área da memória a partir da qual o armazenamento de objetos é alocado dinamicamente.

Herança — O processo pelo qual uma classe pode adquirir os recursos e o comportamento de outra classe, seja seu pai ou seu ancestral.

Hierárquico — Um tipo de coleção em que os itens ou nós são organizados em termos de relacionamentos pai/filho.

I

Implementação de array circular — Uma implementação de array de uma fila que permite que os ponteiros da frente e de trás da fila se movam para o início do array quando chegam ao final.

Índice — A posição numérica de um item em uma lista.

Índice inicial — A posição em um array calculado por uma função de hash.

Interface — O conjunto de operações que um cliente pode realizar em determinado recurso.

Intérprete — Um programa que executa as ações especificadas por uma frase em determinado idioma.

Item — Um valor de dados contido em uma lista ou outra coleção.

Item-alvo — O item que um algoritmo de pesquisa está procurando.

Iterador — Um método que permite ao programador visitar todos os itens em uma sequência de itens, normalmente com um laço **for**.

Iterador de lista — Um objeto que suporta navegação e manipulação de itens de uma lista por meio de operações baseadas em posição.

L

Largura do campo — O número de colunas do espaço disponível para a saída do texto do programa.

Léxico — Ver Dicionário.

Ligação final — Um valor único que se refere ao último nó em uma estrutura ligada.

Ligação inicial (head link) — Um valor único que se refere ao primeiro nó em uma estrutura ligada.

Ligação vazia — Um valor único que indica a ausência de uma ligação para outro nó.

Linear — Uma taxa de crescimento do trabalho que é diretamente proporcional ao tamanho do problema de um algoritmo.

Lisp — Uma linguagem de programação em que uma lista definida recursivamente é a estrutura de dados primária.

Lista de adjacências — Um tipo de representação de grafos em que cada vértice em um array de vértices é correlacionado com uma lista ligada dos vértices ligados a ele por uma aresta.

Lixo — Valores de dados em uma estrutura de dados que não estão atualmente acessíveis ou em uso por um aplicativo.

Logarítmico — Uma taxa de crescimento do trabalho que é proporcional ao log base-2 do tamanho do problema.

M

Matriz de adjacências — Um tipo de representação de grafos em que as posições de linha e coluna indicam vértices e as células localizadas em cada posição contêm um sinalizador para indicar se uma aresta conecta ou não esse par de vértices.

Matriz de distâncias — Um array bidimensional cujas células contêm distâncias entre os vértices, cujos rótulos designam as linhas e colunas dessas células.

Max-heap — Um tipo de árvore binária em que cada nó é maior ou igual aos filhos.

Mediana — O número no ponto médio de uma sequência ordenada de números.

Memoização — Uma estratégia que salva os valores calculados para uso subsequente, de modo que não precisem ser recalculados.

Memória contígua — Memória na qual cada valor de dados em uma estrutura de dados é fisicamente adjacente a outros valores de dados em uma mesma estrutura.

Memória não contígua — A distribuição de dados dentro de uma estrutura (geralmente uma estrutura ligada) para células de memória que não são fisicamente adjacentes entre si.

Metassímbolo — Um símbolo em uma gramática que é usado para organizar e expressar as regras de sintaxe.

Método de classe — Um método que é chamado na classe em vez de em uma instância dessa classe.

Método de instância — Um método que pode ser executado em um objeto.

Min-heap — Um tipo de árvore binária em que cada nó é menor ou igual aos filhos.

Modificador — Uma operação que permite a um programador modificar os dados em um objeto.

Modo — O número que aparece com mais frequência em uma lista de números.

Mutador — Uma operação que permite a um programador modificar os dados de um objeto.

N

Nó — Um vértice em um grafo; ou uma estrutura de dados que contém um valor de dados e uma ou mais ligações para outras estruturas do mesmo tipo.

Nó duplamente ligado — Um nó ligado que contém um valor de dados e ligações para os nós anteriores e seguintes.

Nó individualmente ligado — Uma estrutura de dados que consiste em um item de dados e uma ligação seguinte. A ligação pode estar vazia ou referir ao próximo nó em uma sequência.

Nó inicial fictício — Um nó sem dados, que contém ligações para o primeiro e o último nós em uma estrutura ligada.

Nó no topo — O nó que contém o item a ser removido de uma árvore binária de pesquisa.

Nó sentinela — Um nó sem dados no início de uma estrutura ligada que suporta inserções e remoções simples no início e no final da estrutura.

Notação Big-O — Uma fórmula matemática que expressa a taxa de crescimento do trabalho de um algoritmo com uma função do tamanho do problema.

O

Objeto iterável — Um objeto cujas operações permitem visitar os itens em um objeto subjacente, geralmente uma coleção, em uma ordem especificada pelo tipo desse objeto.

Operação baseada em conteúdo — Uma operação que requer o item, mas não necessariamente sua posição, em uma lista.

Operação baseada em índice — Uma operação que requer a posição numérica de um item em uma lista.

Operação baseada em posição — Uma operação que usa um cursor para navegar e manipular itens em uma lista.

Operador slice (ou de fatiamento) — Colchetes envolvendo uma variedade de posições que são usadas para obter uma substring dentro de uma string.

Ordem de complexidade — Uma fórmula que expressa a taxa de crescimento do trabalho ou da memória usada como função do tamanho do problema.

Ordem topológica — A atribuição de uma classificação a cada vértice de forma que as arestas vão dos vértices de classificação inferior a superior em um grafo.

Ordenação de heap — Um tipo de algoritmo de classificação que cria um heap a partir de uma lista e transfere os dados do heap de volta para a lista.

Ordenação natural — Uma ordenação de itens determinada pelos relacionamentos de menor que, maior que ou igual a.

Ordenação por mesclagem — Um algoritmo de classificação que subdivide repetidamente uma lista e mescla os itens em uma ordem de classificação à medida que os recombina.

Ordenação por seleção — Um tipo de algoritmo de classificação em que o menor item não ordenado é repetidamente trocado pelo item no início da parte não ordenada de uma lista.

Ordenação topológica — O processo de localização e geração de uma lista de vértices que refletem uma ordem topológica.

P

Pai — A superclasse imediata de determinada classe; ou o predecessor de um nó em uma coleção hierárquica.

Percurso — O processo pelo qual todos os itens em uma sequência são visitados.

Percurso de pesquisa em profundidade — Um tipo de percurso de grafo em que todos os vértices adjacentes de determinado vértice são visitados antes que ele se mova mais profundamente no grafo.

Percurso em in-ordem — Um tipo de percurso de uma árvore binária na qual um nó é visitado entre as subárvores à esquerda e à direita.

Percurso em ordem de níveis — Um tipo de percurso de uma árvore binária na qual os nós de cada nível são visitados da esquerda para a direita, começando no nível 0.

Percurso em pós-ordem — Um tipo de percurso de uma árvore binária na qual um nó é visitado após as subárvores à esquerda e à direita.

Percurso em pré-ordem — Um tipo de percurso de uma árvore binária na qual um nó é visitado antes das subárvores à esquerda e à direita.

Percurso em profundidade — Um tipo de percurso de grafo que visita todos os descendentes em determinado caminho, antes de visitar os vértices adjacentes de determinado vértice.

Perfilamento — O processo de cronometrar partes de um algoritmo para descobrir onde ele está realizando a maior parte do trabalho.

Peso — Um número que indica o custo de se mover ao longo de uma aresta entre dois vértices.

Pesquisa linear — Um tipo de pesquisa em que todos os itens devem ser examinados no pior dos casos.

Pesquisa sequencial — Um tipo de algoritmo de pesquisa em que cada item é examinado, do início ao fim de uma sequência, e esse item corresponde a um item-alvo ou o item-alvo não é encontrado.

Pickling — O processo pelo qual o Python converte o conteúdo de um objeto em dados para saída de arquivo.

Pilha — Um tipo de coleção em que os itens são inseridos, removidos e acessados em uma extremidade.

Pilha de chamadas — Uma área da memória do computador reservada para monitorar as informações associadas a chamadas de função ou método.

Pivô — O item em torno do qual o quicksort muda os itens antes de classificar as sublistas resultantes.

Polimorfismo — O mecanismo pelo qual diferentes tipos de objetos respondem às mesmas chamadas de método.

Ponteiro — Ver Referência.

Pós-condição — As coisas que devem ser verdadeiras sobre o estado do cálculo depois que uma operação é executada com sucesso.

Posição atual — O local na lista ou armazenamento de backup para o qual um iterador de lista pode navegar para manipular um item.

Precondição — As coisas que devem ser verdadeiras sobre o estado do cálculo antes que uma operação possa ser executada com sucesso.

Primeiro a entrar, primeiro a sair — A maneira como os itens de uma fila são inseridos, removidos e acessados.

Problema de caminho mais curto com todos os pares — Um problema que solicita o conjunto de todos os caminhos mais curtos entre os vértices de um grafo.

Problema do caminho mais curto de origem única — Um problema que pede uma solução que contém os caminhos mais curtos de determinado vértice para todos os outros vértices.

Programação funcional — Um estilo de programação que compõe programas a partir de funções que transformam dados em outros dados, sem efeitos colaterais.

Programação round-robin — Um tipo de agendamento no qual um processo é removido de uma fila, dado um intervalo de tempo com a CPU e, em seguida, movido de volta para a fila.

Propriedade heap — A restrição na ordenação de nós em um heap.

Q

Quadrático — Uma taxa de crescimento do trabalho proporcional ao quadrado do tamanho do problema.

Quicksort — Um algoritmo de classificação que seleciona um item do pivô em uma lista, move os itens menores para a esquerda do pivô e os itens maiores para a direita e classifica recursivamente as sublistas resultantes.

R

Raiz — O nó no topo ou início de uma árvore.

Reconhecedor — Um programa que determina se uma string forma ou não uma frase em um determinado idioma.

Referência — O meio pelo qual o computador localiza um objeto na memória.

Registro de ativação — Um pedaço de memória alocado para uma função ou chamada de método, com espaço reservado para os argumentos, valor de retorno, variáveis temporárias e endereço de retorno.

Regras de sintaxe — Especificações da maneira como as palavras podem formar frases em um idioma.

Regras semânticas — Especificações para determinar o significado das frases em um idioma.

S

Sacola — Um tipo de coleção em que os itens não estão em uma ordem específica.

Glossário

Scanner — Um programa que reconhece palavras em determinado idioma. Ver também Análise lexical.

Script — Um programa curto no Python.

Sentinela — Um valor de dados especial que indica o fim de uma sequência de valores.

Sequência — Um conjunto de itens ordenados por posições de índice numérico.

Símbolo de não terminal — Um símbolo em uma gramática de um idioma que representa uma frase dentro de uma frase no idioma.

Símbolo inicial — Um símbolo único que nomeia a regra de sintaxe de nível superior em uma gramática.

Símbolo terminal — Um símbolo na gramática de um idioma que representa uma palavra no vocabulário do idioma.

Simulação — Um programa que cria modelos de objetos e processos do mundo real e os executa para reunir estatísticas sobre seu comportamento.

Sondagem linear — Uma estratégia para resolver colisões, em que uma pesquisa sequencial para a próxima célula de array vazia disponível é realizada.

Sondagem quadrática — Uma estratégia para resolver colisões, em que é realizada uma pesquisa pela próxima célula de array vazia disponível que incrementa a posição da sondagem pelo quadrado da posição atual.

Subclasse — O descendente imediato de uma classe.

Subgrafo — Um subconjunto dos vértices de um grafo e as arestas que conectam esses vértices.

Sub-rotina — Uma função ou método.

Superclasse — A classe imediatamente acima de determinada classe em uma hierarquia de classes.

T

Tabela de hashing — Uma estrutura de dados, geralmente um array que suporta acesso aos dados por meio de uma função de hashing.

Tamanho físico — O número de células de memória ou posições disponíveis para dados em um array.

Tamanho lógico — O número de valores de dados em uma coleção que estão atualmente acessíveis para um aplicativo.

Termo dominante — O termo em uma dada expressão polinomial que possui o maior expoente.

Tipo abstrato de dados — Um conjunto de valores e as operações nesses valores.

Tipo de dados concreto — Um tipo de dados, normalmente uma estrutura de dados embutida, que mantém os dados e fornece operação de acesso mínimo a eles.

Token — Uma palavra em um idioma; ou uma palavra individual em um texto de origem.

Topo — A única posição em uma pilha em que os itens são inseridos, removidos e acessados.

Transformação de chave em endereço — Ver Função de hash.

Traseira — A posição do item adicionado mais recentemente em uma fila.

Tupla — Uma sequência imutável de itens.

U

Ultimo a entrar, primeiro a sair — A maneira como os itens em uma pilha são inseridos e removidos.

V

Variável de classe — Uma variável que fornece armazenamento comum para os dados pertencentes a todos os objetos de determinada classe.

Variável de instância — Uma variável que fornece armazenamento distinto para os dados pertencentes a cada objeto de determinada classe.

Variável temporária — Uma variável criada dentro de uma função ou método que é visível apenas nela e está ativa apenas quando a função ou método está ativo.

Vértice — Um nó ou ponto em um grafo, geralmente contendo um rótulo e/ou outros dados.

Vértice adjacente — Um vértice conectado por uma aresta a outro vértice.

Vértice alcançável — Um vértice para o qual existe um caminho de determinado vértice.

Vértice de destino — Um vértice no qual se pousa após seguir uma aresta entre dois vértices.

Vértice de origem — O vértice do qual se move ao longo de uma aresta para outro vértice.

Vetor — Ver Sequência.

Vizinho — Um vértice conectado por uma aresta a outro vértice.

Vocabulário — Ver Dicionário.

Índice remissivo

1D, arrays. Ver arrays

2D, arrays (grades)
- arrays, 90, 95
- coleções
  - categorias de, 41-42
  - clonagem e igualdade, 43–44
  - conversão de tipo, 42-43
  - fundamental, 41-42
- conjuntos, 320
- estruturas unicamente ligadas, 104
- filas, 204–206
- listas, 236-237
  - efeitos das operações do iterador, 241–242
  - interfaces, 243–245
  - operações baseadas em conteúdo, 238, 239, 244
  - operações baseadas em índice (listas), 237–238, 244
  - operações baseadas em posição, 238–243
  - operações de navegação, 239, 240
  - operações mutadoras, 240
- pilhas, 168

A

Abstração
- **AbstractList**, classe (listas), 248-250
- barreiras (interfaces), 126
- classes abstratas
  - adicionando itens, 160-161
  - classes concretas, 156
  - coleções, 160–162
  - hierarquias, 160–162
  - inicializando, 157-158
  - iteradores, 161-162
  - projetando, 156–157
  - subclasses, 155, 158–159
  - visão geral, 155-156
- coleções, 44–46
- pilhas abstratas, 190–191
- tipos de dados abstratos (ADT), 44-46

AbstractDict, classe, 326–328

AbstractList, classe (listas), 248–250

AbstractSet, classe, 322–323

adicionando, 318
- implementando pilhas, 183
- itens
  - arrays, 96–97
  - classes abstratas, 160–161
  - implementações baseadas em ligações, 138
  - subclasses, 153

adjacência (gráficos), 361-362
- listas de adjacência, 362–363
- matrizes de adjacência, 361–362, 363-364

ADT (tipos de dados abstratos), 44-46

agendamento (filas)
- análise, 228–229
- classes, 229
- implementando, 230–232
- projetando, 230–232
- solicitações, 228
- visão geral, 210–211, 228

agendamento de CPU round-robin
- análise, 228–229
- classes, 229
- implementando, 230–232
- projetando, 230–232
- solicitações, 228
- visão geral, 210–211, 228

algoritmo de classificação de heap, 288

Fundamentos de Python: estruturas de dados

algoritmos de retrocesso, 177–180

algoritmos de tempo polinomial, 57

algoritmos exponenciais
    análise de complexidade, 56
    função Fibonacci recursiva, 78–79

algoritmos lineares, convertendo a partir da função de
    Fibonacci recursiva, 79-80

algoritmos logarítmicos, 57

algoritmos
    algoritmos de backtracking, 177–180
    análise de complexidade
        algoritmos de tempo polinomial, 57
        algoritmos exponenciais, 57, 78–79
        análise assintótica, 58
        classificação por mesclagem, 77
        comportamento quadrático, 56
        constante de proporcionalidade, 58-59
        desempenho constante, 57
        infinidade, 378
        inicializando, 379
        notação big-O, 57–58
        ordens de complexidade, 56–57
        quicksort, 71–74
        termos dominantes, 58
        visão geral, 379
        visão geral, 56
    análise, 379
    árvores, 370–372
    avaliação comparativa, 50–51
    Dijkstra
    Floyd, 377, 378–379
    função Fibonacci recursiva, 78–79
    pesquisando
        desempenho, 61, 69
        listas, 59–61
        mínimo, 60
        operadores de comparação, 63–64
        pesquisas binárias, 61–63
        sequencial, 60-61
        visão geral, 59
    gráficos, 372–375
    linear, convertendo a partir da função de Fibonacci
        recursiva, 79-80
    medição de eficiência
        instruções de contagem, 53–55
        memória, 56
        tempo de execução, 50–53
        visão geral, 50
    ordenação
        classificação por mesclagem, análise de
            complexidade, 77
        classificação por mesclagem, implementação,
            75–77
        classificação por mesclagem, visão geral, 74-75
        classificações por inserção, 67–68
        quicksort, análise de complexidade, 72–73
        quicksort, implementação, 73–74
        quicksort, particionamento, 71–72
        quicksort, visão geral, 71
        rapidez, 70

        tipos de bolha, 66–67
        tipos de seleção, 65-66
        visão geral, 64, 69
    percursos de gráfico, 368
    perfilamento, 50–51
        análise, 81
        código, 82–85
        implementação, 82–84
        projeto, 81–82
        solicitação, 80
        visão geral, 80
    teste de gráfico
        análise, 388–389
        classes, 389
        implementando, 389–390
        solicitação, 388
        visão geral, 388
    visão geral, 50

altura (árvores), 279

anagramas (conjuntos de hash), 333

analisador de sintaxe, 302

analisadores, 303, 312

analisando árvores, 281–283

análise assintótica (análise de complexidade), 58

análise de complexidade
    algoritmos
        algoritmos de tempo polinomial, 57
        algoritmos exponenciais, 57, 78–79
        algoritmos logarítmicos, 57
        análise assintótica, 58
        classificação por mesclagem, 74–75
        comportamento quadrático, 56
        constante de proporcionalidade, 58-59
        desempenho constante, 57
        notação big-O, 57–58
        ordens de complexidade, 56–57
        quicksort, 71–74
        termos dominantes, 58
        visão geral, 56
    arrays, 98–99
    árvores binárias de pesquisa, 304
    dicionários, 330
    estruturas ligadas, 116–121
    filas, 211–213
    hashing dos conjuntos, 344–345
    listas, 256–261
    pilhas, 191

análise descendente recursiva, 303

análise lexical, 302

análise
    analisadores, 303, 312
    analisando árvores, 283–285
    análise descendente recursiva, 303
    árvores de expressão, 304–307

análise
    algoritmos de teste de grafo, 388–389
    análise de complexidade
        algoritmos de tempo polinomial, 57

Índice remissivo

algoritmos exponenciais, 57, 78–79
algoritmos logarítmicos, 57
análise assintótica, 58
arrays, 98–99
árvores binárias de pesquisa, 304
classificação por mesclagem, 77
comportamento quadrático, 57
constante de proporcionalidade, 58
desempenho constante, 57
dicionários, 330
estruturas ligadas, 116–121
filas, 211–213
hashing dos conjuntos, 344–345
listas, 256–261
notação big-O, 57–58
ordens de complexidade, 56–57
pilhas, 191
quicksort, 71–74
termos dominantes, 58
visão geral, 56
árvores de expressão, 304
avaliando expressões pós-fixas, 192–195
Dijkstra, algoritmo, 373-374
estudo de caso de algoritmo, 81
filas
   agendamento, 228–229
   simulações, 216
Floyd, algoritmo, 377
grafos, 368
hashing dos conjuntos, 344–347
listas ordenadas, 261–262
problema do caminho mais curto com todos os pares, 376
problema do caminho mais curto de origem única, 373

aplicações (conjuntos), 321

aresta incidentes (grafos), 359

arestas direcionadas, 359

arestas, 356, 357. Ver também grafos
arestas direcionadas, 358
aresta incidentes, 358

argumentos
funções, 7–8
interfaces de sacola, 129–130
palavras-chave, 7–8

aritmética (operandos), 6-7
árvores de expressão
   análise, 304
   análise, 304–309
   classes de analisador, 306–307
   classes de nó, 305–306
   solicitações, 304
   visão geral, 290–291, 303
infixas
   avaliando, 174–175
   convertendo, 175–177
pilhas, 168–171
pós-fixas
   análise, 192–194
   avaliando, 175

classes, 195–197
implementando, 197–200
métodos, 195–198
projetando, 194–197
solicitações, 192
variáveis, 195–197
visão geral, 192
recursivas, 301

armazenamentos de dados, 239

arquivos de texto
gravando, 27
lendo
   números, 28–29
   texto, 27–28
saída, 26

arquivos objeto, 29–30

arquivos
arquivos objeto, 30
objeto arquivo, 26
organizando (listas), 246-247
arquivos de texto
   gravando, 27
   lendo números, 28–29
   lendo texto, 27-28
   saída, 26
sistemas de arquivos (árvores), 282

Array, classe, 90

ArrayDict, classe, 328–329

ArrayHeap, classe, 310

ArrayList, classe, 250

ArrayListIterator, classe, 260

arrays bidimensionais (grades)
arrays multidimensionais, 102
criando, 100
de ponteiros, 103
Grid, classe, 101
inicializando, 100
processando, 100
visão geral, 99–100

arrays dinâmicos, 93

arrays estáticos, 93

arrays multidimensionais (grades), 102

arrays unidimensionais. Ver arrays

arrays
Array, classe, 90
ArrayListIterator, classe, 257
arrays 2D (grades)
   arrays multidimensionais, 102
   criando, 100-101
   de ponteiros, 105
   Grid, classe, 100
   inicializando, 100
   processando, 100
   visão geral, 99–101
árvores binárias, 307–309
   conjuntos, 324-329
   contains, método, 137

Fundamentos de Python: estruturas de dados

dicionários, 325–329
estruturas de dados, 133-134
filas, 211–213
in, operador, 137
inicializando, 133-134
iterator, 135–136
listas, 250–251, 256–257
métodos, 134–135
pilhas, 185-187
removendo itens, 137
tempo de execução, 141-142
testando, 142–143
visão geral, 133
itens
    inserindo, 96–97
    removendo, 97–98
código, 91–92
dinâmico, 93
endereços de base, 92
estático, 93
for, laços, 90
implementações
in, operador, 137
memória contígua, 92–93
memória de acesso aleatório, 92–93
memória dinâmica, 93
memória estática, 93
métodos, 90
operações, 90–96
tamanho
    aumentando, 95-96
    diminuindo, 96
    física, 94
    lógico, 94
visão geral, 90–92

ArraySet, classe, 323–324

ArraySortedBag, classe, 150, 151

árvore geradora mínima, 369–372

árvores binárias cheias, 284

árvores binárias completas, 284

árvores binárias de pesquisa
    análise de complexidade, 304
    implementações ligadas, 294–298
    inserindo itens, 297-298, 301
    interfaces, 292-294
    percorrendo, 295-296
    pesquisando, 294-295
    removendo itens, 298
    strings, 296-297
    visão geral, 281, 288-–290, 291

árvores binárias perfeitamente balanceadas,
    284

árvores binárias, 279-280
    árvores binárias de pesquisa
        análise de complexidade, 304
        implementações ligadas, 294-298
        interfaces, 292-294
        pesquisando, 294-296
        removendo itens, 298

strings, 296-297
    visão geral, 281, 288–290, 291
implementações de array, 307-308
percorrendo, 295-296
    árvores binárias cheias, 284
    árvores binárias completas, 284
    árvores binárias perfeitamente balanceadas,
        284
    árvores de expressão
        análise, 303–307
        análise, 304
        classes de analisador, 306-307
        classes de nó, 305-306
        solicitações, 304
        visão geral, 290-291, 304
    formas, 283–285
    heaps, 288
    percursos
        percurso em ordem de nível, 287
        percurso em pré-ordem, 286
        percurso em in-ordem, 286
        percursos em pós-ordem, 287
        visão geral, 286
    visão geral, 279-280
árvores de expressão
    análise, 304
    análise, 304–309
    classes de analisador, 306–307
    classes de nó, 305–306
    solicitações, 304
    visão geral, 290–291, 303
árvores de pesquisa em profundidade, 368
árvores gerais, 279–280
    altura, 279
        análise de complexidade, 304
        implementações ligadas, 294–298
        inserindo itens, 297-298, 301
        interfaces, 292-294
        percorrendo, 295-296
        pesquisando, 294-295
        removendo itens, 298
        strings, 296-297
        visão geral, 281, 288-290, 291
    analisando árvores, 281–283
    árvores binárias de pesquisa
    árvores binárias, 279-280
        árvores binárias cheias, 284
        árvores binárias completas, 284
        árvores binárias perfeitamente balanceadas, 284
        formas, 283–285
        heaps, 288
        implementações de array, 307-308
        percurso em ordem de nível, 287
        percurso em pré-ordem, 286
        percurso em in-ordem, 286
        percursos pós-transversais, 287
        visão geral do percurso, 286
        visão geral, 286
    árvores de expressão
        análise, 304

Índice remissivo

análise, 304–309
    classes de analisador, 306–307
    classes de nó, 305–306
    solicitações, 304
    visão geral, 290–291, 303
árvores gerais, 279–280
caminhos, 278
coleções hierárquicas, 39
filhos, 279–280
folha, 278
grafos
    algoritmos, 369–372
    árvore geradora mínima, 369–372
    árvores de pesquisa em profundidade, 368
    extensão de árvores, 369–372
    extensão de florestas, 369
    floresta geradora mínima, 369
    visão geral, 359, 368
irmãos, 278
ligações, 278
níveis, 279
nós, 278
pais, 278–279
propriedades, 279
sistemas de arquivos, 282
subárvores, 279
terminologia, 279
usando, 281–283
valores, 279
visão geral, 278–279

aspas, 6

aumentando o tamanho da array, 95

avaliação comparativa (algoritmos), 50–51

avaliando
    expressões infixas, 174–175
    expressões pós-fixas, 175–176
        análise, 192–194
        classes, 195–198
        implementando, 197–200
        métodos, 195–197
        projetando, 195–198
        solicitações, 192
        variáveis, 195–197
        visão geral, 192

B

barra invertida, caractere de, 6

C

caminhos simples (gráficos), 358
caminhos
    árvores, 279
    caminhos simples, 358
    problema do caminho mais curto de origem única
        análise, 373
        cálculo, 375
        infinidade, 376

inicializando, 374–375
    visão geral, 373
grafos, 357, 358
problema do caminho mais curto com todos os
    pares, 373, 377

captura de exceções, 24–26

caractere de nova linha, 6

caractere de tabulação, 6

caracteres de escape, 6

caracteres, 6

caso de base (funções recursivas), 20–21

chamadas de função, 7

chaves não numéricas (hashing de conjuntos), 333–334
chaves
    conjuntos de hash
        chaves não numéricas, 333–334
        transformações de chave em endereço, 330
    keys, método, 18
    pares de chave/valor (dicionários), 324

ciclos (gráficos), 358-359

classes abstratas
    adicionando itens, 160-161
    classes concretas, 156
    coleções, 160–162
    hierarquias, 160–162
    inicializando, 157-158
    iteradores, 161-162
    projetando, 156–157
    subclasses, 155, 158–159
    visão geral, 155-156

classes concretas, 156

classes wrapper, 224

classes
    AbstractDict, 326–328
    AbstractSet, classe, 322–323
    arrays
    Array, 90
        ArrayDict, 328–329
        ArrayListIterator, classe, 260
        ArraySet, classe, 323–324
        ArraySortedBag, classe, 150, 151
    árvores de expressão
        analisadores, 306-307
        nós, 305-306
    avaliando expressões pós-fixas, 192–200
    classes empacotadoras, 223–224
    conjuntos, 320–321
    Counter, 31, 32, 33
    criando, 31–34
    definições, 31
    diagramas de classe UML, 143-144
    diagramas de classe, 143-144
    Entry, 325–326
    filas
        agendamento, 228–229
        simulações, 216–223
    filhos, 39

grafos
    LinkedDirectedGraph, 381–383
    LinkedEdge, 387–388
    LinkedVertex, 385–387
    visão geral, 379–380
Grid, 101
hashing dos conjuntos, 344–347
HashSet, classe, 344-345
implementando
    interfaces de sacola, 128-129
    pilhas, 183–184
herança
    adicionando itens, 153–154
    contains, método, 153
    criando subclasses de inicialização, 151
    criando subclasses, 151
    hierarquias, 155
    superclasses, 151
    tempo de execução, 154–155
    visão geral, 150
InteriorNode, 304–306
LeafNode, 304–306
listas
    AbstractList, classe, 248-250
    ArrayListIterator, classe, 260
    iteradores, 243-245
métodos de instância, 31
nó individualmente ligado, 106–107
pais, 31
resumo
    adicionando itens, 158–159
    classes concretas, 156
    coleções, 159–162
    hierarquias, 160–162
    inicializando, 157-158
    iteradores, 161-162
    projetando, 155–157
    subclasses, 155, 157–159
    visão geral, 155
teste de algoritmos de grafos, 388–389
TreeSortedSet, classe, 350
variáveis de classe, 31
variáveis de instância, 31

classificação por mesclagem
análise de complexidade, 77
implementando, 75–77
visão geral, 74-75

classificação topológica, 372–373
classificações de inserção (algoritmos de classificação), 67–68
close, função, 26-27
clustering (conjuntos de hashing), 335
código de recuo, 5
código
    arrays, 90-91
    estudo de caso de algoritmo, 80–82
    interfaces de sacola, 130–132
colchetes
    conjuntos, 320

pilhas, 171–173
coleções classificadas, 40
coleções de grafos, 39
coleções dinâmicas, 38
coleções estáticas, 38
coleções imutáveis, 38
coleções lineares, 38–39
coleções não ordenadas, 40
coleções
    abstração, 44–45
    ADT, 44, 45
    classes abstratas, 160–162
    correspondência de padrões, 19
    dicionários. Ver dicionários
    dinâmico, 38
    estático, 38
    estrutura de qualidade profissional, 162
    hierarquia, implementação de pilhas, 185
    implementando, 44–46
    imutáveis, 38
    listas. Ver listas
    laços
        arrays, 90
        for, 12, 90
        iterar, 17
        while, 12
    operações
        categorias de, 42
        clonagem e igualdade, 43–44
        conversão de tipo, 42-43
        fundamentais, 41, 42
    pais, 39
    sacolas. Ver sacolas
    tipos
        coleções ordenadas, 40
        coleções de grafos, 39–40
        coleções lineares, 38–39
        coleções não ordenadas, 40
        convertendo, 42-43
        cópias profundas, 43
        cópias superficiais, 43
        taxonomia, 40–41
        visão geral, 38
    tupla, 17
    valores
        árvores, 279
        interfaces de sacola, 128–129
        método valores, 18
        pares de valor/chave (dicionários), 324
        variáveis, 8
        visão geral, 18
    visão geral, 16, 38

colisões. Ver hashing
comentários, 4
compilando programas, 3-4
componentes (grafos)
    componentes conexas, 356–357, 360
    percursos, 368

Índice remissivo

componentes conexas (grafos), 356–357, 360

comportamento quadrático (análise de complexidade), 57

comprimento de um caminho (grafos), 357

concatenação (interfaces bag), 127

conjuntos ordenados, 349–350

conjuntos
  aplicações, 320
  classes, 319–321
  colchetes, 320
  conjuntos ordenados, 349–350
  dicionários, 321
  hashing
     implementando, 344–349
     agrupamento, 335
     anagramas, 333
     análise de complexidade, 338
     análise, 339–341
     chaves não numéricas, 333–334
     classes, 339–341
     encadeamento, 337–338
     fazendo hash de tabelas de hash, 330
     hashing de conjuntos, 344–347
     métodos, 339–341
     projetando, 341–342
     solicitações, 339
     sondagem linear, 334–336
     sondagem quadrática, 336–337
     strings, 333–334
     transformações de chave em endereço, 330
     visão geral, 330–331, 339
  implementações de array, 321–324
  implementações ligadas, 321–324
  implementando, 321
  métodos, 319
  operações, 319
  sacolas, 320
  usando, 318–319
  visão geral, 318–319

constante de proporcionalidade, 58

construtores (interfaces de sacola), 129-130

contains, método
  implementações baseadas em array, 137
  subclasses, 153

convenções (nomenclatura), 5

convertendo
  expressões infixas, 169
  função de Fibonacci recursiva para algoritmo linear, 79–80
  funções de conversão de tipo, 7
  tipos de coleção, 42-43

copiando (tipos de coleção), 43–44

cópias profundas (tipos de coleção), 434

cópias superficiais (tipos de coleção), 43

cor, 3-4

correspondência (correspondência de padrão), 19

correspondência de padrões, 19

Counter, classe, 31-33

criando
  classes, 31–34, 106
  funções
     casos básicos, 21
     definições, 19–20
     funções recursivas, 20–22
     variáveis temporárias, 20
     visão geral, 19
  grades, 100–101
  listas, iteradores, 238
  nó individualmente ligado, 106-107
  subclasses, 151

criando, 100
  arrays multidimensionais, 102
  de ponteiros, 105
  Grid, classe, 101
  inicializando, 100
  processando, 100
  visão geral, 99–100

D

decrement, método, 33

def, palavra-chave, 19

definição de perfis (algoritmos), 50–51
  análise, 81
  código, 81–85
  implementando, 82–85
  projeto, 82
  solicitações, 80
  visão geral, 80

definições aninhadas (funções), 22–23

definições
  classes, 31, 106
  def, palavra-chave, 19
  funções
     criando, 19–20
     definições aninhadas, 22–23
     nó individualmente ligado, 106-107

densidade (conjuntos de hash), 331-332

desempenho constante, 57

diagramas de classe, 143-144

dicionários classificados, 349–350

dicionários, 300
  conjuntos, 321
  dicionários ordenados, 349-350
  dict, método, 18
  entradas, 325
  hashing. Ver hashing
  implementando
     análise de complexidade, 330
     hashing, 347–349
     implementações de array, 325–329
     implementações ligadas, 325–329
  interfaces, 324
  pares de chave/valor, 324

Fundamentos de Python: estruturas de dados

usando, 324–325
visão geral, 18, 324–325

dict, método, 18

diferenciação entre maiúsculas e minúsculas, 5

dígrafos, 358–359

Dijkstra, algoritmo
    análise, 376
    cálculo, 376
    infinidade, 376
    inicializando, 374–375
    visão geral, 373-374

dir, função, 17

diminuindo o tamanho do array, 96

discos, organizando arquivos, 246–247

displayRange, função, 21

docstrings, 4, 130

documentação (interfaces de sacola), 130–131

E

EBNF (Extended Backus-Naur Form), 300–301

edição de programas, 3-4

efeitos das operações (iteradores de lista), 241–242

eficiência (algoritmos)
    instruções de contagem, 53–55
    memória, 56
    tempo de execução, 50–53
    visão geral, 50

elementos lexicais (programas), 4

elif, instruções, 10, 11

else, instruções, 10–11

encadeamento (conjuntos de hash), 337-338, 344

endereços (arrays), 92-93

endereços de base (arrays), 92

entradas (filas), 216, 217

entradas, 321
    dicionários, 325

Entry, classe, 325–326

erros/exceções
    capturando, 24–25
    interfaces de sacola, 130

espaço (análise de complexidade)
    arrays, 98–99
    estruturas ligadas, 116–118
    filas, 213–215
    listas, 258–260, 261
    pilhas, 191

estrutura de coleções de qualidade profissional, 162

estruturas de dados
    arrays. Ver arrays
    estruturas ligadas. Ver estruturas ligadas
    implementações baseadas em array, 133-134
    implementações baseadas em ligações, 138–139

estruturas duplamente ligadas

visão geral, 103–104
usando, 119–122

estruturas ligadas
    estruturas duplamente ligadas
        usando, 119–122
        visão geral, 103–104
    estruturas unicamente ligadas
        análise de complexidade, 116–121
        inserindo itens, 108-109, 110–111
        operações, 104
        percursos, 108
        pesquisando, 108–110
        removendo itens, 108–110, 113
        substituição, 110
        visão geral, 103
    estruturas ligadas circulares, 118–119
    ligação inicial, 103
    ligações finais, 103
    ligações vazias, 103
    visão geral, 103
    memória não contígua, 104–106
    memória, 104
    nós iniciais fictícios, 118–119, 252
    nós, 104–106

estruturas unicamente ligadas
    análise de complexidade, 116–121
    inserindo itens, 108-109, 110–111
    operações, 104
    percursos, 108
    pesquisando, 108–110
    removendo itens, 108–110, 113
    substituição, 110
    visão geral, 103

estruturas vinculadas circulares, 118–119

estruturas. Ver arrays; estruturas ligadas

evidência por contradição, 370

exceções/erros
    capturando, 24–25
    interfaces de sacola, 128–129

expandindo árvores (grafos), 369–372

expandindo florestas (grafos), 369

expressões

expressões aritméticas, 7

expressões infixas
    avaliando, 175
    convertendo, 175–177

expressões pós-fixas, 175–176
    análise, 192–194
    classes, 195–198
    implementando, 197–200
    métodos, 195–197
    projetando, 195–198
    solicitações, 192
    variáveis, 195–197
    visão geral, 192

expressões recursivas, 301

Extended Backus-Naur Form (EBNF), 300–301

Índice remissivo

F

fatias (strings), 13

fatorial, função, 183

fib, função, 78–80

Fibonacci, função, 78–80

filas de prioridade, 205, 223–228

filas prontas, 210

filas

  agendamento

    análise, 228–229

    classes, 229

    implementando, 230–232

    projetando, 230–232

    solicitações, 228

    visão geral, 210–211, 228

  filas de prioridade, 205, 223–228

  frente, 204

  implementando

    análise de complexidade, 215

    implementações de array, 213–215

    implementações ligadas, 211–213

    listas, 248

    visão geral, 211

  interfaces, 205–207

  métodos, 206

  operações, 205–207

  simulações

    análise, 216-217

    classes, 217–223

    entradas, 216, 217

    interfaces, 217

    métodos, 217–223

    saídas, 217

    solicitações, 216

    visão geral, 208–210

  traseira, 204

  visão geral, 204–205

filter, função, 23-24

float, função, 28

floresta geradora mínima, 369

florestas, 369

Floyd, algoritmos, 373, 377–379

folhas (árvores), 278

for, laços, 12, 90

formas (árvores binárias), 283-285

formatação de strings, 14–15

frente (filas), 204

função help, 9–10

função read, 27–28

funções anônimas, 24

funções de conversão de tipo, 7

funções de ordem superior, 2, 3–24, 44

funções de processamento de grafos, 390

funções lambda, 24

funções recursivas

  criando, 20–22

  Fibonacci, 78–79

funções. Ver também métodos

  ajuda, 9–10

  anônimas, 24

  chamada, 7

  close, 26

  conversão de tipo, 7

  criando

    casos básicos, 21

    definições, 19–20

    funções recursivas, 20–22

    variáveis temporárias, 20

    visão geral, 19

  definições, aninhadas, 22–23

  dir, 16

  displayRange, 21

  factorial, 183

  fib, 78–79

  filter, 23–24

  float, 28

  funções de hashing, 330

  funções recursivas de Fibonacci, 78–79

  input, 7

  int, 28

  interfaces de sacola, 128

  lambda, 24

  map, 23

  min, 60

  open, 26

  ordem superior, 23–24

  ourSum, 21–22

  pickle.dump, 30

  pickle.load, 30

  print, 7

  read, 27

  reduce, 24

  split, 29

  strip, 28

  sum, 21–22

  swap, 65

  time, 51

  write, 26

G

gerenciamento

  heap (listas), 244–245

  memória (pilhas), 180–183

grades

  arrays multidimensionais, 102

  criando, 100

  de ponteiros, 103

  Grid, classe, 101

  inicializando, 100

  processando, 100

  visão geral, 99–100

grafos acíclicos direcionados, 359, 360

grafos completos, 357

417

grafos conexos, 356, 360

grafos densos, 360

grafos direcionados, 359–360

grafos esparsos, 360

grafos não direcionados, 358

grafos não rotulados, 356–357

grafos ponderados, 356–357

grafos rotulados, 356–357

grafos
- adjacência, 356
- alcançável, 357
- algoritmos de teste
  - análise, 388–389
  - classes, 389–390
  - implementando, 389–394
  - solicitações, 388
  - visão geral, 388
- análise, 363–364
- arestas, 356, 357
- árvores
  - algoritmos, 368–369
  - árvore geradora mínima, 369
  - árvore geradora, 369–372
  - árvores de pesquisa em profundidade, 368
  - floresta geradora, 369
  - florestas geradora mínima, 369
  - visão geral, 359, 368
- caminhos simples, 358
- caminhos, 357, 358
- ciclos, 358
- classes
  - algoritmos de teste, 388–389
  - `LinkedDirectedGraph,` 380–385
  - `LinkedEdge,` 387–388
  - `LinkedVertex,` 385–387
  - visão geral, 379–380
- classificação topológica, 372–373
- coleções de grafos, 39–40
- completo, 357
- componentes conexos, 358, 360
- comprimento de um caminho, 357
- conexo, 357, 360
- denso, 360
- dígrafos, 358–359
- direcionado, 358–359
- esparsos, 360
- grafos acíclicos direcionados, 359, 360
- grau de um vértice, 357
- listas de adjacência, 361–364
- listas, 359
- matrizes de adjacência, 359–361, 364
- não direcionadas, 358
- não rotuladas, 356–357
- percursos
  - algoritmos, 365-366
  - componentes, 367
  - largura primeiro, 366
  - profundidade primeiro, 366–367
  - visão geral, 364

pesos, 356

ponderações, 356–357

problema do caminho mais curto com todos os pares, 373, 377–379

problema do caminho mais curto de origem única
- análise, 373
- cálculo, 375
- infinidade, 376
- inicializando, 374–375
- visão geral, 373

subgrafos, 358

terminologia, 356–360

vértices de destino, 359

vértices de origem, 359

vértices, 356–357

visão geral, 356

vizinhos, 357

gramáticas, 300–301

`GraphDemoModel, classe,` 389, 390

`GraphDemoView, classe,` 389

grau de um vértice (grafos), 357

gravando
- arquivos de texto, 27
- arquivos objeto, 30

`Grid`, classe, 99–101

H

`HashDict,` 347

hashing
- agrupamento, 335
- anagramas, 333
- análise de complexidade, 338
- análise, 339–341
- chaves não numéricas, 333–334
- classes, 339–341
- colisões, 331–332
- conjuntos, implementando, 342–344
- densidade, 331–332
- dicionários, implementação, 347–349
- encadeamento, 337–338
- estratégia, 321
- funções de hashing, 330
- funções, 330
- métodos, 339–341
- projetando, 341-342
- solicitações, 339
- sondagem linear, 334–336
- sondagem quadrática, 336–337
- strings, 333–334
- tabelas de hash, 330
- transformações de chave em endereço, 330
- visão geral, 330–331, 339

heap, propriedade, 288

heaps
- árvores binárias, 288
- gerenciando (listas), 245–246

implementando, 310–312

visão geral, 105, 182

herança (classes)

adicionando itens, 153

contains, método, 153

criando subclasses de inicialização, 151

criando subclasses, 151

hierarquias, 155

superclasses, 151

tempo de execução, 154–155

visão geral, 150

hierarquia de classes do Python, 155

hierarquias

classes abstratas, 156–157

coleções

implementando pilhas, 183

subclasses, 150

I

if, instruções, 10–11

implementação de array circular (filas), 214-215

implementação/implementações

arrays

árvores binárias de pesquisa

análise de complexidade, 299

implementações ligadas, 294–298

inserindo itens, 297-298, 301

percorrendo, 295-296

pesquisando, 294-295

removendo itens, 298

strings, 296-297

árvores binárias, 307–309

conjuntos, 324–329

dicionários, 325–329

estruturas de dados, 133–134

filas, 211–213

in, operador, 137

inicializando, 133-134

iterator, 135–136

listas, 250–251, 256–257

método contains, 137

métodos, 134–135

removendo itens, 137

tempo de execução, 141-142

testando, 142–143

visão geral, 133

avaliando expressões pós-fixas, 175, 192–194

classes (interfaces de sacola), 129-130

classificação por mesclagem, 74–77

coleções, 44–46

conjuntos

implementações de array, 321–324

implementações ligadas, 321–324

dicionários de hash, 347–349

dicionários

análise de complexidade, 330

implementações de array, 325–329

implementações ligadas, 325–329

estudo de caso de algoritmo, 80–82

filas

hashing de conjuntos, 344–347

heaps, 309–312

implementações de array, 213–215

agendamento, 228–2305

análise de complexidade, 215

implementações ligadas, 211–2135

visão geral, 211

implementações ligadas

adicionando itens, 140

árvores binárias de pesquisa, 294–298

conjuntos, 321–324

dicionários, 325–329

estruturas de dados, 139

filas, 211–213

inicializando, 139

iterator, 139-140

listas, 250–253, 260

métodos, 140

pilhas, 183–185

removendo itens, 140-141

tempo de execução, 141-142

testando, 142–143

visão geral, 1389

interfaces, separando, 126

listas classificadas, 263–264

listas

AbstractList, classe, 248–250

análise de complexidade, 254–256, 261

ArrayListIterator, classe, 257

filas, 248

implementações de array, 250–251, 257

implementações ligadas, 251–254, 260

iteradores, 256–260

pilhas, 248

visão geral, 248

pilhas

adicionando, 185

análise de complexidade, 191

classes, 185

hierarquia de coleção, 185

implementações de array, 185–186

implementações ligadas, 187–190

pilhas abstratas, 190–191

testando, 183–184

visão geral, 183

quicksort, 73–74

teste de algoritmos de grafos, 388–394

implementações ligadas

adicionando itens, 140

árvores binárias de pesquisa, 294–298

conjuntos, 324–329

desempenho, 141

dicionários, 325–329

estruturas de dados, 139

filas, 211–213

inicializando, 139

iterador, 136

listas, 256–261

métodos, 140
pilhas, 183–185
removendo itens, 138
tempo de execução, 141-142
testando, 142–143
visão geral, 138

import, instruções, 9

importando (módulo **pickle**), 30

in, operador (implementações baseadas em array), 137

increment, método, 33

índices iniciais (conjuntos de hash), 339

índices
índices iniciais (hashing de conjuntos), 336
operações baseadas em índice (listas), 237–238, 244

INFINITY, 376

inicializando
algoritmos de Dijkstra, 373–374
classes abstratas, 155
classes, 150–151
grades, 99-100
implementações baseadas em array, 133
implementações baseadas em ligações, 138-139
problema do caminho mais curto de origem única, 373
subclasses, 150–151

input, função, 7

inserindo itens
árvores binárias de pesquisa, 299
estruturas unicamente ligadas, 108-109, 110–111

instanciando pilhas, 169–170

instruções condicionais, 10–11

instruções de atribuição (variáveis), 8–9

instruções, algoritmos de contagem, 53–55

instruções/palavras-chave
argumentos, 7–8
condicional, 10–11
def. Ver definições
elif, 10, 11
else, 10–11
if, 10–11
import, 9
instruções de atribuição, 8–9
try-except, 24–25

int, função, 28

interfaces
árvores binárias de pesquisa, 292–294
barreiras de abstração, 126
dicionários, 324
filas, 205–207, 217
implementações, separando, 126
interfaces de sacola
argumentos, 128
classes de implementação, 129–130
código, 130–131
concatenação, 127
construtores, 129–130
documentação, 130–131
exceções, 130–131

funções, 127
métodos, 129–130
objeto iterator, 129
operadores, 128-129
polimorfismo, 126
pós-condições, 130–131
precondições, 130–131
projetando, 127–128
valores, 128-129
visão geral, 126
listas, 243–244
pilhas, 169
simulações, 217
visão geral, 126

intérpretes, 302

irmãos (árvores), 278

itens
adicionando
arrays, 96–97
classes abstratas, 160–161
implementações baseadas em ligações, 138
subclasses, 153
inserindo
árvores binárias de pesquisa, 297-298, 301
estruturas unicamente ligadas, 108-109, 110–111
removendo
arrays, 97–98
árvores binárias de pesquisa, 298
estruturas unicamente ligadas, 108–110, 113
implementações baseadas em array, 133
implementações baseadas em ligações, 138

iterando/iteradores
classes abstratas, 160-161
e funções de ordem superior, 44
implementações baseadas em array, 133–134
implementações baseadas em ligações, 138
interfaces de sacola, 126
laços, 17
listas
armazenamentos de backup, 239
classes, 244, 245
criando, 239
efeitos das operações, 241–242
implementando, 256–261
operações de navegação, 239, 240, 258–259
operações mutadoras, 240, 258–260
usando, 241–242

K

keys, método, **18**

keysToIndexes, função, 331

L

laços
arrays, 90
for, 12, 90

iterar, 17
while, 12
lendo
  arquivos de texto
    números, 28–29
    texto, 27–28
  arquivos objeto, 30
  readline, método, 28

léxico, 300

ligação inicial, 103

ligações (árvores), 278

ligações finais, 103

ligações vazias, 103

linguagens
  analisador de sintaxe, 302
  analisadores, 302
  análise descendente recursiva, 303
  análise lexical, 302
  dicionário, 300
  expressões recursivas, 302
  Formalismo de Backus-Naur Estendido (EBNF), 300
  gramáticas, 300
  intérpretes, 302
  léxico, 300
  reconhecedores, 302
  regras semânticas, 300
  scanners, 303
  símbolos, 300–301
  sintaxe, 300
  vocabulário, 300

LinkedDirectedGraph, classe, 381–385

LinkedEdge, classe, 387–388

LinkedVertex, classe, 385–387

list, método, 16–17

Lista semelhante a Lisp
  construção, 269–271
  estrutura interna, 271–276
  impressão, 271–272
  operações básicas, 266–267
  percursos recursivos, 267–268

listas classificadas
  análise, 261
  implementando, 265–266
  projetando, 262–264
  solicitações, 261
  visão geral, 261

listas de adjacência, 362–363

listas
  arquivos, organizando, 246-247
  classificado
    análise, 261
    implementando, 265–266
    projetando, 262–264
    solicitações, 261
    visão geral, 261
  gráficos

listas de adjacência, 362–363
  visão geral, 359
implementação/implementações
  AbstractList, classe, 248–250
  análise de complexidade, 254–256, 261
  ArrayListIterator, classe, 257
  filas, 248
  implementações de array, 250–251, 257
  implementações ligadas, 251–254, 260
  pilhas, 248
  visão geral, 248
interfaces, 243–245
iteradores
  armazenamentos de backup, 239
  classes, 244, 245
  criando, 239
  efeitos das operações, 241–242
  implementando, 256–261
  operações de navegação, 239, 240, 258–259
  operações mutadoras, 240, 258–260
  usando, 241–242
list, método, 16–17
operações baseadas em conteúdo, 239, 240, 244
operações baseadas em índice (listas), 237–238, 244
operações baseadas em posição, 238–243
operações de navegação, 239, 240
operações mutadoras, 240
operações, 236, 237
pesquisando (algoritmos), 60–62
pilha, gerenciamento, 245–246
sequências, 238
vetores, 238
visão geral, 16–17, 236

literais, 6

M

map, função, 23

matriz de distância (grafos), 378

matrizes (grafos), 361–362, 364

matrizes de adjacência, 361–362, 363-364

max-heap (árvores), 288

medição de eficiência (algoritmos)
  instruções de contagem, 53–55
  memória, 56
  visão geral, 50
  tempo de execução, 50–53

memória contígua (arrays), 92–93

memória de acesso aleatório (arrays), 92–93

memória dinâmica, 93

memória estática, 93

memória não contígua (estruturas ligadas), 104–106

memória
  algoritmos, medição, 56
  ambiente de tempo de execução, 181
  arrays, 92

estruturas ligadas, 103–104

heaps

árvores binárias, 288

gerenciando (listas), 245–246

implementando, 309–312

visão geral, 105, 182

memória contígua, 92–93

memória de acesso aleatório, 92–93

memória dinâmica, 93

memória estática, 93

memória não contígua, 104–105

pilhas, 181–183

PVM, 181

metassímbolos, 301

métodos de instância, 31

acessores, 33

mutadores, 33

métodos

adicionando. Ver adicionando, itens

arrays, 90-92

avaliando expressões pós-fixas, 192–197

conjuntos, 321-322

contains

implementações baseadas em array, 133–134

subclasses, 151

dict. Ver dicionários

false, 18

filas, 205-206, 219–228

get, 18

hashing de conjuntos, 344–347

implementações baseadas em array, 133–134

implementações baseadas em ligações, 138

init. Ver inicializando

interfaces de sacola, 129–130

keys, 1**8**

lista, 16–17

métodos de instância, 31

pilhas, 169–170

pop, 18

readline, 28

strings, 16

min, função, 60

min-heap (árvores), 288

módulos

pickle, 30-31

visão geral, 2

N

níveis (árvores), 279

nó sentinela, 252

nó, 356

nomeação

classes, 31

convenções, 4–5

nós duplamente ligados, 104–105

nós individualmente ligados

classes

criando, 106

definição, 106

usando, 106–107

visão geral, 104

nós iniciais fictícios, 118–119, 252

nós iniciais, 118–119

nós

árvores de expressão, 305–306

árvores, 278

duplamente ligados, 104–105

estruturas ligadas, 104–105

nós iniciais fictícios, 118–119, 252

unicamente ligados

criando, 106

definição, 106

usando, 106–107

visão geral, 103

notação big-O (análise de complexidade), 57–58

numberguess, programa, 4

números

arquivos de texto, lendo, 27-28

literais, 5

numberguess, programa, 4

valores booleanos, 5

O

objeto arquivo, 26

objetos heaps

árvores binárias, 288

implementando, 309–310

gerenciando (listas), 245–246

visão geral, 105, 182

objetos

arquivos objeto, 29–30

classe, 31

interfaces de sacola, 129

objeto arquivo, 26

objeto iterator, 129

objetos heaps

árvores binárias, 288

gerenciando (listas), 245–246

visão geral, 105

pickling, 30

referências, 105

strings, 16

offsets (arrays), 92

open, função, 26

operações

operações baseadas em conteúdo (listas), 239, 240, 244

operações baseadas em índice (listas), 237–238, 244

operações baseadas em posição (listas), 238–243

operações de navegação (listas), 239, 240, 258–259

operações modificadoras (listas), 240, 259–260

operadores de comparação, 6, 62–63

operadores lógicos, 6

operadores seletores, 7

operadores subscritos, 6

operadores

    implementações baseadas em array, 133

    in, operador, 137

    interfaces de sacola, 127

    operadores de comparação, 6, 63

    operadores lógicos, 6

    operadores seletores, 7

    operadores subscritos, 6

    parênteses, 7

    precedência, 7

    strings, 13

    visão geral, 6

operandos (expressões aritméticas), 6-7

ordem topológica, 372

ordenação

    algoritmos

        classificação por mesclagem, análise de complexidade, 77

        classificação por mesclagem, implementação, 75–77

        classificação por mesclagem, visão geral, 74-75

        classificações por inserção, 67–68

        quicksort, análise de complexidade, 72–73

        quicksort, implementando, 73–74

        quicksort, particionamento, 71-72

        quicksort, visão geral, 71

        tipos de bolha, 66–67

        tipos de seleção, 65–66

        visão geral, 64, 69

    classificação topológica, 372–373

    conjuntos ordenados, 349–350

    dicionários ordenados, 349–350

    gráficos, 372–373

    visão geral, 59

ordens de complexidade, 56–57

organizando arquivos (listas), 245–246

ortografia, 5

ourSum, função, 21–22

P

pais, 151

    árvores, 278–283

    classes, 31

    coleções, 39

palavras-chave/instruções

    argumentos, 7–8

    condicional, 10–11

    def. Ver definições

    elif, 10, 11

    else, 10–11

    if, 10–11

    import, 9

    instruções de atribuição, 8–9

    try-except, 25

  parênteses

operadores, 7

    pilhas, 170–171

pares de chave/valor (dicionários), 324

pares de valor/chave (dicionários), 324

parte traseira (filas), 204

particionamento (quicksort), 71-72

percurso em in-ordem (árvores binárias), 286

percursos de pesquisa em largura, 366-368

percursos de pesquisa em profundidade, 366-367

percursos em pós-ordem (árvores binárias), 287

percursos na pré-ordem (árvores binárias), 289

percursos

    árvores binárias de pesquisa, 295–296

    árvores binárias

        percurso em pré-ordem, 286

        percurso na ordem de nível, 287

        percurso em in-ordem, 286

        visão geral, 286

    estruturas unicamente ligadas, 103–104

    gráficos

        algoritmos, 365-366

        visão geral, 364

pesos (grafos), 356

pesquisa mínima (algoritmos), 60

pesquisa sequencial (algoritmos), 60

pesquisando

    algoritmos

        desempenho, 61, 69

        listas, 59-61

        mínimo, 60

        operadores de comparação, 63-64

        pesquisas binárias, 61–63

        sequencial, 60-61

        visão geral, 59

    árvores binárias (implementações de array), 307-308

    árvores binárias de pesquisa, 294-295

        análise de complexidade, 304

        implementações ligadas, 294–298

        inserindo itens, 297-298, 301

        interfaces, 292-294

        percorrendo, 295-296

        removendo itens, 298

        strings, 296-297

        visão geral, 281, 288-290, 291

    árvores de pesquisa em profundidade (grafos), 368

    estruturas unicamente ligadas, 108–110

    pesquisas binárias (algoritmos), 59

pickle, módulo, 30

pickle.dump função, 30

pickle.load, função, 30

pickling objetos, 30

pilhas abstratas, 190–191

pilhas de chamadas (memória), 181, 183

pilhas

    avaliando expressões infixas, 174–175

avaliando expressões pós-fixas, 175
    análise, 192–194
    classes, 195–198
    implementando, 197–200
    métodos, 195–197
    projetando, 195–198
    solicitações, 192
    variáveis, 195–197
    visão geral, 192
colchetes, 171–173
convertendo expressões infixas, 175–177
expressões, 171–173
gestão de memória, 180–183
implementando
    adicionando, 185
    análise de complexidade, 191
    classes, 185
    hierarquia de coleção, 185
    implementações de array, 185–186
    implementações ligadas, 187–190
    listas, 248
    pilhas abstratas, 190–191
    testando, 183-184
    visão geral, 183
instanciando, 169-170
interfaces, 169
memória, 181
métodos, 169–170
operações, 171
parênteses, 170–171
pilhas de chamadas, 181, 183
usando, 169
visão geral, 168–169
polimorfismo, 126
ponteiros, 105
pop método, 18, 311–312
pós-condições (interfaces de sacola), 130-131
posição atual (lista de iteradores), 239-240
precedência (operadores), 7
precondições (interfaces de sacola), 130–131
print, função, 7, 34
problema do caminho mais curto com todos os pares, 373, 377
problema do caminho mais curto de origem única
    análise, 373
    cálculo, 375
    infinidade, 376
    inicializando, 374–375
    visão geral, 373
problemas de caminho mais curto
    problema do caminho mais curto com todos os pares
        análise, 376
        visão geral, 373, 374–376
    problema do caminho mais curto de origem única
        análise, 373
        cálculo, 375
        infinidade, 376
        inicializando, 374–375

visão geral, 373
processamento (grades), 100
processamento de lista (Lisp), recursivo, 266–273
programação funcional, 272–273
programas em execução, 3-4
projetando
    avaliando expressões pós-fixas, 194–197
    classes abstratas, 155–157
    estudo de caso de algoritmo, 82
    filas, agendamento, 234
    hashing de conjuntos, 344-345
    interfaces de sacola, 127–128
    listas classificadas, 262–264
propriedades (árvores), 279
protocolo primeiro a entrar, primeiro a sair (FIFO), 204
PVM (Python Virtual Machine), 181, 182

Q

quicksort
    análise de complexidade, 72–73
    implementando, 73–74
    particionamento, 71–72
    visão geral, 71

R

ramos (árvores), 278
reconhecedores, 302
reduce, função, 24
referências (objetos), 105
regras semânticas, 300
removendo itens
    implementações baseadas em array, 133
    arrays, 97–98
    árvores binárias de pesquisa, 298
    implementações baseadas em ligações, 138
    estruturas unicamente ligadas, 108–110, 113

S

sacolas, 127
    conjuntos, 322
    implementações baseadas em array
    implementações baseadas em ligações
        adicionando itens, 140
        desempenho, 141
        estruturas de dados, 139
        inicializando, 139
        iterator, 139-140
        métodos, 140
        removendo itens, 140-141
        tempo de execução, 141-142
        testando, 142–143
        visão geral, 138
    método contains, 137
        estruturas de dados, 133–134

in, operador, 137
  inicializando, 133–134
  iterador, 136–137
  métodos, 135–136
  removendo itens, 137
  tempo de execução, 141-142
  testando, 142–143
  visão geral, 133
  interfaces
    argumentos, 128-129
    classes de implementação, 129–130
    código, 133–134
    concatenação, 127
    construtores, 129–130
    documentação, 131–132
    exceções, 130–131
    funções, 127
    métodos, 129–130
    objeto iterator, 129
    operadores, 128-129
    polimorfismo, 126
    pós-condições, 130–131
    precondições, 130–131
    projetando, 127–128
    valores, 128–129
    visão geral, 126

saída
  filas, 216
  strings, 14–15
  arquivos de texto, 26

scanners (idiomas), 302

separando interfaces, 126

sequências
  listas, 238
  pesquisa sequencial (algoritmos), 60

símbolos iniciais, 301

símbolos não terminais, 301

símbolos terminais, 300

símbolos, 300–301

simulações (filas)
  análise, 216-217
  classes, 217–223
  entradas, 216, 217
  interfaces, 217
  métodos, 217–223
  saídas, 217
  solicitações, 216
  visão geral, 208–210

sintaxe, 300
  analisador de sintaxe, 302
  elementos, 5

sistemas de arquivos (árvores), 282

solicitações
  árvores de expressão, 304
  avaliando expressões pós-fixas, 192
  estudo de caso de algoritmo, 80
  filas
    agendamento, 228

  simulações, 216
  hashing de conjuntos, 339
  listas classificadas, 261
  teste de algoritmos de grafos, 388

sondagem (hashing de conjuntos)
  sondagem linear, 334–336
  sondagem quadrática, 336–337

sondagem linear (conjuntos de hashing), 334-336

sondagem quadrática (hashing de conjuntos), 336–337

split, função, 29

strings
  árvores binárias de pesquisa, 296–297
  aspas, 6
  conjuntos de hash, 333–336
  fatias, 13
  formatação, 14–15
  literais, 6
  métodos, 16
  operadores, 13-14
  saída, 14–15
  visão geral, 13

strip, função, 28

subárvores, 280

subclasses
  adicionando itens, 153
  classes abstratas, 155, 158–159
  contains, método, 153
  criando, 151
  hierarquias, 150
  inicializando, 151
  tempo de execução, 154–155

subgráficos, 358

substituição (estruturas unicamente ligadas), 110

sum, função, 21–22

superclasses, 151

swap, função, 65

T

tabelas de hash, 330

tabelas
  grades
    arrays multidimensionais, 102
    criando, 100
    de ponteiros, 105
    Grid, classe, 101
    inicializando, 100
    processando, 100
    visão geral, 99–100
  strings, 14–15
  tabelas de hash, 330

tamanho (array)
  aumentando, 95-96
  diminuindo, 96
  física, 94
  lógico, 94

tamanho físico (arrays), 94

tamanho lógico (arrays), 94

taxonomia (tipos de coleção), 40–41

tempo de execução
  algoritmos, medição, 50–53
  implementações baseadas em array, 141-142
  implementações baseadas em ligações, 141-142
  memória, 180-181
  subclasses, 154–155

terminologia
  árvores, 279
  grafos, 356–360

termos dominantes (análise de complexidade), 58

testando
  grafos
    análise, 388–389
    classes, 389
    implementando, 389–394
    solicitações, 388
    visão geral, 388
  implementações baseadas em array, 142–143
  implementações baseadas em ligações,
    138
  implementando pilhas, 183–185

time
  análise de complexidade
    algoritmos de tempo polinomial, 57
    arrays, 98–99
    estruturas ligadas, 116–117
    filas, 213–215
    listas, 256–257, 261
    pilhas, 191
  time, função, 51

time, função, 51

tipos (coleções)
  coleções ordenadas, 40
  coleções de grafos, 39–40
  coleções lineares, 38–39
  coleções não ordenadas, 40
  convertendo, 42-43
  cópias profundas, 43
  cópias rasas, 43-44
  taxonomia, 40–41
  visão geral, 38

tipos de bolha, 66–67

tipos de dados (variáveis), 9

tipos de dados abstratos (ADT), 44-46

tipos de seleção, 65-66

tokens, 302

transformações (chave em endereço), 330

transformações de chave em endereço (conjuntos de
  hash), 330

try-except, instrução, 25

tuplas, 17

U

UML (Unified Modeling Language), 143-144

Unified Modeling Language (UML), 143-144

usando
  árvores, 281–283
  classes, 106–107
  conjuntos, 318–319
  dicionários, 325–326
  estruturas duplamente ligadas, 119–122
  gráficos, 356
  lista iteradores, 243–245
  nó individualmente ligado, 106–107
  pilhas, 169–170

V

valores booleanos, 5

valores
  árvores, 281
  Booleano, 5
  interfaces de sacola, 128–129
  pares de valor/chave (dicionários), 325
  values, método, 18
  variáveis, 8-9
  visão geral, 18

values, método, 18

variáveis de classe, 31

variáveis de instância, 31

variáveis temporárias, 20

variáveis
  avaliando expressões pós-fixas, 195–197
  criando funções, 19–20
  instruções de atribuição, 8–9
  temporário, 20
  tipos de dados, 9
  valores, 8
  variáveis de classe, 31
  variáveis de instância, 31

velocidade (algoritmos de classificação), 69–70

vértices de destino, 361

vértices de origem (grafos), 359

vértices, 356–357. Ver também grafos

vetores (listas), 238

vizinhos (grafos), 357

vocabulário, 300

W

while, laços, 12

write, função, 26